Volvo 850
Gör-det-själv-handbok

John S. Mead

Modeller som behandlas

Alla Volvo 850 med 1984 cc, 2319 cc och 2435 cc bensinmotorer

Behandlar ej modellerna 'T-Gul', 'T-Röd' eller dieselmotor

(3213-232-9AE1/3260-9AE2)

© Haynes Group Limited 2001

En bok i **Haynes Serie Gör-det-själv-handböcker**

ISBN 978 1 78521 339 7

British Library Cataloguing in Publication Data
En katalogpost för denna bok finns tillgänglig från British Library.

Haynes Group Limited
Haynes North America, Inc

www.haynes.com

Ansvarsfriskrivning

Det finns risker i samband med fordonsreparationer. Förmågan att utföra reparationer beror på individuell skicklighet, erfarenhet och lämpliga verktyg. Enskilda personer bör handla med vederbörlig omsorg samt inse och ta på sig risken som utförandet av bilreparationer medför.

Syftet med den här handboken är att tillhandahålla omfattande, användbar och lättillgänglig information om fordonsreparationer för att hjälpa dig få ut mesta möjliga av ditt fordon. Den här handboken kan dock inte ersätta en professionell certifierad tekniker eller mekaniker. Det finns risker i samband med fordonsreparationer.

Den här reparationshandboken är framtagen av en tredje part och är inte kopplad till någon enskild fordonstillverkare. Om det finns några tveksamheter eller avvikelser mellan den här handboken och ägarhandboken eller fabriksservicehandboken, se fabriksservicehandboken eller ta hjälp av en professionell certifierad tekniker eller mekaniker.

Även om vi har utarbetat denna handbok med stor omsorg och alla ansträngningar har gjorts för att se till att informationen i denna handbok är korrekt, kan varken utgivaren eller författaren ta ansvar för förlust, materiella skador eller personskador som orsakats av eventuell felaktig eller utelämnad information.

Innehåll

ATT LEVA MED DIN VOLVO 850

Reparationer vid vägkanten

Veckokontroller

UNDERHÅLL

Rutinunderhåll och service

Innehåll

REPARATION OCH RENOVERING

Motor och sammanhörande system

Kraftöverföring

Bromsar och fjädring

Kaross

Kopplingsscheman

REFERENS

Register

Volvo 850 sedan och herrgårdsvagn introducerades 1992 och utgjorde ett radikalt avsteg från Volvos traditionella storbilsformat. 850 har en tvärställd motor/växellåda, framhjulsdrift och det senaste vad gäller fjädringsteknologi vilket ger utmärkta väg- och köregenskaper för en så stor bil.

Motorerna i serien 850 är samtliga femcylindriga bränsleinsprutade radmotorer med slagvolym om 1984 cc, 2319 cc eller 2435 cc. Både sugmotorer och turboladdade motorer förekommer. Motorerna har ett omfattande elektroniskt styrsystem som inkluderar avgas-reningsutrustning.

Växellådan i hela serien kan vara femväxlad manuell eller fyrstegs automat med datorstyrning. Automatlådan har valbara lägen för ekonomi-, sport- eller vinterkörning.

Bromsar är i samtliga fall skivbromsar runt om, handbromsen påverkar trummor inbyggda i de bakre skivorna. Låsningsfria bromsar (ABS) och servostyrning är standard på samtliga modeller.

Ett brett utbud av standardutrustning och tillval finns för hela 850-serien som bör passa de flesta smaker. Som med alla Volvos modeller är säkerheten ytterst viktig och de två systemen med extra krockskydd (Supplemental Restraint System) och sidokrocksskyddet (Side Impact Protection System) erbjuder en exceptionell nivå av skydd för förare och passagerare i hela bilen.

Under förutsättning att bilen får regelbunden service i enlighet med tillverkarens rekommendationer kommer Volvo 850 att ge den avundsvärda pålitlighet som detta märke med rätta är berömt för. Motorutrymmet är generöst tilltaget och de flesta saker som ofta behöver ses över är lätt tillgängliga.

Volvo 850 T-5 Turbo

Volvo 850 SE herrgårdsvagn

Din handbok till Volvo 850

Målsättningen med denna handbok är att hjälpa dig att få ut det mesta av din bil. Den kan göra det på flera sätt. Den kan hjälpa dig att bestämma när det är dags att göra ett visst jobb (även om du lämnar in bilen på verkstad), den ger information om rutinunderhåll och service och tillhandahåller ett logiskt handlingssätt för diagnostisering när fel uppstår. Vår förhoppning är dock att du kommer att använda handboken som en hjälp till att själv utföra jobbet. När det gäller enklare arbeten kan detta mycket väl vara snabbare än att boka in bilen på verkstad och sedan ta dig två gånger till verkstaden, för inlämning och avhämtning. Kanske viktigast av allt, stora summor pengar kan sparas genom att undvika de kostnader en verkstad måste ta ut för att täcka sitt arbete och de fasta driftskostnaderna.

Handboken innehåller teckningar och beskrivningar som visar hur olika delar fungerar så att deras layout kan förstås. Arbetsuppgifter beskrivs och fotograferas i en tydlig stegvis ordning.

Hänvisningar till "vänster" eller "höger" sida av bilen utgår från en person som sitter i förarsätet och tittar framåt.

Med tack till följande

Vi tackar Champion Spark Plug, som tillhandahållit illustrationerna över tändstiftens skick. Vissa illustrationer är copyright Volvo Car Corporation och används med deras tillstånd. Vi tackar även Draper Tools Limited, som tillhandahöll viss verkstadsutrustning samt alla vid Sparkford som hjälpt till vid produktionen av denna handbok.

Vår ambition har varit att i denna handbok ge så korrekt information som möjligt. Alla biltillverkare inför dock ändringar och modifieringar under produktionens gång som vi inte får information om. Författarna och utgivarna kan inte åtaga sig något ansvar för förlust, sak- eller personskada som har orsakats av felaktig eller utebliven information.

Att arbeta på din bil kan vara farligt. Den här sidan visar bara några potentiella risker och faror och har som mål att göra dig uppmärksam på och medveten om vikten av säkerhet i ditt arbete.

Allmänna faror

Skållning

• Ta aldrig av locket till kylare eller expansionskärl när motorn är varm.
• Motorolja, automatväxelolja och styrservovätska kan också vara farligt varma om motorn just har varit igång.

Brännskador

• Var försiktig så att du inte bränner dig på avgassystem och motor. Bromsskivor och trummor kan också vara extremt varma precis efter användning.

Lyftning av fordon

• Vid arbete nära eller under ett lyft fordon, använd alltid extra stöd i form av pallbockar, eller använd ramper.
Arbeta aldrig under en bil som endast stöds av domkraft.
• Var försiktig vid lossande och åtdragning av skruvar/muttrar med högt åtdragningsmoment om bilen är stödd på domkraft. Inledande lossning och slutgiltig åtdragning skall alltid utföras med fordonet på marken.

Eld

• Bränsle är ytterst eldfarligt; bränsleångor är explosiva.
• Spill inte bränsle på en het motor.
• Rök inte och använd aldrig öppen låga i närheten när du utför arbete på bilen. Undvik också att orsaka gnistor (elektriskt eller via verktyg).
• Bränsleångor är tyngre än luft, så arbeta inte på bränslesystemet med bilen över in inspektionsgrop.
• Eld kan också orsakas av elektrisk överbelastning eller kortslutning. Var försiktig vid reparation eller ändring av bilens ledningar.
• Ha alltid en brandsläckare till hands, av den typ som är lämplig för bränder i bränsle- och elsystem.

Elektrisk stöt

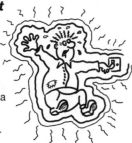

• Tändningens högspänning kan vara farlig, speciellt för personer med hjärtproblem eller pacemaker. Arbeta inte nära tändsystemet med motorn igång eller tändningen på.

• Nätspänning är också farlig. Se till att all nätansluten utrustning är ordentligt jordad.

Giftiga gaser och ångor

• Avgasångor är giftiga; de innehåller koloxid vilket kan vara ytterst farligt vid inandning. Låt aldrig motorn vara igång i ett trångt utrymme (t ex garage) med dörren stängd.
• Bränsleångor är också giftiga, liksom ångor från vissa typer av rengöringsmedel och färgförtunning.

Giftiga och irriterande ämnen

• Undvik hudkontakt med batterisyra, bränsle, smörjmedel och vätskor, speciellt frostskyddsvätska och bromsvätska. Sug aldrig upp dem med munnen. Om någon av dessa ämnen sväljs eller kommer in i ögonen, kontakta läkare.
• Långvarig kontakt med använd motorolja kan orsaka hudcancer. Bär alltid handskar eller använd en skyddande kräm. Byt oljeindränkta kläder och förvara inte oljiga trasor i fickorna.
• Luftkonditioneringens kylmedel omvandlas till giftig gas om den exponeras för öppen låga (inklusive cigaretter). Det kan också orsaka brännskador vid hudkontakt.

Asbest

• Asbestdamm kan orsaka cancer om det inandas eller sväljs. Asbest kan finnas i packningar och i kopplings- och bromsbelägg. Vid hantering av sådana detaljer är det säkrast att alltid behandla dem som om de innehöll asbest.

Speciella faror

Fluorvätesyra

• Denna extremt frätande syra uppstår när vissa typer av gummi, som kan finnas i O-ringar, oljetätningar, bränsleslangar etc, utsätts för temperaturer över 400°C. Gummit förvandlas till en förkolnad eller kletig massa som innehåller den farliga syran. *När fluorvätesyra en gång uppstått, är den farlig i flera år. Om den kommer i kontakt med huden kan det innebära att man måste amputera den utsatta kroppsdelen.*
• Vid arbete med ett fordon, eller delar från ett fordon, som varit utsatt för brand, bär alltid skyddshandskar och kassera dem på ett säkert sätt efteråt.

Batteriet

• Batteriet innehåller svavelsyra, vilken angriper kläder, ögon och hud. Var försiktig vid påfyllning av batteriet och när du bär det.
• Den vätgas som batteriet avger är ytterst explosiv. Orsaka aldrig gnistor och använd aldrig öppen låga i närheten av batteriet. Var försiktig när batteriet kopplas till/från batteriladdare eller startkablar.

Airbag

• Airbags kan orsaka skada om de utlöses av misstag. Var försiktig vid demontering av ratt och/eller instrumentbräda. Speciell förvaring kan vara aktuell.

Diesel insprutning

• Diesel insprutningspumpar matar bränsle vid mycket högt tryck. Var försiktig vid arbete med bränsleinsprutare och bränslerör.

⚠ *Varning: Exponera aldrig händer eller annan del av kroppen för insprutarstråle; bränslet kan tränga igenom huden med ödesdigra följder*

Kom ihåg...

Vad man bör göra

• Använd skyddsglasögon vid arbete med borrmaskiner, slipmaskiner etc, samt vid arbete under bilen.
• Använd handskar eller en skyddskräm när så behövs.
• Se till att någon regelbundet kontrollerar att allt står väl till när du arbetar ensam på ett fordon.
• Se till att inte löst sittande kläder eller långt hår kommer i vägen för rörliga delar.
• Ta alltid av ringar, klocka etc innan du börjar arbeta på ett fordon - speciellt med elsystemet.
• Försäkra dig om att lyftanordningar och domkraft klarar av den tyngd de utsätts för.

Vad man inte bör göra

• Försök inte lyfta delar som är tyngre än du orkar - skaffa hjälp.
• Jäkta inte för att slutföra ett arbete, ta inga genvägar.
• Använd inte verktyg som passar dåligt, då de kan slinta och orsaka skada.
• Lämna inte verktyg eller delar utspridda, det är lätt att snubbla över dem. Torka alltid upp olja eller andra smörjmedel från golvet.
• Låt inte barn eller djur vistas i eller runt ett fordon utan tillsyn.

Följande sidor är avsedda som hjälp till att lösa vanligen förekommande problem. Mer detaljerad felsöknings-information finns i slutet av boken och beskrivningar för reparationer finns i huvudkapitlen.

Om bilen inte startar och startmotorn inte går runt

☐ Om bilen har automatväxellåda, kontrollera att växelväljaren står på "P" eller "N".

☐ Öppna huven och kontrollera att batterikablarna är rena och väl åtdragna vid polerna.

☐ Slå på strålkastarna och försök starta motorn. Om dessa försvagas mycket vid startförsöket är batteriet troligen mycket urladdat. Använd startkablar (se nästa sida).

Om bilen inte startar trots att startmotorn går runt som vanligt

☐ Finns det bensin i tanken?

☐ Finns det fukt i elsystemet under huven? Slå av tändningen, torka bort all synlig fukt med en trasa. Spraya på en vattenavvisande aerosol (t ex WD40) på tändnings- och bränslesystemets elektriska kontakter, som de som visas i bilderna. Var extra uppmärksam på tändspolen, tänd-spolens kontakter och tändkablarna. (Dieselmotorer har normalt sett inte problem med fuktighet).

A Kontrollera att tändkablarna sitter ordentligt i fördelaren och att locket är helt, rent och korrekt monterat.

B Kontrollera att tändkabeln och kontakterna sitter säkert på tändspolen.

Kontrollera att alla elektriska anslutningar sitter fast (med avslagen tändning) och spruta på vattenavvisande medel, t ex WD-40, om du misstänker att problemet beror på fukt.

C Kontrollera att kontakterna till luftflödes-mätarens givare, eller insugsluftens temperaturgivare är i gott skick.

D Kontrollera att batteripolerna sitter fast ordentligt och är i gott skick.

Start med startkablar löser ditt problem för stunden, men det är väsentligt att ta reda på vad som orsakade batteriets urladdning. Det finns tre möjligheter:

1 *Batteriet har laddats ur efter ett flertal startförsök, eller för att lysen har lämnats på.*

2 *Laddningssystemet fungerar inte tillfredsställande (generatorns drivrem slak eller av, generatorns länkage eller generatorn själv defekt).*

3 *Batteriet defekt (utslitet eller låg elektrolytnivå.*

Starthjälp

När en bil startas med hjälp av ett laddningsbatteri, observera följande:

✔ Innan det fulladdade batteriet ansluts, stäng av tändningen.

✔ Se till att all elektrisk utrustning (lysen, värme, vindrutetorkare etc) är avslagen.

✔ Kontrollera att laddningsbatteriet har samma spänning som det urladdade batteriet i bilen.

✔ Om batteriet startas med startkablar från batteriet i en annan bil, får bilarna INTE VIDRÖRA varandra.

✔ Växellådan skall vara i neutralt läge (PARK för automatväxellåda).

1 Koppla den ena änden på den röda startkabeln till den positiva (+) anslutningen på det urladdade batteriet.

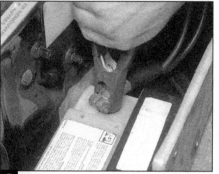

2 Koppla den andra änden på den röda kabeln till den positiva (+) anslutningen på det fulladdade batteriet.

3 Koppla den ena änden på den svarta startkabeln till den negativa (–) anslutningen på det fulladdade batteriet.

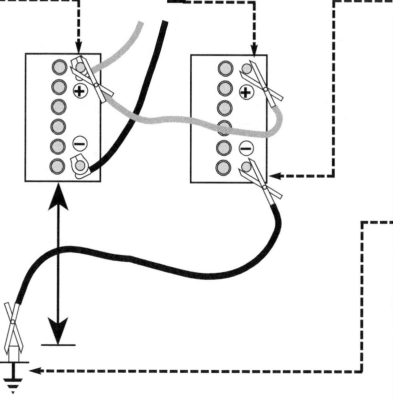

4 Koppla den andra änden på den svarta kabeln till en skruv eller ett fäste på motorblocket, på gott avstånd från batteriet, på bilen som ska startas.

5 Se till att startkablarna inte kommer i kontakt med fläkten, drivremmarna eller andra rörliga delar i motorn.

6 Starta motorn med laddningsbatteriet, sen med motorn på tomgång, koppla bort startkablarna i omvänd ordning mot anslutning.

Hjulbyte

Vissa av detaljerna som beskrivs här varierar beroende på modell, exempelvis placeringen av domkraft och reservhjul. Grundprinciperna är dock gemensamma för alla bilar.

Varning: Byt inte hjul i ett läge där du riskerar att bli överkörd av annan trafik. På högtrafikerade vägar är det klokt att uppsöka en parkeringsficka eller mindre avtagsväg för hjulbyte. Det är lätt att glömma bort resterande trafik när man koncentrerar sig på det arbete som ska utföras.

Förberedelser

- [ ] När en punktering inträffar, stanna så snart säkerheten medger detta.
- [ ] Parkera på plan fast mark, om möjligt, och på betryggande avstånd från annan trafik.
- [ ] Använd varningsblinkers vid behov.
- [ ] Använd en varningstriangel till att varna andra (obligatoriskt i Sverige).
- [ ] Dra åt handbromsen och lägg in ettan eller backen.
- [ ] Blockera hjulet diagonalt motsatt det som ska tas bort - ett par medelstora stenar räcker.
- [ ] Om marken är mjuk, använd en plankstump till att sprida belastningen under domkraftens fot.

Byte av hjul

1 Reservhjul och verktyg finns i bagageutrymmet under mattan (herrgårdsvagn visad). Lossa spännbandet, skruva ur verktygs- och hjulklammern. Lyft ut domkraften och verktygen från hjulets mitt.

2 Lyft ut hjulet sedan verktyg och domkraft lyfts ut.

3 Demontera navkapseln, antigen genom att dra den rakt ut (stålfälg) eller genom att bända ut den (lättmetallfälg). Lossa hjulbultarna ett halvt varv med hjulnyckeln i verktygssatsen.

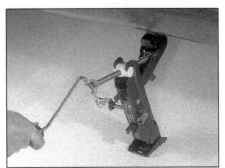

4 För in domkraftens huvud i det förstärkta domkraftsfästet i tröskelns mitt (hissa inte upp bilen med domkraften på någon annan plats på tröskeln). Domkraftens fot ska vara på fast mark. Hissa upp bilen från marken genom att vrida domkraftens handtag medsols. Skruva ur hjulbultarna och ta bort hjulet.

5 Montera reservhjulet och skruva in bultarna. Dra åt dem lätt och sänk ned bilen på marken.

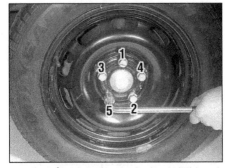

6 Dra åt hjulbultarna i visad följd och montera navkapseln. Placera det punkterade hjulet och verktygen i bagageutrymmet och spänn fast dem. Kom ihåg att hjulbultarna vid första tillfälle ska lossas och dras till angivet moment.

Och till sist...

- [ ] Ta bort hjulblockeringen.
- [ ] Lägg tillbaka domkraft och verktyg på sin plats i bilen.
- [ ] Kontrollera lufttrycket i det just monterade däcket. Om det är lågt eller om du inte har en lufttrycksmätare med dig, kör långsamt till närmaste bensinstation och kontrollera/justera trycket.
- [ ] Reparera eller byt ut det trasiga däcket.

Att hitta läckor

Pölar på garagegolvet eller uppfarten, eller märkbar fukt under huven eller bilen antyder att det finns en läcka som behöver åtgärdas. Det kan ibland var svårt att avgöra var läckan finns, speciellt om motorrummet redan är mycket smutsigt. Läckande olja eller annan vätska kan blåsas bakåt av luft som passerar under bilen, vilket ger en felaktig antydan om var läckan finns.
problem lies.

> ⚠️ **Varning:** De flesta oljor och vätskor som förekommer i en bil är giftiga. Byt nedsmutsade kläder och tvätta bort spill från huden omedelbart.

 HAYNES TiPS Lukten av en läckande vätska kan ge en ledtråd till vad som läcker. Vissa vätskor har en distinkt färg. Det kan vara till hjälp att tvätta bilen ordentligt och parkera den på rent papper över natten. Kom ihåg att vissa läckor kanske endast förekommer när motorn går.

Oljesumpen

Motorolja kan läcka från avtappningspluggen. . .

Oljefiltret

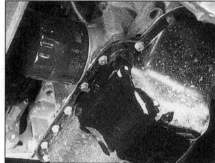

. . .eller från oljefiltrets infästning i motorn.

Växellådsolja

Olja kan läcka vid tätningarna i vardera änden på växellådan.

Frostskydd

Läckande frostskyddsvätska lämnar ofta kristalliserade avlagringar liknande dessa.

Bromsolja

Ett läckage vid ett hjul är nästan helt säkert bromsolja.

Servostyrningsolja

Olja till servostyrningen kan läcka från röranslutningarna till kuggstången.

Bogsering

När allt annat misslyckats kan du komma att behöv bogsering hem - eller det kan naturligtvis hända att du bogserar någon annan. Bogsering längre sträckor ska överlämnas till verkstad eller bärgningsfirma. Bogsering är relativt enkelt, men kom ihåg följande:

☐ Använd en riktig bogserlina - de är inte dyra. Kontrollera vad lagen säger om bogsering.
☐ Tändningen ska vara påslagen när bilen bogseras så att rattlåset är öppet och blinkers och bromsljus fungerar.

☐ Fäst bogserlinan endast i de monterade bogseringsöglorna.
☐ Innan bogseringen, lossa handbromsen och lägg i neutralläge på växellådan.
☐ Lägg märke till att det kommer att krävas större bromspedaltryck än normalt eftersom vakuumservon bara är aktiv när motorn är igång.
☐ På bilar med servostyrning krävs också större rattkraft.
☐ Föraren i den bogserade bilen måste hålla bogserlinan spänd i alla lägen, så att ryck undviks.

☐ Kontrollera att bägge förarna känner till den planerade färdvägen.

☐ Kom ihåg att laglig maxfart vid bogsering är 30 km/tim och håll distansen till ett minimum.

☐ Kör mjukt och sakta långsamt ned vid korsningar.

☐ För bilar med automatväxellåda gäller vissa speciella föreskrifter. Vid minsta tvekan, bogsera inte en bil med automatväxellåda eftersom det kan skada växellådan.

Inledning

Det finns ett antal enkla kontroller som bara tar några minuter att utföra, men som kan spara dig en hel del besvär och kostnader.

Dessa "Veckokontroller" kräver varken speciell skicklighet eller specialverktyg och den korta tid de tar kan vara mycket väl utnyttjad - se följande exempel:

☐ Ett öga på däckens skick och lufttryck inte bara hjälper till att förhindra att de slits ut i förtid - det kan även rädda ditt liv.

☐ En stor del av alla haverier orsakas av elektriska problem. Batterirelaterade fel är synnerligen vanliga. En stor del av dessa kan förhindras genom att en snabb kontroll utförs med regelbundna mellanrum. Det kräver dessutom ingen större erfarenhet att upptäcka en tydligt lös eller skadad kabel under motorhuven.

☐ Om din bil läcker bromsolja kanske du märker det först när du som bäst behöver bromsarna och de inte fungerar som de ska. Regelbunden kontroll av bromsoljenivån förvarnar dig om denna typ av problem.

☐ Om din motor körs med för låg nivå av olja eller kylvätska kan detta leda till dyra motorskador - det är mindre kostsamt att reparera läckaget (exempelvis).

Kontrollpunkter under motorhuven

◀ **2,5 liters motor med 10 ventiler**

A *Mätsticka för motorolja*
B *Oljepåfyllningslock*
C *Expansionskärl*
D *Behållare för bromsolja*
E *Behållare för spolarvätska*
F *Batteri*

Motoroljans nivå

Innan du börjar

✔ Kontrollera att bilen står på plan mark.
✔ Kontrollera oljenivån innan bilen körs, eller minst 5 minuter efter det att motorn stängts av.

 HAYNES TiPS *Om oljenivån kontrolleras omedelbart efter körning kommer en del av oljan att finnas kvar i de högre belägna delarna av motorn vilket ger en felaktig avläsning på mätstickan.*

Rätt olja

Moderna motorer kräver mycket av den olja som hälls i dem. Det är ytterst viktigt att rätt olja till just din bil används (se *"Smörjmedel, vätskor och däcktryck"* på sidan 0•16).

Bilvård

● Om du måste fylla på olja ofta, ska du kontrollera om bilen läcker olja. Placera rent papper under bilen på kvällen och se efter om det finns fläckar på morgonen. Om det inte finns fläckar kan det vara så att motorn bränner olja *(se "Felsökning")*.

● Håll alltid oljenivån mellan strecken på mätstickan (se bild 3). Om nivån är för låg finns det risk för allvarliga motorskador. Packboxar och andra oljetätningar kan sprängas om för mycket olja fylls på.

1 Mätstickan är ofta distinkt färgad så att den är lätt att hitta (*se "Kontrollpunkter under motorhuven"* på sidan 0•10 för exakt placering). Dra upp mätstickan.

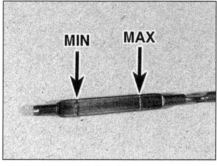

3 Studera oljenivån på stickans ände, den bör vara mellan markeringarna. Cirka 1,0 liter olja bör höja nivån från undre till övre delen av det markerade området.

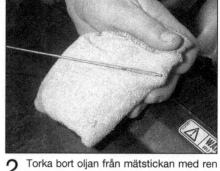

2 Torka bort oljan från mätstickan med ren trasa eller pappershandduk. Stick in den rena mätstickan så långt det går i röret och dra ut den igen.

4 Skruva upp locket och fyll på olja. En tratt kan hjälpa till att minska spillet. Fyll på långsamt och kontrollera på stickan. Undvik överfyllning (se *"Bilvård"* här intill).

Kylvätskans nivå

⚠ *Varning: FÖRSÖK INTE att ta bort expansionskärlets trycklock när motorn är het eftersom detta innebär en mycket stor risk för skållning. Lämna inte öppna kärl med kylvätska stående eftersom denna vätska är giftig.*

Bilvård

● Med ett slutet kylsystem ska regelbunden påfyllning inte behövas. Om kylvätska ofta behöver fyllas på tyder det på en läcka. Kontrollera kylaren, samtliga slangar och anslutningar vad gäller tecken på fläckar eller fukt och åtgärda efter behov.

● Det är viktigt att frostskydd används året runt i kylsystemet, inte bara vintertid. Fyll aldrig på med enbart vatten eftersom frostskyddet då blir för utspätt.

1 Kylvätskenivån varierar med motortemperaturen. När motorn är kall ska nivån vara mellan "MAX"- och "MIN"-märket på expansionskärlets sida. När motorn är varm kan nivån vara något över "MAX".

2 Om påfyllning är nödvändig, **vänta till dess att motorn är kall.** Vrid expansionskärlets lock motsols till första stoppet. När eventuellt övertryck släppts ut, tryck på locket och vrid det motsols till det andra stoppet och lyft upp locket.

3 Fyll på en blandning av vatten och frostskydd upp till "MAX"-markeringen och sätt tillbaka locket genom att vrida det maximalt medsols.

Broms- och kopplingsvätskans nivå

Varning:
- *Hydraulolja till bromsar kan skada dina ögon och förstöra målade ytor, var därför ytterst försiktig vid hanteringen.*
- *Använd inte bromsolja som förvarats i öppet kärl - den tar upp luftens fuktighet vilket kan orsaka allvarligt bortfall av bromseffekt.*

HAYNES TiPS *Kontrollera att bilen står på plan mark. Vätskenivån i huvudcylinderns behållaren sjunker något när bromsklossarna slits men vätskenivån får aldrig sjunka under "MIN"-märkningen.*

Säkerheten främst!

● Om behållaren behöver upprepade påfyllningar är detta ett tecken på en läcka i systemet, vilket är något som omedelbart måste undersökas.

● Om en läcka misstänks ska bilen inte köras förrän bromssystemet kontrollerats. Ta aldrig risker när det gäller bromsarna.

1 Märkena MAX och MIN finns på behållarens sida. Vätskenivån måste hållas mellan märkena

2 Om påfyllning krävs, torka först rent runt locket med ren trasa innan locket tas bort, så att smuts inte kommer in i systemet.

3 Skruva upp locket och lyft det försiktigt, se till att inte skada nivågivarens flottör. Inspektera behållaren, om oljan är förorenad ska hydraulsystemet tappas av och fyllas på med ny olja (se kapitel 1).

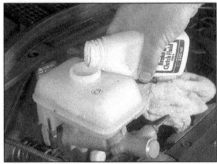

4 Fyll försiktigt på bromsoljan så att den inte spills på målade ytor. Använd endast angiven hydraulolja, blandning av olika typer kan skada systemet. Efter påfyllning till korrekt nivå ska locket skruvas på ordentligt. Torka upp allt spill.

Styrservovätskans nivå

Innan du börjar:

✔ Parkera bilen på plan mark.
✔ Ställ ratten rakt fram.
✔ Stäng av motorn.

HAYNES TiPS *Kontrollen blir korrekt endast om ratten inte vrids efter det att motorn stängts av.*

Säkerheten främst!

● Om påfyllning behövs regelbundet tyder det på en läcka, vilken omedelbart måste undersökas.

1 Behållaren finns monterad ovanpå servostyrningens pump på motorns högra framsida. Torka rent det omgivande området så att smuts inte kan komma in i behållaren och skruva upp locket.

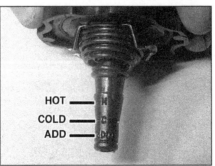

HOT
COLD
ADD

2 Torka av och doppa ned mätstickan i behållaren. Om motorn är kall ska nivån vara mellan märkena "ADD" och "COLD", om motorn är varm ska nivån vara mellan "ADD" och "HOT". Fyll på när nivån är vid märket "ADD".

3 Vid påfyllning ska endast specificerad oljetyp användas, fyll inte på för mycket. När nivån är korrekt, skruva på locket.

Batteri

Varning: Innan arbete med batteriet påbörjas, läs igenom de säkerhetsföreskrifter som finns i "Säkerheten främst!" i början av denna handbok.

✔ Kontrollera att batterilådan är i bra skick och att klammern är väl åtdragen. Korrosion på batterilådan, klammern och batteriet kan tas bort med natriumbikarbonat upplöst i vatten. Skölj noggrant av alla rengjorda delar med rent vatten. Metalldelar som skadats av korrosion ska målas över med zinkbaserad grundfärg och sedan lackas.

✔ Kontrollera periodvis (ca var tredje månad) batteriets skick, enligt beskrivningen i kapitel 5A.

✔ Om batteriet är urladdat behövs startkablar, se *"Reparationer vid vägkanten"*.

1 Batteriet finns placerat i den främre delen av motorrummet på vänster sida. Batteriets utsida bör granskas med regelbundna mellanrum vad gäller tecken på sprickor i höljet.

2 Kontrollera åtdragningen av polskorna så att de alltid sitter fast ordentligt nog att ge bra elektrisk kontakt. Du ska inte kunna röra på dem utan verktyg. Kontrollera även att kablarna inte är spruckna eller att polskorna är slitna.

HAYNES TiPS

Batterikorrosion kan hållas minimal genom att ett lager vaselin läggs på polskor och poler efter det att de monterats.

3 Om korrosion (vita luftiga avlagringar) finns, ta bort polskorna från polerna och rengör dem med en liten stålborste och sätt tillbaka dem. Biltillbehörsaffärer säljer ett bra verktyg för rengöring av batteripoler. . .

4 . . .och polskor.

Kontroll av spolvätskans nivå*

*På vissa modeller används spolvätskan även till strålkastarna och bakrutan.

Tillsatsmedel i spolvätskan håller inte bara vindrutan ren vid dålig väderlek, det förhindrar även att spolvätskan fryser vid kyla - när du som bäst behöver den. Fyll inte på med bara rent vatten eftersom tillsatserna då blir för utspädda och därmed fryser vid kyla. Använd under inga som helst omständigheter motorfrostskyddsmedel i spolvätskan eftersom detta missfärgar eller skadar lacken.

1 Spolvätskebehållarens påfyllningsrör finns till höger framtill i motorrummet. Kontrollera vätskenivån genom att lossa på locket och titta ned i påfyllningsröret. Själva behållaren finns under bilen.

2 Vid påfyllning ska lämpligt tillsatsmedel blandas med vattnet enligt de anvisningar som finns på flaskan.

Däckens skick och lufttryck

Det är mycket viktigt att däcken är i bra skick och har korrekt lufttryck - däckhaverier är farliga i alla hastigheter.

Däckslitage påverkas av körstil - hårda inbromsningar och accelerationer eller snabb kurvtagning samverkar till högt slitage. Generellt sett slits framdäcken ut snabbare än bakdäcken. Axelvis byte mellan fram och bak kan jämna ut slitaget, men om detta är för effektivt kan du komma att behöva byta alla fyra däcken samtidigt!

Ta bort spikar och stenar som bäddats in i mönstret innan dessa tränger genom och orsakar punktering. Om borttagandet av en spik avslöjar en punktering, stick tillbaka spiken i hålet som markering, byt omedelbart hjul och låt en däckverkstad reparera däcket.

Kontrollera regelbundet att däcken är fria från sprickor och blåsor, speciellt i sido-väggarna. Ta av hjulen med regelbundna mellanrum och rensa bort all smuts och lera från inre och yttre ytor. Kontrollera att inte fälgarna visar spår av rost, korrosion eller andra skador. Lättmetallfälgar skadas lätt av kontakt med trottoarkanter vid parkering, stålfälgar kan bucklas. En ny fälg är ofta enda sättet att korrigera allvarligare skador.

Nya däck måste balanseras vid mon-teringen men det kan vara nödvändigt att balansera om dem i takt med slitage eller om balansvikterna på fälgkanten lossnar.

Obalanserade däck slits snabbare och de ökar även slitaget på fjädring och styrning. Obalans i hjulen markeras normalt av vibrationer, speciellt vid vissa hastigheter, i regel kring 80 km/tim. Om dessa vibrationer bara känns i styrningen är det troligt att enbart framhjulen behöver balanseras. Om istället vibrationerna känns i hela bilen kan bakhjulen vara obalanserade. Hjulbalansering ska utföras av däckverkstad eller annan verkstad med lämplig utrustning.

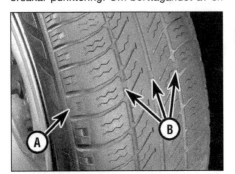

1 Mönsterdjup - visuell kontroll
Originaldäcken har slitagevarningsband (B) som visas när mönsterdjupet slitits ned till ca 1,6 mm. Bandens lägen anges av trianglar (A) på däcksidorna.

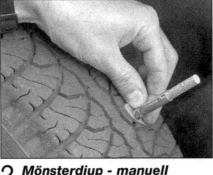

2 Mönsterdjup - manuell kontroll
Mönsterdjupet kan även avläsas med ett billigt verktyg kallat mönsterdjupsmätare.

3 Lufttryckskontroll
Kontrollera regelbundet lufttrycket i däcken när dessa är kalla. Justera inte lufttryck omedelbart efter det att bilen körts eftersom detta leder till felaktiga värden.

Däckslitage

Slitage på sidorna

Lågt däcktryck (slitage på båda sidorna)
Lågt däcktryck orsakar överhettning i däcket eftersom det ger efter för mycket, och slitbanan ligger inte rätt mot underlaget. Detta orsakar förlust av väggrepp och ökat slitage, för att inte nämna risken för plötsligt däckhaveri på grund av överhettning.
Kontrollera och justera däcktrycket
Felaktig cambervinkel (slitage på en sida)
Reparera eller byt ut fjädringsdetaljer
Hård kurvtagning
Sänk hastigheten!

Slitage i mitten

För högt däcktryck
För högt däcktryck orsakar snabbt slitage i mitten av däckmönstret, samt minskat väggrepp, stötigare gång och fara för skador i korden.
Kontrollera och justera däcktrycket
Om du ibland måste ändra däcktrycket till högre tryck specificerade för max lastvikt eller ihållande hög hastighet, glöm inte att minska trycket efteråt.

Ojämnt slitage

Framdäcken kan slitas ojämnt som följd av felaktig hjulinställning. De flesta bilåter-försäljare och verkstäder kan kontrollera och justera hjulinställningen för en rimlig summa.
Felaktig camber- eller castervinkel
Reparera eller byt ut fjädringsdetaljer
Defekt fjädring
Reparera eller byt ut fjädringsdetaljer
Obalanserade hjul
Balansera hjulen
Felaktig toe-inställning
Justera framhjulsinställningen
Observera: *Den fransiga ytan i mönstret, ett typiskt tecken på toe-förslitning, kontrolleras bäst genom att man känner med handen över däcket.*

Torkarblad

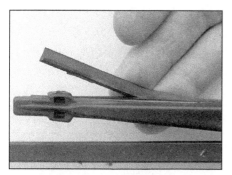

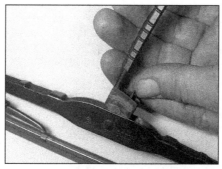

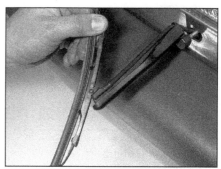

1 Kontrollera torkarbladens skick; om de är spruckna eller slitna, eller om den avtorkade glasytan är kladdig, byt torkarblad. För erhållande av maximal sikt bör torkarblad bytas varje år som rutinåtgärd.

2 Ta bort ett torkarblad genom att dra armen från rutan till dess att det låser i utfällt läge. Vrid bladet 90°, tryck ned spärren på bladfästet och dra bort bladet från armen.

3 Glöm inte bort strålkastartorkarnas blad. Demontera dem genom att lyfta på armen och dra av dem. Tryck fast nya blad ordentligt.

Glödlampor och säkringar

✔ Kontrollera samtliga yttre lampor och signalhornet. Se tillämpliga delar av kapitel 12 vad gäller detaljer om eventuella defekta kretsar.

✔ Inspektera alla åtkomliga kontakter, kabelhärvor och fästen vad gäller hur de sitter och om det finns tecken på skavningar eller skador.

> **HAYNES TiPS** *Om du ensam ska kontrollera bromsljus och bakre blinkers kan du backa upp mot en vägg eller garagedörr och tända dessa. Återskenet visar om de fungerar*

1 Om en enstaka blinkers, bromsljuslampa eller strålkastare inte fungerar är det troligt att glödlampan bränts och måste bytas. Se kapitel 12.
Om alla tre bromsljusen inte fungerar är det möjligt att bromsljuskontakten ovanför bromspedalen kräver justering. Detta arbete beskrivs i kapitel 12.

2 Om mer än en blinkers eller strålkastare inte fungerar beror detta troligen på att säkringen gått eller att det finns ett fel i kretsen (se kapitel 12). Säkringarna finns placerade i elcentralen i motorrummet på förarsidan, strax framför vindrutan.

3 Byt en bränd säkring genom att helt enkelt dra ut den med medföljande verktyg. Montera en ny säkring med samma klassning. (Se kapitel 12). Om säkringen går igen så är det viktigt att du tar reda på varför - komplett beskrivning av hur kontrollen utförs finns i kapitel 12.

Smörjmedel och vätskor

Motor	Multigrade motorolja, viskositet SAE 10W/40, eller 15W/50, till CCMC G4/G5
Kylsystem	Volvos kylvätska typ C
Manuell växellåda	Volvo syntetisk växellådsolja 97308
Automatväxellåda	Automatväxellådsolja typ Dexron IIE
Bromssystem	Broms-/kopplingsolja klass DOT 4+ (eller DOT 4)
Servostyrning	Automatväxellådsolja typ Dexron II

Däcktryck (kalla däck)

Sedan utan turbo	Fram	Bak
Normal användning:		
185/65 R15	2,2 bar	2,0 bar
195/60 R15	2,5 bar	2,5 bar
205/55 R15	2,5 bar	2,5 bar
Full last eller hög fart:		
185/65 R15	2,3 bar	2,5 bar
195/60 R15	2,6 bar	2,8 bar
205/55 R15	2,6 bar	2,8 bar
Sedan med turbo		
Normal användning		
205/45 R17	2,3 bar	2,1 bar
205/50 R16	2,8 bar	2,6 bar
205/55 R15	2,8 bar	2,6 bar
185/65 R15 (vinterdäck)	2,8 bar	2,6 bar
Full last eller hög fart:		
205/45 R17	2,5 bar	2,5 bar
205/50 R16	2,9 bar	2,9 bar
205/55 R15	2,9 bar	2,9 bar
185/65 R15 (vinterdäck)	2,9 bar	2,9 bar
T115/70 R15 Utrymmessparande reservdäck	4,2 bar	4,2 bar
Herrgårdsvagn utan turbo		
Normal användning:		
185/65 R15	2,2 bar	2,1 bar
195/60 R15	2,5 bar	2,5 bar
205/55 R15	2,5 bar	2,5 bar
T115/70 R15 Utrymmessparande reservdäck	4,2 bar	4,2 bar
Full last eller hög fart:		
185/65 R15	2,4 bar	2,8 bar
195/60 R15	2,6 bar	3,1 bar
205/55 R15	2,6 bar	3,1 bar
T115/70 R15 Utrymmessparande reservdäck	4,2 bar	4,2 bar
Herrgårdsvagn med turbo		
Normal användning		
205/45 R17	2,3 bar	2,2 bar
205/50 R16	2,8 bar	2,7 bar
205/55 R15	2,8 bar	2,7 bar
185/65 R15 (vinterdäck)	2,8 bar	2,7 bar
T115/70 R15 Utrymmessparande reservdäck	4,2 bar	4,2 bar
Full last eller hög fart:		
205/45 R17	2,5 bar	2,8 bar
205/50 R16	2,9 bar	3,2 bar
205/55 R15	2,9 bar	3,2 bar
185/65 R15 (vinterdäck)	2,9 bar	3,2 bar
T115/70 R15 Utrymmessparande reservdäck	4,2 bar	4,2 bar

Observera: Se den etikett med data för lufttryck som finns på tanklocksskyddet för korrekt lufttryck för just din bil. Angivna tryck gäller endast för originaldäck och kan variera om däck av annan typ eller annat fabrikat monteras. Kontrollera med däckleverantören vilka värden som gäller om annat än originaldäck monteras.

Kapitel 1
Rutinunderhåll och service

Innehållsförteckning

Svårighetsgrad

| **Enkelt,** passar novisen med lite erfarenhet | **Ganska enkelt,** passar nybörjaren med viss erfarenhet | **Ganska svårt,** passar kompetent hemma-mekaniker | **Svårt,** passar hemmamekaniker med erfarenhet  | **Mycket svårt,** för professionell mekaniker |

Specifikationer för service

Smörjmedel och vätskor
Se slutet av *"Veckokontroller"*

Volymer
Motorolja
Urtappning och påfyllning, inklusive filterbyte . . . .   5,3 liter (plus 0,9 liter för turbons oljekylare - om urtappad)
Kylsystem:
  Icke-turbomotorer . . . .   7,2 liter
  Turbomotorer . . . .   7,0 liter
Bränsletank . . . .   73 liter

Kylsystem
Specificerad frostskyddsblandning . . . .   50% frostskydd/50% vatten
Observera: *Se kapitel 3 för ytterligare detaljer.*

Tändning
Tändstift:
  B5202 S motorer . . . .   Champion RC 9 YC
  B5204 S motorer . . . .   Champion RC 7 YC
  B5204 T motorer . . . .   Champion RC 7 GYC
  B5234 S motorer . . . .   Champion RC 9 YC
  B5234 T/T5 motorer . . . .   Champion RC 7 GYC
  B5252 S motorer . . . .   Champion RC 9 YC
  B5254 S motorer (fram till 1993) . . . .   Champion RC 7 YC
  B5254 S motorer (fr o m 1993) . . . .   Champion RC 9 YC
Elektrodavstånd . . . .   0,7 till 0,8 mm

Bromsar
Minsta beläggningstjocklek på främre bromsklossar . . . .   3,0 mm
Minsta beläggningstjocklek på bakre bromsklossar . . . .   2,0 mm
Handbromsspakens rörelse:
  Efter justering . . . .   3 till 5 klick
  Vid användning . . . .   max 11 klick

Däck

Däcktryck . . . . Se *"Veckokontroller"*

Åtdragningsmoment   Nm
Oljeplugg 35
Tändstift 25
Hjulbultar 110

Underhållsschema för Volvo 850

Underhållsschemat i denna handbok gäller under förutsättning att du själv, inte försäljaren, utför arbetet. Dessa är de genomsnittliga serviceintervaller som rekommenderas av tillverkaren för fordon som används dagligen under normala förhållanden. Självklart förekommer variationer av dessa som beror på var och hur bilen används. Om du vill hålla bilen i konstant toppskick kan det vara önskvärt att utföra vissa servicearbeten oftare. Vi uppmuntrar frekvent underhåll eftersom detta ökar bilens effektivitet, prestanda och andrahandsvärde.

Om bilen körs i dammiga områden, drar släp, ofta körs långsamt (tomgång i trafik) eller korta resor rekommenderas tätare underhåll.

Varje vecka eller 500 km
☐ Se *"Veckokontroller"*.

Varje 12 månader eller 15 000 km, det som kommer först
Förutom det ovanstående, gör följande:
☐ Byt motorolja och filter (avsnitt 3).
☐ Kontrollera bromsklossar (avsnitt 4).
☐ Inspektera motorn noggrant och leta efter vätskeläckor (avsnitt 5).
☐ Kontrollera styrning och fjädring - fastsättning och delar (avsnitt 6).
☐ Kontrollera drivaxeldamaskerna (avsnitt 7).
☐ Inspektera kopplingshydrauliken (avsnitt 8).
☐ Kontrollera oljenivån i manuell växellåda (avsnitt 9).
☐ Inspektera bottenplattan och bromsledningar och -slangar (avsnitt 10).
☐ Kontrollera bränsleledningarna (avsnitt 10).
☐ Kontrollera avgassystem inklusive upphängning (avsnitt 11).
☐ Kontrollera handbromsens justering (avsnitt 12).
☐ Kontrollera säkerhetsbälten (avsnitt 13).
☐ Smörj lås och gångjärn (avsnitt 14).
☐ Kontrollera strålkastarnas justering (avsnitt 15).
☐ Kontrollera lack och dekor (avsnitt 16).
☐ Kontrollera justeringen på automatväxellådans väljarvajer (avsnitt 17).
☐ Provkörning (avsnitt 18).
☐ Kontrollera oljenivå i automatväxellåda (avsnitt 19).
☐ Kontrollera luftkonditioneringens funktion (avsnitt 20).

Varje 24 månader eller 30 000 km, det som kommer först
Förutom det ovanstående, gör följande:
☐ Kontrollera drivremmar till extrautrustning och byt vid behov (avsnitt 21).
☐ Byt kylvätska (avsnitt 22).
☐ Byt bromsolja (avsnitt 23).

Varje 36 månader eller 50 000 km, det som kommer först
Förutom det ovanstående, gör följande:
☐ Inspektera fördelarlock, rotorarm och tändkablar (avsnitt 24).
☐ Byt tändstift (avsnitt 25).

Varje 48 månader eller 65 000 km, det som kommer först
Förutom det ovanstående, gör följande:
☐ Byt luftfilterelement (avsnitt 26).

Varje 60 månader eller 75 000 km, det som kommer först
Förutom det ovanstående, gör följande:
☐ Byt bränslefilter (avsnitt 27).
☐ Kontrollera utrustningen för avgasrening (avsnitt 28).
Endast 1992 & 1993 års modeller (21 mm kamrem);
☐ Byt kamrem (avsnitt 29).

Varje 96 månader eller 120 000 km, det som kommer först
Förutom det ovanstående, gör följande:
1994 års modeller och framåt (23 mm kamrem);
☐ Byt kamrem (avsnitt 30).

Motorrum (2,5 liters, 10 ventilers motor utan turbo)

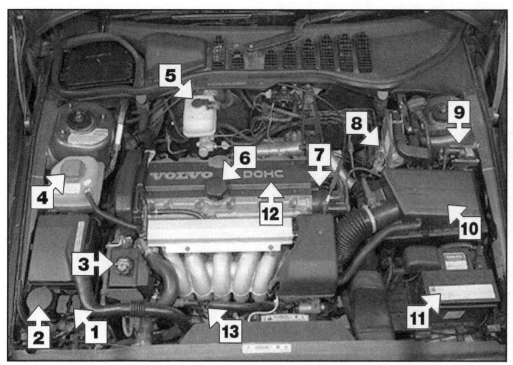

1 Diagnostikenhet*
2 Spolvätskebehållare
3 Styrservons behållare
4 Expansionskärl
5 Bromshuvudcylinderns
  behållare
6 Oljepåfyllningslock
7 Fördelare
8 ABS-modulator och styrenhet
9 Tändspole och kraftsteg
10 Luftfilter
11 Batteri
12 Tändstiftshölje
13 Motoroljans mätsticka

*På modeller fr.o.m. 1996 sitter
diagnostikenheten under en kåpa
framför växelspaken.

Framvagn, sedd underifrån (2,5 liters herrgårdsvagn)

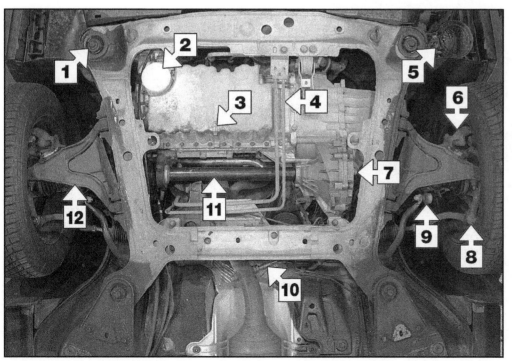

1 Monteringsramens infästning
2 Oljefilter
3 Motorns oljeplugg
4 Servostyrningens hydraulrör
5 Kolkanister
6 Främre bromsok
7 Manuella växellådans oljeplugg
8 Styrstagsände
9 Krängningshämmarlänk
10 Lambdasond
11 Höger drivaxel
12 Bärarm

Bakvagn, sedd underifrån (2,5 liters herrgårdsvagn)

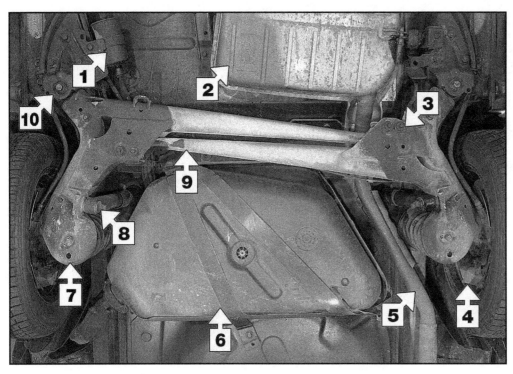

1 Bränslefilter
2 Ljuddämpare
3 Bärarm
4 Bakre bromsok
5 Avgasrörets bakre del
6 Bränsletank
7 Bakre fjädersäte
8 Bakre stötdämpare
9 Tvärarm
10 Fjädringsfäste

Underhållsprocedurer

1 Inledning

Detta kapitel är framtaget för att hjälpa hemmamekaniker att underhålla sitt fordon så att det ger trafiksäkerhet, driftsekonomi, lång livslängd och maximal prestanda.

Detta kapitel innehåller ett huvudschema för service, som följs av avsnitt som tar upp varje specifik uppgift i schemat. Visuella kontroller, justeringar, byte av delar och andra viktiga poster tas upp. Studera de medföljande illustrationerna av motorrummet och fordonets bottenplatta där de olika delarnas placering visas.

Underhåll av fordonet i enlighet med detta schema för tid/distans och följande avsnitt ger ett planerat serviceschema som ska resultera i lång och pålitlig tjänstgöringstid för fordonet. Detta är ett heltäckande schema vilket innebär att service av vissa poster, men inte andra, vid angivna intervaller inte kommer att ge ett lika bra resultat

När du arbetar med fordonet kommer du att upptäcka att många av procedurerna kan - och ska - grupperas tillsammans på grund av det specifika arbete som utförs eller tack vare att två annars obesläktade arbeten är varandra fysiskt närbelägna. Om till exempel fordonet av någon orsak lyfts upp ska avgassystemet alltid kontrolleras samtidigt som fjädring och styrning inspekteras.

Första steget i underhållsprogrammet är att du förbereder dig själv innan arbetet påbörjas. Läs igenom samtliga avsnitt som tar upp det arbete som ska utföras, gör upp en lista över och skaffa de delar och verktyg som behövs för arbetet i fråga. Om du stöter på problem ska du fråga efter råd från en reservdelsspecialist eller återförsäljarens serviceavdelning.

2 Intensivunderhåll

Om fordonet underhålls helt enligt schemat sedan nytt och täta regelbundna kontroller av vätskenivåer och föremål som utsätts för stort slitage utförs, i enlighet med vad som rekommenderas i denna handbok, kommer

motorn att hållas i relativt bra och arbetsdugligt skick vilket minimerar behovet av ytterligare arbete.

Det är möjligt att motorn ibland kommer att gå orent på grund av brist på regelbunden service. Detta är än mer troligt om det gäller ett begagnat fordon och i sådana fall kan extra arbete, som ligger utanför det ordinarie serviceschemat, komma att behöva utföras.

Om du misstänker att motorn är sliten ger ett kompressionsprov (se kapitel 2A) värdefulla upplysningar om det generella skicket på de inre huvuddelarna. Ett sådant prov kan användas som en beslutsbas vad gäller omfattningen på det arbete som ska utföras. Om ett kompressionsprov till exempel indikerar att motorns insida är mycket sliten, kommer inte normalt underhåll enligt beskrivningarna i detta kapitel att förbättra motorns prestanda i någon större utsträckning. Det kan även vara så att normalt underhåll är ett slöseri med tid och pengar såvida inte ett omfattande renoveringsarbete (kapitel 2B) görs först.

Följande arbetsmoment är de som ofta krävs för att förbättra prestanda på en motor som går allmänt illa:

I första hand

a) Rengör, inspektera och testa batteriet (se "Veckokontroller")

b) Kontrollera samtliga vätskor som har med motorn att göra (se "Veckokontroller")

c) Kontrollera drivremmar till extrautrustning (avsnitt 21)

d) Inspektera fördelardosan, rotorarmen och

tändstiftskablarna (avsnitt 24)

e) Byt tändstift (avsnitt 25)

f) Kontrollera luftfiltret och byt element vid behov (avsnitt 26)

6) Byt bränslefilter (avsnitt 27)

i) Kontrollera samtliga slangar och leta efter läckage (avsnitt 5)

5 Om ovanstående åtgärder inte ger fullständig effekt, gör då följande:

I andra hand

Samtliga åtgärder under "I första hand" samt följande:

a) Kontrollera laddningen (kapitel 5A)

b) Kontrollera tändningssystemet (kapitel 5B)

c) Kontrollera bränslesystemet (kapitel 4A och B)

d) Byt fördelardosa och rotorarm (avsnitt 23)

e) Byt tändstiftskablar (avsnitt 24)

Varje 12 månader eller 15 000 km

3 Byte av motorolja och filter

1 Täta och regelbundna oljebyten är det bästa skyddsunderhåll en hemmamekaniker kan ge motorn, eftersom sliten olja tunnas ut och förorenas vilket leder till onödigt slitage av motorn.

2 Se till att du har alla de verktyg som behövs innan du börjar arbeta. Du ska även se till att ha gott om trasor eller gamla tidningar tillgängliga för att torka upp eventuellt spill. Oljan bör helst bytas medan motorn fortfarande är helt varmkörd. Direkt efter bilen har körts kommer varm olja och sediment att vara mer lättflytande. Var dock försiktig med att inte beröra avgassystemet eller andra heta delar av motorn medan du arbetar under

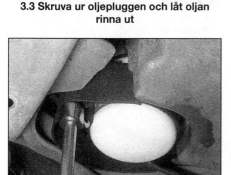

3.3 Skruva ur oljepluggen och låt oljan rinna ut

bilen. Det är att rekommendera att du bär handskar under arbetet. Detta för att skydda dig från brännskador och hudirritationer och eventuella föroreningar i begagnad motorolja. Du kommer mycket enklare åt att arbeta med fordonets undersida om bilen kan hissas upp med block, köras upp på en brygga eller pallas upp under axlarna (se "Lyftning och stödpunkter"). Oavsett metod ska du se till att fordonet är vågrätt, eller om lutat, att dräneringspunkten är längst ned.

3 Placera spilloljekärlet under oljepluggen och skruva ut denna **(se bild)**. Om möjligt, försök att hålla pluggen tryckt mot sumpen medan du skruvar ur de sista varven för hand.

 HAYNES TiPS *När oljepluggen släpper från gängorna, dra då snabbt undan den så att oljestrålen från sumpen går ner i spilloljekärlet, inte nerför overallssärmen!*

4 Låt oljan rinna ner i kärlet och kontrollera under tiden hur pluggens tätningsbricka ser ut. Byt ut brickan om den är sliten eller skadad.

5 Ge den gamla oljan god tid att rinna ut. Lägg märke till att det kan bli nödvändigt att flytta på spilloljekärlet när oljeflödet minskar. När all olja runnit ut, torka då av oljepluggen och gängorna, gänga in pluggen i sumpen och dra åt den ordentligt.

6 Oljefiltret finns längst fram nere till höger på oljesumpen.

7 Flytta spilloljekärlet till under oljefiltret och lossa sedan, vid behov med hjälp av lämpligt

filterborttagningsverktyg, på filtret och skruva sedan ut detta för hand. Var beredd på lite oljespill **(se bilder)**. Töm oljan i det gamla filtret i spilloljekärlet.

8 Använd en luddfri trasa till att torka av cylinderblocket runt filterfästet. Kontrollera att det gamla filtrets o-ring av gummi inte sitter kvar på motorn. Om den gör det, avlägsna den då med försiktighet.

9 Applicera en tunn hinna av ren motorolja på det nya filtrets o-ring **(se bild)**. Skruva in filtret i motorn till dess att det sitter på plats. Dra sedan åt det ordentligt för hand. **Använd inte** något verktyg till detta arbete.

10 Ta bort spilloljan och samtliga verktyg från bilens undersida och sänk ned den på marken.

11 Ta bort oljestickan och oljepåfyllningslocket från motorn. Fyll motorn med olja av rätt typ och klassificering (se Specifikationer). Fyll först på halva den angivna oljemängden och vänta i ett par minuter så att den hinner sjunka ned i sumpen. Fortsätt påfyllningen lite i taget till dess att nivån är vid den nedre delen av oljestickans märkning. En sista påfyllning om ca 1 liter höjer nivån till den övre delen av oljestickans märkning.

12 Starta motorn. Varningslampan för oljetrycket kommer att lysa i ett par sekunder medan oljefiltret fylls. Rusa inte motorn medan lampan är tänd. Varmkör motorn i ett par minuter medan du kontrollerar att det inte finns några tecken på läckage runt oljefiltrets packning och oljepluggen.

13 Stäng av motorn och låt oljan sjunka ned i sumpen igen under ett par minuter. När den

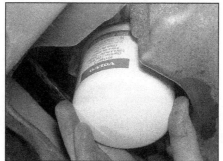

3.7a Lossa oljefiltret med lämplig filterborttagningsverktyg . . .

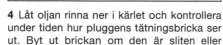

3.7b . . . och skruva ur det för hand

3.9 Lägg på ett tunt lager ren motorolja på det nya filtrets tätningsring

färska oljan därmed cirkulerat runt i motorn och filtret är fyllt, kontrollera då oljenivån på stickan och fyll på mer olja vid behov.

14 Sluthantera spilloljan på ett säkert sätt i enlighet med lokala miljöföreskrifter (se *"Generella reparationsprocedurer"*).

4 Kontroll av slitage på bromsklossar

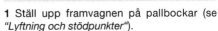

1 Ställ upp framvagnen på pallbockar (se *"Lyftning och stödpunkter"*).

2 Ta bort hjulen så att du lättare kommer åt bromsoken.

3 Titta genom inspektionsöppnignen i oket och kontrollera att tjockleken på friktionsmaterialet på var och en av klossarna inte understiger det minimum som rekommenderas i specifikationerna. Om någon av klossarna är nedsliten till, eller under, angiven gräns måste *samtliga fyra* klossar på den axeln bytas ut (d.v.s. samtliga främre eller bakre bromsklossar).

4 En fullständig kontroll av bromsklossarna innebär att dessa tas ut och rengörs. Bromsokens funktion kan då kontrolleras samtidigt som bromsskivorna undersöks noggrant. Se kapitel 9 vad gäller detaljerna kring detta arbete.

5 Kontroll av vätskeläckage och slangar under motorhuven

⚠ *Varning: Borttagande av slangar till luftkonditioneringen måste utföras av återförsäljarens serviceavdelning eller av specialister på luftkonditioneringsaggregat som har specialutrustning för sänkning av trycket i systemet. Ta aldrig bort delar av luftkonditioneringsaggregat eller slangar till dessa innan dess att trycket i systemet sänkts.*

Allmänt

1 Hög temperatur i motorrummet kan orsaka att slangar av plast och gummi bryts ned. Dessa slangar är väsentliga för funktionen av motor, extrautrustning och avgassystem. Därför ska dessa inspekteras med avseende på sprickor, lösa fästen, materialförhårdnader och läckage.

2 Kontrollera noggrant de grova övre och nedre kylarslangarna liksom de övriga slangarna och metallrören med mindre diameter som hör till kylsystemet. Glöm inte bort slangarna och rören från motorrummet till torpedplåten och kupevärmaren. Inspektera samtliga slangar efter hela längden och byt ut samtliga som har sprickor, är svullna eller visar andra tecken på skador. Sprickor kan bli mer framträdande om du klämmer på slangen.

3 Se till att samtliga slangkopplingar är åtdragna. Om de fjäderklämmor som används

En läcka i kylsystemet visar sig vanligen i form av en vit eller rostfärgad beläggning på områden i närheten av läckan.

till att säkra slangarna i systemet ser ut att slacka ska de bytas ut för att förhindra läckor.

4 Vissa andra slangar är fästa med slangklämmor. Där dessa används ska du kontrollera att de är åtdragna så att de inte läcker. Om ingen typ av klämma används ska du kontrollera att slangen inte har läckage som uppstått av att slangen expanderat eller hårdnat där den är dragen över fästet.

5 Kontrollera samtliga vätskebehållare, påfyllningslock, dräneringspluggar och anslutningar/fästen. Se till att det inte finns några tecken på läckage av olja, hydraulolja till växellåda eller bromsar, kylvätska eller olja till servostyrningen. Om fordonet regelbundet parkeras på samma plats kan en noggrann inspektion av marken under fordonet snabbt avslöja tecken på läckage. Ignorera vattenpölar som lämnas kvar om luftkonditioneringen använts. Så snart som ett läckage påträffas måste det spåras och rättas till. Om olja läckt ut under en längre tid måste vanligtvis rengöring utföras med ånga, högtryck eller liknande, så att läckagestället blir rent nog att den exakta punkten för läckaget kan identifieras.

Vakuumslangar

6 Det är ganska vanligt att vakuumslangar, speciellt de som används i avgasreningssystem är färgkodade eller numrerade, eller att de identifieras med ingjutna färgränder. Olika system kräver slangar med olika materialtjocklek och motståndskraft mot tryckskillnader och temperaturer. När du byter dessa slangar ska du försäkra dig om att de nya är tillverkade efter samma specifikationer som de gamla.

7 Att helt ta bort en slang från fordonet är ofta det enda sättet att effektivt kontrollera den. Om du tar bort mer än en slang i taget ska du se till att märka upp dessa och fästena så att de monteras tillbaka på sina rätta platser.

8 När du kontrollerar vakuumslangar ska du se till att inkludera eventuella T-kopplingar av plast i kontrollen. Inspektera fästen vad gäller tecken på sprickor och kontrollera slangens anslutningar vad gäller tecken på förvridningar som kan orsaka läckage.

9 En liten bit vakuumslang kan användas som stetoskop för att upptäcka vakuumläckor. Håll

ena änden av slangen mot örat och för den andra runt vakuumslangar och -kopplingar och lyssna efter det karakteristiska "pysande" ljudet av en vakuumläcka.

⚠ *Varning: När du testar med ett vakuumslangstetoskop ska du vara försiktig så att det inte kommer i kontakt med rörliga motordelar som drivremmar, kylarfläkt och annat.*

Bränsleledningar

⚠ *Varning: Innan du gör följande ska du studera de föreskrifter som finns i början av denna handbok under rubriken "Säkerheten främst!" och följa dessa till punkt och pricka. Bensin är en mycket farlig och lättantändlig vätska och de säkerhetsföreskrifter som gäller för hantering av bensin kan inte nog betonas.*

10 Kontrollera bränsleledningar vad gäller tecken på sprickor och skavning. Kontrollera speciellt noga vad gäller sprickor kring de delar där ledningen kröks och just före kopplingar som exempelvis där ledningarna går in i och ut ur bränslefiltret.

11 Använd endast bränsleledningar av hög kvalitet. Dessa är vanligen märkta genom att ordet "Fluoroelastomer" finns tryckt på ledningen. Du ska under inga som helst omständigheter använda oförstärkt vakuumslang, klar plastslang eller vattenslang som bränsleledning.

12 Fjäderklämmor används vanligtvis på bränsleledningar. Dessa förlorar med tiden sin elasticitet och kan även töjas vid borttagandet. När du byter bränsleledningar ska du byta ut fjäderklämmorna mot slangklämmor av skruvtyp.

Metallrör

13 Sektioner av metallrör används ofta som bränsleledning mellan bränslefiltret och motorn. Kontrollera noggrant att röret inte böjts eller klämts och att inga sprickor finns i metallen.

14 Om en metallsektion av bränsleledningen måste bytas ut ska endast sömlöst stålrör användas eftersom rör av koppar eller aluminium inte har den styrka som krävs för att stå emot normala motorvibrationer.

15 Kontrollera bromsledningarna av metall där de går in i huvudcylindern och hydraulenheten till ABS-systemet. Se till att de inte visar upp tecken på sprickor och att de är fast åtdragna. Varje tecken på läckage av bromsolja kräver en omedelbar och komplett inspektion av bromssystemet.

6 Kontroll av fjädring och styrning

Kontroll av framvagnens fjädring och styrning

1 Dra åt handbromsen och lyft upp framvagnen och stötta den med pallbockar.

2 Inspektera dammskydden över kullederna

6.5 Kontrollera slitage i hjullager genom att fatta tag i hjulet och försöka rucka på det

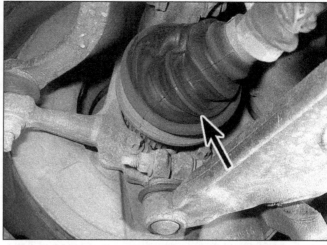

7.1 Kontrollera skicket på damaskerna (vid pil)

och damaskerna över styrningsdelarna vad gäller sprickor, skavningar och övriga skador. Varje skada på dessa delar orsakar förlust av smörjmedel samt att smuts och vatten tränger in i vilket leder till snabbt slitage av kulleder och styrningsdetaljer.

3 Kontrollera servostyrningens slangar vad gäller skavning och nedbrytning samt anslutningar mellan slang och rör vad gäller läckage. Kontrollera även om det förekommer läckage vid tryck på styrningsdamaskerna, vilket i så fall indikerar att packningarna inne i styrutrustningen gått sönder.

4 Leta efter tecken på vätskeläckage kring stötdämparen eller från gummidamasken (om monterad) runt kolvstången. Om du upptäcker vätska där är stötdämparen defekt och i behov av byte.

5 Fatta tag i hjulet med händerna i "klockan 12" och "klockan 6" **(se bild)** och försök att rucka på det. Ett mycket litet spel kan eventuellt kännas men om rörelsen är märkbar måste orsaken till denna undersökas närmare. Fortsätt att rucka på hjulet medan en medhjälpare trycker ned bromspedalen. Om hjulets spel nu försvinner eller minskas markant är det troligen hjullagren som är defekta. Om spelet kvarstår med nedtryckt bromspedal föreligger slitage i fjädringens leder eller fästen.

6 Fatta sedan tag i hjulet med händerna i "klockan 9" och "klockan 3" och försök att rucka på det. Eventuella rörelser som nu är märkbara kan orsakas av antingen slitna hjullager eller styrstagsändarnas kulleder. Om den yttre kulleden är sliten är rörelsen mycket märkbar. Om den inre leden är sliten kan detta kännas av genom att en hand placeras på kuggstångsstyrningens gummidamask och greppa tag i styrstaget. Om nu hjulet ruckas kommer en rörelse att kännas vid den inre kulleden om denna är sliten.

7 Kontrollera slitaget i fjädringsupphängningens bussningar med hjälp av en stor

skruvmejsel eller ett plattjärn. Stick in detta mellan fjädringsdelen och fästpunkten. En viss rörelse är normal i och med att bussningarna är av gummi, men större slitage är uppenbart. Kontrollera även skicket på synliga gummibussningar, leta efter sprickor, öppningar och föroreningar.

8 Ställ ned fordonet på hjulen och låt en medhjälpare vrida ratten fram och tillbaka med ungefär ett åttondels varv i taget. Det ska på sin höjd finnas ett ytterst litet spel mellan ratten och hjulen. Om något annat är fallet ska du noggrant observera de leder och fästen som tidigare beskrivits och även kontrollera rattstångens universalknutar vad gäller slitage liksom själva kuggstångsstyrningen.

9 Stötdämparnas effektivitet kan kontrolleras genom att gunga på fordonet i vardera främre hörnet. Generellt sett ska fordonet återgå till normalläge och stanna där efter en nedtryckning. Om den stiger upp och fortsätter gunga är stötdämparna antagligen defekta. Undersök även övre och nedre stötdämparfästen vad gäller tecken på slitage och läckor.

Kontroll av bakvagnens fjädring

10 Lägg klossar framför framhjulen och lyft upp bakvagnen på pallbockar.

11 Kontrollera slitaget i baknavens lager med den metod som beskrevs för framnavens lager (se paragraf 4).

12 Kontrollera slitaget i fjädringsupphängningens bussningar med hjälp av en stor skruvmejsel eller ett plattjärn. Stick in detta mellan fjädringsdelen och fästpunkten. En viss rörelse är normal i och med att bussningarna är av gummi, men större slitage är uppenbart. Kontrollera även skicket på stötdämparna med hjälp av ovan angivna metod.

7 Kontroll av drivaxlarnas damasker

1 Ställ upp bilen på pallbockar (se *"Lyftning och stödpunkter"*), ge fullt rattutslag och vrid långsamt på hjulet. Inspektera skicket på den yttre universalknutens damasker, kläm på dem för att öppna vecken **(se bild)**. Leta efter tecken på sprickor och delningar som kan släppa ut fett och låta vatten och smuts komma in i knuten. Kontrollera även skick och fästning för fästclipsen. Om skador påträffas ska damaskerna bytas enligt beskrivning i kapitel 8.

2 Kontrollera samtidigt det allmänna skicket på drivknutarna genom att fatta tag i drivaxeln och försök sedan att vrida på hjulet. Upprepa förfarandet med den inre knuten och försök sedan vrida på drivaxeln. Varje märkbar rörelse indikerar slitage i knutarna, slitage i splines eller en lös fästmutter för drivaxeln.

8 Kontroll av kopplingens hydraulik

1 Kontrollera att kopplingspedalen rör sig mjukt och jämnt genom hela slaglängden och att själva kopplingen fungerar korrekt utan att slira.

2 Demontera den ljuddämpande klädseln under instrumentbrädan så att du kommer åt kopplingspedalen och smörj upp pedaltappen med ett par droppar tunn olja och montera klädseln.

3 Kontrollera skicket på hydraulledningar och slangar inifrån motorrummet. Titta sedan på fordonet undersida där kopplingens slavcylinder finns. Kontrollera att den är fri från läckor runt gummidamasken och att länkningen är fast. Smörj tryckstångens gaffelstift med ett par droppar olja.

9.1 Manuella växellådans nivå/påfyllningsplugg (vid pil)

9 Kontroll av oljenivå i manuell växellåda

1 Den manuella växellådan saknar mätsticka. Kontrollera oljenivån i växellådan genom att palla upp fordonet vågrätt på pallbockar (se *"Lyftning och stödpunkter"*). På vänster sida av växellådshuset ser du påfyllnings-/nivå-pluggen och dräneringspluggen **(se bild)**. Torka rent kring påfyllnings/nivåpluggen (den övre) med en trasa och skruva ur pluggen. Om oljenivån är korrekt ska den vara i hålets underkant.

2 Om växellådan behöver mer olja (d.v.s. att oljenivån inte når upp till hålets underkant) ska du använda en spruta eller en plastflaska och en slangbit till att fylla på olja. När det börjar rinna olja ur hålet ska du inte fylla på mer. Se till att du fyller på med rätt typ av olja.

3 Sätt tillbaka pluggen och dra åt den ordentligt. Kör en kortare sträcka och kontrollera sedan att läckage inte uppstått.

4 Ett regelbundet behov av påfyllning av växellådan kan bara bero på att den läcker olja. Detta bör omedelbart åtgärdas.

10 Kontroll av bottenplatta och broms-/bränsleledningar

1 Palla upp bilen vågrätt på pallbockar (se *"Lyftning och stödpunkter"*), eller placera den på en smörjbrygga och inspektera sedan noggrant bottenplattan och hjulhusen vad gäller tecken på skador och rostangrepp. Var extra noga med trösklarnas undersidor och skrymslen där smuts och lera kan samlas. Där det finns rostangrepp ska du trycka och knacka hårt på panelen med en skruvmejsel och kontrollera om rostangreppet är så allvarligt att det kräver omedelbar reparation. Om rostangreppet inte är allvarligt, ta bort rosten och applicera ett nytt lager underredsmassa. Se kapitel 11 för mer

detaljerade upplysningar om karossreparationer.

2 Inspektera samtidigt rostskyddsbehandlade nedre karosspaneler vad gäller stenskott och allmänt skick.

3 Inspektera samtliga slangar och rör för broms- och bränslesystem vad gäller skador, rost, korrosion och läckage. Se även till att de är korrekt upphängda i sina fästen. Där sådana finns, kontrollera även PVC-överdragen på ledningarna.

4 Inspektera bromsslangarna i närheten av oken, där de utsätts för de största rörelserna. Böj dem (men inte dubbelt) mellan fingrarna och kontrollera att detta inte avslöjar tidigare dolda sprickor eller andra skador.

11 Kontroll av avgassystem

1 Låt motorn kallna ordentligt (minst tre timmar efter körning) och kontrollera hela avgassystemet från början vid motorn till slutet av röret. Detta ska helst göras med fordonet upphissat så att tillträdet är obehindrat. Om detta inte är genomförbart, lyft upp det på pallbockar (se *"Lyftning och stödpunkter"*).

2 Kontrollera rör och anslutningar vad gäller tecken på läckage, allvarlig rost och andra skador. Se till att samtliga fästen och gummihållare är i gott skick och väl spända. Om några fästen ska renoveras, se då till att utbytesdelarna är av rätt typ. Läckage i någon av fogarna eller i andra delar av systemet visar sig oftast som svarta sotfläckar i närheten av läckan.

3 Inspektera samtidigt bottenplattan vad gäller hål, rostangrepp, öppna svetsfogar och liknande som kan låta eventuella avgas-läckage komma in i passagerarutrymmet. Försegla alla hål med silikon eller tätnings-massa.

4 Skaller och andra missljud kan ofta härledas till avgassystemet och då särskilt till gummiupphängningen. Prova att röra på systemet, ljuddämpare och katalysator. Om någon del kan komma åt att röra vid bottenplattan eller fjädringen ska avgassystemet hängas upp med nya fästen.

12 Kontroll och justering av handbroms

Vid användning ska handbromsen vara fullt åtdragen inom 11 klick på handbromsspakens spärr. Justering krävs periodvis för att kompensera för vajrarnas töjning och slitage på bromsbeläggen. Justeringsproceduren finns beskriven i kapitel 9.

13 Kontroll av säkerhetsbälte

1 Kontrollera att säkerhetsbältena är hela och fungerar tillfredsställande. Inspektera själva bältena vad gäller fransning och andra skador. Kontrollera att de dras smidigt in utan att fastna i mekanismen.

2 Kontrollera fästpunkterna och se till att samtliga bultar är väl åtdragna.

14 Kontroll och smörjning av dörrar, baklucka och motorhuv

1 Kontrollera att dörrar, motorhuv och bagagelucka/baklucka stänger ordentligt. Kontrollera att huvlåset greppar ordentligt. Kontrollera dörrstoppens funktion.

2 Smörj gångjärn, dörrstopp, låsbleck och huvlås försiktigt med en liten mängd olja eller fett.

3 Om någon av dörrarna, motorhuven eller bakluckan inte stänger ordentligt eller inte ser ut att vara i jämhöjd med omgivande kaross ska relevanta justeringar utföras enligt beskrivning i kapitel 11.

15 Kontroll av strålkastarnas inställning

Precis inställning av strålkastarbilden kan bara utföras med optisk utrustning för detta och bör därför överlåtas till en Volvoverkstad eller annan verkstad med nödvändig utrustning.

I nödfall kan en grundinställning utföras, se beskrivning i kapitel 12.

16 Karosseri, kontroll av lackering och yttre dekor

1 Bästa tillfället att utföra denna kontroll är strax efter det att bilen tvättats, så att varje skråma eller felaktighet på ytan är klart framträdande och inte dold av en hinna med smuts.

2 Starta i ena främre hörnet och kontrollera alla lackerade ytor, leta efter småskråmor och mer allvarliga bucklor. Kontrollera all dekor och se till att den är ordentligt fastsatt hela vägen.

3 Kontrollera att alla dörrlås sitter fast, liksom alla speglar, märken, hjuldekorer, stötfångare och kylargrill. Om något löst påträffas, eller som behöver ytterligare uppmärksamhet, ska detta åtgärdas enligt anvisningarna i de relevanta kapitlen i denna handbok.

4 Korrigera alla problem med lackering och kaross enligt beskrivning i kapitel 11.

17 Kontroll av justeringen av automatväxellådans väljarvajer

1 Slå av tändningen och kontrollera att växelväljaren rör sig obehindrat mellan N och D men att den inte kan förflyttas till något annat läge utan att låsknappen trycks ned.
2 Dra åt handbromsen ordentligt och kontrollera att motorn endast kan startas med växelväljaren i lägena N och P. Starta motorn och för växelväljaren till D. Kontrollera att växellådan märkbart griper in när D väljs. Lägg åter in N och kontrollera att lådan verkligen är i neutralläge. Kontrollera slutligen att kraft-överföringen, när motorn är avstängd och växelväljaren är i läge P, är låst. Bekräfta detta genom att släppa upp handbromsen och knuffa på bilen.
3 Om automatväxellådan inte uppträder på ovan beskrivet sätt, justera väljarvajern enligt beskrivning i kapitel 7B.

18 Provkörning

Kontroll av bromsarnas funktion och prestanda

1 Försäkra dig om att fordonet inte drar åt en sida när du bromsar och att hjulen inte låser vid hård inbromsning.
2 Kontrollera att inga vibrationer känns i ratten vid inbromsning.
3 Kontrollera att handbromsen fungerar korrekt utan överdriven spakrörelse och att den håller fordonet stilla i en backe.
4 Testa bromsservons funktion med avslagen motor enligt följande. Tryck ned broms-pedalen fyra eller fem gånger för att upphäva vakuumet och starta sedan motorn. När motorn startar ska det finnas ett märkbart "spel" i bromspedalen medan vakuumet byggs upp. Låt motorn gå i minst två minuter och slå sedan av den igen. Om bromspedalen nu trycks ned ska det vara möjligt att lägga märke till ett väsande ljud från servon när pedalen trycks ned. Efter fyra eller fem nedtryckningar ska det inte höras något väsande och pedalen ska kännas märkbart styvare.

Styrning och fjädring

5 Kontrollera om det finns något onormalt med styrningen, fjädringen, väghållningen eller vägkänslan.
6 Kör fordonet och kontrollera att det inte finns ovanliga vibrationer eller ljud.
7 Kontrollera att styrningen känns positiv, att den inte är trög och att det inte finns överdrivet spel. Kontrollera också om det finns missljud i fjädringen vid kurvtagning eller körning över gupp.

Drivlinan

8 Kontrollera hur motorn, växellådan och drivlinan uppträder.
9 Kontrollera att motorn startar lätt oavsett om den är varm eller kall.
10 Lyssna efter ovanliga ljud från motor och växellåda.
11 Försäkra dig om att motorn har en jämn tomgång och att det inte finns tveksamheter vid acceleration.
12 För modeller med manuell växellåda, kontrollera att alla växlar kan läggas in mjukt utan missljud och att växelspakens funktion inte är onormalt vag eller hackig.
13 För modeller med automatväxellåda, se till att körningen är mjuk och ryckfri och utan motorrusningar. Kontrollera att samtliga växellägen kan väljas från stillastående.

Koppling

14 Kontrollera att kopplingspedalens rörelse är mjuk och lätt genom hela slaglängden och att själva kopplingen fungerar korrekt utan att slira. Om kopplingspedalens rörelse är ojämn eller styv ska kopplingspedalens mekanism kontrolleras enligt beskrivning i kapitel 6.

Instrument och elektrisk utrustning

15 Kontrollera att samtliga instrument och all elektrisk utrustning fungerar.
16 Försäkra dig om att samtliga instrument visar korrekta värden och slå på all elektrisk utrustning i tur och ordning för att kontrollera att den fungerar ordentligt.

19 Kontroll av oljenivå i automatväxellåda

1 Oljenivån i den automatiska växellådan ska noggrant upprätthållas. Låg oljenivå kan leda till slirning eller förlust av drivning medan för hög nivå kan orsaka skumning, oljeförlust och skador på växellådan.

2 Automatväxellådans oljenivå ska helst kontrolleras när lådan är varmkörd till sin normala arbetstemperatur. Om fordonet körts en halvtimme och oljetemperaturen är cirka 80°C är växellådan varmkörd.
3 Parkera fordonet på plan mark och dra åt handbromsen, starta motorn. Låt motorn gå på tomgång, tryck ned bromspedalen och flytta växelväljaren genom samtliga lägen och gå tillbaka till "P".
4 Vänta i två minuter med motorn på tomgång och ta sedan (med motorn igång) ut mätstickan ur röret som finns på motorns framsida (se bild). Notera oljans skick och färg på mätstickan.
5 Torka av mätstickan med en ren trasa och stick in den i röret igen till dess att locket sluter tätt.
6 Dra sedan ut mätstickan igen och notera oljenivån. Denna bör vara mellan märkena MIN och MAX på den sida av mätstickan som är märkt med HOT. Om nivån är vid märket MIN, stoppa motorn och fyll på med specificerad olja för automatväxellåda genom mätstickans rör. Vid behov, använd en ren tratt. Det är viktigt att se till att inte smuts kommer in i automatväxellådan vid påfyllning.
7 Fyll på med lite olja i taget och kontrollera mängden på tidigare angivet sätt till dess att rätt nivå uppnås. Skillnaden mellan MIN och MAX på mätstickan motsvarar ca. 0,5 liter.
8 Om bilen inte körts och motor och växellåda är kalla, utför stegen 3 till 7 men läs av på den sida av mätstickan som är märkt "COLD".
9 Regelbundet behov av påfyllning av automatväxellådan indikerar att den läcker. Denna läcka bör snarast återfinnas och åtgärdas.
10 Oljans skick ska även kontrolleras samtidigt med nivån. Om oljan i mätstickans ände är svart eller mörkt rödbrun eller om den luktar bränt, ska den bytas. Om du är tveksam över oljans skick ska du köpa lite färsk automalådeolja och jämföra den med den olja du har i växellådan vad gäller lukt och färg.

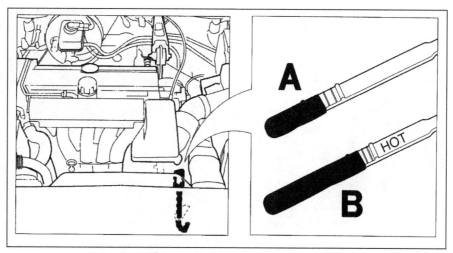

19.4 Automatlådans mätsticka, placering och markeringar

20 Kontroll av luftkonditioneringen

⚠ **Varning: Luftkonditioneringsanläggningen är under högt tryck. Lossa inte anslutningar och ta inte bort någon del innan trycket släppts ut.** Kylmedia i luftkonditioneringsanläggningar måste släppas ut på rätt sätt i godkända kärl hos en Volvoverkstad eller en specialist på luftkonditioneringsanläggningar för fordon, som har kapacitet att korrekt hantera kylmediat, **Bär alltid skyddsglasögon vid lossande av fästen i luftkonditioneringsanläggningar.**

1 Följande underhållskontroller ska utföras på regelbunden basis så att systemet arbetar med optimal effektivitet:

a) Kontrollera drivremmen till extrautrustningen. Om den är sliten eller trasig ska den bytas ut (se avsnitt 21).

b) Kontrollera systemets slangar. Leta efter sprickor, bubblor, hårda punkter och övriga skador. Inspektera slangarna och alla anslutningar vad gäller tecken på oljebubblor och svettning. Vid minsta tecken på slitage, skador eller läckor, byt slang(ar).

c) Inspektera kondenserarens kylflänsar vad gäller löv, insekter och annat skräp. Ta bort skräp med en mjuk borste eller tryckluft.

⚠ **Varning: Bär alltid skyddsglasögon vid arbete med tryckluft!**

d) Kontrollera att dräneringsröret framför förångaren inte är igensatt - lägg märke till att det är normalt att en klar vätska (vatten) droppar ur röret när systemet är i bruk. Detta så mycket ett en ganska stor vattenpöl kan bildas under bilen när den parkeras.

2 Det är en bra idé att köra systemet cirka 30 minuter åtminstone en gång i månaden, speciellt vintertid. Längre perioder utan användning kan orsaka att packningarna hårdnar och därmed inte längre fyller sin uppgift.

3 I och med att anläggningar för luftkonditionering är så komplexa och att det krävs speciell utrustning för underhåll är större reparationer inte medtagna i denna handbok, utom vad som beskrivs i kapitel 3.

4 Den vanligaste orsaken till dålig kylning är helt enkelt låg laddning med kylmedia. Om ett märkbart fall av kyleffekt uppstår ger följande snabbkontroll en möjlighet att avgöra om kylmedialaddningen är för låg.

5 Varmkör motorn till normal arbetstemperatur.

6 Ställ luftkonditioneringens temperaturväljare på det kallaste läget och fläkten till den högsta farten. Öppna dörrarna - för att se till att inte luftkonditioneringen slås av så snart som den kylt ned passagerarutrymmet.

7 När kompressorn är i drift - kopplingen avger ett märkbart klickljud och centrum av kopplingen roterar - känn på in- och utloppsrören på kompressorn. Ena sidan ska vara kall och den andra het. Om inte det finns en märkbar skillnad mellan rören är något fel med kompressorn eller systemet. Det kan vara för lite kylmedia - eller något annat. Ta bilen till en Volvoverkstad eller en specialist på luftkonditioneringsanläggningar.

Varje två år eller 30 000 km

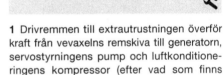

21 Kontroll och byte av drivrem till extrautrustning

1 Drivremmen till extrautrustningen överför kraft från vevaxelns remskiva till generatorn, servostyrningens pump och luftkonditioneringens kompressor (efter vad som finns monterat).

Kontroll

2 Se till att motorn är avslagen. Öppna sedan motorhuven och stötta den. Leta reda på drivremmen på vevaxelns remskiva. Var mycket försiktig och använd handskar så att du minskar risken för brännskador på händerna om dessa kommer i kontakt med heta delar om motorn nyligen varit igång.

3 Använd en inspektionslampa eller en liten ficklampa och vrid vid behov motorn runt med en hylsnyckel monterad på bulten på vevaxelns remskiva. Kontrollera drivremmen utmed hela längden och leta efter sprickor, lossnat gummi och slitna eller trasiga ribbor. Leta även efter fransning och glasering (denna ger remmen en glansig yta). Inspektera bägge sidorna av drivremmen. Detta innebär att du måste vrida den och där du inte kan se remmen kan du känna efter med fingertopparna. Om du tvivlar om remmens skick ska du byta den. Eftersom arbetsutrymmet är minimalt kan det vara lämpligt att hissa upp framvagnen på pallbockar. Demontera sedan hjul och vik tillbaka innerskärmen så att vevaxelns remskiva blir åtkomlig.

Byte

4 Drivremmens korrekta spänning upprätthålls kontinuerligt av en automatisk remspännare. Denna är fastbultad på motorns framsida och innehåller en fjäderbelastad mellanremskiva.

21.5 Fyrkantigt hål i spännararmen till hjälpaggregatets drivrem (vid pil)

21.6 Användning av hemmagjort verktyg (metallbit) för att lossa spännaren

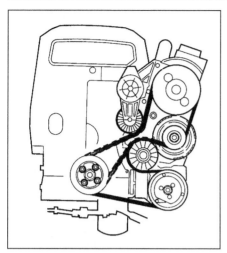

21.8 Hjälpaggregatets drivrem dragen över de olika remskivorna

Streckad linje visar dragningen på bilar utan luftkonditionering

5 Släpp upp remspännaren så att remmen kan lossas, notera att spännarens fästarm har endera ett 3/8-tum eller ett 3/4-tum fyrkantigt hål i centrum **(se bild)**. Detta finns där för att medge att den fyrkantiga sockeln på en förlängare till ett spärrskaft sticks in, så att fästarmen kan föras mot fjädertrycket. I praktiken finns det dock så lite spelrum mellan motorn och innerflygelns sida att det är i det närmaste omöjligt att sticka in förlängaren. Det finns dock en alternativ lösning!

6 Skaffa en metallbit bred nog att passa diagonalt i det fyrkantiga hålet och stick in den så att den precis sticker ut förbi hålet. Vrid sedan metallbiten (och därmed fästarmen) med en skiftnyckel eller tång **(se bild)**.

7 Vrid spännarmsfästet så att remspänningen släpper och dra av remmen från samtliga remskivor. Släpp spännaren och ta undan remmen.

8 Vrid spännaren efter behov och montera den nya remmen över remskivorna på visat sätt. Se till att den sätter sig korrekt **(se bild)**. Lossa remspännaren som då justeras in automatiskt.

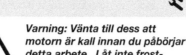

22 Byte av kylvätska

⚠️ *Varning: Vänta till dess att motorn är kall innan du påbörjar detta arbete. Låt inte frostskyddsmedel komma i kontakt med huden eller lackerade ytor på fordonet. Skölj omedelbart undan eventuellt spill med stora mängder vatten. Låt aldrig frostskyddsmedel finnas i ett öppet kärl eller i en pöl på uppfarten eller garagegolvet. Barn och husdjur attraheras av den söta lukten och frostskyddsmedel kan vara livsfarligt att förtära.*

Observera: *Om Volvos kylvätska typ C, i specificerat blandningsförhållande funnits kontinuerligt i systemet krävs normalt sett inte byte av kylvätska. Men för att vara säker på frostskyddets kvalitet och antikorrosionsskydd rekommenderas regelbundna byten av kylvätskan.*

Dränering av kylvätska

1 Dränera kylarsystemet genom att först ta bort expansionskärlets lock (se *"Veckokontroller"*). Flytta värmeaggregatets temperaturstyrning till hett.

2 Om du behöver mer arbetsutrymme lyfter du upp framvagnen och ställer den på pallbockar (se *"Lyftning och stödpunkter"*).

3 Där en motorskyddsplåt finns monterad ska denna tas bort. Placera sedan ett stort uppsamlingskärl under kylaren. Öppna dräneringskranen i kylarens nedre vänstra hörn och låt strålen rinna direkt i uppsamlingskärlet **(se bild)**.

4 När kylaren tömts flyttar du kärlet till motorns högra sida och skruvar ur motorblockets dräneringsplugg **(se bild)**. Låt all kylvätska rinna ut ur motorblocket.

Urspolning av systemet

5 Med tiden kan kylsystemet komma att gradvis tappa effektivitet i och med att kylarens kärna fylls igen med rost, kalkavlagringar från vattnet och annat sediment. Detta är speciellt vanligt om en sämre klass av frostskyddsmedel använts och som inte förnyats regelbundet. Minimera detta genom att dels använda endast förstklassigt frostskyddsmedel och rent mjukt vatten och även spola ur systemet enligt följande så snart som någon del av det rubbas och/eller när kylvätskan byts ut.

6 När kylvätskan tömts ur, stäng dräneringarna och fyll systemet med rent vatten. Sätt tillbaka expansionskärlets lock, starta och varmkör motorn till normal arbetstemperatur och stoppa motorn. Låt motorn kallna igen och töm ur systemet. Upprepa proceduren vid behov till dess att endast rent vatten töms ur och fyll sedan på med färsk kylarvätska blandad med frostskyddsmedel enligt specifikationerna.

7 Om endast rent mjukt vatten och högkvalitativt frostskyddsmedel använts och kylvätska bytts ut med angivna mellanrum, kommer ovanstående procedur att vara tillräcklig för att hålla systemet rent under en mycket lång tid. Om systemet däremot inte skötts om på rätt sätt behövs en mer omfattande urspolning enligt följande.

8 Töm först kylvätskan och ta sedan loss både övre och nedre kylarslangarna. Stick in en vattenslang i den övre kylarslangen och spola igenom kylaren till dess att endast rent vatten kommer ut ur den nedre kylarslangen.

9 Spola igenom motorn genom att demontera termostaten (se kapitel 3) och stick in slangen i termostatens utlopp och spola igenom till

22.3 Placeringen för kylarens dräneringskran (vid pil)

22.4 Cylinderblockets dräneringskran (vid pil)

dess att endast rent vatten rinner ut ur öppningen. Om vattnet fortfarande, efter en rimlig spolningstid, inte är rent ska kylaren spolas ur med ett bra, godkänt, rengöringsmedel.

10 I händelse av mycket svåra föroreningar kan en omvänd spolning komma att bli aktuell. Gör denna genom att ta bort kylaren (se kapitel 3) och vänd den upp och ned och stick in slangen i det undre kylarslangsfästet och spola till dess att rent vatten rinner ur det övre. En liknande procedur kan användas till att spola ur värmeelementet.

11 Användningen av kemiska rengöringsmedel ska betraktas som en sista utväg. Normalt ska regelbundet byte av kylvätska förhindra överdriven nedsmutsning av kylsystemet.

Påfyllning av kylvätska

12 När kylsystemet tömts och spolats, se då till att alla lossade slanganslutningar dras åt korrekt och dräneringskranarna är väl åtdragna. Om motorskyddsplåten tagits bort ska den nu sättas tillbaka. Om fordonet lyfts upp ska det nu ställas ner på marken.

13 Blanda en tillräcklig mängd med specificerad kylvätskeblandning (se kapitel 3) och gör i ordning lite extra så att du har en påfyllningsreserv.

14 Fyll systemet långsamt via expansionskärlet. Eftersom detta är den högst belägna punkten i kylsystemet kommer all luft i detta att tryckas upp i expansionskärlet av den stigande vätskenivån. En långsam påfyllning minskar risken av att luftblåsor bildas och blockerar systemet. Det är även en hjälp om tjocka slangar kläms försiktigt under påfyllningen.

15 Fortsätt påfyllningen till dess att kylvätskenivån når expansionskärlets MAX-linje och sätt på locket.

16 Starta motorn och låt den gå på tomgång till dess att normal arbetstemperatur uppnåtts. Om nivån i expansionskärlet sjunkit märkbart, fyll då på till MAX-linjen för att minimera den luftmängd som cirkulerar i systemet.

17 Stoppa motorn och låt den kallna *helt* (helst över natten) och ta sedan av expansionskärlets lock och fyll på till MAX-linjen. Sätt på expansionskärlets lock och dra åt det ordentligt och spola bort eventuellt spill av kylvätska från motorrummet och karossen.

18 Efter påfyllning ska du alltid kontrollera alla delar av systemet (och i synnerhet alla anslutningar som lossats vid tömning och urspolning) och leta efter tecken på läckage av kylvätska. Färskt frostskyddsmedel fungerar sökande och exponerar snabbt svaga punkter i systemet.

Observera: *Om systemet efter tömning och påfyllning, visar tecken på överhettning som inte tidigare fanns, beror det med största sannolikhet på att en luftblåsa finns fångad i systemet, vilken blockerar och minskar genomströmningen av kylvätska. Oftast beror detta på att påfyllningen var för snabb. I vissa fall kan blockerande luftblåsor släppas lösa genom att knacka och klämma på olika slangar. Om felet kvarstår, stoppa motorn och låt den kallna helt innan locket till expansionskärlet öppnas eller slangar lossas för att tappa ur luften.*

23 Byte av bromsolja

 Varning: Hydraulisk bromsolja kan skada ögon och lackerade ytor så var ytterst försiktig vid hanteringen. Använd inte bromsolja som stått en längre tid i ett öppet kärl i och med att den absorberar fukt från luften. För hög vattenhalt i bromsolja kan orsaka farlig förlust av bromseffekt.

Byte av bromsolja liknar urtappning av luft ur hydraulsystemet, vilket beskrivs i kapitel 9, med undantag för att bromsoljebehållaren bör tömmas genom ursugning med sifon och att marginal ska ges för den gamla oljan som tas bort ur systemet när en sektion av detta luftas.

> **HAYNES TiPS** *Gammal bromsolja är alltid mycket mörkare i färgen än färsk, vilket gör det enkelt att skilja dem åt.*

Varje tre år eller 50 000 km

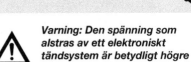
24 Kontroll av fördelarlock, rotorarm och tändkablar

 Varning: Den spänning som alstras av ett elektroniskt tändsystem är betydligt högre än den som alstras av ett vanligt tändsystem. Därför måste stor försiktighet iakttagas vid arbete med dessa system om tändningen är påslagen. Personer med pacemaker ska hålla sig på ett betryggande avstånd från strömkretsar, delar och mätinstrument i tändningssystemet.

1 Tändkablarna ska undersökas en i taget så att inte tändföljden rubbas. Denna är viktig för motorns korrekta arbete. Bered tillträde till kablarna och koppla loss dem på det sätt som beskrivs för kontroll och byte av tändstift.

2 Kontrollera om det finns korrosion i tändhattens insida, den liknar i så fall ett grovt vitt puder. Rengör efter bästa förmåga. Om det finns för mycket eller om rengöringen lämnar metallytan för angripen för fortsatt användning, måste kabeln bytas ut. Tryck tillbaka tändhatt och kabel på tändstiftet. Tändhatten måste passa in tätt mot stiftet - om inte, ta ut kabeln och använd en tång till att försiktigt krympa metallanslutningen inne i hatten till dess att den har god passform.

3 Använd en ren trasa och torka av hela tändkabeln så att ansamlad smuts och fett avlägsnas. När kabeln är ren, kontrollera att den inte har brännmärken, sprickor eller andra skador. Böj inte kabeln tvärt eftersom detta kan bryta sönder den elektriska ledaren i den.

4 Inspektera övriga tändkablar och se till att var och en är ordentligt fastsatt i fördelardosan och i tändstiftet efter avslutad inspektion. Om spår av ljusbågar, allvarlig korrosion, brännmärken, sprickor eller andra skador föreligger, skaffa nya tändkablar och byt ut dem som en hel sats.

> **HAYNES TiPS** *Om nya tändkablar monteras, ta då bort de gamla en i taget och montera den nya på exakt samma plats som den gamla.*

5 Se kapitel 5B och ta bort fördelardosan och rengör den noggrant på både in- och utsidan med en ren, torr och luddfri trasa.

6 Undersök de delar av tändkablarna som finns inne i fördelaren. Om de ser ut att vara svårt brända eller märkta ska fördelarlocket bytas ut. Kontrollera även kolborsten i lockets centrum. Se till att den rör sig fritt och har ett gott utstick från sin hållare. Kontrollera att det inte finns sprickor eller svarta ränder på insidan av locket. Om dessa förekommer måste locket bytas ut.

7 Inspektera rotorarmen, kontrollera att den sitter som den ska och att den inte visar tecken på slitage enligt ovan.

8 När kontrollen är avslutad ska locket sättas tillbaka enligt beskrivningen i kapitel 5B.

25 Byte av tändstift

1 Det är av avgörande betydelse för motorns korrekta arbete, fulla prestanda och avsedda ekonomi att tändstiften är maximalt effektiva. Den viktigaste faktorn i detta är att se till att de tändstift som finns monterade är av rätt typ för motorn i fråga (se Specifikationer). Om lämplig typ av tändstift används och motorn är i gott skick ska tändstiften inte behöva uppmärksamhet mellan schemalagda servicetillfällen. Det är sällan nödvändigt att rengöra tändstift och detta bör endast utföras med speciell utrustning eftersom skador på elektroderna är lätta att åstadkomma.

25.3 Tag av tändstiftets hölje

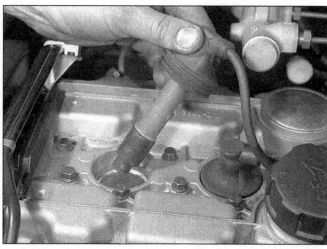

25.5 Dra ut tändkablarna genom att greppa i gummidamaskerna, inte själva kablarna

2 Borttagning och montering av tändstift kräver en tändstiftsnyckel med en förlängning som kan vridas av ett spärrskaft eller liknande. Hylsan i tändstiftsnyckeln är inklädd med gummi för att skydda porslinsisoleringen och för att hålla fast tändstiftet när du sticker in detta i gängen i tändstiftshålet. Du behöver även ett bladmått så att du kan kontrollera och eventuellt justera elektrodavståndet samt en momentnyckel så att de nya tändstiften kan dras åt med angivet moment.

3 Ta bort tändstiften genom att först öppna och spärra motorhuven och sedan demontera tändstiftskåpan **(se bild)**. Lägg märke till hur tändkablarna är dragna och fästa med clips och hur de är placerade högst upp på topplocket. Förhindra möjligheten av att blanda ihop tändkablarna genom att arbeta med ett tändstift i taget.

4 Om märkningen på originalkablarna inte är synlig märker du upp dem 1 - 5 motsvarande den cylinder kabeln i fråga leder till.

5 Dra loss kablarna från stiften genom att greppa tag i tändhattarna, inte själva kablarna eftersom ett drag i kabeln kan lossa kontakten inne i hatten **(se bild)**.

6 Skruva ur tändstiften och se till att hylsan hålls i linje med stiftet - om hylsan tvingas åt endera sidan kan porslinstoppen på tändstift brytas av **(se bild)**. Om du stöter på märkbara svårigheter vid urskruvandet av ett tändstift ska du noggrant kontrollera att gängen i topplocket och de koniska tätningsytorna inte är skadade, slitna eller korroderade. Om något av dessa tillstånd föreligger, fråga en återförsäljare om bästa sättet att reparera felet.

7 Undersök varje stift som tas ur enligt följande eftersom detta ger en god indikation på motorns skick. Om den isolerade tändstiftsspetsen är ren och vit utan beläggningar indikerar detta en mager blandning.

8 Om spetsen är täckt med en hård svart beläggning indikerar detta att blandningen är för fet. Om tändstiftet är svart och oljigt är det troligt att motorn är ganska sliten, förutom att blandningen är för fet.

9 Om tändstiftsspetsen är täckt med en lätt ljusbrun eller gråbrun beläggning är bränsle/luftblandningen korrekt och det är troligt att motorn är i bra skick.

10 Elektrodavståndet på tändstiften är synnerligen viktigt. Om det är för stort eller för litet påverkar detta gnistans storlek vilket minskar effekten. Elektrodavståndet ska vara det som anges i specifikationerna.

11 Ställ in elektrodavståndet genom att först mäta upp det med ett bladmått eller ett justeringsverktyg och böj sedan den yttre elektroden inåt eller utåt efter behov till dess att avståndet är korrekt **(se bild)**. Centrumelektroden ska aldrig böjas eftersom detta kan spräcka isoleringen och göra att stiftet inte fungerar - i bästa fall. Om den yttre elektroden inte är mitt över centrumelektroden kan den försiktigt böjas på plats.

25.6 Skruva ur tändstiften med en tändstiftsnyckel

25.11 Justering av tändstiftets elektrodavstånd

12 Innan tändstift monteras ska du kontrollera att de gängade anslutningshylsorna på toppen av tändstiften är fast åtdragna och att stiftets yttre ytor och gäng är rena.

13 Vid installering av tändstift, kontrollera först att topplockets gängor och tätningsytor är så rena som möjligt. Använd en ren trasa lindad runt en pensel och torka ren tätningsytorna. Lägg på lite kopparbaserat fett eller gängsmörjning på tändstiftens gängor och skruva in dem för hand så långt det går. Var extra försiktig och se till att stiften tar rätt gäng.

14 När alla stiften tagit rätt gäng ska de skruvas in så mycket att de just ligger an mot

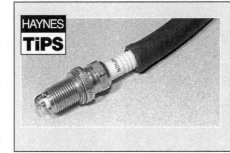

Det kan ofta vara svårt att skruva in tändstift utan att de tar fel gäng. Ett sätt att undvika detta är att dra en kort bit gummislang över tändstiftets ände. Denna flexibla slang fungerar som en universalknut och hjälper till att styra in stiftet i gängen. Om stiftet tar fel gäng kommer slangen att glida på stiftet vilket förhindrar skador på gängen i topplocket.

tätningsytorna. Dra sedan åt dem med momentnyckel till angivet moment.

15 Sätt tillbaka tändkablarna i rätt ordning, använd en liten vridning på hattarna så att de trycks fast ordentligt. Montera tändstiftskåpan.

Varje fyra år eller 65 000 km

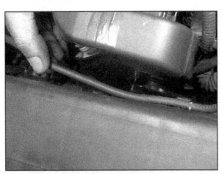

26.2 Lossa tändkabeln från clipset på luftrenarlocket

26 Byte av luftfilter

1 Lossa slangklämman och demontera utluftstrumman och, där tillämpligt, ventilationsslangarna på luftrenarlocket.

2 Lossa luftflödesmätaren eller inluftstemperaturmätarens kontakt på luftrenarlocket. Lossa tändkabeln till tändspolen från clipsen på lockets baksida **(se bild)**.

3 Lossa de clips som fäster luftrenarlocket vid huset **(se bild)**.

4 Lyft på luftrenarlocket och ta ut filtret **(se bild)**.

5 Torka rent i huset och täck över med en trasa. Var försiktig så att inte skräp sopas ned i insuget.

6 Montera det nya filtret, se till att rätt sida är uppåt. Tryck in kantpackningen på filtret i spåret i huset.

7 Montera locket och fäst det med clipsen.

8 Där tillämpligt, koppla in kontakten och fäst tändkabeln med clips.

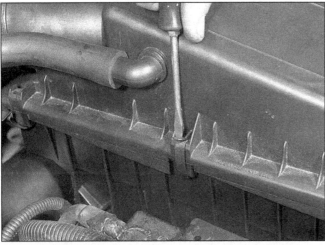

26.3 Lossa de clips som fäster luftrenarlocket vid huset

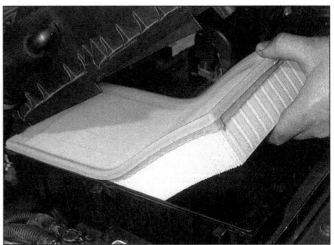

26.4 Lyft av locket och ta ut luftfiltret

Varje fem år eller 75 000 km

27 Byte av bränslefilter

⚠ **Varning: Innan följande arbete utförs ska du studera de säkerhetsföreskrifter som anges i "Säkerheten främst!" i början av denna handbok. Bensin är en mycket farlig och lättantändlig vätska och de säkerhetsåtgärder som måste vidtas vid arbete med denna kan inte nog betonas.**

1 Bränslefiltret finns placerat på bilens bakre undersida, strax framför bränsletanken (se bild).
2 Lossa batteriets jordkabel.
3 Lyft upp fordonet på en brygga eller kör det över en smörjgrop (se *"Lyftning och stödpunkter"*).
4 Rengör noggrant området kring bränslerörsanslutningarna i var ände av filtret och täck bägge med absorberande trasor.
5 Lossa snabbkopplingarna med en 17 mm fast nyckel, så att hylsorna kan dras tillbaka. Var beredd på spill när kopplingarna lossas.

27.1 Bränslefiltrets placering, slanganslutningar och fästband

Plugga kopplingarna så att ytterligare spill undviks.
6 Lossa fästbandets bult och lyft ut filtret.
7 Montera det nya filtret och se till att detta är vänt åt samma håll som det gamla. Notera att pilen på det nya filtret anger riktningen för bränsleflödet.
8 Fäst filterbandet och tryck tillbaka bränsleanslutningarna på filtret.
9 Återanslut batteriet. Starta motorn och kontrollera att det inte finns några läckor.

⚠ *Varning: Sluthantera det gamla filtret på ett säkert sätt, det är brandfarligt och kan explodera om det kastas på en brasa.*

28 Kontroll av avgasreningen

Av de system för avgasrening som kan finnas monterade är det bara vevhusventilationen och bränsleavdunstningens utsläppsreglering som kräver regelbunden kontroll. Den är då så enkel som att det enda som krävs är att kontrollera att slangarna går fritt och inte är skadade. Detaljbeskrivning av denna kontroll finns i kapitel 4B.
Om du misstänker att något av de andra systemen inte fungerar ordentligt ska du ta kontakt med en Volvoverkstad.

29 Byte av kamrem - endast 1992 & 1993 års modeller (21 mm kamrem)

Se kapitel 2A.

Varje åtta år eller 120 000 km

30 Byte av kamrem - 1994 års modeller och framåt (23 mm kamrem)

Se kapitel 2A.

Anteckningar

Kapitel 2 Del A:
Reparationer med motorn i bilen

Innehållsförteckning

Svårighetsgrad

Enkelt, passar novisen med lite erfarenhet	Ganska enkelt, passar nybörjaren med viss erfarenhet	Ganska svårt, passar kompetent hemma-mekaniker	Svårt, passar hemmamekaniker med erfarenhet 	Mycket svårt, för professionell mekaniker

Specifikationer

Allmänna

Identifiering:
B5202 S	1984 cc 10-ventils sugmotor
B5204 S	1984 cc 20-ventils sugmotor
B5204 T	1984 cc 20-ventils turboladdad motor
B5234 S	2319 cc 20-ventils sugmotor
B5234 T/T5	2319 cc 20-ventils turboladdad motor
B5252 S	2435 cc 10-ventils sugmotor
B5254 S	2435 cc 20-ventils sugmotor

Borrning:
Samtliga motorer utom B5252S och B5254S	81,0 mm
B5252S och B5254S	83,0 mm

Slaglängd:
Motorerna B5202S, B5204S, B5204T	77,0 mm
Motorerna B5234S, 5234T/T5, B5252S, B5254S	90,0 mm

Kompressionsförhållande:
B5202S	10,0:1
B5204S	10,3:1
B5204T	8,4:1
B5234S	10,5:1
B5234T/T5	8,5:1
B5252S	10,0:1
B5254S	10,5:1

Kompressionstryck:
Sugmotorer	13 till 15 bar
Turboladdade motorer	11 till 13 bar
Variation mellan cylindrar	max 2 bar
Tändföljd	1-2-4-5-3 (Cylinder 1 närmast kamrem)
Vevaxelns rotationsriktning	Medsols (sett från motorns framsida)

Kamaxel

Identifieringskod (instansad i änden)

B5202S	HAI (insug)	HFE (avgas)
B5204S	PGI (insug)	PGE (avgas)
B5204T	PHI (insug)	PHE (avgas)
B5234S	PGI (insug)	PGE (avgas)
B5234T/T5	PHI (insug)	PHE (avgas)
B5252S	HEI (insug)	HEE (avgas)
B5254S		
Med LH3.2 Jetronic bränsleinsprutning	PGI (insug)	PGE (avgas)
Med Motronic 4.3 motorstyrningssystem	PLI (insug)	PFE (avgas)

Maximalt ventillyft (insug och avgas):
- B5202S .... 9,60 mm
- B5204S .... 8,45 mm
- B5204T .... 7,95 mm
- B5234S .... 8,45 mm
- B5234T/T5 .... 7,95 mm
- B5252S .... 9,60 mm
- B5254S .... 8,45 mm

Kamaxelns axialspel .... 0,05 till 0,20 mm

Ventiltryckare (kamföljare)

Diameter:
- 10-ventils motorer .... 34,959 till 35,025 mm
- 20-ventils motorer .... 31,959 till 32,025 mm

Höjd .... 25,500 till 26,500 mm

Smörjsystem

Oljetryck (varm motor @ 4 000 rpm) .... 3,5 bar
Typ av oljepump .... Kugghjul, driven från vevaxeln
Maximalt spel mellan pumpkugghjul och hus .... 0,35 mm
Obelastad fjäderlängd, tryckreduceringsventilen .... 82,13 mm

Åtdragningsmoment*

	Nm
Kamremsspänningens bultar	25
Kamremsspänningens remskiva	40
Kamremsspänningens mellanremskiva	25
Kamdrevsbultarna	20
Topplockets övre del till den nedre	17

Topplockets nedre del till block:**
- Steg 1 20
- Steg 2 60
- Steg 3 .... dra ytterligare 130°

Vevaxelns remskiva till drevbultar:
- Steg 1 25
- Steg 2 .... dra ytterligare 30°

Vevaxeldrevets centrummutter 180
Oljepump till cylinderblock 10

Svänghjul/drivplatta**
- Steg 1 45
- Steg 2 .... dra ytterligare 50°

Övre motorstag till motorfäste:
  Tidiga modeller (M8 bult):**
- Steg 1 18
- Steg 2 .... dra ytterligare 120°

  Senare modeller (M10 bult):**
- Steg 1 35
- Steg 2 .... dra ytterligare 90°

Övre motorstag till torpedplåtsfäste:
- Steg 1 35
- Steg 2 .... dra ytterligare 60°

Övre motorstagsfäste till motor:
  Övre mutter 25
  Nedre bultar:**
- Steg 1 45
- Steg 2 .... dra ytterligare 90°

Nedre motorstagsfäste till växellåda:**
- Steg 1 35
- Steg 2 .... dra ytterligare 40°

Nedre motorstagsfäste till monteringsram:
Tidigare modeller (M8 bult)   30
Senare modeller (M12 bult):**
Steg 1   65
Steg 2 . . . .   dra ytterligare 60°
Nedre motorstagsbussningar till fästen:**
Steg 1   35
Steg 2 . . . .   dra ytterligare 90°
Främre/bakre motorinfästningar, bultar/muttrar   50
Höger motorinfästning till monteringsram:**
Steg 1   65
Steg 2 . . . .   dra ytterligare 60°
Höger motorfäste till motor:
10 mm bultar:**
Steg 1   35
Steg 2 . . . .   dra ytterligare 60°
8 mm bultar:**
Steg 1   20
Steg 2 . . . .   dra ytterligare 60°
Höger motorinfästning till motorfäste
Steg 1   35
Steg 2 . . . .   dra ytterligare 90°
Bakre motorfäste till växellåda   50
Främre motorfäste till växellåda   25
Hjulbultar   110
Oljad gäng såvida inte annat anges
***Använd alltid nya bultar/muttrar.**

1 Allmän information

Hur detta kapitel används

Denna del av kapitel 2 beskriver de reparationer som normalt sett kan utföras medan motorn finns kvar i bilen. Om motorn lyfts ur och demonteras enligt beskrivningarna i del B kan förberedande demonteringsarbete ignoreras.

Lägg märke till att även om det fysiskt sett är möjligt att utföra arbeten som renovering av kolv/vevstaksmontage medan motorn är på plats, så utförs vanligtvis inte sådant arbete separat. I regel ska ett flertal andra moment (för att inte tala om rengöring av delar och oljekanaler) utföras. Av den orsaken är den typen av arbeten klassade som större reparationer och därför beskrivna i del B i detta kapitel.

Del B beskriver hur motor och växellåda lyfts ur och de kompletta renoveringsarbeten som då kan utföras.

Beskrivning av motorn

Denna femcylindriga motor har dubbla överliggande kamaxlar och har 2 eller 4 ventiler per cylinder beroende på typ. Cylindrarna är placerade i rad och motorn är tvärställt monterad i motorrummet. Motorerna B5202 och B5204 har slagvolymen 2,0 liter, B5234 har slagvolymen 2,3 liter och B5252 och B5254 har slagvolymen 2,5 liter.

Hela motorn är konstruerad i aluminium och består av 5 delar. Topplocket består av en övre och en nedre del och cylinderblocket,

mellanstycket och sumpen är de övriga delarna. Topplockets övre och nedre delar är sammanfogade längs med kamaxlarnas centrumlinje medan cylinderblocket och mellanstycket är sammanfogade i vevaxelns centrumlinje. En konventionell topplockspackning används mellan topplocket och blocket medan flytande packningsmassa används mellan de resterande delarna.

Cylinderblocket innehåller fem torra cylinderfoder av gjutjärn som är ingjutna i blocket och de kan inte bytas. Gjutjärn används även som förstärkning i mellanstycket i ramlagerområdet.

Kamaxeln drivs med tandrem till drev och drivningen innehåller en automatisk spännanordning. Kamremmen driver även vattenpumpen. Samtliga hjälpaggregat drivs från vevaxelns remskiva av en flerribbad drivrem.

Topplocket är av korsflödestyp (crossflow), insugsportarna finns på motors framsida och avgasportarna på baksidan. Topplockets övre del kombinerar funktionen hos en ventil- och en kamkåpa, kamaxlarna löper i 6 glidlager som är integrerade i topplockets delar. Ventilerna lyfts av underhållsfria hydrauliska ventiltryckare som direkt påverkas av kamaxlarna. Motorerna med 2,0 och 2,5 liters volym finns med både 10 och 20 ventiler medan samtliga 2,3 liters motorer har 20 ventiler.

Vevaxeln roterar i sex glidlagrade ramlager, även vevstakarnas storändar är glidlagrade. Vevaxelns axialspel absorberas av integrerade tryckbrickor i ramlager nr 5.

Smörjningen är av typen helflödes tryckmatning. Olja sugs upp från sumpen av en kugghjulspump som drivs från vevaxelns framsida. Oljan, under tryck, passerar genom

ett helflödesfilter innan den matas till de olika axellagringarna och till topplocket. På turbomodeller finns en extern oljekylare monterad bredvid kylaren. Turbomodeller har även en matning och retur av olja från turboaggregatets lager.

Reparationer som kan utföras med motorn på plats i bilen

Följande arbeten kan utföras utan att motorn lyfts ut ur bilen:

a) Kompressionsprov - test.
b) Kamrem - demontering och montering.
c) Kamaxelns packboxar - byte.
d) Kamaxel och ventiltryckare - demontering och montering.
e) Topplock - demontering och montering.
f) Topplock och kolvar - sotning.
g) Vevaxelns packboxar - byte.
h) Oljepump - demontering och montering.
i) Svänghjul/drivplatta - demontering och montering.
j) Motorinfästningar - demontering och montering.

2 Kompressionsprov – beskrivning och uttolkning

1 När motorns prestanda sjunker, eller om den misständer utan att detta kan förklaras av felaktigheter i tändningen eller bränslesystemet, kan ett kompressionsprov ge ledtrådar till motorns skick. Om dessa prov utförs regelbundet kan de förvarna om problem innan andra symtom uppträder.

2 Motorn måste vara helt varmkörd till normal arbetstemperatur, batteriet måste vara fulladdat och samtliga tändstift måste vara uttagna (se kapitel 1). En medhjälpare behövs.
3 Deaktivera tändsystemet genom att koppla ur varvtalsgivarens kontakt. Koppla även ur elledningarna till bränsleinjektorerna så att bensin inte kan förorena katalysatorn.
4 Placera kompressionsprovaren i tändstiftshålet i cylinder 1 - den typ av kompressionsprovare som gängas in i tändstiftshålet är att föredra.
5 Låt medhjälparen ge full gas och dra runt motorn med hjälp av startmotorn. Efter ett eller två varv bör kompressionstrycket byggas upp till fullt värde och sedan stabiliseras. Anteckna det högsta värde som avges.
6 Upprepa provet med den resterande cylindrarna och anteckna trycket i var och en av dem.
7 Samtliga cylindrar bör uppvisa liknande värden. En skillnad mellan två cylindrar som överstiger 2 bar indikerar ett fel. Lägg märke till att kompressionstrycket byggs upp snabbt i en frisk motor. Lågt tryck på första slaget som följs av ett gradvis stigande tryck med efterföljande slag indikerar slitna kolvringar. Ett lågt tryck på första slaget som inte byggs upp med efterföljande slag indikerar läckande ventiler eller en trasig topplockspackning (eller ett sprucket topplock). Sotavlagringar på ventilernas undersidor (mot sätena) är en annan orsak till lågt kompressionstryck.
8 Om trycket i någon cylinder är lågt ska du utföra följande test för att eventuellt hitta orsaken. Fyll i en tesked ren motorolja i den cylindern via tändstiftshålet och upprepa kompressionsprovet.
9 Om tillägget av olja i cylindern tillfälligtvis höjer kompressionstrycket indikerar detta att slitage på kolvringar eller cylinderväggar orsakar tryckfallet. Om trycket inte förbättras indikerar detta att felet kan vara läckande eller brända ventiler eller att topplockspackningen är trasig.

10 Ett lågt tryck i två angränsande cylindrar är nästan helt säkert beroende på att topplockspackningen gått sönder mellan dem. Kylvätska i motoroljan är en bekräftelse på detta.
11 Om en cylinder har ca. 20 procent lägre tryck än de andra och motorn har en något ojämn tomgång kan en sliten kamlob vara orsaken.
12 Om kompressionstrycket är onormalt högt är förbränningsrummen troligen täckta med sotavlagringar. Om detta är fallet ska topplocket demonteras och sotas.
13 Efter fullbordat kompressionsprov ska tändstiften sättas tillbaka och tändning och bränsleinjektorerna kopplas in igen.

3 Kamrem - demontering och montering

Demontering

1 Lossa batteriets jordledning.
2 Ta bort drivremmen till hjälpaggregaten (se kapitel 1).
3 Lyft ut expansionskärlet och placera det åt sidan.
4 Där tillämpligt, lossat turbons intagstrumma och skruva ut skruvarna och ta undan tändstiftskåpan från topplockets centrum.
5 Skruva ur de bultar som fäster de två bränslerörsklammrarna vid motorns översida och ta undan klammrarna.
6 Skruva ur bulten och lyft undan kamremmens främre kåpa **(se bild)**.
7 Ställ upp framvagnen på pallbockar (se "*Lyftning och stödpunkter*"). Demontera höger framhjul.
8 Lossa innerskärmens fästen och vik tillbaka den så att vevaxelns remskiva blir åtkomlig **(se bild)**.
9 Skruva ur bultarna och demontera kam-

3.6 Demontering av kamremskåpan

remmens skyddsplatta från baksidan av vevaxelns remskiva **(se bild)**.
10 Placera en hylsnyckel på vevaxelremskivans centrummutter, vrid vevaxeln medsols (sett från bilens högra sida) till dess att inställningsmärkena på kamaxeldrevet är i linje med hacken på kamremmens bakre kåpa. I detta läge ska inställningsmärket på vevaxelns drev vara i linje med det gjutna utsticket på oljepumpens hus **(se bilder)**. Dessa märken är inte lätta att se - kamaxeldrevets märken är knappt mer än svaga repor på drevkanten. Märket på vevaxeldrevet är en knappt märkbar intryckning i en av tandrötterna som just precis är synlig från översidan. Det tar troligen två eller tre försök innan du är säker på att märkena är korrekt upplinjerade.
11 Skruva ur den övre bulten till kamremsspänningen och lossa den nedre **(se bild)**. Vrid spännaren motsols så att den lossnar från remskivan.
12 Skruva ur den tidigare lossade bulten och ta ut spännaren. På vissa modeller finns en hästskoformad distanskrage av plast monterad på spännarens översida. Ta reda på kragen, om monterad, eftersom den faller ut i detta skede **(se bild)**.
13 Skruva ur bultarna och lyft undan bakre kamremskåpan.

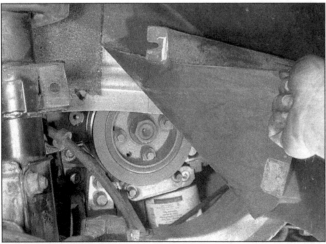

3.8 Lossa fästena och vik tillbaka innerskärmen

3.9 Demontera kamremmens skyddsplatta

3.10a Märken på kamdrev (A) i linje med hacken (B) på bakre kamremskåpan

3.10b Märken på vevaxeldrevet (A) i linje med utskottet på oljepumpens hus

14 Märk upp remmens löpriktning om den ska återanvändas och dra sedan av den från drevspännaren och mellanremskivorna och ta bort den. Utrymmet är mycket begränsat kring vevaxeldrevet vilket gör att ett visst manipulerande krävs. Vrid inte på vevaxel och kamaxlar när remmen är demonterad.

15 Snurra på spännaren och mellanremskivorna, kontrollera att de löper fritt och utan skakningar, byt vid behov. Kontrollera att spännremskivans arm rör sig upp och ned obehindrat när spännaren arbetar. Om armen är stel ska enheten demonteras och rengöras noga innan den smörjs och sätts tillbaka.

16 Kontrollera noggrant att kamremmen inte visar några tecken på ojämnt slitage, sprickor eller oljeföroreningar. Var extra uppmärksam på tandrötterna. Byt ut remmen om det finns minsta tvivel på att den är i perfekt skick. Om motorn undergår en större service eller renovering och körts i mer än 60 000 km med nuvarande kamrem, ska denna automatiskt bytas ut som en del av underhållet, oavsett

vilket skick den ser ut att vara i. Kostnaden för en ny kamrem är helt försumbar jämfört med reparationskostnaderna om remmen brister vid körning. Om remmen visar tecken på att vara förorenad av olja ska oljeläckan spåras upp och åtgärdas. Tvätta av motorns kamremsområde och samtliga tillhörande delar så att varje spår av olja tas bort.

17 Byt spännaranordningen om det finns tecken på oljeläckage, om det saknas motstånd när kolven trycks ned eller om kolven inte kan tryckas ned.

Montering och spänning

18 Innan kamremmen monteras på plats måste spännkolven tryckas ihop och låsas. Gör detta genom att placera spännaren i ett skruvstycke med skyddade käftar så att käftarna är i kontakt med spännarhuset och kolven. Dra åt skruvstycket till dess att motstånd är märkbart och dra sedan mycket sakta åt lite till. Ta en paus i ett par sekunder och dra åt ännu lite mer. Upprepa till dess att

hålet i spännarkroppen och motsvarande hål i kolven är i linje med varandra. Det kommer troligen att ta cirka fem minuter att utföra, jäkta inte eftersom detta skadar de interna packningarna om du försöker tvinga oljan för snabbt mellan kamrarna. När hålen slutligen är upplinjerade, stick in ett stift med diametern 2,0 mm (en spiralborr är idealisk) genom samtliga hål så att spännaren låses (se bild).

19 Montera den låsta spännaren på motorn och säkra den med de två bultarna dragna till angivet moment.

20 Innan kamremmen monteras, kontrollera att dreven till den är i sina rätta lägen (se paragraf 10). Det är tvunget att tillfälligt montera kamremmens bakre kåpa för detta moment. Dra remmen över kamdrevet, håll den spänd och mata den över mellanremskivan, främre kamdrevet, bakre kamdrevet, vattenpumpens drev och till sist över spännarens remskiva. Följ den gamla rotationsriktningen om kamremmen återanvänds.

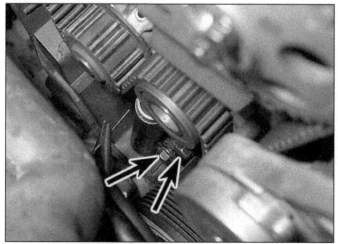

3.11 Kamremsspänningens bultar (vid pilar)

3.12 I förekommande fall, demontera spännarens distanskrage

3.18 Lås den hoptryckta spännaren med en spiralborr med diametern 2,0 mm

21 Kontrollera uppriktningsmärkena en gång till och släpp spännaren genom att dra ut låsstiftet med en tång. Kontrollera att spännarens kolv går ut och spänner remmen.

22 Montera bakre kamremskåpan och fäst den med de två bultarna. Kom ihåg att bränslerörets clipsfäste är monterat under den nedre bultskallen.

23 Vrid vevaxeln två varv medsols och kontrollera att uppriktningsmärkena är i linje med varandra.

24 När allt är korrekt, sätt i förekommande fall tillbaka den hästskoformade distansen högst upp på spännaren.

25 Montera kamremmens skyddsplåt bakom vevaxelns remskiva.

26 Vik tillbaka innerskärmen på sin plats och fäst den där.

27 Montera hjulet och ställ ned bilen. Dra åt hjulbultarna i diagonal följd till angivet moment.

28 Montera kamremmens främre kåpa och de två bränslerörsklammrarna.

29 Montera tändstiftskåpan och expansionskärlet.

30 Montera drivremmen till hjälpaggregaten enligt beskrivning i kapitel 1 och koppla in batteriet.

4   Kamaxlarnas främre packboxar - byte

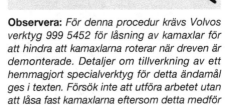

Observera: *För denna procedur krävs Volvos verktyg 999 5452 för låsning av kamaxlar för att hindra att kamaxlarna roterar när dreven är demonterade. Detaljer om tillverkning av ett hemmagjort specialverktyg för detta ändamål ges i texten. Försök inte att utföra arbetet utan att låsa fast kamaxlarna eftersom detta medför att inställningen går oåterkalleligt förlorad.*

1 Demontera kamremmen enligt beskrivning i avsnitt 3.

2 Om båda kamaxeldreven ska demonteras, märk då upp dem på lämpligt sätt så att de kan identifieras vid monteringen. Insugskamdrevet är närmast bilens front.

3 Skruva ur de tre bultarna och demontera tillämplig kamaxel så att den havererade packboxen blir åtkomlig. Håll fast dreven med ett lämpligt verktyg instucket genom hålen i dem **(se Tips)**.

4 Dra av tillämpligt kamdrev från kamaxeln **(se bild)**.

5 Bänd försiktigt ut packboxen med en liten skruvmejsel eller ett hakförsett verktyg. Skada inte axelns tätningsyta.

6 Rengör packboxsätet. Undersök om kamaxelns tätningsyta är sliten eller skadad, vilket kan leda till att den nya packboxen havererar i förtid.

7 Smörj den nya packboxen. Montera packboxen över kamaxeln, läppen inåt, och knacka in den med en hylsa eller rörstump så att den är jäms med husets yta **(se bild)**.

8 Se kapitel 4A och demontera luftfilter och inluftstrummor efter behov så att kamaxlarnas bakre delar blir lätt åtkomliga.

9 Skruva ur muttern och demontera den bult som fäster övre motorstaget vid fästet på motorn **(se bild)**. Kom ihåg att det krävs ny bult och ny mutter vid monteringen.

Tillverka ett kamdrevshållarverktyg av två plattjärn cirka 6 mm tjocka och 30 mm breda med längderna 200 och 600 mm (ungefärliga mått). Bulta ihop de två delarna så att de bildar en kluven ände, lämna bulten så slack att den kortare biten kan vridas fritt runt bulten. Vid "gaffelspetsarnas" ändar, ca 50 mm från slutet, böj 90° på vardera så att de kan fungera som hävpunkter. Dessa ska föras in i hålen i kamdreven. Det kan bli nödvändigt att kapa sidorna en smula så att de passar i i dreven.

10 Skruva ur den mutter som fäster andra änden av motorstaget vid torpedplåten. Vrid undan motorstaget åt ena sidan. Kom ihåg att det krävs ny bult och ny mutter vid monteringen.

11 Skruva ur den övre muttern och de två nedre bultar som fäster motorstagsfästet på motorn. Anteckna placeringen för kontaktens stödplattor och för dem åt sidan. Lossa alla kabelband och flytta kontakterna efter behov så att fästet kan tas bort och peta sedan ut fästet från sina styrstift. Fästet sitter hårt på styrstiften och det kan krävas ett visst brytmoment.

12 Dra ut kontakten till kamaxelns positionsgivare nedanför fördelarlocket.

13 Skruva ur de två skruvarna och lossa

4.4 Demontering av insugskamaxelns drev

4.7 Montera packboxen över axeln med läppen inåt

4.9 Demontera motorstaget från motorfästet

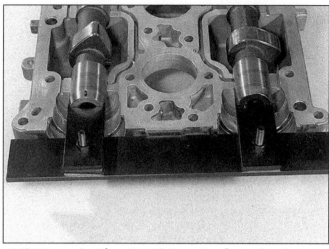

4.18 Hemmagjort låsverktyg för kamaxlar på plats (topplockets
övre del demonterad för tydlighetens skull)

givarhuset från topplocket på baksidan av avgaskamaxeln. Skruva ur bulten och demontera givarens rotorplatta från avgaskamaxelns ände.

14 Skruva ur de tre skruvarna och lyft upp fördelarlocket med tändkablarna.

15 Demontera gnistskyddet och skruva ur de tre skruvarna och lyft ut rotorarmen. Skruva ur bulten och demontera rotorarmens fästplatta.

16 Lägg märke till placeringen för spåren i kamaxlarnas bakre ändar. Innan dreven kan monteras måste kamaxlarna placeras så att dessa spår är parallella med fogen mellan topplockets övre och nedre delar och sedan låsta i detta läge. Lägg även märke till att spåren är något offset från centrumlinjen, det ena något över, det andra något under.

17 Lås kamaxlarna i läge för montering med hjälp av Volvos verktyg 999 5452 eller tillverka ett hemmagjort alternativ **(se Tips)**.

18 Kontrollera att vevaxeldrevets uppriktningsmärken fortfarande är i linje med varandra och monter verktyget (Volvos eller det hemmagjorda) på baksidan av topplocket. Det kan vara nödvändigt att vrida kamaxlarna en aning för att placera spåren exakt horisontalt så att verktyget kan passas in **(se bild)**.

19 Montera kamdrevet(-en) med uppriktningsmärkena i linje och säkra med två av bultarna för var drev. Om endast ett drev demonterats, lossa de tre bultarna på det andra drevet och skruva ur en av dem. Dra åt bultarna såpass att de just berör dreven men låter dreven röra sig fritt inom gränserna för de avlånga bulthålen. Placera dreven så att bultarna är centrerade i hålen.

20 Följ arbetsbeskrivningen i avsnitt 3, paragraferna 18 till 20.

21 Släpp spännaren genom att dra ut låsstiftet med en tång. Kontrollera att spännarens kolv går ut och spänner remmen.

22 Tryck hårt på remmen eller knacka på den mellan dreven med en plastklubba.

23 Montera resterande bultar i dreven och dra åt dem till angivet moment.

24 Lossa verktyget från kamaxlarnas bakre ändar.

25 Montera bakre kamremskåpan och fäst den med de två bultarna. Kom ihåg att bränslerörets clipsfäste är monterat under den nedre bultskallen.

26 Vrid vevaxeln två varv medsols och kontrollera att uppriktningsmärkena är i linje med varandra.

27 Fortsätt monteringen genom att följa beskrivningen i avsnitt 3, paragraf 24 och framåt men anslut inte batteriet i detta skede.

28 Montera rotorplattan, rotorarmen, gnist-

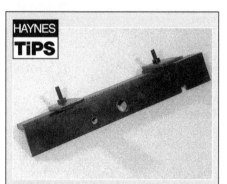

HAYNES
TiPS

Tillverka ett verktyg för kamaxellåsning av ett stycke vinkeljärn och kapa detta till en längd som passar tvärs över bakre delen av topplocket. Märk och borra upp två hål så att verktyget kan bultas fast i hålen för fördelarlocket och kamaxelns positionsgivare. Skaffa en stålremsa av lämplig tjocklek som passar tätt i spåren på kamaxlarna. Skär remsan i två längder och borra hål så att bägge remsorna kan bultas fast på vinkeljärnet. Använd distansbrickor, muttrar och bultar, fäst remsorna vid vinkeljärnet så att kamaxlarna kan låsas med horisontala spår. Använd distanser till att kompensera för spårens offset.

skyddet fördelarlocket och tändkablarna.

29 Montera rotorplatta och hus till kamaxelns positionsgivare.

30 Montera motorstagets fäste på motorns sida och fäst det med mutter och bultar åtdragna till angivet moment. Koppla in utdragna ledningar och fäst upp dem med relevanta kabelband och clips.

31 Fäst motorstaget i sina fästen med nya muttrar och bultar som ska dras till angivet moment.

32 Montera luftfilter och lufttrummor.

33 Kontrollera att allt är korrekt monterat och koppla in batteriet.

---

5 Kamaxlarnas bakre packboxar - byte

1 Lossa batteriets jordledning.

2 Se kapitel 4A och demontera luftfilter och inluftstrummor efter behov så att kamaxlarnas bakre delar blir lätt åtkomliga.

3 Dra ut kontakten till kamaxelns positionsgivare nedanför fördelarlocket.

4 Skruva ur de två skruvarna och lossa givarhuset från topplocket på baksidan av avgaskamaxeln. Skruva ur bulten och demontera givarens rotorplatta från avgaskamaxelns ände.

5 Skruva ur de tre skruvarna och lyft upp fördelarlocket med tändkablarna.

6 Demontera gnistskyddet och skruva ur de tre skruvarna och lyft ut rotorarmen. Skruva ur bulten och demontera rotorarmens fästplatta.

7 Ta försiktigt ut packboxen med en liten skruvmejsel eller ett hakförsett verktyg. Skada inte axelns tätningsyta.

8 Rengör packboxsätet. Undersök om kamaxelns tätningsyta är sliten eller skadad, vilket kan leda till att den nya packboxen havererar i förtid.

9 Smörj den nya packboxen. Montera packboxen över kamaxeln, läppen inåt, och knacka in den med en hylsa eller rörstump så att den är jäms med husets yta.

10 Montera kamaxelns positionsgivare, rotorplattan, rotorarmen, gnistskyddet, fördelarlocket och tändkablarna med omvänd demonteringsordning.

11 Montera luftfilter och lufttrummor och koppla in batteriet.

6   Kamaxlar och ventillyftare - demontering, inspektion och montering

Observera: *För denna procedur krävs Volvos verktyg 999 5452, 999 5453 och 999 5454 för låsning av kamaxlarna i topplockets överdel under monteringen och för att dra överdelen i läge. Detaljer om tillverkning av hemmagjorda specialverktyg för detta ändamål ges i texten. Försök inte att utföra arbetet utan dessa verktyg. En tub flytande packningsmassa och en korthårig roller (finns hos Volvohandlare) krävs dessutom.*

Demontering

1 Lossa batteriets jordledning.

2 Dränera kylsystemet enligt beskrivning i kapitel 1.

3 Demontera kamremmen enligt beskrivning i avsnitt 3.

4 Märk upp kamdreven på lämpligt sätt så att de kan identifieras vid monteringen. Insugs-kamdrevet är närmast bilens front.

5 Skruva ur de tre bultarna och lossa dreven från kamaxlarna. Lås kamdreven med ett lämpligt verktyg genom hålen. Se avsnitt 4 för beskrivning av verktyg för låsning av kamdrev.

6 Följ arbetsbeskrivningen i avsnitt 4, paragraferna 8 till 15.

7 Använd en stegvis diagonal sekvens och arbeta inåt med att lossa och skruva ur de bultar som fäster topplockets övre del. Anteckna placeringen för jordledningen på den bakre bulten.

8 Använd en mjuk klubba och knacka försiktigt upp (eller bänd försiktigt) topplockets överdel från den nedre delen. Lägg märke till att det finns gjutöron som gör att överdelen kan knackas eller bändas utan att skador uppstår. Stick inte in en skruvmejsel eller liknande föremål mellan delarna för att sära dem. I praktiken sitter överdelen ganska hårt fast på ett antal styrstift vilket gör att tålamod krävs.

9 När överdelen väl är lossad, lyft då örsiktigt undan den. Kamaxlarna kommer att lyftas av trycket från ventilfjädrarna. Var försiktig så att de inte välter och fastnar i överdelen.

10 Dra ut o-ringarna från tändstiftshålens överkanter. Använd nya o-ringar vid monteringen.

11 Märk upp kamaxlarna och lyft ut dem, komplett med främre och bakre packboxar. Var försiktig, loberna kan ha skarpa kanter.

12 Demontera packboxarna, notera deras monteringslägen och skaffa nya för hopsättningen.

13 Ha en låda redo med 10 eller 20 fack efter ventilantal i motorn eller någon annan form av förvaring för separata numrerade ventillyftare efter isärtagningen. Förvaringsutrymmena måste vara oljetäta och djupa nog att låta ventillyftarna vara nästan helt nedsänkta i olja. Märk upp varje separat utrymme med cylindernumret och insug respektive avgas. För 20-ventils motorer, skilj även på främre respektive bakre av vardera ventiltyperna.

14 Lyft ut lyftarna med en sugkopp eller magnet vid behov. Placera dem stående i sina respektive märkta utrymmen **(se bild).** När samtliga lyftare demonterats, fyll på ren motorolja i förvaringsutrymmet så att oljehålen i lyftarnas sidor är övertäckta.

Inspektion

15 Inspektera kamloberna och kamaxlarnas lagertappar vad gäller synliga tecken på slitage. När väl den härdade ytan på kamloberna penetrerats sker slitaget snabbt.

16 Varken lagertappsdiameter eller spel specificeras av Volvo vad gäller kamaxlar och lagertappar. Men om det finns synliga tecken på slitage måste berörda delar bytas.

17 Kontrollera att ventillyftarna inte är repade, spruckna eller skadade, mät upp diametern på ett flertal platser med en mikrometer. Byt ut lyftarna om de är skadade eller slitna.

Monteringsförberedelser

18 Ta noggrant bort all gammal packningsmassa från fogytorna mellan topplockets delar. Använd lämpligt borttagningsmedel för packningsmassa tillsam-

mans med en mjuk spatel, använd inte en metallskrapa eftersom den skadar ytorna. I och med att en konventionell packning inte används är fogytornas skick av största betydelse.

19 Ta bort all olja, smuts och fett från bägge delarna och torka av dem med en ren luddfri trasa. Kontrollera att alla oljekanaler är fullständigt rena.

20 För ihopsättning, kamaxlarna monteras i den övre delen och hålls på plats med specialverktyg. Överdelen monteras sedan på nederdelen, kläms på plats mot ventilfjädertrycket med fler specialverktyg och bultas sedan fast. Om möjligt, skaffa de Volvo verktyg som anges i noten i avsnittets början och använd dem i enlighet med medföljande instruktioner. Alternativt kan en uppsättning verktyg tillverkas enligt följande.

21 Säkra kamaxlarna i bakre änden med det verktyg som beskrivs i Tips i avsnitt 4.

22 Säkra kamaxlarna i främre änden genom att tillverka det verktyg som beskrivs nedan **(se Tips).**

23 Slutligen måste ett verktyg tillverkas som kan trycka ned topplockets överdel mot ventilfjädrarnas tryck.

Montering

24 Inled monteringen med att rikligt smörja in ventillyftarnas lopp och kamaxellagren i topplockets nederdel med ren motorolja.

25 Stick in lyftarna i sina respektive lopp (såvida de inte är nya). Fyll nya lyftare med olja genom oljehålet i sidan innan de monteras.

26 Se till att fogytorna på båda topplocksdelarna är rena och fullständigt fria från olja eller fett.

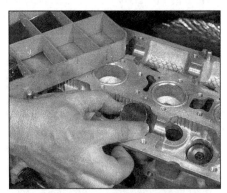

6.14 Demontera ventillyftarna och placera dem i en avstyckad behållare

För att säkra kamaxlarnas främre ändar i topplockets överdel vid hopsättningen behövs ett fästband tillverkat av en svetselektrod böjd till passform, som placeras under kamaxlarnas utskott i de främre ändarna och som kan fästas i överdelen med två bultar.

HAYNES
TiPS

*För att dra ned topplockets övre del
mot ventilfjädertrycket, skaffa två
gamla tändstift och bryt försiktigt bort
allt porslin så att bara den nedre
gängade delen återstår. Borra ur
centrum av tändstiften om så behövs
och montera en lång bult eller en
gängstav i vardera stiftresten och fäst
ordentligt med muttrar. Stavarna eller
bultarna måste vara långa nog att
sticka ut ur tändstiftshålen ovanför
planet för det hopsatta topplocket.
Borra hål i centrum av två 6 mm tjocka
stålband som är långa nog att passa
tvärs över topplockets överdel.
Montera banden och montera mutter
och låsmutter på vardera gängstaven
eller bulten.*

27 Kontrollera att vevaxelns uppriktnings-
märken är i linje med varandra.
28 Använd den korthåriga rollern och lägg på
ett jämnt lager av Volvos flytande
packningsmassa, enbart på överdelens fogyta
(se bild). Se till att hela fogytan är täckt och
var noga med att hålla massan borta från
oljekanalerna. Ett tunt lager är fullt tillräckligt
för god tätning.
29 Smörj kamaxelns lagertappar i överdelen
med lite olja, se till att inte spilla olja på
packningsmassan.
30 Lägg kamaxlarna i sina rätta lägen i

**6.28 Lägg på den flytande packningen
med en korthårig rulle**

överdelen. Kom ihåg att insugskamaxeln ska
vara på motorns framsida.
31 Vrid kamaxlarna så att spåren är parallella
med överdelens fogyta, lägg märke till att
spåren är offset från centrumlinjen **(se bild)**.
När du tittar på överdelen rättvänd d.v.s. som
den ska monteras, är insugskamaxelns spår
ovanför centrumlinjen och avgaskamaxelns
spår under centrumlinjen. Bekräfta detta
genom att titta på kamaxlarnas andra ändar.
Med överdelen rättvänd ska det finnas två
drevbultshål ovanför insugskamaxelns
centrumlinje och två under avgaskamaxelns
centrumlinje.
32 När kamaxlarna ligger rätt, lås dem baktill
med det bakre låsverktyget. Det ska inte vara
möjligt att vrida på kamaxlarna när detta
verktyg är på plats. Säkra kamaxlarna framtill
med det främre låsverktyget.
33 Placera nya o-ringar i urtagen runt vardera
tändstiftshålen i nederdelen **(se bild)**.
34 Lyft upp den hopsatta överdelen, med
kamaxlarna och lägg den på plats på
nederdelen.
35 Montera dragverktygen i tändstiftshålen 1
och 5 och dra fast dem ordentligt. Om det
hemmagjorda verktyget används, se till att
bulten eller gängstaven sitter ordentligt fast i
tändstiftsgängan. I annat fall kan du inte ta
bort verktyget efteråt.

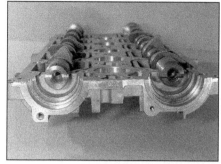

**6.31 Placera kamaxlarna så att deras spår
är parallella med överdelens foglinje**

36 Lägg dragverktygens plattor över
bultarna och fäst med muttrarna **(se bild)**.
Dra sedan försiktigt muttrarna lite i taget så
att verktygen trycker fast överdelen på
nederdelen. Lägg märke till att
ventilfjädrarna ger ett avsevärt motstånd. Se
till att överdelen hålls i plan, annars fastnar
den på styrstiften.
37 Skruva i bultarna och dra åt dem i stegvis
diagonal sekvens, arbetande utåt, till angivet
moment. Glöm inte jordledningen på bakre
bulten.
38 När överdelen sitter säkert på plats ska
dragverktyget och det främre låsverktyget
avlägsnas. Låt det bakre sitta kvar.
39 Smörj läpparna på de fyra nya
packboxarna. Montera dem rätt vända över
kamaxlarna och knacka fast dem med en stor
hylsa eller rörstump till dess att den yttre ytan
är jäms med topplocket.
40 Montera kamdreven, rikta upp dem mot
märkena, med två bultar vardera. Dra bultarna
så att de rör vid dreven men låt dreven vara
rörliga inom månen för de avlånga bulthålen.
Placera dreven så att de är centrerade i hålen.
41 För resterande montering, se avsnitt 4 och
följ arbetsbeskrivningen från och med
paragraf 20.
42 Efter avslutat arbete, fyll på kylsystemet
enligt beskrivning i kapitel 1.

6.33 Placera nya o-ringar i urtagen runt tändstiftshålen

6.36 Hemmagjort neddragningsverktyg i läge

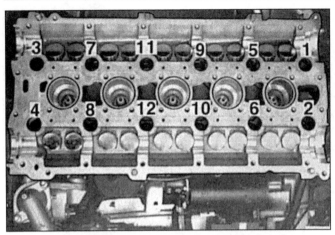

7.9 Ordningsföljden för lossande av topplocksbultar
(åtdragningen sker i omvänd följd)

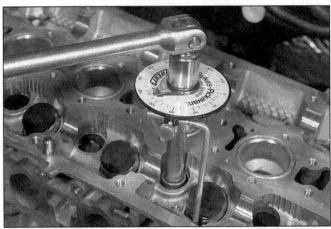

7.17 Dra topplocksbultarna till steg 3 med en vinkelmätare

7 Topplock - demontering och montering

Demontering

1 Lossa batteriets jordledning.
2 Demontera kylarfläkten enligt beskrivning i kapitel 3.
3 Demontera insugsrör och grenrör enligt beskrivningarna i kapitel 4A respektive 4B.
4 Demontera kamaxlarna och ventillyftarna enligt beskrivning i avsnitt 6.
5 Skruva ur den bult som fäster inre kamremskåpan vid topplocket.
6 Skruva ur bulten och ta bort jordledningen från topplockets baksida.
7 Lossa clipsen och demontera den övre kylarslangen från termostathuset och kylaren. Demontera expansionskärlets slang från termostathuset.
8 Skruva ur de två bultar som fäster kylrörsflänsen på topplockets baksida.
9 Lossa topplocksbultarna, till att börja med ett halvt varv i taget, i visad ordning (se bild). Kassera bultarna eftersom det krävs nya vid monteringen.
10 Lyft undan topplocket och ställ det på träklossar så att inte utstickande ventiler skadas. Ta reda på den gamla topplockspackningen.
11 Om topplocket ska tas isär för renovering, se del B av detta kapitel.

Monteringsförberedelser

12 Fogytorna mellan topplocket och cylinderblocket måste vara perfekt rena innan topplocket monteras. Använd en mjuk spatel till att avlägsna packningsrester och sot, rengör även kolvkronorna. Var extra noga vid rengöringen eftersom aluminiumlegeringen är ömtålig. Se även till att sot inte kommer in i vatten- och oljekanaler - detta är synnerligen viktigt för smörjningen i och med att sot kan

täppa igen oljetillförseln till motorns delar. Täta öppningarna med tejp och papper. Förhindra att sot tränger in mellan kolvar och lopp genom att fetta igen gapet. Efter varje kolv rengjorts borsta bort allt fett och sot och avsluta med att torka med en ren luddfri trasa. Rengör alla kolvar på samma sätt.
13 Kontrollera att fogytorna mellan block och topp inte har hack, djupa repor eller andra skador. Om skadorna är små kan de försiktigt avlägsnas med en fil men om de är för stora kan fräsning vara enda alternativet till byte.
14 Topp topplockets fogyta misstänks vara skev, kontrollera med en stållinjal, se del B av detta kapitel vid behov.

Montering

15 Inled monteringen genom att placera en ny topplockspackning på cylinderblocket. Se till att den är rättvänd, den bör vara märkt TOP.
16 Sänk ned topplocket i läge och olja in gängorna på de nya topplocksbultarna. Skruva i dem och dra till steg 1 i omvänd sekvens till den som visas (se bild 7.9).
17 Använd samma ordningsföljd och dra bultarna till steg 2 och dra dem sedan till den vinkel som anges för steg 3 med en vinkelmätare (se bild).
18 Använd en ny packning och skruva fast kylrörsflänsen på baksidan av topplocket med de två bultarna.
19 Montera övre kylarslangen på termostathuset och kylaren.
20 Skruva i inre kamremskåpans bult och den bult som fäster jordledningen.
21 Montera kamaxel och ventillyftare enligt beskrivning i avsnitt 6, från och med paragraf 25, men koppla inte in batteriet i detta skede.
22 Montera insugsrör och grenrör enligt beskrivningarna i kapitel 4A respektive 4B.
23 Montera kylarfläkten enligt beskrivning i kapitel 3.

8 Vevaxelns packboxar - byte

Främre packbox

1 Demontera kamremmen enligt beskrivning i avsnitt 3.
2 Vevaxeldrevet måste hållas stadigt på plats medan centrummuttern lossas. Om Volvos verktyg 999 5433 inte kan anskaffas måste ett hemmagjort alternativ tillverkas. Detta är i princip samma verktyg som låsverktyget för kamdreven, beskrivet i avsnitt 4, men med skillnaden att spetsarna inte ska böjas utan lämnas raka. Borra istället ett hål i vardera. De fyra bultar som fäster vevaxelns remskiva vid drevet skruvas ur så att verktyget kan skruvas fast på drevet med två av bultarna. Håll stadigt i verktyget och skruva ur drevets centrummutter med en hylsnyckel. Ta bort verktyget och lyft av remskivan från drevet.
3 När remskivan demonterats, skruva in två av bultarna och dra loss drevet från vevaxeln med en tvåbent avdragare. Montera avdragarens ben i bakkanten av de utstickande bultarna (se bild).
4 När drevet demonterats, peta försiktigt ut den gamla packboxen. Skada inte olje-pumpens hus eller vevaxelns tätningsyta. Alternativt, stansa eller borra två små hål på motsatta sidor om packboxen och skruva in självgängande skruvar i hålen och dra i skruvarna med en tång så att packboxen kommer ut.
5 Rengör packboxens säte och vevaxeln. Kontroller om vevaxeln har en slitskåra eller slitkant från den gamla packboxen.
6 Smörj sätet, vevaxeln och den nya packboxen. Montera packboxen med läppen inåt och knacka in den med en rörstump (eller den gamla packboxen omvänd) till dess att den är jäms med blockets yta.
7 Montera vevaxeldrev och remskiva med omvänd demonteringsordning.

8 Montera kamremmen enligt beskrivning i avsnitt 3.

Bakre packbox

9 Demontera svänghjulet eller drivplattan enligt beskrivning i avsnitt 10.
10 Ta ut den gamla packboxen och montera den nya enligt ovanstående beskrivning i paragraferna 4 till 6.
11 Montera svänghjulet eller drivplattan enligt beskrivning i avsnitt 10.

9 Oljepumpen - demontering, inspektion och montering

Demontering

1 Följ beskrivningen i avsnitt 8, paragraferna 1 till 3.
2 Skruva ur de fyra bultarna som fäster oljepumpen vid motorblockets framsida.
3 Dra försiktigt ut pumpen genom att bända bakom övre och nedre klackarna med en skruvmejsel **(se bild)**. Ta undan pumpen och ta reda på packningen.
4 Rengör noggrant fogytorna mellan pumpen och blocket och ta bort alla rester av den gamla packningen.

Inspektion

5 Skruva ur de två skruvar som håller ihop pumpens halvor.
6 Ta ut kugghjulskåpan från pumphuset. Var beredd på att tryckreduceringsventilens fjäder hoppar ut.
7 Demontera tryckreduceringsventilens fjäder och kolv samt pumpens kugghjul.
8 Demontera vevaxelns främre packbox genom att försiktigt peta ut den ur huset. Skaffa en ny till monteringen.
9 Rengör noggrant alla delar och kontrollera att inte kugghjulen, kåpan eller pumphuset visar tecken på skador eller slitage.
10 Mät den obelastade höjden på

tryckreduceringsventilens fjäder och jämför erhållet mått med specifikationerna. Byt fjäder om den är svag eller förvriden. Inspektera även kolven, den får inte vara repad eller ha andra skador.
11 Montera kugghjulen i pumphuset med markeringen på det större kugghjulet högst upp. Kontrollera spelet mellan det stora kugghjulet och pumphuset med hjälp av bladmått. Om toleranserna ligger utanför det som anges i specifikationerna ska pumpen bytas.
12 Om spelet är godtagbart, smörj kugghjulen rikligt. Smörj in och montera tryckreduceringsventilens fjäder och kolv.
13 Montera en ny o-ring på pumpkroppen och skruva fast kåpan med de två skruvarna.

Montering

14 Använd ny packning och montera pumpen på blocket. Använd pumpens monteringsbultar som styrning och dra pumpen på plats med vevaxelns remskivemutter och distanser. När pumpen satt sig i läge, dra åt bultarna diagonalt till angivet moment.
15 Smörj huset, vevaxeln och den nya packboxen. Montera packboxen, läppen inåt, och knacka in den med en rörstump (eller den gamla packboxen omvänd) till dess att den är i jämnhöjd med omgivande yta.
16 Montera vevaxelns drev och remskiva med omvänd demonteringsordning.
17 Montera kamremmen enligt beskrivning i avsnitt 3.

10 Svänghjul/drivplatta - demontering och montering

Observera: *Det krävs alltid nya bultar vid monteringen av svänghjul/drivplatta.*

Demontering

Svänghjul
(modeller med manuell växellåda)

1 Demontera växellådan enligt beskrivning i kapitel 7A.
2 Demontera kopplingen enligt beskrivning i kapitel 6.
3 Märk upp svänghjul och vevaxel så att svänghjulet kan sättas tillbaka i samma position på vevaxeln.
4 Skruva ur bultarna till svänghjulet och ta undan det. Förhindra att vevaxeln roterar genom att sticka in en stor skruvmejsel i kuggkransen så att den låser mot ett närbeläget styrstift i fogytan mellan motor och växellåda.

Drivplatta
(modeller med automatväxellåda)

5 Demontera automatväxellådan (se kapitel 7B).
6 Märk upp drivplatta och vevaxel så att drivplattan kan sättas tillbaka i samma position på vevaxeln.
7 Skruva ur bultarna till drivplattan och ta undan den. Förhindra att vevaxeln roterar enligt föregående beskrivning.

Inspektion

8 På modeller med manuell växellåda. Om svänghjulets yta mot kopplingen är djupt märkt, sprucken eller på annat sätt skadad så måste svänghjulet bytas. Det kan dock i vissa fall vara möjligt att slipa om ytan. Rådfråga en återförsäljare för Volvo eller en specialist på motorrenoveringar. Om kuggkransen är mycket sliten eller saknar tänder måste svänghjulet bytas.
9 På modeller med automatisk växellåda. Kontrollera noggrant att momentomvandlarens drivplatta inte är skev. Leta efter fina sprickor runt bulthål och utstrålande från navet. Inspektera även kuggkransen vad gäller tecken på slitage eller bortslagna bitar. Om tecken på slitage eller skada finns måste drivplattan bytas ut.

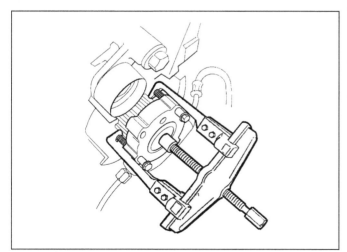

8.3 Använd en avdragare till att dra av vevaxeldrevet

9.3 Klackar (se pilar) för demontering av oljepumpen

Montering

Svänghjul (modeller med manuell växellåda)

10 Rengör kontaktytorna mellan svänghjul och vevaxel. Ta bort eventuellt kvarvarande gänglåsningsmedel från gängorna i vevaxelns bulthål, om möjligt med hjälp av en gängtapp i rätt storlek.

 HAYNES TIPS *Om du inte har tillgång till en gängtapp kan du skära ut två skåror längs med gängen på en gammal svänghjulsbult och använda denna till att rensa gängorna.*

11 Fortsätt ihopmonteringen genom att utföra demonteringsproceduren i omvänd turordning. Använd gänglåsningsmedel på de nya svänghjulsbultarna (om dessa inte levererats förbestrukna) och dra åt dem till angivet moment.

12 Sätt tillbaka kopplingen enligt beskrivning i kapitel 6 och växellådan enligt beskrivning i kapitel 7A.

Drivplatta (modeller med automatisk växellåda)

13 Gör på samma sätt som med den manuella lådan men bortse från hänvisningarna till kopplingen och montera växellådan enligt beskrivning i kapitel 7B.

11 Motorinfästningar - demontering och montering

Demontering

1 Samtliga individuella motorinfästningar kan bytas med motorn/växellådan på plats i bilen.
2 Lossa batteriets jordledning.

3 Bedöm vilka delar som troligen kommer att vara i vägen och demontera eller flytta dessa efter behov enligt beskrivning i relevanta kapitel och avsnitt i denna handbok.
4 Montera lämplig lyftutrustning eller placera en garagedomkraft med träklosskydd under sumpen eller växellådan efter behov.
5 När motorn stöttats, skruva ur bultförbanden från infästningen som ska demonteras **(se bild)**.
6 Avlasta infästningen och lyft motorn/växellådan efter behov så att spelrum uppstår och ta bort infästningen. Anteckna förekomsten av styrstift eller pilar som en monteringshjälp. Se till att inte höja motorn/växellådan mer än 30 mm. I annat fall skadas den inre vänstra drivknuten.

Montering

7 Montering sker med omvänd arbetsordning. Dra åt samtliga bultförband till angivet moment.

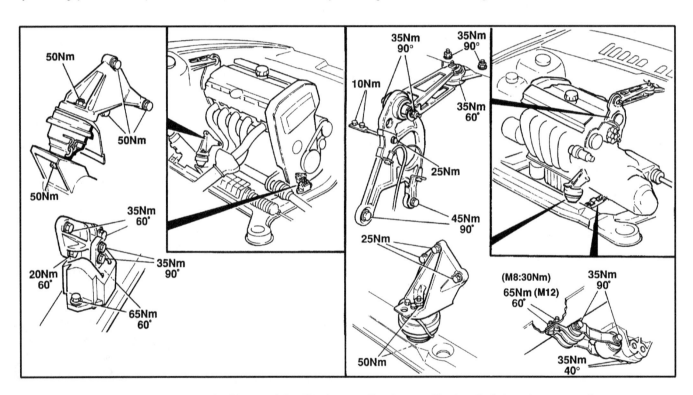

11.5 Monteringsdetaljer för motor/växellåda (se specifikationerna för aktuella åtdragningsmoment)

Kapitel 2 Del B:
Motordemontering och renovering

Innehållsförteckning

Svårighetsgrad

Enkelt, passar novisen med lite erfarenhet	Ganska enkelt, passar nybörjaren med viss erfarenhet	Ganska svårt, passar kompetent hemma-mekaniker	Svårt, passar hemmamekaniker med erfarenhet 	Mycket svårt, för professionell mekaniker

Specifikationer

Topplock
Skevhet - acceptabelt maximum:
Längsled	0,50 mm
Tvärled	0,20 mm

Höjd:
10-ventils motorer	132,1 ± 0,05 mm
20-ventils motorer	129,0 ± 0,05
Max höjdminskning efter bearbetning	0,30 mm

Insugsventiler
Tallriksdiameter:
10-ventils motorer	40,0 ± 0,15 mm
20-ventils motorer	31,0 ± 0,15 mm
Skaftdiameter:	6,955 till 6,970 mm

Längd:
10-ventils motorer	98,1 ± 0,3 mm
20-ventils motorer	104,05 ± 0,18 mm
Ventilsätesvinkel	44° 30'

Avgasventiler
Tallriksdiameter:
10-ventils motorer	35,0 ± 0,15 mm
20-ventils motorer	27,0 ± 0,15 mm

Skaftdiameter:
Icke-turbomotorer	6,955 till 6,970 mm
Turbomotorer	6,810 till 6,960 mm

Längd:
10-ventils motorer	97,1 ± 0,3 mm
20-ventils motorer	103,30 ± 0,18 mm
Ventilsätesvinkel	44° 30'

Ventilsäten

Diameter (standard):
  Insug:
    10-ventils motorer . . . . 43,11 mm
    20-ventils motorer . . . . 32,61 mm
  Avgas:
    10-ventils motorer . . . . 38,11 mm
    20-ventils motorer . . . . 28,61 mm
Tillgänglig överstorlek . . . . + 0,50 mm
Passning i topplock . . . . Pressade
Ventilsätesvinkel . . . . 45° 00'

Ventilstyrningar

Spel mellan skaft och styrning:
  Nya . . . . 0,03 till 0,06 mm
  Slitagegräns . . . . 0,15 mm
Monterad höjd över topplocket . . . . 13,0 ± 0,2 mm
Passning i topplock . . . . Pressade
Tillgängliga överstorlekar . . . . 2 (märkta med spår)

Ventilfjädrar

Diameter:
  10-ventils motorer . . . . 30,8 ± 0,2 mm
  20-ventils motorer . . . . 27,9 ± 0,2 mm
Obelastad längd
  10-ventils motorer . . . . 43,2 mm
  20-ventils motorer . . . . 42,4 mm

Cylinderlopp

Diameter - 2,0 och 2,3 liters motorer:
  Klass:
    C   . . . . 81,00 till 81,01 mm
    D   . . . . 81,01 till 81,02 mm
    E   . . . . 81,02 till 81,03 mm
    G   . . . . 81,04 till 81,05 mm
    OS1 (första överstorlek) . . . . 81,20 till 81,21 mm
    OS2 (andra överstorlek) . . . . 81,40 till 81,41 mm
  Slitagegräns . . . . 0,10 mm
Diameter - 2,5 liters motorer:
  Klass:
    C   . . . . 83,00 till 83,01 mm
    D   . . . . 83,01 till 83,02 mm
    E   . . . . 83,02 till 83,03 mm
    G   . . . . 83,04 till 83,05 mm
    OS1 (första överstorlek) . . . . 83,20 till 83,21 mm
    OS2 (andra överstorlek) . . . . 83,40 till 83,41 mm
  Slitagegräns . . . . 0,10 mm

Kolvar

Höjd:
  2,0 liters 10-ventils motorer . . . . 65,8 mm
  2,0 liters 20-ventils motorer . . . . 66,4 mm
  Alla andra motorer . . . . 59,9 mm
Diameter - 2,0 och 2,3 liters motorer:
  Klass:
    C   . . . . 80,98 till 80,99 mm
    D   . . . . 80,99 till 81,00 mm
    E   . . . . 81,00 till 81,01 mm
    G   . . . . 81,017 till 81,032 mm
    OS1 (första överstorlek) . . . . 81,177 till 81,192 mm
    OS2 (andra överstorlek) . . . . 81,377 till 81,392 mm
Diameter - 2,5 liters motorer:
  Klass:
    C   . . . . 82,98 till 82,99 mm
    D   . . . . 82,99 till 83,00 mm
    E   . . . . 83,00 till 83,01 mm
    G   . . . . 83,017 till 83,032 mm
    OS1 (första överstorlek) . . . . 83,177 till 83,192 mm
    OS2 (andra överstorlek) . . . . 83,377 till 83,392 mm

Spel mellan kolv och lopp .... 0,01 till 0,03 mm
Viktvariation i samma motor .... 10 g max

Kolvringar

Spel i spår:
    Övre kompressionsring .... 0,050 till 0,085 mm
    Nedre kompressionsring .... 0,030 till 0,065 mm
    Oljeskrapring .... 0,020 till 0,055 mm
Ändgap (mätt i cylinder):
    Kompressionsringar .... 0,20 till 0,40 mm
    Oljeskrapringar .... 0,25 till 0,50 mm

Kolvbultar

Diameter, standard .... 23,00 mm
Passning i vevstake .... Lätt tumtryck
Passning i kolv .... Hårt tumtryck

Vevaxel

Kast .... 0,032 mm max
Axialspel .... 0,19 mm max
Ramlagertappens diameter:
    Standard .... 64,987 till 65,000 mm
    Understorlek .... 64,750 mm
Ramlagerspel .... Ej tillämpligt
Orundhet i ramlagertapp .... 0,004 mm max
Konicitet i ramlagertapp .... 0,004 mm max
Storändens lagertappsdiameter:
    Standard .... 49,984 till 50,000 mm
    Understorlek .... 49,750 mm
Storändslagerspel .... Ej tillämpligt
Orundhet i storändslager .... 0,004 mm max
Konicitet i storändslager .... 0,004 mm max

Åtdragningsmoment   Nm

Mellanstycke till motorblock:*
    Steg 1 (endast M10 bultar) 20
    Steg 2 (endast M10 bultar) 45
    Steg 3 (endast M8 bultar) 24
    Steg 4 (endast M7 bultar 17
    Steg 5 (endast M10 bultar) .... Dra ytterligare 90°
Storändens lageröverfallsbultar:**
    Steg 1 20
    Steg 2 .... Dra ytterligare 90°
Sumpbultar 17
Bulten till oljeupptagningsröret 17

*M10 bultar ska bytas ut om längden överstiger 118 mm.
Använd **alltid nya bultar/muttrar.
Se del A för fler åtdragningsmoment.

1 Allmän information

I denna del av kapitel 2 beskrivs detaljerat hur motorn och växellådan lyfts ut ur bilen och generella instruktioner för arbete med topplocket, motorblocket och samtliga övriga interna delar i motorn ges.

Informationen spänner över råd kring förberedelser för arbetet och inköp av reservdelar till detaljerade stegvisa instruktioner för isärtagning, inspektion, renovering och hopsättning av motorns inre delar.

Efter avsnitt 6 baseras samtliga instruktioner på förutsättningen att motorn lyfts ut ur bilen. Information om reparationer med motorn i bilen och demontering och installering av de yttre delar som behövs för en fullständig renovering finns i del A av detta kapitel och i avsnitt 4. Bortse från förberedande demonteringar beskrivna i del A som inte är relevanta när motorn väl lyfts ut

2 Demontering av motor/växellåda - förberedelser och föreskrifter

Om du beslutat dig för att lyfta ur en motor för renovering eller större reparationer ska ett flertal förberedande åtgärder vidtas.

En lämplig plats att arbeta på är av största vikt. Tillräckligt med arbetsutrymme och förvaringsutrymme krävs. Om du inte har tillgång till verkstad eller garage krävs som minimum en plan, jämn och ren arbetsyta.

Om möjligt, rensa några hyllor nära arbetsplatsen och använd dessa till att förvara motordelar och sammanhörande komponenter vartefter de demonteras. På så vis minskas risken för nedsmutsning och skador på dem under arbetets gång. Placering av delarna i sammanhörande grupper, inklusive bultar och muttrar med mera spar tid och undviker hopblandning när motorn sätts ihop igen.

En rengöring av motorrummet och motorn/

växellådan innan arbetet med urtagningen påbörjas hjälper till att hålla verktygen rena och i god ordning.

En medhjälpare bör finnas tillgänglig, det finns vissa moment som inte kan utföras på ett säkert sätt av en enda person vid urlyftning av en motor. Säkerheten ska alltid sättas främst, speciellt med tanke på de potentiella risker som är förenade med denna typ av arbete. En andra person bör alltid finnas till handa för hjälp i nödlägen. Om det är första gången du lyfter ut en motor kan råd och hjälp av någon med erfarenheter av detta vara till god nytta.

Planera arbetet i förväg. Innan du börjar ska du köpa (eller hyra) alla verktyg och all utrustning som behövs. En del av den utrustning som behövs för att utföra urlyftning och installation av motor/växellåda på ett säkert och relativt enkelt sätt är, förutom en motorlyft klassad för större vikt än motor och växellåda tillsammans, följande: en stark garagedomkraft, en komplett uppsättning med nycklar och hylsor enligt beskrivning i slutet av denna handbok, träklossar, en mängd trasor och rengörings- och uppsugningsmedel för spillolja, kylvätska och lösningsmedel. Ett urval med plastlådor för förvaring av grupper av delar är fördelaktigt att skaffa. Om du måste hyra verktyg, se till att boka dem i förväg och gör sedan allt arbete som kan göras utan dem i förväg. Detta spar tid och pengar.

Planera för det faktum att bilen inte kommer att kunna användas under den tid som arbetet tar. Läs igenom detta avsnitt och bestäm en strategi baserad på dina egna erfarenheter och de resurser i form av verktyg, tid och arbetsutrymme som du har till förfogande. En Volvoverkstad eller specialist kan komma att behövas. Verkstäder är ofta upptagna så det kan vara en god idé att samråda med verkstaden innan du lyfter ut motorn så att du kan få en bra uppfattning om den tid de behöver för att renovera eller reparera de delar som behöver åtgärdas.

Vid urlyftande av motor, var metodisk i demonterandet av anslutna delar. Märk upp ledningar och slangar i takt med att de tas bort, så att monteringen underlättas.

Du ska alltid vara ytterst försiktig när motor/växellåda lyfts ut. Vårdslöshet kan orsaka allvarliga skador. Om hjälp behövs är det bättre att vänta på den än att riskera personskador eller skador på delar genom att fortsätta på egen hand. Planera jobbet och ta god tid på dig. Då kan arbeten av denna typ, trots att de är omfattande, utföras med framgång och utan olyckor.

För samtliga modeller som tas upp i denna handbok gäller att motor och växellåda lyfts ut som en enhet och placeras på en arbetsbänk där de tas isär.

3 Motor och växellåda - demontering, delning och montering

Demontering

Alla modeller

1 Öppna motorhuven till maximalt (vertikalt) läge.
2 Lossa batteriets jordledning.
3 Se kapitel 5A och demontera batteri och batterilåda.
4 Se kapitel 4A och gör följande:
a) Demontera luftfiltret och alla lufttrummor, inklusive (i förekommande fall) turbons luftintag.
b) Lossa gasvajern från trotteltrumman och fästet.
5 Se kapitel 1 och gör följande:
a) Dränera kylsystemet.
b) Om motorn ska tas isär, dränera oljan.
c) Demontera drivremmen till hjälpaggregat.
6 Om bilen är försedd med farthållare, koppla ur ledningar och vakuumslangen till vakuum-motorn.
7 Skruva ur muttrarna och ta bort de bultar som fäster det övre motorstaget vid fästet på motorn och torpedplåten. Observera att nya bultar krävs vid monteringen.
8 Skruva ur jordledningsbulten på torped-plåten, den sitter bredvid motorstagets bult.

Högerstyrda modeller

9 Demontera pedallägeskontakten på framsidan av bromsservon.
10 Lossa alla bromsrör som leder från huvudcylindern från sina fästclips på torpedplåten.
11 Demontera bromshuvudcylindern från servon enligt beskrivning i kapitel 9, utan att koppla ur några hydrauliska rör eller slangar. Lägg cylindern på trasor på luckpanelen. Var försiktig så att inte något av de stela bromsrören böjs.

Alla modeller

12 Tryck ihop sidorna på snabbkopplingarna och demontera värmarens två slangar på torpedplåten.
13 Demontera bromsservons vakuumslang från insugsröret.
14 Koppla ur lambdasondens ledningar vid de två kontakterna på motorns baksida.
15 Skruva ur muttern på motorns övre bakre fäste.

Modeller med manuell växellåda

16 Ta ut den låsring som fäster väljarens inre vajerändar vid väljararmarna. Dra undan brickorna och dra av vajerändarna från armarna.
17 Ta ut fästclipset och lossa väljarens vajerhöljen från fästena.
18 Dra ut kontakten till backlampan.

19 Ta ut låsringen och dra undan kopplingens slavcylinder från sväng-hjulskåpan. Lyft undan luftfilterfästet och lägg slavcylinder och fäste åt sidan.
20 Koppla ur jordledningen från växellådans framsida och kabelhärvans fästclips.

Modeller med automatväxellåda

21 Ta ut låsclipset och brickan som fäster väljarvajerns innerdel till växellådans väljararm.
22 Lossa de två muttrarna och ta ut brickorna (om monterade) som fäster väljarvajerhållaren vid växellådan. Lyft hållaren från pinnbultarna och lossa innervajerns ände från växelväljaren.
23 Dra ut stamkabelhärvans kontakt högst uppe på växellådshuset.
24 Demontera de kabelklammrar som fäster kabelhärvan och jordledningen.
25 På tidiga modeller ska växellådans vakuumslang lossas från sitt fäste. På senare modeller, lossa kabeln från växellådan och lossa syresensorkontakten från växellåds-fästet.
26 Lossa intagsslangen till växellådsoljans kylare från den övre snabbkopplingen på sidan av kylaren. Lossa oljekylarens retur-slang vid växellådsanslutningen. Plugga lossade slangar och öppna anslutningar.

Alla modeller

27 Demontera kylarfläkten enligt beskrivning i kapitel 3.
28 På bilar med luftkonditionering, lossa de två långa bultarna under insugsröret som håller luftkonditioneringens kompressor. Lämna kompressorn på plats till dess att motorn är klar för urlyftning.
29 På turbomodeller, lossa oljekylar-slangarna vid motorns oljekylare.
30 Skruva ur den främre motorinfästningens övre mutter.
31 Ta bort bultarna och demontera insugsrörets stödbygel. Lossa bultarna till startmotorns fäste och bultarna till fästet för ledningarnas skyddsrör. Ta ut oljestickan.
32 Lossa övre och nedre kylarslangarna från kylaren, termostathuset och kylröret. Lyft undan slangarna.
33 Lossa expansionskärlets slang från termostathuset.
34 Ta ut övre fästbulten till styrpumpens skyddsplåt och ta bort distanshylsan, lossa sedan skyddsplåtens nedre mutter. Skruva ur de fem fästbultarna till pumpen. Tre är åtkomliga genom hålen i pumpens remskiva och två finns på pumpens baksida. Lämna pumpen på plats till dess att motorn är klar för urlyftning.
35 Om inte redan gjort, ställ upp framvagnen på pallbockar (se "Lyftning och stödpunkter"). Ta av framhjulen.
36 Demontera ABS-systemets hjulgivare från styrknogarna och lossa givarens ledningar från fjäderbensfästena.
37 Skruva ur de bultar som fäster broms-

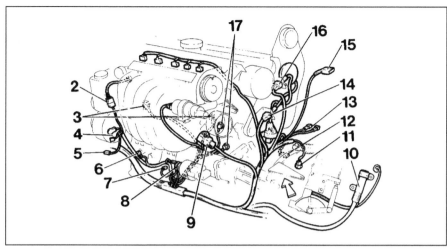

3.51 Kabelhärvans urkopplingspunkter

2 Kylvätskans temperaturgivare
3 Knacksensorer
4 Generator
5 Luftkonditioneringens kompressor
6 Kylarfläkt
7 Startmotor
8 Oljetrycksgivare
9 Trottelpositionsgivare

10 Automatlådans stamhärvekontakt
11 Backljuskontakt
13 Syresensor
14 Kamaxelns positionsgivare
15 Givare för luftflöde/insugsluftens
   temperatur
16 Varvtalsgivare
17 Jordanslutningspunkter

slangen och ABS-ledningsfästet vid vardera innerskärmen.

38 Arbeta på en sida i taget, lossa muttern och ta ut klammerbulten som fäster fjädringens styrarmskulled till vardera styrknogen. Tryck vid behov ned fjädringsarmen med ett kraftigt plattjärn om detta behövs för att lossa kulleden från knogen. Om kulleden sitter fast, tvinga isär spåret i knogen med en huggmejsel eller stor skruvmejsel. Var försiktig så att inte kulledens dammskydd skadas vid eller efter separationen.

39 På vänster sida, lossa drivaxelns inre universalknut från växellådan genom att bända mellan kanten av leden och växellådshuset med en stor skruvmejsel eller liknande. Var försiktig så att inte packboxen på växellådan eller den inre universalknutens damask skadas. Vrid fjäderbenet och styrknogen utåt och dra ut drivaxeln ur växellådan. Luta drivaxeln mot monteringsramen.

40 På höger sida, skruva ur de två bultarna och lossa locket från mellanaxelns stödlager på motorns baksida. Vrid fjäderbenet och styrknogen utåt och dra ut mellanaxeln från växellådan. Låt axeln vila på oljerören till servostyrningen under motorn.

41 Lossa vakuumledningen från motorn till kolkanistern under vänster hjulhus.

42 Lossa det främre avgasröret från grenrörets fläns eller turboaggregatet.

43 Dra ut kontakten till hjulhastighetsgivaren.

44 Skruva ur de två bultar som fäster det under motorstagsfästet vid växellådan.

45 På högerstyrda modeller, skruva ur de två bultarna till styrväxelns skyddsplåt på

baksidan av monteringsramen och den mutter som fäster skyddet vid monteringsramen.

46 Skruva ur de två bultar som fäster höger motorinfästning vid motorfästet.

47 Skruva ur de bultar som fäster de två bränsleledningsklammrarna vid motorn och ta bort klammrarna.

48 Dra ur kontakten från vardera bränsleinjektorn. Om detta visar sig vara svårt, dra av bränslerörets skyddskåpa över injektorerna så att åtkomligheten förbättras.

49 Lossa vakuumslangen från tryckregulatorn på undersidan av bränsleröret.

50 Skruva ur de två bultar som fäster bränsleröret vid insugsröret. Dra röret uppåt så att injektorerna lossnar från insugsröret och lägg försiktigt röret, komplett med injektorer, på expansionskärlet.

51 Dra ur alla relevanta kontakter och fästclips för kabelhärvor som fortfarande är anslutna till motorn **(se bild)**.

52 Koppla lämpligt lyftdon till motorn genom att tillverka byglar och skruva fast dem på vardera änden av motorn. Den måste vinklas något uppåt på kamremssidan så att spelrummet blir godtagbart. Se till att lyftutrustningen är kraftig nog och ordentligt ansluten till motorn.

53 Lyft i förekommande fall på kompressorn till luftkonditioneringen och placera den på monteringsramen. Lossa inte på kylmediaslangarna.

54 Lyft undan styrpumpen och placera den på ena sidan.

55 Kontrollera att inga ledningar eller slangar förbisetts. Lyft på motorn/växellådan och hantera den så att den går fri från alla närliggande delar. Var extra försiktig så att

inte kylaren skadas när motorn hanteras. Demontera motorfästena från växellådan om detta ger mer manöverutrymme. När motorn lyfts tillräckligt, lyft den över frontpanelen, fritt från motorrummet och sänk ned den på marken.

Delning

56 När motorn och växellådan lyfts ut, ställ dem på lämpliga träklossar, en arbetsbänk eller i värsta fall en ren del av verkstadsgolvet.

57 Demontera startmotorn.

Modeller med manuell växellåda

58 Skruva ur de bultar som fäster växellådan vid motorn.

59 Skaffa en medhjälpare och dra av växellådan från motorn. När den väl går fri från styrstiften ska den inte tillåtas hänga på den ingående axeln.

Modeller med automatväxellåda

60 Vrid på vevaxeln med en hylsa på remskivemuttern till dess att en av de bultar som fäster momentomvandlaren vid drivplattan blir åtkomlig genom öppningen på motorns baksida. Arbeta genom öppningen och skruva ur bulten. Vrid sedan på vevaxeln så att bultarna blir åtkomliga, en efter en. Lägg märke till att det krävs nya bultar vid hopsättningen.

61 Skruva ur de bultar som fäster växellådan vid motorn.

62 Använd en medhjälpare och dra lådan rakt av från motorns styrstift, se samtidigt till att momentomvandlaren finns kvar i läge på lådan. Håll den på plats genom hålet i växellådshuset.

Montering

Modeller med manuell växellåda

63 Se till att kopplingen är korrekt centrerad och att urtrampningsmekanismens delar är monterade i svänghjulskåpan. Lägg inte på fett på den ingående växellådsaxeln, styrhylsan eller urtrampningslagret eftersom dessa delar har en friktionsreducerande beläggning som inte kräver smörjning.

64 Flytta växellådan i läge och trä på den på motorns styrstift. Skruva i de bultar som fäster lådan vid motorn och dra åt dem till angivet moment. Sätt tillbaka startmotorn.

Modeller med automatväxellåda

65 Innan lådan monteras ska oljekylaren sköljas ur med färsk automatväxellådeolja. Gör detta genom att montera en slang på den övre anslutningen, häll sedan oljan genom slangen och samla upp den i ett kärl under returslangen.

66 Rengör kontaktytorna mellan momentomvandlaren och drivplattan samt mellan växellådan och motorn. Smörj momentomvandlarens styrklack och motorns styrstift helt lätt med fett.

67 Kontrollera att momentomvandlaren är i läge genom att mäta avståndet mellan växellådshusets kant till fästbultarnas flikar på omvandlaren. Måttet ska vara cirka 14 mm.

68 För växellådan i läge och trä på den på motorns styrstift. Skruva fast den, dra först lätt i diagonal följd och dra sedan åt till angivet moment.

69 Bulta fast momentomvandlaren på drivplattan med nya bultar. Vrid på vevaxeln så att bulthålen blir åtkomliga och vrid sedan momentomvandlaren med hjälp av hålet i växellådshuset. Skruva först i bultarna med fingerdragning och dra sedan åt dem till angivet moment.

Alla modeller

70 Resterande montering sker huvudsakligen med demonteringens omvända arbetsordning, men lägg märke till följande punkter:

a) Dra åt samtliga förband till angivet moment och i förekommande fall vinkel. Se relevanta kapitel i denna handbok för åtdragningsmoment som inte är direkt relaterade till motorn.

b) Vid montering av bränslerör och injektorer, kontrollera att injektorernas o-ringar och insugsrörstätningar är i gott skick, byt vid behov och smörj in dem med vaselin eller silikonfett som monteringssmörjning.

c) Vid montering av vänster drivaxel, se till att den inre universalknuten trycks in hela vägen i växellådan så att låsringen låser på plats på differentialväxeln.

d) Se till att ABS-systemets hjulgivare och platsen för denna på styrknogen är helt rena innan monteringen.

e) Vid anslutning av den manuella växellådans väljarvajrar, lägg märke till att den yttre (märkt med gul färg) ansluts till den vertikala väljararmen på växellådan (även den gulmålad).

f) På modeller med automatväxellåda, anslut och justera väljarvajern enligt beskrivning i kapitel 7B.

g) Montera bromsens huvudcylinder och sammanhörande delar på servoenheten enligt beskrivning i kapitel 9.

h) Montera luftfiltret och anslut gasvajern enligt beskrivning i kapitel 4A.

i) Montera drivremmen till hjälpaggregaten och fyll på motorn med olja och kylvätska enligt beskrivning i kapitel 1.

j) Fyll vid behov på växellådan med smörjmedel enligt beskrivning i kapitel 1, 7A eller 7B efter tillämplighet.

k) Se avsnitt 16 innan motorn startas.

4 Motorrenovering - preliminär information

Det är mycket enklare att demontera och arbeta med motorn om den är placerad på en flyttbar motorbänk. Dessa kan ofta hyras från en verktygsuthyrningsfirma. Innan motorn sätts upp i bänken ska svänghjulet/drivplattan

tas bort så att bänkens bultar kan dras åt i änden av motorblocket/vevhuset.

Om du inte har tillgång till en motorbänk går det att demontera motorn om den är ordentligt stöttad på en stabil arbetsbänk eller på golvet. Var försiktig så att du inte välter eller tappar motorn om du arbetar utan motorbänk.

Om du ska skaffa en färdigrenoverad motor ska först samtliga yttre delar tas bort så att de kan placeras på utbytesmotorn (precis som de skulle hanteras om du själv ska göra en totalrenovering av motorn). Dessa delar inkluderar följande beroende på motortyp:

a) Motorinfästningar (kapitel 2A).
b) Generator och hållare (kapitel 5A).
c) Startmotor (kapitel 5A)
d) Tändningssystemet och högspänningsdelar inklusive alla sensorer, fördelarlock och rotorarm, tändkablar och tändstift (kapitlen 1 och 5B)
e) Grenröret, med turbo om monterad (kapitel 4B).
f) Insugsrör med bränsleinsprutning (kapitel 4A).
g) Alla elektriska brytare, aktiverare och givare samt motorns kabelhärva (kapitlen 4A, 4B och 5B)
h) Vattenpump, termostat, slangar och fördelningsrör (kapitel 3).
i) Kopplingens delar, modeller med manuell växellåda (kapitel 6).
j) Svänghjul/drivplatta (kapitel 2A).
k) Oljefilter (kapitel 1).
l) Mätsticka, rör och hållare.

Observera: När yttre delar av motorn tas bort ska du vara extra uppmärksam på detaljer som kan vara till hjälp vid hopsättningen. Anteckna eller skissa upp monteringspositioner för packningarna, packboxar, brickor, bultar och andra smärre föremål.

Om du köper en "kort" motor (enbart block/vevhus, vevaxel, kolvar och vevstakar monterade) måste du även ta loss topplocket, kamdrivremmen (komplett med spännare, spännarens remskivor och kåpor) samt spännaren till hjälpaggregatets drivrem..

Om du planerar en totalrenovering kan motorn demonteras och de interna delarna plockas då ut i följande ordning:

5.5 Hoptryckning av ventilfjäder med ventilbåge

(a) Insugsrör, grenrör och turbo, om monterad
(b) Kamaxelns drivrem, spännare och drev.
(c) Topplock.
(d) Oljepump.
(e) Svänghjul/drivplatta
(f) Sump.
(g) Oljeupptagningsrör
(h) Mellanstycke
(i) Kolvar/vevstakar.
(j) Vevaxel.

5 Topplock - demontering, rengöring, inspektion och montering

Observera: Nya och renoverade topplock finns att få från både tillverkaren och specialister på motorrenoveringar. Det krävs specialverktyg för att demontera och inspektera topplocket. Nya delar är inte alltid lätta att få tag på. Därför kan det vara mer praktiskt och ekonomiskt för hemmamekaniker att köpa ett komplett, renoverat topplock hellre än att demontera, inspektera och renovera det ursprungliga topplocket.

Demontering

1 Ta bort topplocket på det sätt som beskrivs i del A av detta kapitel.

2 Om fortfarande på plats, demontera kamaxel och ventillyftare på det sätt som beskrivs i del A av detta kapitel.

3 Beroende på vilka delar som fortfarande finns på plats ska termostatkåpan (se kapitel 3), tändstiften (se kapitel 1) och övriga anslutningar, givare och hållare tas bort efter behov.

4 Knacka försiktigt på varje ventilskaft med en lätt hammare och ett dorn så att fjädern och tillhörande delar lossas.

5 Montera en ventilbåge med långt slag på varje ventil, i tur och ordning och tryck ihop fjädern till dess att knastret visas **(se bild)**. Lyft ut knastret med en liten skruvmejsel. En magnet eller pincett kan vara till god hjälp. Lossa försiktigt på bågen och ta bort den.

6 Ta bort ventilfjäderns övre säte och ventilfjädern. Dra ut ventilen ur styrningen.

7 Dra av ventilskaftets packbox med en plattång. Det kan bli nödvändigt att använda en kabelavskalare där spåren läggs under packboxen om den sitter hårt fast.

8 Ta reda på ventilfjäderns undre säte. Om det finns för mycket sot runt ventilstyrningens utsida måste detta skrapas bort innan sätet kan tas bort.

9 Det är mycket viktigt att varje ventil förvaras tillsammans med sitt knaster, fjäder och säte. Ventilerna ska även förvaras i sin korrekta ordningsföljd, såvida de inte är så slitna eller brända att de måste bytas ut. Placera varje ventil med tillhörande delar i en märkt plastpåse eller liknande **(se bild)**.

10 Fortsätt med att demontera alla ventiler på samma sätt.

5.9 Håll ihop sammanhörande grupper av komponenter i etiketterade lådor eller påsar

5.16 Kontrollera att topplockspackningens yta inte är skev

Rengöring

11 Ta noggrant bort alla spår av gammalt packningsmaterial och tätningsmassa från topplockets övre och nedre kontaktytor. Använd lämplig flytande packningsborttagning tillsammans med en mjuk palettkniv av plast eller liknande, använd inte en metallskrapa eftersom den riskerar att skada kontaktytorna.

12 Ta bort sot från förbränningskammare och portar, avlägsna alla spår av olja och andra beläggningar från topplocket, var extra uppmärksam på lagertappar, ventillyftarlopp, ventilstyrningar och oljekanaler.

13 Tvätta topplocket noggrant i fotogen eller lämpligt lösningsmedel. Ta god tid på dig och var noggrann. Se till att rengöra alla oljekanaler och gångar mycket noggrant, torka topplocket ordentligt och täck alla bearbetade ytor med tunn olja.

14 Skrapa bort tjocka sotbeläggningar om de finns på ventilerna och använd en eldriven roterande stålborste till att ta bort avlagringar från ventilernas tallrikar och skaft.

Inspektion

Observera: *Se till att utföra samtliga följande inspektioner innan du beslutar dig för att en verkstad behöver anlitas. Gör upp en lista över allt som behöver åtgärdas.*

Topplock

15 Inspektera topplocket mycket noggrant vad gäller tecken på sprickor, kylvätskeläckor och andra skador. Om sprickor påträffas ska ett nytt topplock anskaffas.

16 Använd stållinjal och bladmått till att kontrollera att topplockspackningens anläggningsyta inte är skev. Om den är det kan detta vara möjligt att korrigera **(se bild)**.

17 Undersök ventilsätena i förbränningsrummen. Om dessa har djupa gropar, är spruckna eller brända måste de renoveras eller fräsas om av en specialist på motorrenoveringar. Om de bara är lätt märkta kan dessa märken tas bort genom att slipa in ventilerna mot sätena med finkorning ventilslippasta enligt nedanstående beskrivning.

18 Om ventilstyrningarna är slitna, vilket indikeras av att ventilen rör sig från sida till sida, måste nya styrningar monteras. Verifiera detta genom att montera en mätklocka på topplocket och mät upp sidledsspelet när ventilen är helt lyft ur sätet **(se bild)**. Jämför resultatet med specifikationerna. Om spelet ligger utanför toleranserna, mät upp diametern på befintliga ventilskaft (se nedan) och styrningarnas innerdiametrar och byt ventiler eller styrningar efter behov. Byte av ventilstyrningar ska helst lämnas åt en specialist på motorrenoveringar.

19 Om ventilsäten ska fräsas om ska detta göras *efter* det att styrningarna bytts.

20 De gängade hålen i topplocket måste vara rena för att garantera korrekta åtdragningsmoment vid hopsättningen. Skruva försiktigt i en gängtapp i korrekt storlek (som kan avgöras med en jämförelse med den bult som passar i hålet) i i vart och ett av hålen så att rost, korrosion, gänglåsmedel och andra föroreningar avlägsnas och så att skadade gängor repareras. Om möjligt, blås sedan ur hålen med tryckluft. Glöm inte bort att även rengöra gängorna på alla bultar och muttrar.

21 Gängor som inte kan repareras på detta sätt kan ofta räddas med hjälp av insatsgängor. Om något gängat hål är skadat, rådfråga en återförsäljare eller specialist på motorrenoveringar och låt dem installera insatsgängor där behov finns.

Ventiler

22 Undersök ventiltallrikarna vad gäller märken, brännskador, sprickor och allmänt slitage. Vrid på ventilen och leta efter uppenbara tecken på att skaftet är krökt. Kontrollera så att inte skaftändarna är gropiga eller slitna. Byt de ventiler som visar upp sådana tecken på slitage eller skador.

23 Om en ventil i detta skede ser bra ut ska skaftets diameter mätas på ett flertal punkter med en mikrometer **(se bild)**. Betydande

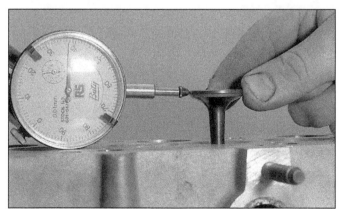

5.18 Mät upp maximalt spel för ventilen i styrningen med en mätklocka

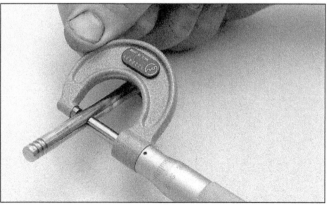

5.23 Mät upp ventilskaftets diameter med en mikrometer

skillnader i de uppmätta värdena anger slitage på ventilskaftet. Om sådant tydligt förekommer måste ventilen i fråga bytas ut.

24 Om ventilerna är i tillfredsställande skick ska de slipas in mot sina respektive ventilsäten så att gastäthet uppstår. Om sätet är endast lite märkt eller om det frästs om ska *endast* finkornigt ventilslipmedel användas till att skapa den önskade ytan. Grovkornigt ventilslipmedel ska *endast* användas om sätet är allvarligt bränt eller djupt märkt. Om så är fallet ska topplocket och ventilerna inspekteras av en expert som kan avgöra om sätet ska fräsas om eller om ventilbyte eller byte av säte krävs.

25 Ventilslipning utförs på följande sätt: Placera topplocket upp och ned på en bänk med en träkloss under vardera änden av topplocket så att ventilskaften går fria.

26 Applicera lite ventilslippasta (med lämplig kornstorlek) på ventilsätet och tryck ett sugkoppsförsett slipverktyg på ventiltallriken. Slipa med en halvroterande rörelse in ventiltallriken i sätet. Lyft nu och då på tallriken så att slippastan omfördelas. En mjuk fjäder under ventiltallriken underlättar i stor grad detta arbete.

27 Om grovkornig slippasta valts, slipa endast till dess att en matt jämn yta finns på både säte och ventiltallrik. Torka av ventil och säte och upprepa proceduren med finkornig slippasta. När en mjuk obruten ring av lätt grå matt yta finns på både ventil och säte är arbetet fullbordat. *Slipa inte* in ventilerna mer än vad som absolut behövs. I annat fall kommer sätet att i förtid sjunka in i topplocket.

28 När samtliga ventiler är inslipade ska *alla* spår av slippastan tvättas bort. Använd fotogen eller lämpligt lösningsmedel. Montera sedan ihop topplocket.

Ventilkomponenter

29 Kontrollera att ventilfjädrarna inte visar tecken på skador eller missfärgningar. Mät även den obelastade längden på befintliga fjädrar genom att jämföra dem med en ny.

30 Ställ fjädrarna på en plan yta och kontrollera eventuell fyrkantighet. Om någon av fjädrarna är skadad, förvrängd eller förlorat sin elasticitet ska samtliga ventilfjädrar bytas ut. Det normala vid en större renovering av en motor är att byta samtliga ventilfjädrar.

31 Byt ut ventilskaftens packboxar oavsett vilket skick de verkar vara i.

Montering

32 Olja in ett ventilskaft och stick in det i sin styrning. Montera det nedre fjädersätet.

33 De nya packboxarna till ventilskaften ska levereras försedda med en monteringshylsa av plast för att skydda packboxen vid monteringen på ventilskaftet. Om inte, linda ett stycke tunn polyeten runt ventilskaftet och låt det sticka ut ca 10 mm över änden av skaftet.

34 Montera packboxen med monteringshylsan, eller polyetenbiten runt ventilen. Tryck på den på ventilstyrningen så långt det går med en lämplig hylsa eller rörstump. När packboxen finns på plats, ta bort hylsan eller polyetenbiten.

35 Montera ventilfjädern och dess övre säte. Tryck ihop fjädern och montera de två knastren i spåren i ventilskaftet. Släpp försiktigt upp ventilbågen.

> **HAYNES TiPS** *Håll knastren i läge på ventilskaften med en liten fettklick medan ventilbågen släpps upp.*

36 Täck ventilskaftet med en tygbit och knacka försiktigt på det med en lätt hammare för att bekräfta att knastren sitter ordentligt på plats.

37 Upprepa detta med resterande ventiler.

38 Sätt tillbaka övriga löstagna delar och sätt tillbaka topplocket enligt beskrivningarna i del A av detta kapitel.

6 Sump och mellanstycke - demontering

1 Om det inte redan är gjort ska nu motoroljan tappas ur och filtret demonteras, vid behov, se kapitel 1.

2 Demontera oljepumpen enligt beskrivning i del A i detta kapitel.

3 Om kolvar och vevstakar ska demonteras senare, placera kolvarna cirka halvvägs ned i loppen.

4 Skruva ur de bultar som fäster sumpen vid mellanstycket, notera de olika bultlängderna och deras respektive placeringar.

5 Knacka försiktigt loss sumpen med en gummi- eller läderklubba. Ta reda på o-ringarna.

6 Skruva ur fästbygelns bult och demontera oljeupptagningsröret **(se bild)**. Ta reda på o-ringen på röränden.

7 Skruva loss alla M7 och M8 bultar som håller den mellersta delen till motorblocket i omvänd ordning mot den som visas **(se bild)**. När alla dessa bultar är borttagna, skruva loss M10 bultarna i samma ordning.

8 Knacka försiktigt loss mellanstycket med en gummi- eller läderklubba. Lyft av mellanstycket, komplett med vevaxelns under lagerskålar. Om några av skålarna sitter kvar på vevaxeln ska de flyttas över till sina respektive platser i mellanstycket.

9 Demontera vevaxelns bakre packbox.

7 Kolvar och vevstakar - demontering och inspektion

Demontering

1 Ta bort topplock, oljepump och svänghjul/ drivplatta enligt beskrivningarna i del A i detta

6.6 Skruva ur fästets bult och demontera oljeupptagningsröret

6.7 Åtdragningssekvens för mellanstycket. Lossa bultarna i omvänd ordning i matchade par över blocket

7.3 Märk storändens lageröverfall och vevstakar med respektive cylindernummer

7.10 Demontera kolvringarna med hjälp av bladmått

kapitel. Demontera sump och mellanstycke enligt beskrivning i avsnitt 6.

2 Känn efter med fingrarna i loppens överdelar om det finns tydliga vändkanter. Somliga rekommenderar att dylika vändkanter tas bort innan försök görs att ta ut kolvarna. Men vändkanter stora nog att skada kolvar innebär med största sannolikhet att loppet måste borras om och förses med nya kolvar och ringar.

3 Kontrollera att det finns identifierings-nummer eller märkning på varje vevstake och överfall. Om sådan märkning saknas ska du stansa eller måla dit dem så att varje vevstake kan sättas tillbaka på sin ursprungsplats vänd i samma riktning **(se bild)**.

4 Ta bort de två vevstaksbultarna. Knacka på överfallet med en mjuk hammare så att det lossnar. Ta bort överfall och nedre lagerskål. Lägg märke till att det krävs nya bultar vid monteringen.

5 Tryck ut vevstake och kolv genom cylinderloppet. Ta reda på den andra lager-skålen om denna lossnat.

6 Montera omedelbart överfallet, rätt vänt, på vevstaken så att du inte riskerar att blanda ihop dem.

7 Kontrollera om det finns en pil på kolvkronan som pekar mot motorns kamremssida. Om pilen inte syns, märk upp kolvkronan på lämpligt sätt.

8 Upprepa arbetet på de resterande vevstakarna och kolvarna och vrid på vev-axeln vid behov så att lageröverfallen blir åtkomliga.

Inspektion

9 Innan en inspektion kan utföras måste kolvar och vevstakar rengöras. Kolvringarna måste tas loss från kolvarna.

10 Dra försiktigt isär de gamla kolvringarna och dra dem över kolvens krona. Om du använder två eller tre gamla bladmått är detta till god hjälp för att hindra ringarna att halka

ner i öppna spår **(se bild)**. Var försiktig så att du inte repar kolven med ringändarna. Ringarna är sköra och kommer att brista om de dras för mycket isär. De är även mycket vassa - skydda händer och fingrar.

11 Skrapa bort alla sotspår från kolvkronan. En handhållen stålborste (eller finkornigt slippapper) kan användas när väl den största delen av sotet skrapats bort.

12 Ta bort sotet från kolvringsspåren med hjälp av en gammal kolvring. Bryt den i två delar (akta fingrarna när du gör detta - kolvringar har vassa kanter). Var noga med att bara ta bort sot, inte metall och låt bli att göra hack eller skråmor i ringspårens sidor.

13 När avlagringarna tagits bort ska kolvarna och vevstakarna tvättas med fotogen eller lämpligt lösningsmedel och torkas ordentligt. Se till att returoljehålen i ringspåren är väl rengjorda.

14 Om kolvar och cylinderlopp varken är skadade eller utslitna och om cylindrar inte behöver borras om (i förekommande fall), kan de ursprungliga kolvarna användas igen. Normalt kolvslitage visar sig som en jämn vertikal förslitning av kolvarnas tryckytor och en viss slackhet i toppringen i spåret. Nya kolvringar ska alltid användas när motorn sätts ihop efter en renovering.

15 Inspektera kolvarna noga och leta efter sprickor i kjolen, runt kolvbultshålen och i området mellan ringarna.

16 Leta även efter repor på kjolen, hål i kronan och brända ytor runt kronans kant. Om kjolen är repad kan motorn ha utsatts för överhettning och/eller onormal förbränning som orsakat för hög arbetstemperatur. I sådant fall ska kyl- och smörjsystemen kontrolleras extra noga. Brännmärken på kolvsidor visar att genomblåsning inträffat. Hål i kronan eller brända kanter anger onormal förbränning (förtändning, knackningar eller detonationer) inträffat. Om något av ovanstående problem föreligger måste den

bakomliggande orsaken spåras upp och rättas till. I annat fall uppstår skadan igen. Orsakerna kan vara läckage i insugsluften, felaktig luft/bränsleblandning eller defekt styrning av avgasreningssystemet.

17 Korrosion på kolvar, i form av små gropar, indikerar att kylvätska trängt in i för-bränningsrummet och/eller vevhuset. Även här måste orsaken korrigeras, i annat fall kommer problemet att kvarstå i den renoverade motorn.

18 Undersök vevstakarna noga och leta efter tecken på skador som sprickor kring lagren i bägge ändarna. Kontrollera att vevstakarna inte är böjda eller skeva. Skador är inte troliga annat än om motorn skurit eller allvarligt överhettats. Detaljkontroll av vevstaks-montage kan endast utföras av en specialist på motorrenoveringar som har nödvändig utrustning.

19 Kolvbultarna är av flytande typ, låsta i läge med två låsringar. Vid behov kan kolvar och vevstakar separeras enligt följande.

20 Ta ut en av de låsringar som håller kolvbulten och tryck ut kolvbulten från staken och kolven **(se bild)**.

21 Använd en mikrometer och mät upp diametrarna på de fem kolvarna på en punkt 10 mm ovanför kjolens nederkant, i rät vinkel mot kolvbultens axel. Jämför mätt värde med specifikationerna. Lägg märke till att det finns fyra klasser av standardstorlek - klassbeteckningen är instämplad på kolvkronan och på cylinderblocket. Om nya kolvar monteras måste de ha samma klassning som cylinderloppen där de ska monteras **(se bilder)**.

22 Om diametern på någon kolv ligger utanför toleranserna för den klassen måste alla fem kolvarna bytas. Lägg märke till att om cylindrarna borrats om vid en tidigare renovering har troligen kolvar i överdimension monterats. Anteckna mätvärdena och jämför dem med uppmätta värden för

7.20 Tryck ut kolvbulten ur kolven och vevstaken

7.21a Mät kolvringarnas diameter med en mikrometer

cylinderloppens diameter (senare i detta kapitel) så att spelet mellan kolv och lopp kan kontrolleras.

23 Håll en ny kolvring i tillämpligt spår och mät spelet mellan ring och spår med ett bladmått **(se bild)**. Kom ihåg att ringarna är av olika storlek, så mät med rätt ring i rätt spår. Jämför mätvärdena med specifikationerna. Om spelet är större än angivna toleranser måste kolvarna bytas.

24 Kontrollera kolvbultens passning i vevstaksbussningen och kolven. Om det finns ett märkbart spel måste en ny bussning eller en kolvbult i överdimension monteras. Rådfråga en Volvohandlare eller en specialist på motorrenoveringar

25 Undersök samtliga delar och skaffa de nya som behövs. Om du köper nya kolvar levereras dessa kompletta med kolvbultar och låsringar. Du kan även köpa låsringar separat.

26 Olja in kolvbulten. Montera ihop vevstake och kolv, se till att vevstaken är rättvänd och säkra kolvbulten med låsringen. Montera låsringarna så att öppningarna är vända nedåt.

27 Upprepa förfarandet med resterande kolvar.

8 Vevaxel - demontering och inspektion

Demontering

Observera: *Om inget arbete ska utföras på kolvar och vevstakar är det inte nödvändigt att demontera topplock och kolvar. Skjut istället in kolvarna så långt i loppen att de går fria från vevtapparna.*

1 Se del A i detta kapitel och tillämpliga tidigare avsnitt i denna del och gör följande:
a) *Demontera oljepumpen.*
b) *Demontera sump och mellanstycke.*
c) *Demontera koppling och svänghjul/ drivplatta.*
d) *Demontera kolvar och vevstakar (se ovan).*

2 Innan vevaxeln lyfts ut ska axialspelet kontrolleras. Montera en mätklocka med stiftet i linje med vevaxeln, just berörande denna.

3 Tryck undan vevaxeln så långt möjligt från klockan och nollställ denna. Bänd sedan vevaxeln så långt in mot klockan som möjligt och läs av. Den sträcka som vevaxeln för-

flyttats är axialspelet. Om detta värde är större än specifikationerna medger, ska slitaget på vevaxelns tryckytor kontrolleras. Om inget slitage är märkbart bör nya tryckbrickor (integrerade i ramlagerskålarna) korrigera axialspelet.

4 Demontera mellanstycket och lyft ur vevaxeln. Tappa den inte, den väger ganska mycket.

5 Ta bort de övre halvorna av ramlager- skålarna från sina säten i vevhuset genom att trycka på den del av skålen som är längst bort från styrfliken. Åter, om lagerskålarna ska användas igen måste du hålla reda på var de ska placeras.

Inspektion

6 Rengör vevaxeln med fotogen eller lämpligt lösningsmedel och torka den, helst med tryckluft om detta finns tillgängligt. Försäkra dig om att oljekanalerna är rena genom att sticka in en piprensare eller liknande i dem.

⚠ *Varning: Använd skydds- glasögon vid arbete med tryckluft!*

7 Kontrollera att tapparna i ramlager och storändslager inte visar tecken på ojämnt slitage, repor, gropar eller sprickor.

8 Slitage på storändslagren åtföljs vanligen av ett distinkt metalliskt knackande när motorn körs (speciellt märkbart när motorn drar från låg hastighet) och en viss förlust av oljetryck.

9 Slitage på ramlager åtföljs av allvarliga motorvibrationer och ett mullrande ljud som blir allt värre i takt med att motorvarven ökar samt förlust av oljetryck.

10 Kontrollera jämnheten på lagertapparna genom att dra en fingertopp lätt över lagerytan. Varje ojämnhet (som alltid åtföljs av ett tydligt lagerslitage) indikerar att vevaxeln måste slipas om (där så är möjligt) eller bytas ut.

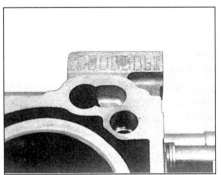

7.21b Klassning för kolv/cylinder finns instansad på cylinderblocket

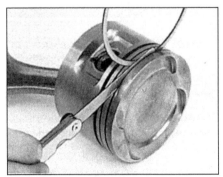

7.23 Mät spelet mellan spår och kolvring med ett bladmått

8.11 Använd en mikrometer till att mäta upp vevtapparnas diametrar

11 Mät upp diametern på ram- och storändslagrens tappar med en mikrometer och jämför resultat med specifikationerna **(se bild)**. Genom mätning på ett flertal platser runt varje tapps omkrets kan du avgöra om tapparna är runda eller inte. Ta mått i vardera änden av tappen för att avgöra om den är konisk eller inte. Jämför mätresultaten med specifikationerna. Om vevaxelns tappar ligger utanför toleranserna krävs en ny vevaxel i och med att endast lagerskålar i klassade standardstorlekar tillhandahålles av tillverkaren. Men kontrollera först med en specialist på motorrenoveringar om det trots detta går att slipa om vevaxeln och om passande lager finns att få.

12 Kontrollera att packboxarnas kontaktytor i vardera änden av vevaxeln inte är skadade eller slitna. Om endera packboxen slitit en djup skåra i vevaxelns yta ska du kontakta en specialist på motorrenoveringar. Reparation kan vara möjlig, i annat fall krävs en ny vevaxel.

13 Se avsnitt 10 angående detaljer om val av ram- och storändslager.

9 Motorblock/vevhus - rengöring och inspektion

Rengöring

1 Innan rengöringen ska alla yttre delar som givare och pluggar eller proppar tas bort.
2 Om någon av de gjutna delarna är mycket smutsig ska hela motorn ångtvättas.
3 Efter ångtvätten ska samtliga oljehål och oljekanaler rengöras än en gång. Spola ur alla interna passager med varmt vatten till dess att detta rinner rent igenom. Om du har tillgång till tryckluft, använd då denna till att skynda på uttorkningen och till att blåsta rent i samtliga oljepassager.

 Varning: Bär alltid skydds-glasögon vid användning av tryckluft!

4 Om motordelarna inte är speciellt smutsiga kan du göra ett gott rengöringsjobb med varmt tvålvatten (så varmt som du kan stå ut

med) och en styv borste. Ta god tid på dig och gör ett noggrant arbete. Oavsett tvättmetod ska du se till att rengöra alla oljepassager mycket noggrant och att fullständigt torka alla delar. Rostskydda cylinderloppen med ett tunt lager ren motorolja.
5 Alla gängade hål måste vara rena och torra så att korrekta åtdragningsmoment vid monteringen garanteras. Rengör gängor med gängtappar i rätt storlek (som kan bestämmas genom en jämförelse med den bult som passar i hålet). Detta tar bort rost, korrosion, gänglås och smuts samt återställer skadade gängor. Om möjligt ska tryckluft användas till att blåsa ur hålen efter denna operation. Glöm inte bort att rengöra gängorna på bultar och i muttrar.
6 Gängor som inte kan repareras på detta sätt kan ofta räddas med hjälp av in-satsgängor. Om något gängat hål är skadat, rådfråga en återförsäljare eller specialist på motorrenoveringar och låt dem installera insatsgängor där behov finns.
7 Om motorn inte omedelbart ska sättas ihop ska den täckas över med en stor plastsäck så att den hålls ren. Rostskydda bearbetade ytor enligt tidigare beskrivning.

Inspektion

8 Studera delarna och leta efter tecken på sprickor och korrosion. Kontrollera att gängor i hål är oskadade. Om du vet med dig att motorn läckt kylvätska på insidan kan det vara mödan värt att låta en specialist på motorrenoveringar gå över blocket med specialutrustning och leta efter sprickor. Om defekter påträffas ska dessa om möjligt åtgärdas. I annat fall måste den skadade delen bytas ut.
9 Kontrollera skicket på topplockets och mellanstyckets fogytor. Kontrollera att delarna inte är skeva med hjälp av stållinjal och bladmått enligt tidigare beskrivning. Om det föreligger en mindre skevhet, fråga en specialist på motorrenoveringar om bästa sättet att åtgärda detta.
10 Kontrollera att cylinderloppen inte är repade eller brända eller har en markerad vändkant nära toppen. En sådan indikerar att loppet är utslitet.
11 Om nödvändig mätutrustning finns tillgänglig, mät då upp cylinderdiametern högst upp (strax under vändkanten), i mitten och längst ned parallellt med vevaxelns längsled. Mät sedan upp diametern på samma platser men i vevaxelns tvärled. Anteckna erhållna mått. Om du inte har tillgång till nödvändig mätutrustning, låt en specialist på motorrenoveringar utföra arbetet.
12 Ta reda på spelrummet mellan kolv och lopp genom att mäta kolvdiametern enligt tidigare beskrivning och subtrahera kolvens diameter från det största värdet för loppets diameter.
13 Upprepa proceduren med samtliga kolvar och cylinderlopp.

14 Jämför resultatet med specifikationerna i kapitlets inledning. Om något värde ligger utanför toleranserna för klassen i fråga eller om ett resultat markant skiljer sig från de andra (indikerande att loppet är ovalt eller koniskt), är kolven eller loppet är utslitet. Notera att varje cylinder är märkt med klassificeringen (C, D, E, eller G) som är instansad baktill på cylinderblocket. Det finns fyra klasser av standard loppstorlek och två överdimensioner (märkta OS1 och OS2).
15 Om något av cylinderloppen är svårt repat eller bränt eller utslitet, ovalt eller koniskt är den normala åtgärden att borra om cylindrarna och montera nya kolvar i en överdimension. Rådfråga en återförsäljare för Volvo eller en specialist på motor-renoveringar.
16 Om loppen är i godtagbart skick och inte för slitna kan det bara behövas ett byte av kolvringar.
17 Om detta är fallet ska loppen honas så att de nya ringarna kan sätta sig korrekt och ge bästa möjliga tätning. Honing är ett arbete som utförs av en specialist på motor-renoveringar.
18 När all bearbetning gjorts ska hela blocket/vevhuset tvättas mycket noga med varmt tvålvatten för att avlägsna alla spår av slipmedel och annan smuts som lämnats kvar efter bearbetningen. När blocket är fullständigt rent ska det sköljas och torkas och sedan rostskyddas med ett tunt lager olja på alla bearbetade ytor.
19 Det sista steget är att mäta upp längden på de M 10 bultar som används till att fästa mellanstycket och blocket. Om längden på någon av dem överstiget 118 mm ska samtliga bultar bytas mot nya. Det är hur som helst klokt att alltid byta dessa bultar med tanke på var de sitter. I likhet med alla bultar som dras åt med vinkelmoment har de en tendens att sträckas, ofta upp till gränsen för vad de tål. Det är i praktiken omöjligt att avgöra påfrestningen på individuella bultar. Om någon av dessa på något sätt är defekta kan de brista vid åtdragningen eller under körning.

10 Ram- och storändslager - inspektion och val

Inspektion

1 Även om lagerskålarna i ramlagren och storändarna ska bytas ut vid en total-renovering ska de gamla lagerskålarna sparas för en detaljerad inspektion, i och med att de kan ge värdefulla upplysningar om motorns skick.
2 Lagerhaverier inträffar på grund av brist på smörjning, förekomst av smuts eller andra främmande partiklar, överbelastning av

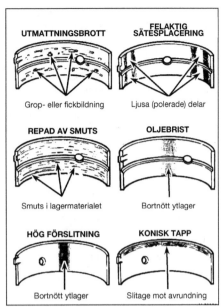

UTMATTNINGSBROTT — **FELAKTIG SÄTESPLACERING**

Grop- eller fickbildning — Ljusa (polerade) delar

REPAD AV SMUTS — **OLJEBRIST**

Smuts i lagermaterialet — Bortnött ytlager

HÖG FÖRSLITNING — **KONISK TAPP**

Bortnött ytlager — Slitage mot avrundning

10.2 Typiska lagerhaverier

Klassificeringsmärkning på motorblock

	A liten diameter		B mellan diameter		C stor diameter	
Vevaxelklassifikation	motorblock	mellanstycke	motorblock	mellanstycke	motorblock	mellanstycke
A liten	gul mellan	gul mellan	gul mellan	blå tjock	blå tjock	blå tjock
B mellan	röd tunn	gul mellan	gul mellan	gul mellan	gul mellan	blå tjock
C stor	röd tunn	röd tunn	röd tunn	gul mellan	gul mellan	gul mellan

10.11 Tabell för val av ramlagerskålar

motorn samt korrosion **(se bild)**. Oavsett orsaken till lagerhaveriet måste denna rättas till (där tillämpligt) innan motorn monteras ihop, så att inte skadan uppstår igen.

3 Vid undersökningen av lagerskålarna ska dessa tas ut ur motorblocket/vevhuset och lageröverfallen och sedan läggas ut på en ren yta i samma inbördes läge som de hade i motorn. Detta låter dig para ihop eventuella lagerproblem med motsvarande lagertapp. *Du ska inte* beröra lagerytorna med fingrarna vid undersökningen eftersom den ömtåliga ytan lätt kan repas.

4 Smuts och andra främmande partiklar kan komma in i motorn på många olika sätt. De kan lämnas kvar vid monteringen eller passera genom filter eller vevhusventilationen. Smuts kan komma in i oljan och vidare till lagren. Metallspån från bearbetning och normalt motorslitage förekommer ofta. Slipmedel lämnas ibland kvar i motorn efter renoveringsarbeten, speciellt om delarna inte rengjorts ordentligt och på rätt sätt. Oavsett källa blir dessa främmande partiklar som regel inbäddade i det mjuka lagermaterialet och är där lätta att känna igen. Större partiklar bäddas inte in utan repar istället lagerskålar och tappar. Bästa förebyggande åtgärden mot lagerhaverier är att rengöra samtliga delar med största noggrannhet och att hålla allting kliniskt rent vid hopsättningen av motorn. Täta och regelbundna oljebyten rekommenderas.

5 Brist på smörjning (eller haveri i smörjsystemet) har ett antal besläktade orsaker. Överhettning (som tunnar ut oljan), överbelastning (som tvingar ut oljan från lagerytorna) och oljeläckage (från överdrivna spel i lager, sliten oljepump eller höga motorvarv) bidrar alla till försämrad smörjning. Blockerade oljekanaler, vanligen orsakade av felaktigt uppriktade oljehål i lagerskålarna, svälter lagren på olja och förstör dem. När

brist på smörjning orsakar lagerhaverier slits eller trycks lagermaterialet bort från lagerskålens stålstöttning. Temperaturen kan stiga så mycket att stålet blåneras av överhettning.

6 Körsättet kan ha en definitiv inverkan på lagrens livslängd. Full gas från låga varv anstränger motorn och belastar lagren mycket hårt, vilket tenderar att tvinga ut oljefilmen. Denna typ av belastning gör att lagerskålarna böjs vilket skapar fina sprickor i lagerytan (metallトrötthet). Till sist kommer lagermaterialet att lossna i småbitar och slitas lös från stålstöttningen.

7 Korta körsträckor leder till korrosion på lagren eftersom det inte produceras tillräckligt med värme i motorn för att driva ut kondensvatten och frätande gaser. Dessa produkter samlas i motoroljan och bildar syra och slam. När sedan oljan leds till motorns lager angriper syran lagermaterialet.

8 Felaktig montering av lagerskålarna vid hopsättandet kommer också att leda till lagerhaverier. För tät passform lämnar inte tillräckligt med spelrum i lagret vilket leder till oljebrist. Smuts och främmande partiklar som fastnar bakom en lagerskål ger höga punkter i lagret vilket leder till haveri.

9 *Du ska inte* beröra lagerytorna med fingrarna vid monteringen. Risk finns att de ömtåliga ytorna skadas eller att partiklar fastnar på lagerytan.

Val av ram- och storändslager

10 För att garantera att ramlagren har korrekt spel finns det tre klasser av lagerskålar. Dessa anges med färgmarkering (röd, gul eller blå) på varje lagerskål som anger lagerskålens tjocklek.

11 Nya ramlagerskålar väljs individuellt till varje lagertapp med hjälp av de referensbokstäver (A, B och C) som finns instansade på blocket och vevaxeln i enlighet med visad tabell **(se bild)**.

12 Från tabellen kan det utläsas att om markeringen på blocket för en given tapp är B

och motsvarande markering på vevaxeln är C ska en röd lagerskål monteras i blocket och en gul lagerskål i mellanstycket.

13 Kontrollera alla markeringar och välj de lagerskålar som behövs till alla vevtappar.

14 Skålarna för storändslagren är inte klassade och levereras endast i en storlek som passar måtten på respektive tapp. I och med att tillverkaren inte specificerar ett mått på faktiskt spel i storändslagren är det enda säkra tillvägagångssättet att alltid montera nya lagerskålar vid renovering. Under förutsättning att vevtapparna ligger inom toleranserna ska det faktiska spelet därmed vara korrekt.

11 Motorrenovering - ordningsföljd för montering

1 Innan hopmonteringen påbörjas ska du se till att du har alla nya delar och alla nödvändiga verktyg tillgängliga. Läs igenom hela arbetsbeskrivningen så att du vet vad som ingår i arbetet och se till att allt som behövas för hopmonteringen finns till handa. Förutom de vanliga verktygen och materialen behövs gänglåsningsmedel på de flesta platser vid hopmonteringen. En tub med Volvos flytande packningsmassa och en korthårig appliceringsroller krävs dessutom vid hopsättningen av motorns huvuddelar.

2 Ett tidsbesparande och problemundvikande sätt att montera ihop en motor är följande arbetsordning:

(a) Vevaxel.
(b) Kolvar/vevstakar.
(c) Sump.
(d) Oljepump.
(e) Svänghjul/drivplatta.
(f) Topplock.
(g) Kamaxel och ventillyftare
(h) Kamaxelns drivrem, spännare och drev.
(i) Motorns yttre delar.

3 I detta skede ska alla motordelar vara fullständigt rena och torra och samtliga brister ska vara åtgärdade. Delarna ska läggas ut (eller finnas i egna lådor) på en fullständigt ren arbetsyta.

12 Vevaxel - montering

1 Montering av vevaxeln är det första steget i hopsättningen av motorn efter en renovering. Vid denna punkt förutsätts att motorblocket/vevhuset och vevaxeln rengjorts, inspekterats och vid behov renoverats. Placera blocket på en ren och plan arbetsyta med vevhuset pekande uppåt.
2 Om de fortfarande finns på plats ska de gamla lagerskålarna tas bort från block och mellanstycke.
3 Torka rent i ramlagerskålarnas säten i vevaxeln och rengör baksidorna av lagerskålarna. Montera de tidigare valda övre skålarna i sina rätta lägen i vevhuset. Tryck fast skålarna så att flikarna greppar in de befintliga urtagen.
4 Smörj in lagerskålarna i vevhuset med ren motorolja i rikligt mängd.
5 Rentorka vevaxelns lagertappar och sänk ned den på plats. Försäkra dig om att skålarna inte rubbas ur läge.
6 Spruta in olja i vevaxelns oljekanaler och torka bort alla spår av överskottsolja från vevaxeln och mellanstyckets fogytor.
7 Använd den korthåriga rollern och lägg på ett jämnt lager med Volvos flytande packningsmassa på blockets fogyta mot mellanstycket. Se till att hela ytan är täckt men lägg märke till att det bara krävs ett tunt lager för att ge god tätning.
8 Torka rent i ramlagersätena på mellanstycket och rengör baksidorna på lagerskålarna. Montera de tidigare valda nedre lagerskålarna på sina rätta platser i mellanstycket. Tryck fast skålarna så att flikarna greppar in de befintliga urtagen.
9 Smörj lagerskålarna i mellanstycket helt lätt men var noga med att inte låta olja komma i kontakt med den flytande packningsmassan.
10 Lägg mellanstycket på blocket och vevaxeln och stick in fästbultarna. Dra åt bultarna i de fem steg som anges i specifikationerna till angivna moment och vinklar i visad ordningsföljd (se bild 6.7).
11 Rotera på vevaxeln. En viss tröghet är att förvänta med nya delar men det ska inte få finnas några trånga punkter eller punkter där vevaxeln fastnar.
12 I detta skede är det en god idé att än en gång kontrollera vevaxelns axialspel enligt beskrivningen i avsnitt 8. Om tryckytorna på vevaxeln har kontrollerats och nya lagerskålar monterats bör axialspelet ligga inom specifikationerna.
13 Smörj den bakre packboxens monteringsplats, vevaxeln och en ny packbox. Montera packboxen, läpp inåt, och använd en rör-

stump (eller den gamla packboxen omvänd) till att knacka in den nya packboxen så att den är i jämhöjd med omgivande yta.

13 Kolvar och kolvringar - montering

1 Vid detta steg är det förutsatt att kolvarna monterats korrekt på respektive vevstakar och att spelet mellan kolvring och spår kontrollerats. Om inte, se slutet av avsnitt 7.
2 Innan nya kolvringar monteras ska ändavståndet kontrolleras med ringarna i cylinderloppet.
3 Lägg kolvarna och de nya ringuppsättningarna så att de hålls ihop i sina respektive grupper under och efter kontroll av ändgap. Placera blocket på arbetsytan, liggande på sidan, så att båda ändar av cylinderloppen är åtkomliga.
4 Stick in toppringen i den första cylindern och tryck ned den genom loppet med hjälp av kolvens krona. Detta ser till att ringen är i rät vinkel mot loppets innervägg. För ringen nära nederdelen av loppet vid den nedre gränsen för kolvringens rörelse. Lägg märke till att den övre och den nedre kompressionsringen är olika utformade. Den nedre ringen är lätt att känna igen i och med att den har en urfasning på den nedre ytan.
5 Mät upp gapet mellan ringändarna med bladmått.
6 Upprepa proceduren med ringen högst upp vid den övre gränsen för rörelsen och jämför mätresultaten med specifikationerna.
7 Om nya ringar monteras är det inte troligt att ändgapen är för små. Om ett mått anger understorlek måste det dock korrigeras. I annat fall finns det risk att ringändarna kommer i kontakt med varandra när motorn körs. Detta kan orsaka motorskador. Helst ska nya kolvringar med korrekt ändgap monteras, men som en sista utväg kan gapet förstoras genom att ringändarna försiktigt filas av med en finskuren fil. Placera ringen i en tving med mjuka käftar och dra ringen över filen med ringändarna i kontakt med filens yta och fila långsamt bort material. Var försiktig eftersom kolvringar är vassa och sköra.
8 Med nya kolvringar är det inte heller troligt att gapet är för stort. Om mätningen anger ett för stort gap ska du kontrollera att du verkligen har de rätta kolvringarna till din motor och borrning.
9 Upprepa kontrollen med varje ring i den första cylindern och sedan med samtliga ringar i respektive cylindrar. Kom ihåg att hålla ihop kolvringar, kolvar och cylindrar som enheter.
10 När ringgapen kontrollerats och vid behov justerats kan ringarna monteras på kolvarna.
11 Montera kolvringar med samma teknik som vid demonteringen. Montera först den nedersta (oljeringen) och arbeta sedan uppåt. Notera textmarkeringarna på ena sidan av övre och nedre kompressionsringen, dessa

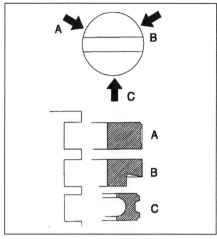

13.11 Kolvringarna och placering av ändgapen

Placera ändgapen (vid pilar) för varje ring enligt detta

måste vara vända uppåt när ringarna monteras (se bild). Den nedre kompressionsringen är fasad och avfasningen måste vara nedåt efter monteringen. Dra inte isär kompressionsringar för långt eftersom de då bryts av. Observera: Du ska alltid följa de anvisningar som medföljer kolvringssatserna - olika tillverkare kan specificera olika arbetsmetoder. Blanda inte ihop övre och nedre kompressionsringarna i och med att de har olika tvärsnitt.
12 När alla ringar är på plats ska de arrangeras så att ändgapen är 120° från varandra, som visat.

14 Kolvar och vevstakar - montering

1 Innan kolvar och vevstakar monteras måste cylinderloppen vara helt rengjorda, den övre kanten av varje cylinder måste vara fasad och vevaxeln måste vara på plats.
2 Ta bort storändens lageröverfall från vevstaken till cylinder 1 (se de märkningar som gjordes vid demonteringen). Ta bort de ursprungliga lagerskålarna och torka av lagersätena i vevstaken och överfallet med en ren luddfri trasa. De måste vara kliniskt rena! Se till att ha nya överfallsbultar.
3 Rengör baksidan av den nya övre lagerskålen, montera den på vevstake nr 1 och montera den andra skålen i storändens överfall. Se till att styrningsflikarna på varje lager passar in i urtagen i staken eller överfallet.
4 Fördela kolvringsgapen jämnt runt kolven, smörj in kolv och ringar med ren motorolja och montera en kolvringshoptryckare på kolven. Låt kjolen sticka ut en aning så att den kan styra in kolven i loppet. Ringarna måste vara hoptryckta så att de är jämte kolvytan.

5 Vrid på vevaxeln så att den kommer till den nedre dödpunkten och olja in cylinderloppet.
6 Placera kolv/vevstake 1 så att pilen på kolvens krona pekar mot motorns kamremssida. Stick försiktigt in vevstaken/kolven i cylinderlopp 1 och låt kolvringshoptryckaren vila på motorblocket.
7 Knacka lätt på överkanten av kolvringshoptryckaren så att den säkert är i kontakt med blocket med hela omkretsen.
8 Knacka lätt på kolvens översida med ett hammarskaft av trä, styr samtidigt vevstakens storände till vevtappen. Kolvringarna kan försöka att hoppa ut ur hoptryckaren strax innan de glider ner i loppet, så håll trycket på verktyget. Arbeta långsamt och om du känner något motstånd när kolven går in i loppet ska du omedelbart stoppa arbetet. Ta reda på varför och korrigera innan du fortsätter. *Du ska aldrig av någon som helst orsak tvinga in en kolv - du kan bryta av kolvringen och i värsta fall även förstöra kolven.*
9 Försäkra dig om att lagerytorna är kliniskt rena och applicera ett jämnt lager ren motorolja på bägge ytorna. Du måste trycka in kolven i cylindern så att du kommer åt lagerytan på skålen i vevstaken.
10 Dra tillbaka vevstaken till storändens tapp och sätt tillbaka överfallet och smörj in överfallsbultarnas gängor. montera bultarna och dra åt dem i två steg till angivet moment.
11 Upprepa arbetet med de resterande kolvarna/vevstakarna.
12 Viktigt att komma ihåg:
(a) Håll baksidorna av lagerskålarna och lagersätena i vevstake och överfall kliniskt rena vid hopsättandet.
(b) Försäkra dig om att rätt kolv/stake monteras i rätt cylinder.
(c) Pilen på kolvens krona måste peka mot kamdrivningssidan på motorn.
(d) Smörj cylinderloppen med ren motorolja.
(e) Smörj storändens lagerytor med ren motorolja innan överfallen monteras.

13 När kolvarna och vevstakarna monteras korrekt ska du vrida några varv för hand på vevaxeln och känna efter om det finns några tydligt trånga punkter.

15 Sump - montering

1 Placera en ny o-ring på oljeupptagningsröret och stick in röret på plats. Fäst med bulten åtdragen till angivet moment.
2 Torka bort eventuell olja från fogytorna mellan sumpen och mellanstycket och montera nya o-ringar i urtagen i mellanstycket.
3 Använd den korthåriga rollern och lägg på ett jämnt lager med Volvos flytande packningsmassa på sumpens fogyta mot mellanstycket. Se till att hela ytan är täckt men lägg märke till att det bara krävs ett tunt lager för att ge god tätning.
4 Placera sumpen i läge och stick in fyra av fästbultarna och fingerdra dem.
5 Använd en ställinjal och kontrollera att bakre kanterna på sump och block är i jämhöjd och dra åt de fyra bultarna så att sumpen hålls på plats.
6 Montera resterande bultar och dra åt dem stegvis, arbetande in mot mitten, till angivet moment.

16 Motor - första start efter renovering och montering

1 Montera resten av motorn i den ordning som anges i avsnitt 11, och följ relevanta avsnitt i detta kapitel och i 2A. Montera motor och växellåda i bilen enligt beskrivning i avsnitt 3 i denna del. När motorn sitter på plats i bilen ska du dubbelkontrollera nivåerna för olja och kylvätska. Kontrollera en sista

gång att allting satts ihop och att du inte glömt verktyg eller trasor i motorrummet.
2 Ta ut tändstiften och deaktivera tändsystemet genom att dra ut kontakten till kamaxelns positionsgivare. Dra ut kontakten till injektorerna så att bränsle inte sprutas in i cylindrarna.
3 Dra runt motorn på startmotorn till dess att oljetryckslampan slocknar. Om den inte slocknar efter ett flertal sekunders runddragning, kontrollera oljenivån och oljefiltrets fastsättning. Under förutsättning att dessa är korrekta, kontrollera fastsättningen av kontakten till oljetrycksgivaren - gå inte vidare i proceduren förrän du är säker på att olja pumpas runt i motorn under tillräckligt tryck.
4 Sätt tillbaka tändstift och tändkablar och koppla in kamaxelns positionsgivare och injektorerna.
5 Starta motorn, lägg märke till att detta kan ta lite längre tid än vanligt i och med att bränslesystemet är helt tömt.
6 Låt motorn gå på tomgång och leta efter läckage av bränsle, kylvätska eller olja. Oroa dig inte om ett antal ovanliga dofter och rökpuffar kommer från delar som värms upp och bränner bort oljebeläggningar. Lägg även märke till att motorn inledningsvis kan vara lite högljudd medan de hydrauliska ventillyftarna fylls med olja.
7 Låt motorn gå på tomgång till dess att du känner att varmvatten cirkulerar genom den övre kylarslangen. Kontrollera att tomgången är någorlunda jämn och har normalt varvtal. Slå därefter av motorn.
8 Vänta ett par minuter och kontrollera än en gång nivån för olja och kylvätska och fyll på vid behov (se kapitel 1).
9 Om nya delar som kolvar, ringar eller vevaxellager monterats måste motorn köras in under 800 km. Ge inte motorn full gas, låt den inte heller segdra på någon växel under denna period. Ett byte av olja och filter är att rekommendera efter avslutad inkörning.

Kapitel 3
System för kylning, värme och luftkonditionering

Innehållsförteckning

Svårighetsgrad

Enkelt, passar novisen med lite erfarenhet	Ganska enkelt, passar nybörjaren med viss erfarenhet	Ganska svårt, passar kompetent hemma-mekaniker	Svårt, passar hemmamekaniker med erfarenhet	Mycket svårt, för professionell mekaniker

Specifikationer

Allmänt

Systemtyp .... Vattenbaserat kylmedia, pumpassisterad cirkulation, termostatstyrd

Termostat

Börjar öppna vid:
Termostat typ 1 .... 87°C
Termostat typ 2 .... 90°C
Helt öppen vid:
Termostat typ 1 .... 102°C
Termostat typ 2 .... 105°C

Åtdragningsmoment

	Nm
Kylarens fästbultar	30
Vattenpumpens bultar	20

---

1 Allmän information och föreskrifter

Allmän information

Kylsystemet är av typen trycksatt halv-förseglat med expansionskärl för vätska som trycks ut ur det heta systemet och sedan dras in igen när systemet svalnar.

Vattenbaserad kylvätska pumpas runt i motorblock och topplock av en kamremsdriven pump. När kylvätskan cirkulerar runt i motorn tar den upp värme och väl varm transporteras den genom kylaren. När vätskan passerar genom kylaren kommer det luftflöde som skapas av bilens framåtgående rörelse att kyla ned vätskan som därefter leds till motorblocket. Luftflödet genom kylaren assisteras av en elektrisk fläkt med två hastigheter som styrs av motorns elektroniska styrenhet.

En termostat finns för att styra flödet genom kylaren. När motorn är kall är termostatventilen stängd så att det normala kylvätskeflödet genom kylaren avbryts.

När kylvätskan värms upp börjar termostatventilen att öppna så att flödet genom kylaren kan återupptas.

Därmed upprätthålles en konstant motor-temperatur (beroende på termostatens klassning) oavsett den omgivande temperaturen.

På turbomodeller finns en förbikoppling som låter kall kylvätska flöda genom turbo-aggregatets kylning.

Uppvärmningen av passagerarutrymmet drivs med kylvätska från motorkylningen. Kylvätskan flödar konstant genom värme-elementet, temperaturstyrning uppnås genom blandning med kalluft från bilens utsida och värmen från elementet i önskat förhållande.

Systemen för klimatkontroll (luft-konditionering) beskrivs i detalj i avsnitt 9.

Föreskrifter

Varning: Försök inte att ta bort locket på expansionskärlet eller någon annan del av kylsystemet medan det är hett eller motorn fortfarande är het, eftersom det då finns en mycket stor risk för skållning. Om av någon orsak expansionskärlets lock måste öppnas innan motorn och kylaren svalnat helt (rekommenderas inte) måste man först lätta på trycket i kylsystemet. Täck över locket med en tjock trasa så att du undviker skållning och skruva sedan långsamt upp locket till dess att ett väsande ljud hörs. När väsandet upphört, vilket innebär att tryckutjämning skett, kan locket långsamt skruvas upp och tas bort. Om fler väsanden hörs, vänta till dess att de upphör innan locket helt skruvas bort. Håll dig hela tiden på betryggande avstånd från öppningen.

Varning: Låt inte frostskyddsmedel komma i kontakt med huden eller målade ytor på fordonet. Skölj omedelbart bort spill med enorma mängder vatten. Förvara aldrig frostskyddsmedel i öppna kärl. Lämna inte pölar på golv eller garageuppfarter eftersom barn och husdjur attraheras av den söta lukten och frostskyddsmedel kan vara livsfarligt att förtära.

Varning: Se avsnitt 9 för säkerhetsföreskrifter för arbete med fordon som är utrustade med luftkonditionering.

2 Kylsystemets slangar - urkoppling och byte

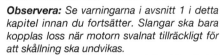

Observera: *Se varningarna i avsnitt 1 i detta kapitel innan du fortsätter. Slangar ska bara kopplas loss när motorn svalnat tillräckligt för att skållning ska undvikas.*

1 Om de kontroller som beskrivs i kapitel 1 avslöjar en trasig slang, måste den bytas på följande sätt.
2 Dränera först kylsystemet (se kapitel 1). Om frostskyddsmedlet inte behöver förnyas kan

den urtappade kylvätskan återanvändas om den sparats i ett rent kärl.
3 Koppla loss en slang genom att lossa fjäderklämmorna med en tång (eller en skruvmejsel för slangklämmor av skruvtyp) och dra sedan klämman längs med slangen så att de går fria från kopplingen. Dra sedan försiktigt loss slangen från rörändarna. Nya slangar är relativt enkla att ta bort - på en gammal bil kan de sitta fast ordentligt.
4 Om en slang är svår att ta bort, försök att lossa den genom att vrida den runt på fästena innan du försöker arbeta lös den. Använd ett trubbigt verktyg (exempelvis skruvmejsel med platt blad) till att försiktigt bända av slangänden men använd inte för mycket kraft och se till att inte skada slangar eller rörstumpar. Kom ihåg att speciellt kylarens anslutningar är bräckliga, så stor kraft ska inte användas vid borttagandet av dessa slangar.

Om allt annat misslyckas, kapa slangen med en vass kniv och slitsa stumpen så att den kan tas loss i två delar. Slangar är inte billiga i sig, men de är mycket billigare än en ny kylare. Kontrollera dock först att du kan få tag på en ny slang.

5 När en slang sätts tillbaka ska klämmorna först träs på slangen innan den trycks fast på anslutningarna. Arbeta slangen i läge och kontrollera att den löper korrekt. Dra sedan klämmorna över anslutningarnas flänsar innan de spänns åt.

Om slangen är stel kan tvålvatten användas som smörjmedel. Alternativt kan slangen mjukas upp i hett vatten. Använd inte olja eller fett som kan angripa gummit kemiskt

6 Fyll systemet med kylvätska (se kapitel 1).
7 Efter utfört arbete ska du snarast möjligt kontrollera att inget läckage finns i kylsystemet.

3 Frostskydd - allmän information

Observera: *Se varningarna i avsnitt 1 i detta kapitel innan du fortsätter.*

1 Kylsystemet ska fyllas med Volvo typ C kylvätska (frostskyddsmedel) med blandningsförhållandet 50/50. Vid denna styrka förhindras frysning ner till -35° C. Frostskyddsmedel ger även skydd mot korrosion och höjer kylvätskans kokpunkt. I och med att motorn helt är av aluminium är frostskyddsmedlets korrosionsskydd ytterst viktigt. Använd endast Volvos frostskyddsmedel i systemet och blanda inte ut detta med andra typer.
2 Kylsystemet ska servas i enlighet med det schema som beskrivs i kapitel 1. Om ett frostskyddsmedel används, som inte uppfyller Volvos specifikationer, kan gammal eller förorenad blandning orsaka skador och bildandet av korrosion och avlagringar i systemet.
3 Innan frostskyddsmedlet blandas i ska samtliga slangar och anslutningar kontrolleras i och med att frostskyddsmedel har en tendens att tränga genom även mycket små öppningar. I normala fall förbrukar motorer inte kylvätska. Om nivån sjunker måste du ta reda på varför och åtgärda detta.
4 Den specificerade blandningen är 50% frostskyddsmedel och 50% rent mjukt vatten (räknat per volym). Blanda behövlig mängd i ett rent kärl och fyll upp systemet enligt anvisningarna i kapitel 1 och *"Veckokontroller"*. Spara överbliven vätska för påfyllningar.

4 Kylarfläkt - demontering och montering

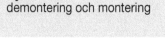

Demontering

1 Lossa batteriets jordledning.
2 Lossa luftfiltrets intagstrumma och lufttrumman till motorstyrningslådan från var sida om fläktkåpan **(se bild).**

4.2 Demontering av luftfiltrets intagstrumma från fläktkåpan

4.4 Fläktkåpan och relähållarens vänstra bultar (vid pilar)

4.5 Lyft upp relähållaren och dra ut kontakten till fläkten

4.7 Lyft upp fläktkåpan och ta ut den ur motorrummet

3 På bilar med återcirkulation av avgaser ska de två slangarna till styrningen för detta kopplas ur. Anteckna deras lägen.
4 Skruva ur de två skruvar på var sida som fäster kåpan och relähållaren vid frontpanelen **(se bild)**.
5 Lyft upp relähållaren och dra ur kontakterna till fläktmotorn **(se bild)**. Lägg hållaren åt sidan så att den går fri från fläktkåpan.
6 På turbomodeller, lossa lufttrumman till laddluftskylaren ovanför fläktkåpan.
7 Lyft upp kåpan så att de två styrstiften släpper och flytta undan kåpan och fläkten från bilen **(se bild)**.
8 Skruva ur de fyra bultarna och demontera motor och fläktskydd från kåpan. Mer kan inte tas isär eftersom motor, fläkt och skydd inte finns som separata delar.

5.3a Skruva ur bulten på var sida (vid pil) . . .

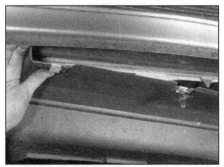

5.3b . . . lossa det främre clipset och demontera stänkskyddet under kylaren

4.9 Se till att de nedre styrstiften greppar in i kylarens nederkant vid monteringen

Montering

9 Montering sker med omvänd arbetsordning. Se till att de nedre styrstiften greppar in i kylarens nederdel när kåpan sätts tillbaka **(se bild)**.

5 Kylare - demontering och montering

> **HAYNES TiPS** *Om skälet till att kylaren demonteras är ett läckage, kom då ihåg att mindre läckor ofta kan lagas med kylartätningsmedel med kylaren på plats.*

Demontering

1 Dränera kylsystemet (se kapitel 1).
2 Demontera kylarfläkten enligt beskrivning i avsnitt 4.
3 Skruva ur fästbultarna på var sida, lossa clipsen och demontera stänkskyddet under kylaren **(se bilder)**.
4 Demontera övre och nedre slangar från kylaren.
5 På bilar med luftkonditionering, skruva ur kondenserarens övre fästbultar på var sida. Bind fast kondenseraren på den övre panelen med ett snöre så att den hålls på plats och skruva sedan ut den nedre bultarna **(se bild)**.
6 På bilar med automatväxellåda, lossa

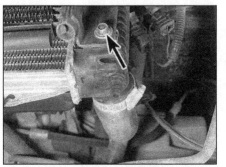

5.5 Vänster nedre bult till luftkonditioneringens kondenserare (vid pil)

oljekylarrören från kylarens vänstra sidotank. Var beredd på spill. Plugga rören så att inte smuts kommer in.
8 På turbomodeller, lossa de lufttrummor till laddluftskylaren som krävs för demontering av kylaren.
9 Stötta kylaren, skruva ur de nedre fästbultarna på vardera sidan och lyft ut kylaren ur motorrummet.

Montering

10 Montering sker med omvänd arbetsordning. Fyll på systemet när du är färdig. På modeller med automatväxellåda ska du kontrollera och vid behov fylla på växellådsolja. Båda momenten finns beskrivna i kapitel 1.

6 Givare för kylvätsketemperatur - test, demontering och montering

Test

1 Givaren för kylvätskans temperatur är placerad i termostathuset och ger källsignal till både motorns styrsystem och mätaren på instrumentpanelen.
2 Om ett fel uppstår i givaren eller om signalen försvinner på grund av dålig elektrisk kontakt avges en felkod i motorns styrsystem. Denna kan avläsas via diagnostikenheten i motorrummet, se kapitel 4A eller kapitel 5B vad gäller information angående avläsning av felkoder.
3 Om en felkod noteras ska en noggrann kontroll göras av givarens ledning och kontakt. Förutom test genom ersättning med ny del, kräver ytterligare kontroll Volvos testutrustning och ska därför överlåtas åt en Volvoverkstad.

Demontering

4 Tappa delvis ur kylsystemet (se kapitel 1) så att nivån sjunker under givaren. Lossa clipset och demontera den övre kylslangen från termostathuset.
5 Dra ur kontakten och skruva loss givaren från sin plats i termostathuset **(se bild)**.

6.5 Kontakten till kylvätskans temperaturgivare finns placerad ovanför generatorn

7.3 Tre av de sju bultarna till vattenpumpen (vid pilar)

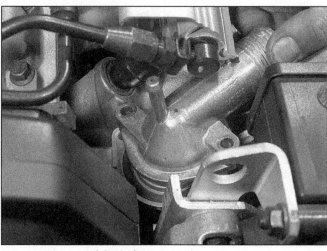

8.3a Lyft termostathuset . . .

Montering

6 Skruva in den nya givaren, använd lite tätningsmedel på gängorna. Anslut kontakten och montera kylarslangen.
7 Fyll på kylvätska enligt beskrivning i *"Veckokontroller"*.

7 Vattenpump - demontering och montering

Observera: *Se varningarna i avsnitt 1 i detta kapitel innan du fortsätter.*

Demontering

1 Lossa batteriets jordledning.
2 Se kapitel 2A och demontera kamremmen.
3 Skruva ur de sju bultarna och tag bort vattenpumpen från styrstiften **(se bild)**. Utrymmet är mycket begränsat så det behövs tålamod. Ta reda på packningen när pumpen väl är demonterad.
4 Rengör med största noggrannhet fogytorna mellan pumpen och blocket så att inga packningsrester finns kvar.

Montering

5 Placera pumpen i läge, använd en ny packning.

8.3b . . . och ta ut termostaten

6 Applicera hydraultätningsmassa (tillgänglig hos Volvohandlare) på fästbultarnas gängor och skruva i bultarna. Dra åt dem stegvis i diagonal sekvens till angivet moment.
7 Montera kamremmen enligt beskrivning i kapitel 2A.

8 Termostat - demontering, test och montering

Observera: *Se varningarna i avsnitt 1 i detta kapitel innan du fortsätter.*

Demontering

1 Töm kylsystemet delvis (se kapitel 1) så att nivån sjunker under termostathuset.
2 Lossa den övre kylarslangen och slangen till expansionskärlet från termostathuset och ta bort de två bultar som håller huset.
3 Lyft upp huset och ta bort termostat och packningsring **(se bilder)**.

Test

4 Kontrollera temperaturmärkningen som finns instansad på termostaten, den är antingen 87°C eller 90°.
5 Använd en termometer och ett kärl med vatten, värm vattnet till dess att det håller den temperatur som anges på termostaten.
6 Häng (den stängda) termostaten i ett snöre i vattnet och kontrollera att maximal öppning inträffar inom två minuter.
7 Lyft ut termostaten och låt den svalna. Kontrollera att den stänger helt.
8 Om termostaten inte öppnar och stänger som beskrivet eller om den fastnar i endera läget måste den bytas ut.

Montering

9 Montera en ny packring på termostaten.
10 Sätt tillbaka termostat och kåpa och fäst med de två bultarna.
11 Sätt tillbaka den övre kylarslangen och

slangen till expansionskärlet och fyll på kylsystemet se kapitel 1 och *"Veckokontroller"*.

9 System för värme, ventilation och luftkonditionering - allmän information och föreskrifter

Manuell klimatkontroll

1 På modeller utrustade med manuell klimatkontroll kan värmaren vara monterad för sig själv eller tillsammans med en manuellt styrd luftkonditioneringsenhet. I båda fallen används samma hus och värmarkomponenter.
2 Värmaren är av friskluftstyp. Luften tas in genom ett galler framför vindrutan. På sin väg mot de olika utsläppen passerar luften genom värmeelementet där den värms upp av att motorns kylvätska passerar genom elementet.
3 Fördelningen av luft till utsläppen och genom eller förbi elementet styrs av spjäll. Dessa styrs av vajrar (med undantag för återcirkulationsspjället som styrs av en elektrisk motor).
4 En elektrisk fläkt med fyra hastigheter hjälper till att förstärka luftflödet genom elementet.
5 I de fall den manuella klimatkontrollen inkluderar luftkonditionering arbetar denna tillsammans med värmaren så att valfri rimlig temperatur kan uppnås i passagerarutrymmet. Den minskar även inkommande luftfuktighet vilket motverkar imbildning, även när kylning inte önskas.
6 Kyldelen av luftkonditioneringen fungerar på samma sätt som ett vanligt kylskåp. En kompressor, driven med rem från vevaxelns remskiva, drar in kylmedel i gasform från en förångare. Kylmedlet passerar genom en kondenserare där det förlorar värme och övergår i gasform. Efter avfuktning återvänder kylmedlet till förångaren där det tar värme från den luft som passerar över förångarens

flänsar. Kylmedlet återgår till gasform och cykeln upprepas.

7 Olika styrningar och givare förhindrar att systemet utsätts för överdrivna temperaturer och tryck. Dessutom ökas tomgångsvarvet när detta system används så att det kompenserar för den ökade belastning som kompressorn utgör.

Elektronisk klimatkontroll

8 På modeller med elektronisk klimatkontroll upprätthålls temperaturen inne i bilen automatiskt på den valda nivån oavsett vilken temperatur som råder på utsidan. Det datorstyrda systemet styr värmaren, luftkonditioneringen och fläkten efter vad som behövs. Kylsidan av systemet är densamma som på bilar med manuell klimatkontroll och den helautomatiska elektroniska styrningen fungerar enligt följande.

9 En elektronisk styrenhet får signaler från givare som känner av temperaturen i lufttrummorna på förarsidan, passagerarsidan, innertemperaturen på förar- och passagerarsidan samt yttertemperaturen. En solsensor känner av eventuellt solsken. Positionssignaler kommer kontinuerligt från spjällen. Information om motorns temperatur, om den går eller inte samt körhastighet hämtas från motorns styrsystem. När automatiken är påslagen bestämmer styrenheten optimala inställningar för önskad temperatur och fördelning baserat på givarnas signaler. Dessa inställningar kan sedan upprätthållas oavsett körförhållanden och väder.

10 Fördelningen av luft till de olika utsläppen och blandningen av varm och kall luft för att erhålla önskad temperatur styrs av spjällen. Dessa drivs av elmotorer som styrs av styrelektroniken. En fläkt med variabel hastighet kan styras manuellt eller elektroniskt för att förbättra systemets luftgenom-strömning.

11 Styrenheten, som finns placerad bakom styrpanelen, innehåller en inbyggd fel-diagnostik. Ett fel signaleras till föraren genom att två varningslampor på styrpanelen blinkar i cirka 20 sekunder varje gång motorn startas.

12 Om ett fel uppstår sparar styrenheten en uppsättning felkoder som sedan kan avläsas via diagnostikenheten i motorrummet.

Föreskrifter

13 När bilen är utrustad med luftkonditionering måste vissa säkerhets-föreskrifter efterlevas vid hanteringen av någon del i detta system eller tillhörande delar. Om systemet av någon orsak måste öppnas, ska detta arbete utföras av en Volvoverkstad eller en kvalificerad kyltekniker.

 Varning: Kylsystemet innehåller ett flytande kylmedia, R143a, vilket gör det farligt att demontera någon del av systemet utan specialkunskaper och specialutrustning.

14 Kylmediat är potentiellt farligt och ska endast hanteras av kvalificerade personer. Om det stänker på huden kan det orsaka frostskador. Det är i sig inte giftigt men kan i närheten av en öppen låga (inklusive en tänd cigarett) bilda en giftig gas. Okontrollerat utsläpp av kylmedia är farligt och potentiellt skadligt för miljön.

15 Med tanke på ovanstående ska bort-tagning och montering av delar i luftkonditioneringen, med undantag för givare och annan yttre utrustning beskriven i detta kapitel, lämnas till en specialist.

10 Manuellt klimatkontrollsystem, delar - demontering och montering

Observera: För bilar med manuell klimatkontroll som inkluderar luftkondi-tionering är innehållet i detta avsnitt begränsat till de arbeten som kan utföras utan utsläpp av kylmedia. Byte av kompressorns drivrem tas upp i kapitel 1 men allt annat arbete ska lämnas till en Volvoverkstad eller en specialist på luftkonditionering. Vid behov kan kompressorn skruvas loss och flyttas åt sidan utan att slangar eller anslutningar demonteras, efter det att kompressorns drivrem avlägsnats.

Styrpanel

Demontering

1 Dra försiktigt av de tre vridreglagen på panelens framsida.

2 Skruva ur de två skruvar som blir synliga när reglagen demonterats och dra ut styrpanelens frontplatta **(se bild)**.

3 Demontera fläktbrytaren och kontakten för återcirkulation från panelen, skruva ur de fyra skruvarna och dra ut panelen ur öppningen.

4 Dra ut kontakten efter det att de två skruvarna skruvats ur och ta bort panelens bakre kåpa.

5 Notera placeringen för styrvajrarna som en hjälp vid hopsättningen. Lossa de clips som fäster vajerhöljena och haka av vajrarna från styrarmarna.

6 Ta ut styrpanelen ur bilen.

10.2 Skruvarna till den manuella klimatkontrollens frontpanel (vid pilar)

Montering

7 Montering sker med omvänd arbetsordning. När vajrarna ansluts, placera då de två temperaturregleringsvajrarna jäms med fästclipset. Placera styrvajrarna för ventilation och defroster så att vajerhöljena sticker genom fästclipset ca17,0 mm.

8 Efter monteringen ska vajrarna justeras vid värmaren enligt beskrivningen i följande underavsnitt.

Styrvajrar

Demontering

9 Skruva ut skruvarna och demontera klädseln/ljudisoleringen på höger och vänster sida under instrumentpanelen.

10 Demontera styrpanelen för värme och ventilation enligt föregående beskrivning.

11 Notera styrvajrarnas placering på värmaren för att underlätta hopsättningen, Lossa clipsen till vajerhöljena och lossa vajrarna från styrarmarna **(se bild)**.

12 Ta ut vajrarna ur bilen.

Montering och justering

13 Sätt tillbaka vajrarna på styrpanelen för värme och ventilation och montera panelen enligt beskrivning i föregående underavsnitt.

14 Vrid temperaturreglagen på styrpanelen till läget "O". Anslut vänster temperatur-styrvajer till styrarmen på värmaren. För styrarmen nedåt så att klaffen stänger och fäst sedan vajerhöljet med clipset. Anslut sedan höger vajer på samma sätt.

15 Vrid funktionsreglaget till "defrost" ("klockan 12"). Anslut vajrarna för ventilationsstyrning och golv/defroster till styrarmarna på värmaren. För styrarmarna så långt framåt mot bilens front som det går och fäst sedan vajerhöljena med clipsen.

16 Kontrollera att reglage och vajrar fungerar som avsett och montera klädsel/ljudisolering under instrumentbrädan.

Värmefläktens motor

Demontering

17 Skruva ut skruvarna och demontera klädseln/ljudisoleringen under instrument-brädan på passagerarsidan.

18 Skruva ur de fyra skruvar som fäster handskfacket och de fyra som fäster handskfackets gångjärn. Lyft undan handskfack och luckan från instrument-brädan.

19 Arbeta genom handskfacksöppningen och dra ut fläktmotorns kontakt.

20 Lossa kabeltrumman från fläktmotorn och de två kontakterna från sina fästen.

21 Skruva ur de fyra skruvarna och demontera fläktmotorn från värmaren **(se bild)**.

Montering

22 Montering sker med omvänd arbets-ordning.

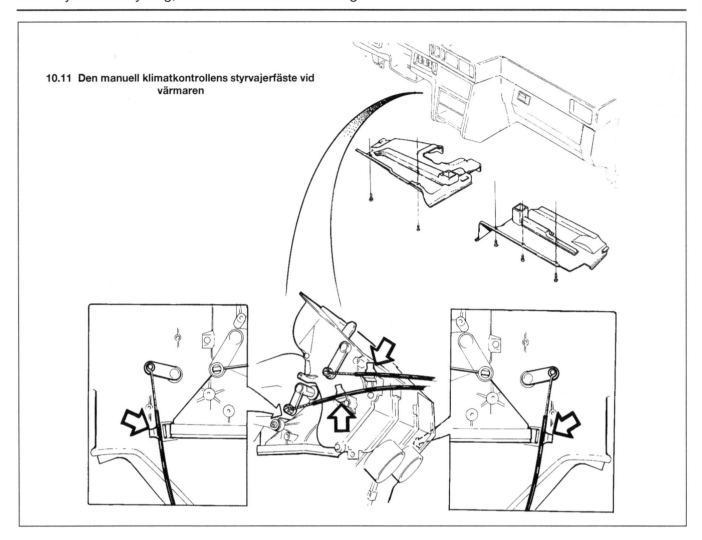

10.11 Den manuell klimatkontrollens styrvajerfäste vid
värmaren

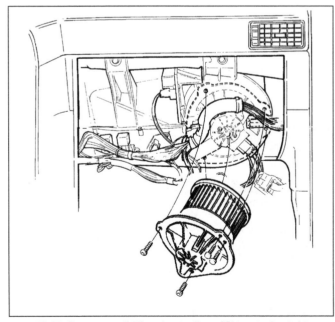

10.21 Den manuell klimatkontrollens fläktmotorkontakt

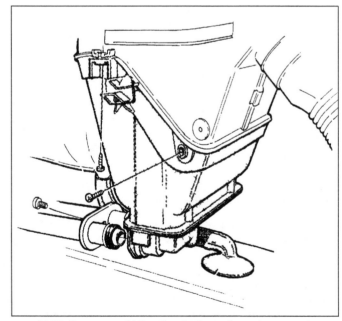

10.30 Den manuell klimatkontrollens värmeelement och
anslutningar

Värmeelement

Demontering

Observera: *Se varningarna i avsnitt 1 i detta kapitel innan du fortsätter.*

23 Lossa batteriets jordledning.

24 Tryckutjämna kylsystemet genom att ta bort expansionskärlets lock. Se till att skydda dig mot skållningsriskerna om kylvätskan är het.

25 Arbeta inne i motorrummet och kläm ihop de slangar som leder till värmeelementets anslutningar på torpedplåten.

26 Skruva ut skruvarna och demontera klädseln/ljudisoleringen på höger och vänster sida under instrumentbrädan.

27 Skruva ut skruvarna och lyft upp mattstödplattorna på var sida om värmaren. Böj mattan bakåt så att plattorna kan tas ut.

28 Om monterad, demontera förstärkaren och fästet till den.

29 Demontera dräneringsslangen från enhetens framsida.

30 Skruva ur de två skruvar på var sida som fäster elementet vid värmaren **(se bild)**.

31 Placera uppsugande trasor och/eller papper under värmarens anslutningsrör på elementets baksida.

32 Skruva ur den skruv som fäster värmarrörets fläns vid elementets baksida. Var beredd på spill av kylvätska.

33 Dra botten av huset bakåt så att värmarrören säras. Lossa huset från värmaren och när det går fritt, för det sidledes ut från under instrumentbrädan.

34 När huset är avtaget, skruva ur de fyra skruvarna och dra ut elementet från huset.

Montering

35 Montering sker med omvänd arbetsordning. Använd nya o-ringar på värmarrören och fyll på kylvätska enligt instruktionerna i *"Veckokontroller"* efter avslutat arbete.

Återcirkulationens spjällmotor

Demontering

36 Skruva ur de fyra skruvar som fäster handskfacket och de fyra som fäster handskfackets gångjärn. Lyft undan handskfacket och luckan från instrumentbrädan.

37 Arbeta genom handskfacksöppningen och dra ut spjällmotorns kontakt.

38 Skruva ur de två skruvarna och demontera spjällmotorn från sidan av värmarens fläktmotorhus.

Montering

39 Montering sker med omvänd arbetsordning.

Motstånd till värmefläktens motor

Demontering

40 Skruva ur de fyra skruvar som fäster handskfacket och de fyra som fäster handskfackets gångjärn. Lyft undan handskfack och lucka från instrumentbrädan.

41 Arbeta genom handskfacksöppningen och dra ut kontakten, skruva ut skruvarna och ta bort motståndet från sidan av värmarens fläktmotorhus.

Montering

42 Montering sker med omvänd arbetsordning.

Instrumentbrädans luftutsläpp

Demontering

43 Vrid munstycket nedåt och dra ut det, eller bänd försiktigt ut det sidledes med en skruvmejsel.

Montering

44 Montera munstycket på utsläppet genom att trycka det på plats.

11 Elektroniskt klimatkontrollsystem, delar - demontering och montering

Observera: *Innehållet i detta avsnitt begränsat till de arbeten som kan utföras utan utsläpp av kylmedia. Byte av kompressorns drivrem tas upp i kapitel 1 men allt annat arbete ska lämnas till en Volvoverkstad eller en specialist på luftkonditionering. Vid behov kan kompressorn skruvas loss och flyttas åt sidan utan att slangar eller anslutningar demonteras, efter det att kompressorns drivrem avlägsnats.*

Mänga av de komponenter som används på värme/ventilationssidan av systemet används även i bilar med manuell klimatkontroll. Se avsnitt 10 för arbetsbeskrivningar för värmefläktens motor, värmeelementet och luftutsläppen.

Styrpanel och elektronisk styrenhet

Demontering

1 Demontera radion enligt beskrivning i kapitel 12.

2 Sträck upp genom radioöppningen och tryck ned låsknappen på enhetens undersida.

3 Tryck ut ena bakre hörnet på enheten så att den lossnar och ta ut den.

4 Dra ur de tre kontakterna och ta ut enheten.

Montering

5 Montering sker med omvänd arbetsordning. Se kapitel 12 för montering av radion.

Givare för yttertemperatur

Demontering

6 Demontera vindrutetorkararmarna enligt beskrivning i kapitel 12.

7 Skruva ur de fem skruvar som fäster vindrutetorkarbrunnens lock vid dräneringen på framsidan. Lossa de två slangarna och lyft på brunnslocket.

8 Leta upp givaren för yttertemperaturen, den finns på sidan om den inre luftintagstrumman på förarsidan **(se bild)**.

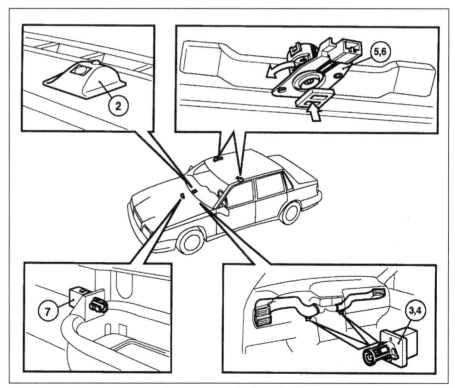

11.8 Givarplaceringar för den elektroniska klimatkontrollen

2 Solsensor
3,4 Temperaturgivare i lufttrummor

5,6 Givare för innerluftens temperatur
7 Givare för ytterluftens temperatur

9 Ta försiktigt ut givaren från sitt fäste, tryck ned spärren och dra ut kontakten.

Montering

10 Montering sker med omvänd arbetsordning. Se kapitel 12 för montering av vindrutetorkararmarna.

Givare för innertemperatur

Demontering

11 Givare för innerluftens temperatur finns placerad bakom handtaget ovanför båda framdörrarna. De känns igen på att de har ett litet ingångshål i klädseln bakom det aktuella handtaget.
12 Lyft upp handtagets ändklädsel med en liten skruvmejsel som sticks in på höljets översida.
13 Skruva ur de två skruvar som fäster handtaget och bänd försiktigt loss det med skruvmejseln.
14 Lossa försiktigt på B-stolpens klädsel i överkanten och dra av dörrtoppspanelen mellan A- och B-stolparna.
15 Dra ut kontakten, skruva ur de två skruvarna och ta bort givaren.

Montering

16 Montering sker med omvänd arbetsordning.

Lufttrummans temperaturgivare

Demontering

17 Demontera styrpanelen och styrenheten enligt beskrivning tidigare i detta avsnitt.
18 Skruva ut skruvarna och demontera klädseln/ljudisoleringen under höger och vänster sida på instrumentbrädan.
19 Skruva ur de fyra skruvar som fäster handskfacket och de fyra som fäster handskfackets gångjärn. Lyft undan handskfack och lucka från instrumentbrädan.
20 Dra ur kontakten till temperaturgivaren i lufttrumman.
21 Ta ut givaren genom att lossa kabelbandet och dra den nedåt.

Montering

22 Montering sker med omvänd arbetsordning.

Spjällmotorer

Demontering

23 Det finns fem spjällmotorer; tre på passagerarsidan och två på förarsidan (se bild). Demontering och montering är i princip gemensam för de fem även om det föreligger skillnader i åtkomlighet mellan vänster- och högerstyrda modeller.
24 Skruva ut skruvarna och demontera klädseln/ljudisoleringen på höger och vänster sida under instrumentbrädan.
25 Skruva ur de fyra skruvar som fäster handskfacket och de fyra som fäster handskfackets gångjärn. Lyft undan handskfack och lucka från instrumentbrädan.
26 Leta reda på relevant spjällmotor och dra

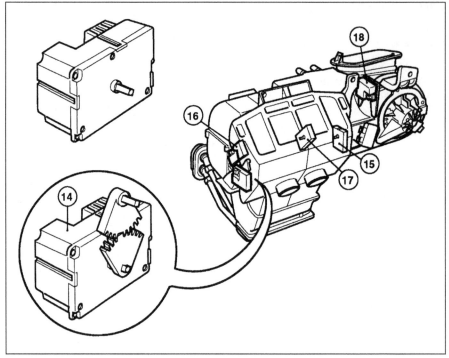

11.23 Den elektroniska klimatkontrollens klaffmotorer

14 Ventilationens klaffmotor
15 Golv/defrosterns klaffmotor
16 Förarsidans temperatur, klaffmotor
17 Passagerarsidans temperatur, klaffmotor
18 Återcirkulationens klaffmotor

ut kontakten till den genom att trycka på sidospärrarna och dra utåt.
27 Skruva ur de tre skruvarna och ta bort motorn från spjällaxeln. Lägg märke till att ventilationsspjällens motorer är försedda med ett kuggsegment på den utgående axeln som ska vara i ingrepp med motsvarande kuggsegment på spjällaxeln.

Montering

28 Montering sker med omvänd arbetsordning. Om en ny spjällmotor monterats måste styrenheten lära sig var stopplägena för den nya motorn finns genom att köra den i automatiskt självjusteringsläge enligt följande.

Automatisk självjustering

Observera: *Följande procedur är endast nödvändig om en ny spjällmotor monterats.*

29 För fläktens fartkontroll på styrpanelen till något av de manuella lägena (d.v.s. något annat än "O" eller "AUTO").
30 För funktionsväljaren till läget "AUTO".
31 Leta upp diagnostikenheten som finns till höger, framtill i motorrummet, bredvid behållaren för vindrutespolarvätska. Diagnostikenheten består av två moduler monterade sida vid sida med ett plastlock på vardera enheten. Lyft på locken och lägg märke till att modulerna är märkta A och B och att båda har sex numrerade socklar på översidan.
32 Slå på tändningen och tryck fyra gånger på testknappen på översidan av modul A,

vardera trycket ska vara cirka en sekund långt, släpp sedan knappen och vänta på att lysdioden ska börja blinka. När den gör det är styrenheten redo att ta emot en styrkod.
33 Ange styrkoden 9-9-9 genom att trycka ned testknappen nio gånger i snabb följd. Vänta till dess att lysdioden tänds och tryck sedan åter nio gånger på testknappen. Vänta till dess att lysdioden tänds igen och tryck än en gång nio gånger på testknappen. Varje siffra måste anges (varje serie med knapptryckningar) inom fyra sekunder. I annat fall godtar styrenheten inte siffran i fråga.
34 Vänta i cirka tio sekunder så att fläktmotorn hinner starta, slå sedan av tändningen och slå på den igen. Lamporna för "AC" och "REC" ska då blinka på styrpanelen.
35 Kör bilen i några minuter med en hastighet som överskrider 30 km/h så att styrenheten hinner lära sig de nya värdena. Stanna bilen men låt tändningen vara påslagen i två minuter så att styrenheten hinner memorera de nyss inlärda värdena.
36 Kontrollera enligt följande att självjusteringen genomförts med framgång.
37 Lossa tråden från hållaren på diagnostikenhetens sida och stick in den i sockel 1 på modul B.
38 Slå på tändningen, tryck på testknappen på översidan av modul A i cirka en sekund, släpp upp knappen och vänta på att lysdioden ska börja blinka. Skriv upp den tresiffriga kod som anges i form av en serie blinkningar av den röda lysdioden med en kort paus mellan varje siffra.

39 Om avgiven kod är 1-1-1 anger detta att självjusteringen är framgångsrikt genomförd. Om koden 5-1-1 visas, anger detta att självjusteringen inte är genomförd och att den ska utföras på nytt. Om någon annan kod än 1-1-1 eller 5-1-1 visas anger detta att det finns ett fel i systemet. I så fall, se avsnitt 12.
40 Efter genomförd avläsning, slå av tändningen och placera tråden i sin hållare och sätt tillbaka locken över modulerna.

Luftkonditioneringens relä och kraftsteg

Demontering

41 Skruva ut skruvarna och demontera klädseln/ljudisoleringen under höger och vänster sida på instrumentpanelen.
42 Skruva ur de fyra skruvar som fäster handskfacket och de fyra som fäster handskfackets gångjärn. Lyft undan handskfack och lucka från instrumentbrädan.
43 Reläet kan nu demonteras genom att det dras upp ur sin hållare.
44 Dra ut kraftstegets kontakt genom att trycka in sidospärrarna på den och dra utåt.
45 Skruva ut fästskruven och ta ut kraftsteget.

Montering

46 Montering sker med omvänd arbetsordning.

Solsensor

Demontering

47 Solsensorn är kombinerad med stöldskyddets larmdiod och finns placerad på överkanten av instrumentbrädans hölje.
48 Bänd försiktigt upp sensorn med en skruvmejsel instucken på sidan under foten.
49 Dra ut kontakten och ta bort sensorn.

Montering

50 Montering sker med omvänd arbetsordning.

12 Elektroniskt klimatkontrollsystem - felsökning

Allmän information

1 Det elektroniska klimatkontrollsystemet (tillsammans med många andra system i en Volvo 850) innehåller ett diagnostiskt system för att möjliggöra felsökning och systemtester. Diagnostiken är en funktion i styrenheten för den elektroniska klimatkontrollen som kontinuerligt övervakar systemets delar och funktioner. Om ett fel uppstår skickar styrenheten en serie signaler (felkoder) för avläsning via diagnostikenheten i motorrummet.
2 Om ett fel uppstår indikeras detta av att varningslamporna "REC" och "AC-OFF" på kontrollpanelen blinkar. Diagnostikenheten

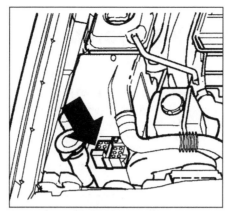

12.4 Diagnostikenhetens placering (vid pil) bredvid spolvätskebehållaren

kan då användas till att inledningsvis peka ut felkällan utan att specialinstrument används. När detta gjorts krävs dock ofta fler tester för att avgöra felets exakta natur, d.v.s. om själva komponenten blivit defekt eller om det är frågan om ett ledningsfel eller annat problem.

Avläsning av felkoder

Observera: *På modeller fr.o.m. 1996 sitter diagnostikenheten under en kåpa framför växelspaken och har ett 16-stifts uttag för anslutning till en felkodsläsare.*

3 I händelse av att ett fel misstänks förekomma i systemet eller om det anges av att varningslamporna tänds är första steget att kontrollera om en felkod finns avgiven till diagnostiken och om så är fallet tolka kodens innebörd.
4 Leta upp diagnostikenheten som finns till höger, framtill i motorrummet, bredvid påfyllningen till behållaren för vindrutespolarvätska **(se bild)**. Diagnostikenheten består av två moduler monterade sida vid sida med ett plastlock på vardera enheten. Lyft på locken och lägg märke till att modulerna är märkta A och B och att båda har sex numrerade socklar på översidan.
5 Slå av tändningen och lossa tråden från hållaren på diagnostikenhetens sida och stick in den i sockel 1 på modul B **(se bild)**.
6 Ha papper och penna tillgängligt och anteckna de felkoder som visas. De tresiffriga koderna visas i form av en serie blinkningar av den röda lysdioden (på A-modulens översida bredvid testknappen). Blinkningarna gör en kort paus mellan varje siffra.
7 Slå på tändningen med tråden instucken. Tryck en gång under cirka en sekund på testknappen på A-modulen och vänta på att lysdioden börjar blinka. När den gör det, anteckna felkoden. Tryck sedan åter på knappen och anteckna nästa felkod, om det finns någon. Fortsätt till dess att den första felkoden anges igen vilket anger att samtliga felkoder rapporterats och slå av tändningen.
8 Om kod 1-1-1 visas anger detta att inga

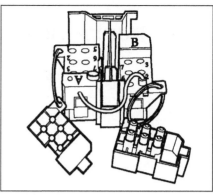

12.5 Stick in tråden i sockel 1 på diagnostikmodul B så att felkoderna för den elektroniska klimatkontrollen blir åtkomliga

felkoder finns sparade i styrenheten och att systemet fungerar korrekt.
9 Nedan ges de möjliga felkoderna för den elektroniska klimatkontrollen och deras uttolkningar.
10 När väl alla felkoder lästs av och noterats ska de raderas från styrenheten. Lägg märke till att felkoder inte kan raderas förrän alla har blinkat minst en gång och den första visats igen. Låt tråden sitta kvar i sockel 1 på modul B och slå på tändningen igen. Tryck sedan ned testknappen under cirka 5 sekunder och släpp sedan testknappen och vänta i tre sekunder på att lysdioden börjar blinka. När lysdioden tänds tryck ned testknappen i ytterligare fem sekunder och släpp den. Lysdioden slocknar då. Slå av tändningen och kontrollera att alla felkoder raderats genom att slå på tändningen igen och trycka på testknappen i en sekund - kod 1-1-1 ska då visas. Om någon annan kod visas, anteckna denna och upprepa raderingen. När alla felkoder raderats, slå av tändningen och placera tråden i sin hållare och sätt tillbaka modulernas lock.
11 När väl platsen för ett fel fastställts via felkoderna kan undersökningarna koncentreras på denna plats. Många gånger är felet inte värre än en korroderad, klämd eller lös ledningskontakt eller en lös, smutsig eller dåligt monterad komponent. Kom ihåg att om ett fel uppstår bara en kort tid efter det att bilen reparerats eller fått service är den första platsen att kontrollera den där arbetet utfördes, oavsett hur orelaterat det verkar vara, för att se till att inte en vårdslöst monterad komponent orsakar problemet.
12 Om felet inte enkelt kan rättas till på detta sätt krävs en mer detaljerad undersökning av systemet vilket kräver speciell Volvo testutrustning. De enda möjliga alternativet i detta skede är utbyte av en defekt del mot en bevisligen korrekt fungerande enhet, eller att låta en Volvoverkstad utföra resterande arbete. Om en utbytesdel kan anskaffas (eller lånas) finns arbetsbeskrivningarna för demontering och montering i föregående avsnitt av detta kapitel.

Elektroniskt klimatkontrollsystem - felsökning

Felkod	Innebörd
1-1-1	Inget fel upptäckt
1-2-1	Givaren för ytterluftens temperatur kortsluten till jord
1-2-2	Givaren för ytterluftens temperatur, bruten krets eller kortsluten till 12 volt
1-2-3	Förarsidans givare för innerluftens temperatur kortsluten till jord
1-2-4	Förarsidans givare för innerluftens temperatur, bruten krets eller kortsluten till 12 volt
1-2-5	Passagerarsidans givare för innerluftens temperatur kortsluten till jord
1-2-6	Passagerarsidans givare för innerluftens temperatur, bruten krets eller kortsluten till 12 volt
1-3-1	Förarsidans givare för lufttrummans temperatur kortsluten till jord
1-3-2	Förarsidans givare för lufttrummans temperatur, bruten krets eller kortsluten till 12 volt
1-3-3	Passagerarsidans givare för lufttrummans temperatur kortsluten till jord
1-3-4	Passagerarsidans givare för lufttrummans temperatur, bruten krets eller kortsluten till 12 volt
1-3-5	Ingen signal från givaren för kylvätskans temperatur
1-4-1	Defekt signal från förarsidans temperaturväljare
1-4-3	Defekt signal från passagerarsidans temperaturväljare
1-4-5	Defekt signal från funktionsväljaren
1-5-1	Signal från fläktens hastighetsgivare saknas eller är för hög
1-5-2	Signal från fläktens hastighetsgivare kortsluten till jord
2-1-1	Positionsgivaren för förarsidans spjällmotor, bruten krets eller kortsluten till 12 volt
2-1-2	Positionsgivaren för förarsidans spjällmotor kortsluten till jord
2-2-1	Positionsgivaren för passagerarsidans spjällmotor, bruten krets eller kortsluten till 12 volt
2-2-2	Positionsgivaren för passagerarsidans spjällmotor kortsluten till jord
2-3-1	Positionsgivaren för ventilationens spjällmotor, bruten krets eller kortsluten till 12 volt
2-3-2	Positionsgivaren för ventilationens spjällmotor kortsluten till jord
2-3-3	Positionsgivaren för golvets/defrosterns spjällmotor, bruten krets eller kortsluten till 12 volt
2-3-4	Positionsgivaren för golvets/defrosterns spjällmotor kortsluten till jord
2-3-5	Positionsgivaren för återcirkulationens spjällmotor, bruten krets eller kortsluten till 12 volt
2-3-6	Positionsgivaren för återcirkulationens spjällmotor kortsluten till jord
3-1-1	Förarsidans spjällmotor kortsluten till jord eller 12 volt
3-1-2	Passagerarsidans spjällmotor kortsluten till jord eller 12 volt
3-1-3	Ventilationens spjällmotor kortsluten till jord eller 12 volt
3-1-4	Golvets/defrosterns spjällmotor kortsluten till jord eller 12 volt
3-1-5	Återcirkulationens spjällmotor kortsluten till jord eller 12 volt
3-2-1	Förarsidans spjällmotor aktiv för länge
3-2-2	Passagerarsidans spjällmotor aktiv för länge
3-2-3	Ventilationens spjällmotor aktiv för länge
3-2-4	Golvets/defrosterns spjällmotor aktiv för länge
3-2-5	Återcirkulationens spjällmotor aktiv för länge
4-1-1	Fläkten skuren eller drar för mycket ström
4-1-2	Förarsidans temperaturgivare för intagsfläkten kortsluten till jord
4-1-3	Ingen styrspänning till förarsidans temperaturgivare för intagsfläkten
4-1-4	Fläkten på förarsidans givare för innertemperatur är skuren
4-1-5	Passagerarsidans temperaturgivare för intagsfläkten kortsluten till jord
4-1-6	Ingen styrspänning till passagerarsidans temperaturgivare för intagsfläkten
4-1-7	Fläkten på passagerarsidans givare för innertemperatur är skuren
4-1-8	Ingen styrsignal till fläktens kraftsteg
4-1-9	Inkorrekt diagnostisk signal från fläktens kraftsteg
4-2-0	Styrenheten - fel i programminnet
5-1-1	Spjällmotorns självjustering av gränslägen ej utförd

Kapitel 4 Del A:
Bränslesystem

Innehållsförteckning

Svårighetsgrad

| Enkelt, passar novisen med lite erfarenhet | Ganska enkelt, passar nybörjaren med viss erfarenhet | Ganska svårt, passar kompetent hemma-mekaniker  | Svårt, passar hemmamekaniker med erfarenhet | Mycket svårt, för professionell mekaniker |

Specifikationer

Systemtyp

B5204 S, och B5234 S	LH3.2-Jetronic Bränsleinsprutning
B5202 S, och B5252 S motorer	Fenix 5.2 Motorstyrningssystem
B5204 T, och B5234 T motorer	Motronic 4.3 2 Motorstyrningssystem
B5254 S motorer	LH3.2-Jetronic Bränsleinsprutning, eller Motronic 4.3 2 Motorstyrningssystem (beroende på marknad)

Bränslesystemdata

Tomgångsvarvtal*:
Före 1994 års modell	800 rpm
1994 års modell och senare	850 rpm
Tomgångsblandningens CO-halt*	0,6 ± 0,4%
Bränslepumpens matning	1,45 till 2,41 liter/minut (vid 12 volt)
Reglerat bränsletryck	3,03 bar

*Ej justerbart - styrs av den elektroniska styrenheten

Rekommenderat bränsle

Oktantal
Rekommenderat	95 RON blyfritt*
Minimum	91 RON blyfritt

*98 RON blyfritt rekommenderas för motorn B 5234 T5

Åtdragningsmoment

	Nm
Insugsrörets bultar	20
Bränsleröret till insugsröret:	
Steg 1	10
Steg 2	Dra ytterligare 75°
Bränslepumpens plastmutter	40
Plastmutter till bränslemätarens givare	30

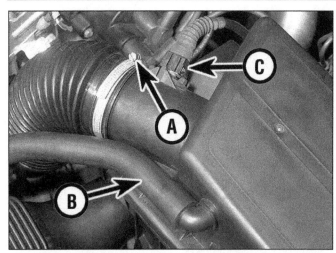

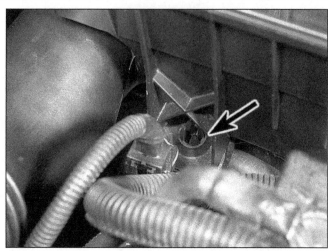

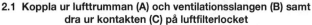
2.1 Koppla ur lufttrumman (A) och ventilationsslangen (B) samt dra ur kontakten (C) på luftfilterlocket

2.7a Lossa luftfilterhusets nedre fäste (vid pil) . . .

1 Allmän information och föreskrifter

Allmän information

Bränslesystemet består av en centralt placerad bränsletank, en elektrisk bränslepump, ett bränslefilter och ett helt elektroniskt system för bränsleinsprutning. Fler detaljer om bränsleinsprutningssystemet finns i avsnitt 8.

20-ventilers motorer utan turbo är försedda med ett system med variabla insugskanaler där insugsröret har två separata insugskanaler med olika längd och diameter för varje cylinder. De kortare kanalerna öppnas och stängs med vakuumdrivna klaffar som styrs av tändningselektroniken. Vid låga varvtal är båda kanalerna öppna för att ge en snabb ökning av luftströmmen när trotteln öppnas. På mellanvarvtalen stänger klaffventilerna så att luften endast går genom de längre kanalerna. Dessa är avstämda för detta varvtalsområde så att de orsakar att insugsluften harmoniserar med rörelserna hos motorns kolvar och ventiler. Dessa "pulser" sammanfaller med insugsventilernas öppning vilket ger ett större luftintag än ett konventionellt system. Vid höga varvtal öppnas den kortare kanalen igen för att ge maximalt vridmoment i detta varvtalsområde.

Beroende på motortyp har modeller på vissa marknader även ett system för återcirkulation av avgaser och sekundära luftinjektorsystem som en del av avgasreningen. Mer om dessa system finns i del B av detta kapitel.

Säkerhetsföreskrifter

⚠️ Varning: Bensin är ytterst brandfarlig - mycket stor försiktighet måste iakttagas vid arbete med någon del av bränslesystemet. Rök inte, låt heller inte öppen eld eller ej

övertäckta glödlampor finnas nära arbetsplatsen. Ha alltid en lämplig brandsläckare nära till hands och se till att du vet hur den fungerar innan du påbörjar arbetet. Använd alltid skyddsglasögon vid arbete med bränslesystem och tvätta omedelbart bort utspilld bensin som hamnar på huden med tvål och vatten. Kom ihåg att bensinångor är minst lika farliga som flytande bensin. Ett kärl som nyss tömts på bensin innehåller fortfarande ångor och kan vara högexplosivt. Bensin är en mycket farlig och lättflyktig vätska så säkerhetsåtgärderna i samband med hanteringen av bensin kan inte nog betonas.

Många av arbetsmomenten i detta kapitel kräver borttagande av bränsleledningar och anslutningar vilket kan leda till ett visst bränslespill. Innan något arbete utförs på bränslesystemet ska ovanstående varning och föreskrifterna i "Säkerheten främst", i början av denna handbok, studeras noga och efterlevas minst lika noga.

Vid arbete med bränslesystem är renligheten extra viktig - smuts i bränslesystemet kan leda till att det sätts igen vilket leder till dåliga köregenskaper.

2.7b . . . lyft upp huset på motorsidan . . .

2 Luftrenare och lufttrummor - demontering och montering 🔧

Demontering

Luftrenare

1 Lossa slangklämman och lyft bort luftutloppets trumma och i förekommande fall vevhusventilationens slang från luftrenarlocket (se bild).

2 Lossa kontakten från luftflödesmätarens givare eller insugstemperaturgivaren i lockets utlopp.

3 Lossa tändkabeln till tändspolen från clipset baktill på locket.

4 Tryck tillbaka clipsen, lyft av locket och ta ut luftfiltret.

5 Lossa intagstrumman för kalluft från luftintaget bredvid kylaren.

6 Lossa intagstrumman för varmluft eller turboaggregatets intagstrumma (beroende på modell) från luftrenarhuset. På turbomodeller, lossa turbons styrventil från luftrenarhuset (om monterad).

7 Lyft upp huset på motorsidan så att de nedre fästena lossnar och för det sedan i sidled så att det lossnar från sidostyrningsklacken (se bilder). Lyft undan huset från bilen.

2.7c . . och för det åt sidan så att sidostyrningen släpper . . .

Lufttrummor

8 Alla lufttrummor är fästa med antingen enkla snäpplås eller med slangklämmor. Dragningen av trummorna är annorlunda på turbomodeller jämfört med vanliga sug-motorer men demonteringen är i samtliga fall rättfram och självklar. För åtkomst av de nedre trummorna krävs att luftfiltret demon-teras enligt föregående beskrivning.

Montering

9 I samtliga fall sker montering med omvänd arbetsordning.

3 Förvärmning av insugsluft - test

1 Ett system för förvärmning av insugsluften finns inbyggt i luftrenarhuset på vissa icke-turbomodeller avsedda för vissa marknader. Systemet använder en klaffventil styrd av en vaxkapsel som blandar kalluft från intaget bredvid kylaren med varmluft från grenrörets värmesköld. Kapseln reagerar på omgivande temperatur och styr klaffen i enlighet med denna.
2 Bered tillträde till enheten genom att demontera luftfiltret enligt beskrivning i av-snitt 2.

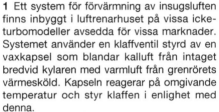

4.1 Demontera locket över gasvajerns trumma och länkage

3.3a Demontera intaget från luftfilterhuset . . .

3 Demontera intaget från luftrenarhuset genom att trycka ned de två flikarna och dra ut det **(se bilder)**.
4 Kontrollera skicket på spindellagren, kapseln och fjädern och testa sedan enhetens funktion enligt följande.
5 Kyl ned enheten genom att placera den i ett kylskåp under några minuter. Kontrollera att enheten vid en temperatur om cirka 5°C eller lägre för klaffen så att den stänger kalluftsintaget.
6 När enheten värms upp av rums-temperaturen ska du kontrollera att den vid cirka 10°C för klaffen till mittläget och att den vid 15°C eller högre stänger varmluftsintaget.
7 Om enheten inte fungerar som beskrivet ska den bytas ut.
8 Efter avslutad test ska enheten sättas tillbaka. Montera sedan luftfiltret enligt beskrivning i avsnitt 2.

4 Gasvajer - demontering, montering och justering

Demontering

1 Skruva ur skruven och lossa höljet över gasvajertrumman och länkaget **(se bild)**.

3.3b . . . så att förvärmarens vaxkapsel blir åtkomlig

2 Lossa det yttre vajerhållarclipset och haka loss vajerns innerdel från trumman. **(se bilder)**.
3 Demontera klädseln/ljudisoleringen från instrumentpanelens undersida. Dra vajerns inre del genom pedaländen och dra av den delade bussningen från vajeränden.
4 På modeller med manuell växellåda, lossa vajergenomföringen från torpedplåten och dra in vajern i motorrummet. Notera vajerns dragning och lossa den från clips och bindningar och ta bort den.
5 På modeller med automatväxellåda, lossa kabelanslutningen från kickdown-kontakten där den är ansluten till gasvajern vid genom-föringen på torpedplåten. Lossa kickdown-kontakten från torpedplåten genom att trycka ned kontaktens spärrflikar med en skruv-mejsel samtidigt som vajern dras igenom. Notera vajerns dragning och lossa den från clips och bindningar och ta bort den.

Montering

6 Monteringen sker med omvänd arbets-ordning. På modeller med automatväxellåda, kontrollera att spärrflikarna till kickdown-kontakten är i fullt ingrepp i torpedplåten och att den elektriska kontakten är upprätt. Innan vajern ansluts till trottelhuset, justera den enligt följande.

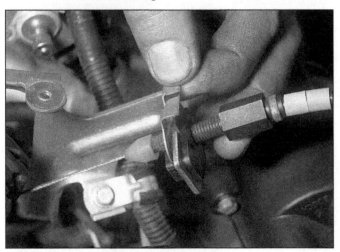

4.2a Lossa höljets clips . . .

4.2b . . . och haka av innervajern från trumman

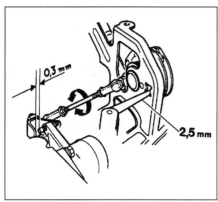

4.9 Justeringen för trottellänkaget

5.4 Ta bort luckan över givaren

5.6 Skruva ur givarens plastmutter med en tång med stor käft

Justering (tidiga modeller)

7 Leta upp den länkstav som förenar vajertrumman med länkaget på trottelhuset. Om båda kullederna av plast på länken är säkrade med låsmuttrar, följ nedanstående beskrivning. Om bara den ena är säkrad med låsmutter, gå till paragraf 14.

8 Lossa bägge låsmuttrarna på kulledslänken.

9 Stick in ett 2,5 mm bladmått mellan trumman och tomgångsstoppet på trumfästet **(se bild)**.

10 Vrid länkstaven efter behov så att trottelarmen går fri från justerskruven på trottelhuset med 0,3 mm. Ändra inte på justerskruvens läge.

11 Håll i länkstaven och dra åt de två låsmuttrarna.

12 Dra ut bladmåttet och låt vajertrumman vila mot tomgångsstoppet. Kontrollera att ett 0,5 mm bladmått inte passar mellan trottelarmen och justerskruven, men att ett 1,0 mm bladmått passar. Upprepa justeringen vid behov.

13 Anslut innervajern till trumman och fäst höljet med clipset. Justera vajern vid vajerjusteringen så att den är spänd, men inte hindrar trumman från att vila på tomgångsstoppet. Tryck gaspedalen i botten och kontrollera att trumman når fram till fullgasstoppet.

Justering (senare modeller)

14 Kontrollera att vajertrumman går mot tomgångsstoppet på trumfästet och att trottelarmen på trottelhuset är i kontakt med justerskruven. Om så inte är fallet, lossa på låsmuttern på kulleden på länkstaven så att länkstaven glider lätt i kulleden. Placera trumman och trottelarmen enligt vad som beskrivs ovan och dra åt låsmuttern.

15 Anslut innervajern till trumman och fäst höljet med clipset. Justera vajern vid vajerjusteringen så att den är spänd, men inte hindrar trumman från att vila på tomgångsstoppet. Tryck gaspedalen i botten och kontrollera att trumman når fram till fullgasstoppet.

5 Givare till bränslemätare - demontering och montering

Observera: Se säkerhetsföreskrifterna i avsnitt 1 i detta kapitel innan du fortsätter.

Demontering

1 Lossa batteriets jordledning.

2 På sedanmodeller, fäll ned baksätets ryggstöd och lossa den främre kanten av mattan i bagageutrymmet. Ta bort stödpanelen under mattan. Lossa ryggstödets spärr, lossa fästena och ta bort klädselpanelen på bagageutrymmets sida.

3 På herrgårdsvagnar, skruva ur fästskruvarna i bagageutrymmets främre golvpanel. Dra panelen bakåt så att de främre fästena frigörs och lyft ut panelen.

4 Skruva ut muttrarna och ta bort locken över bränslepumpen och givaren. Givaren finns placerad under det främre locket **(se bild)**.

5 Spåra elledningen till givaren som löper över bränsletanken till pumpen och sedan ut till en grupp kontakter nära det övre stötdämparfästet. Dra ut relevant kontakt, lossa eventuella kabelband och dra ledningen bakåt till givaröppningen i golvet.

6 Skruva ut givarens plastmutter med en tång med stor käft **(se bild)**. Vissa typer av verktyg för demontering av oljefilter är ett idealiskt alternativ.

7 Dra ut givaren från bränsletanken och ta reda på packningen. Skruva på plastmuttern på tanken medan givaren är urtagen så att inte rörstumpen sväller.

Montering

8 Montering sker med omvänd arbetsordning, kom dock ihåg följande:
a) Använd en ny packning insmord med vaselin.
b) Placera givaren så att ledningen riktas mot bilens mitt.
c) Dra ledningen över bränsletankens topp och ut genom öppningen för bränslepumpen. Koppla in den och säkra med kabelband där så behövs.

6 Bränslepump - demontering och montering

Observera: Se säkerhetsföreskrifterna i avsnitt 1 i detta kapitel innan du fortsätter.

Demontering

1 Följ arbetsbeskrivningen i avsnitt 5, paragraferna 1 till 3.

2 Skruva ut muttrarna och ta bort locket över bränslepumpen (det bakre locket).

3 Följ pumpens elledning som går till en grupp kontakter nära det övre stötdämparfästet. Dra ut relevant kontakt och lossa eventuella kabelband.

4 Kontrollera märkningen på bränsleledningarnas anslutningar på pumpens översida så att monteringen underlättas. Matningsledningen bör vara markerad med ett gult band och en motsvarande gul prick på pumpflänsens översida **(se bild)**. Gör egna markeringar om dessa märken inte syns.

5 Placera absorberande trasor runt bränsleledningens kopplingar och lossa snabbkopplingarna med ett gaffelformat verktyg. Stick in verktyget under kanten på den yttre hylsan på vardera kopplingen och bänd uppåt utan att klämma hylsan. Var beredd på ett inledande spill av trycksatt bränsle när kopplingarna lossas.

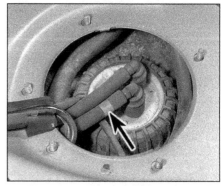

6.4 Bränslematningsledningens anslutning till pumpen ska vara märkt med ett gult band (vid pil)

6 Skruva ut givarens plastmutter med en täng med stor käft. Vissa typer av verktyg för demontering av oljefilter är ett idealiskt alternativ.
7 Dra ut pumpen från bränsletanken och ta reda på packningen. Skruva på plastmuttern på tanken medan givaren är urtagen så att inte rörstumpen sväller.

Montering

8 Smörj en ny packning med lite vaselin och se till att den sätter sig korrekt.
9 Montera pumpen med ledningen vänd mot bilens högra sida. Montera plastmuttern och dra åt den ordentligt.
10 Smörj slangkopplingarnas o-ringar med vaselin, placera dem rakt över pumpen utlopp och tryck fast de yttre hylsorna så att de låser. Se till att slangarna monteras på de korrekta utloppen enligt markeringarna.
11 Resterande montering sker med omvänd arbetsordning.

7 Bränsletank - demontering och montering

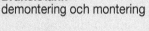

Observera: Se säkerhetsföreskrifterna i avsnitt 1 i detta kapitel innan du fortsätter.

Demontering

1 Innan tanken kan demonteras måste den tappas ur så mycket som möjligt. För att undvika riskerna och komplikationerna med hantering och förvaring av bensin är det klokt att utföra avtappning när tanken är i det närmaste tom. Kvarvarande bränsle dräneras enligt följande.
2 Lossa batteriets jordledning.
3 Använd en handpump eller sifon genom påfyllningsröret till att tappa ur all kvarvarande bensin från tankens botten. Alternativt kan framhjulen klossas och bakvagnen ställas på pallbockar (se *"Lyftning och stödpunkter"*). Placera sedan ett lämpligt stort kärl under bränslefiltret. Rengör snabbkopplingen för bränsleintaget till filtret, placera trasor runt kopplingen och öppna den. Var beredd på ett inledande spill av trycksatt bränsle när kopplingen öppnas. Håll den lossade bränsleledningen över kärlet och låt bensinen rinna ut. Förvara i ett lämpligt, slutet kärl.
4 Utför arbetsbeskrivningarna i avsnitt 5, paragraferna 1 till 5 och avsnitt 6, paragraferna 3 till 5.
5 Ta ut den låsring som säkrar påfyllningsröret vid karossen och lossa påfyllningsrör och packningar.
6 Placera en garagedomkraft under tankens centrum. Stick in en plankstump som packning mellan domkraftens lyfthuvud och tankens botten och höj domkraften så mycket att den precis bär upp tankens vikt.
7 Lossa tankens fästband och sänk försiktigt domkraften lite. När tillräckligt spelrum finns,

lossa ventilationsslangarna till bilens front. Slangarna mellan tanken och påfyllningsröret kan lämnas på plats.
8 Sänk domkraften med tanken och dra ut dem från bilens undersida.
9 Om tanken är förorenad med sediment eller vatten, demontera bränslemätarens givare och bränslepumpen enligt föregående beskrivningar samt lossa ventilationsslangar och påfyllningsrör. Skölj ur tanken med ren bensin. Tanken är gjuten i syntetmaterial, om den är skadad ska den bytas ut. Men i vissa fall kan det vara möjligt att reparera smärre läckor eller mindre skador. Rådfråga en Volvoverkstad eller specialist angående tankreparationer.
10 Om en ny tank ska monteras, flytta över alla delar från den gamla tanken. Byt alltid påfyllningsrörets packning och packningarna till plastmuttrarna för bränslepumpen och bränslemätarens givare. Väl använda kanske de inte sätter sig väl och tätar ordentligt på en ny tank.

Montering

11 Montering sker med omvänd arbetsordning men kom ihåg följande:
 a) *Placera tanken i läge och dra åt de bakre bandfästena. Skjut tanken framåt och centrera plastmuttrarna till bränslemätarens givare och bränslepumpen vad gäller respektive åtkomstluckor i golvet. Dra sedan åt de främre bandfästena.*
 b) *Smörj packningarna i påfyllningsrörets mynning och se till att de sitter korrekt. Se till att dräneringsröret finns på insidan av den inre packningen.*
 c) *Efter avslutat arbete, fyll tanken med bensin och kontrollera ytterst noga att det inte finns några läckor innan bilen körs.*

8 Bränsleinsprutning - allmän information

Bosch LH3.2-Jetronic

Systemet Bosch LH3.2-Jetronic är monterat på icke turboladdade 20-ventils motorer med undantag för vissa versioner av motorn B5254 S som istället använder systemet Motronic 4.3, vilket beskrivs längre fram i detta avsnitt.
LH3.2-Jetronic Jetronic är ett mikroprocessorstyrt bränslehanteringssystem som är konstruerat för att möta stränga krav på avgasrening och ändå ge utmärkta prestanda åt motorn i kombination med en god bränsleekonomi. Detta uppnås genom en konstant övervakning av motorn med olika givare vars data matas in i den elektroniska styrenheten. Baserat på denna information kan styrenhetens program och minne bestämma den exakta mängd bränsle som ska sprutas in direkt i insugsröret oavsett vilka körförhållanden som råder eller förväntas.

Styrenheten för LH3.2-Jetronic samarbetar med styrenheten för tändsystemet EZ-29K vilket ger ett komplett paket för motorstyrning. Dessutom styr den vissa aspekter av avgasreningssystemet som beskrivs i del B av detta kapitel.
Huvuddelarna i systemet och deras individuella uppgifter är följande.

Styrenhet

Bränslestyrningsenheten är en mikroprocessor som styr hela arbetet i bränslesystemet. I enhetens minne finns ett program som styr bränsletillförseln till injektorerna och längden på deras öppningstid. Programmet innehåller subrutiner som kan ändra dessa parametrar i enlighet med indata från systemets olika delar. Förutom detta styrs motorns tomgångshastighet av denna enhet, som använder sig av styrventil för tomgångsluft för att öppna eller stänga av lufttillförseln efter behov. Styrenheten inkluderar även självdiagnostik där hela bränslesystemet kontinuerligt övervakas så att det arbetar på rätt sätt. Upptäckta fel flaggas som felkoder. Dessa kan visas upp genom att diagnostikenheten i bilen aktiveras. Om ett systemfel beror på förlust av signal från en givare, kopplar styrenheten in ett nödprogram. Detta låter bilen köras, men med begränsade funktioner och prestanda.

Bränsleinjektorer

Varje injektor består av en solenoidstyrd nålventil som öppnar på kommando från styrenheten. Bränsle från bränsleröret matas då genom injektormunstycket till insugsröret.

Givare för kylvätsketemperatur

Denna motståndsenhet är inskruvad i topplocket där avkännaren är i direkt kontakt med motorns kylvätska. Temperaturförändringar i kylvätskan upptäcks av styrenheten som en ändring i det elektriska motståndet. Signalen från denna givare används även av tändningens styrenhet och av temperaturvisaren på instrumentbrädan.

Luftflödesmätare

Givaren till denna mäter den luftmängd som dras in i motorn. Givaren är av typen "het film" och består av fyra olika motståndselement och tillhörande kretsar. Enheten är placerad i luftrenarintaget och använder insugsluften till att ändra elementens motstånd. En jämförelse mellan de faktiska motståndsvärdena och ett kalibreringsmotstånd låter styrenheten fastställa insugsluftens temperatur och från kyleffekten i denna beräkna insugsluftens volym.

Trottelpositionsgivare

Givaren för trottelpositionen är en potentiometer kopplad till trottelaxeln i trottelhuset. Enheten sänder en linjär signal till styrenheterna för bränsle och tändning som är proportionell mot trottelöppningen.

Styrventil för tomgångsluft

Denna innehåller en liten elektrisk motor som öppnar eller stänger en luftkanal inne i ventilen. Ventilen är bara aktiverad om trottelpositionen är stängd och som svar på signaler från styrenheten och den upp-rätthåller motorns tomgångsvarvtal vid ett konstant värde oavsett belastningen från olika tillbehör.

Bränslepump

En elektrisk tvåstegs pump, placerad i bränsletanken och helt nedsänkt i bränslet matar bränsle till drevpumpen som höjer bränsletrycket till angivet värde och matar sedan bränsle till bränsleröret på insuget via ett bränslefilter.

Bränsletrycksregulator

Bränsletryckregulatorn är en vakuumstyrd mekanisk enhet som ser till att tryckskillnaden mellan bränslet i bränsleröret och bränslet i insugsröret hålls konstant. När insugsrörets undertryck ökar minskar det reglerade bränsleflödets tryck i ett direkt förhållande. När bränsletrycket i bränsleröret överskrider regulatorns inställning öppnar regulatorn så att bränsle kan strömma tillbaka till tanken via returledningen.

Systemrelä

Det huvudsakliga systemreläet beläggs med spänning från bränslesystemets styrenhet och ger energi till bränslepumpen. Spänning ligger över reläet endast så länge som styrenheten tar emot en varvtalssignal från tändsystemets styrenhet. I händelse av att signalen upphör (d.v.s. vid en olycka eller liknande) tappar reläet spänningen och bränslepumpen stannar därmed.

System Motronic 4.3

Systemet Motronic 4.3 är monterat på turboladdade 20-ventils motorer och vissa versioner av motorn B5254 S. Kompo-nenterna och funktionerna är mycket lika dem i LH3.2-Jetronic, med undantag för att en styrenhet styr både bränslesidan och tändningssidan. Regleringen av turbo-aggregatets laddtryck sker via turbons övertrycksventil som även den styrs av styrenheten för Motronic.

System Fenix 5.2

Systemet Fenix 5.2 används på de 10-ventils motorer utan turbo som tas upp i denna handbok. Komponenterna och funktionerna är mycket lika dem i LH3.2-Jetronic, med undantag för metoden att beräkna insugsluftens volym och andra smärre skillnader som beskrivs nedan. I likhet med Motronic 4.3, är det endast en styrenhet som styr både bränslesidan och tändningssidan.

Givare för absolut tryck i insugsröret

I stället för den flödesmätare som används i de andra systemen använder system Fenix en givare för trycket i insugsröret och en givare för insugsluftens temperatur att beräkna insugsluftens volym. Tryckgivaren är ansluten till insugsröret via en slang och använder en piezoelektrisk kristall till att omvandla trycket i insugsröret till en elektrisk signal som skickas till styrenheten.

Givare för insugsluftens temperatur

Denna motståndsenhet finns placerad i luftintagstrumman där enhetens element är i direkt kontakt med den luft som sugs in i motorn. Ändringar i luftens temperatur uppfattas av styrenheten som ändringar i givarens motstånd. Med utgångspunkt från signalerna från de två givarna för tryck och temperatur kan styrenheten beräkna insugs-luftens volym.

9 Bränsleinsprutning - test

Allmän information

1 I och med att systemen för bränsle och tändning måste betraktas som en integrerad enhet för styrning av motorns arbete ska först alla kontroller beskrivna i kapitel 5B, avsnitt 2 utföras. Fortsätt sedan enligt följande i enlighet med aktuellt system:

System LH3.2-Jetronic

a) Utför alla kontroller som beskrivs i kapitel 5B, avsnitt 3.
b) Fortsätt enligt beskrivning i detta avsnitt.

Systemen Motronic 4.3 och Fenix 5.2

a) Utför alla kontroller som beskrivs i kapitel 5B, avsnitt 3, paragraferna 1 till 20.
b) Fortsätt enligt beskrivning i detta avsnitt.

Avläsning av felkoder

Observera: På modeller fr.o.m. 1996 sitter diagnostikenheten under en kåpa framför växelspaken och har ett 16-stifts uttag för anslutning till en felkodsläsare.

2 Leta först upp diagnostikenheten som finns till höger, framtill i motorrummet, bredvid påfyllningen till behållaren för vindrute-spolarvätska (se bild). Diagnostikenheten består av två moduler monterade sida vid sida med ett plastlock på vardera enheten. Lyft på locken och lägg märke till att modulerna är märkta A och B och att vardera har sex numrerade socklar på översidan.

3 Slå av tändningen och lossa tråden från hållaren på diagnostikenhetens sida och stick in den i sockel 2 på modul A (se bild).

4 Ha papper och penna tillgängligt och anteckna de felkoder som visas. De tresiffriga koderna visas i form av en serie blinkningar av den röda lysdioden (på A-modulens översida bredvid testknappen). Blinkningarna gör en kort paus mellan varje siffra.

9.2 Diagnostikenhetens placering (vid pil) i motorrummet

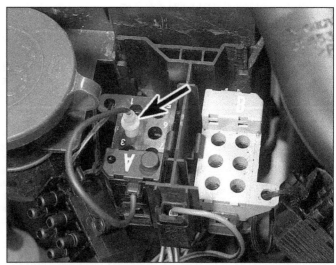

9.3 Stick in tråden i sockel 2 på modul A så att bränslesystemets felkoder kan avläsas

System Fenix 5.2
Felkod Innebörd
1-1-1 Inget fel upptäckt
1-1-2 Defekt styrenhet
1-1-3 Korttids bränsleblandning för mager
1-1-5 Defekt signal till injektor i cylinder 1
1-2-1 Signal från insugsrörets tryckgivare saknas eller är felaktig
1-2-2 Signal från insugsluftens temperaturgivare saknas eller är felaktig
1-2-3 Signal från kylvätskans temperaturgivare saknas eller är felaktig
1-2-5 Defekt signal till injektor i cylinder 2
1-3-2 Batterispänning för hög eller för låg
1-3-5 Defekt signal till injektor i cylinder 3
1-4-3 Signal från främre knacksensor saknas eller är felaktig
1-4-4 Belastningssignal saknas eller är felaktig
1-4-5 Defekt signal till injektor i cylinder 4
1-5-2* Signal från luftpumpsventil saknas eller är felaktig
1-5-4* Läckage i systemet för återcirkulation av avgaser
1-5-5 Defekt signal till injektor i cylinder 5
2-1-2 Signal från lambdasond saknas eller är felaktig
2-1-4 Signal från varvtalsgivare saknas periodvis
2-2-1 Långtids bränsleblandning för mager vid delbelastning
2-2-2 Signal från huvudrelä saknas eller är felaktig
2-2-3 Signal från tomgångsluftens ventilöppning saknas eller är felaktig
2-2-5 Signal från luftkonditioneringens tryckgivare saknas eller är felaktig
2-3-1 Långtids bränsleblandning för fet eller för mager vid delbelastning
2-3-2 Långtids bränsleblandning för fet eller för mager vid tomgång
2-3-3 Långsiktig tomgångsluftblandning utanför styrparametrarna
2-3-5* Signal från styrning för avgasåtercirkulation saknas eller är felaktig
2-4-1* Flödesfel i avgasåtercirkulation
2-4-3 Signal från trottelpositionsgivaren utanför spänningsparametrarna
2-4-4 Knackkontroll på gränsvärde
2-4-5 Stängningssignal från tomgångsventilen saknas eller är felaktig
3-1-1 Signal från hastighetsmätaren saknas
3-1-3* Signal från EVAP-ventil saknas eller är felaktig
3-1-4 Signal från kamaxelns positionsgivare saknas eller är felaktig
3-2-3 Felaktig signal från felindikatorlampa
3-2-5 Minnesförlust i styrenheten
3-3-5 Begäran om felindikatorlampa från automatväxellådans styrenhet
3-4-2 Felaktig signal från luftkonditioneringens systemrelä
3-4-3 Felaktig styrsignal från bränslepumpens relä
4-1-1 Signal från trottelpositionsgivaren utanför spänningsområdet
4-1-3* Signal från avgasåtercirkulationens temperaturgivare saknas eller är felaktig
4-3-2 Hög temperatur i styrenhetens låda
4-3-3 Signal från bakre knacksensor saknas eller är felaktig
4-3-5 Långsamt svar från lambdasond
4-4-2* Signal från luftpumpens relä saknas eller är felaktig
5-1-1 Långtids bränsleblandning för fet vid tomgång
5-1-2 Korttids bränsleblandning för fet
5-1-3 För hög temperatur i styrenhetens låda
5-1-4 Motorns kylfläkt defekt vid halv fart
5-1-5 Motorns kylfläkt defekt vid full fart
5-2-1 Syresensorns uppvärmning felaktig
5-2-3 Signal till styrenhetens kylfläkt kortsluten till 12 volt
5-2-4 Signal från växellådans vridmomentskontroll felaktig
5-3-5 Defekt övertrycksventil i turbon
Endast på motorer med viss avgasreningsutrustning (se kapitel 4B).

System Motronic 4.3
Felkod Innebörd
1-1-1 Inget fel upptäckt
1-1-2 Defekt styrenhet
1-1-5 Defekt signal till injektor i cylinder 1
1-2-1 Signal från insugsrörets tryckgivare saknas eller är felaktig
1-2-3 Signal från kylvätskans temperaturgivare saknas eller är felaktig
1-2-5 Defekt signal till injektor i cylinder 2
1-3-1 Varvtalssignal saknas eller är felaktig
1-3-2 Batterispänning för hög eller för låg
1-3-5 Defekt signal till injektor i cylinder 3
1-4-3 Signal från främre knacksensor saknas eller är felaktig
1-4-4 Belastningssignal saknas eller är felaktig
1-4-5 Defekt signal till injektor i cylinder 4
1-5-2* Signal från luftpumpsventil saknas eller är felaktig
1-5-4* Läckage i systemet för återcirkulation av avgaser
1-5-5 Defekt signal till injektor i cylinder 5
2-1-2 Signal från lambdasond saknas eller är felaktig
2-1-4 Signal från varvtalsgivare saknas periodvis
2-2-3 Signal från tomgångsluftens ventilöppning saknas eller är felaktig
2-2-5 Signal från luftkonditioneringens tryckgivare saknas eller är felaktig
2-3-1 Långtids bränsleblandning för fet eller för mager vid delbelastning
2-3-2 Långtids bränsleblandning för fet eller för mager vid tomgång
2-3-3 Långsiktig tomgångsluftblandning utanför styrparametrarna
2-3-5* Signal från styrning för avgasåtercirkulation saknas eller är felaktig
2-4-1* Flödesfel i avgasåtercirkulation
2-4-3 Signal från trottelpositionsgivaren utanför spänningsparametrarna
2-4-4 Knackkontroll på gränsvärde
2-4-5 Stängningssignal från tomgångsventilen saknas eller är felaktig
3-1-1 Signal från hastighetsmätaren saknas
3-1-3* Signal från EVAP-ventil saknas eller är felaktig
3-1-4 Signal från kamaxelns positionsgivare saknas eller är felaktig
3-1-5* Fel i EVAP-systemet
3-2-3 Felaktig signal från felindikatorlampa
3-2-5 Minnesförlust i styrenheten
3-3-5 Begäran om felindikatorlampa från automatväxellådans styrenhet
3-4-2 Felaktig signal från luftkonditioneringens systemrelä
3-4-3 Felaktig styrsignal från bränslepumpens relä
4-1-1 Signal från trottelpositionsgivaren utanför spänningsområdet
4-1-3* Signal från avgasåtercirkulationens temperaturgivare saknas eller är felaktig
4-1-4 För högt laddtryck i turbon
4-1-6 Turbons laddtryck reducerat av automatväxellådans styrenhet
4-3-2 Hög temperatur i styrenhetens låda
4-3-3 Signal från bakre knacksensor saknas eller är felaktig
4-3-5 Långsamt svar från lambdasond
4-4-2* Signal från luftpumpens relä saknas eller är felaktig
5-1-1 Långtids bränsleblandning för fet vid tomgång
5-1-2 Korttids bränsleblandning för fet
5-1-3 För hög temperatur i styrenhetens låda
5-1-4 Motorns kylfläkt defekt vid halv fart
5-1-5 Motorns kylfläkt defekt vid full fart
5-2-1 Syresensorns uppvärmning felaktig
5-2-3 Signal till styrenhetens kylfläkt kortsluten till 12 volt
5-2-4 Signal från växellådans vridmomentskontroll felaktig
5-3-5 Defekt övertrycksventil i turbon
5-4-1* Defekt EVAP-ventil
Endast på motorer med viss avgasreningsutrustning (se kapitel 4B).

System LH3.2-Jetronic

Felkod Innebörd
1-1-1 Inget fel upptäckt
1-1-2 Defekt styrenhet
1-1-3 Korttids bränsleblandning för mager
1-2-1 Signal från insugsrörets tryckgivare saknas eller är felaktig
1-2-3 Signal från kylvätskans temperaturgivare saknas eller är felaktig
1-3-1 Varvtalssignal från tändsystemet saknas eller är felaktig
1-3-2 Batterispänning för hög eller för låg
2-1-2 Signal från lambdasond saknas eller är felaktig
2-2-1 Långtids bränsleblandning för mager vid delbelastning
2-2-3 Signal från tomgångsventilen saknas eller är felaktig
2-3-1 Långtids bränsleblandning för fet vid delbelastning
2-3-2 Långtids bränsleblandning för mager vid tomgång
3-1-1 Signal från hastighetsmätaren saknas
4-1-1 Signal från trottelpositionsgivaren saknas
5-1-1 Långtids bränsleblandning för fet vid tomgång
5-1-2 Korttids bränsleblandning för fet

5 Slå på tändningen med tråden instucken. Tryck en gång under cirka en sekund på testknappen på A-modulen och vänta på att lysdioden börjar blinka. När den gör det, anteckna felkoden. Tryck sedan åter på knappen och anteckna nästa felkod, om det finns någon. Fortsätt till dess att den första felkoden anges igen vilket anger att samtliga felkoder rapporterats och slå av tändningen.
6 Nedan ges de möjliga felkoderna för bränsle/tändning för de tre systemen och deras uttolkningar. En separat beskrivning av felkoderna för LH3.2-Jetronic finns i kapitel 5B.
7 Om kod 1-1-1 visas anger detta att inga felkoder finns sparade i styrenheten och att systemet fungerar korrekt. Slå i så fall av tändningen och placera tråden i sin hållare och sätt på locken.
8 När väl alla felkoder lästs av och noterats ska de raderas från styrenheten. Lägg märke till att felkoder inte kan raderas förrän alla har blinkat minst en gång och den första visats igen. Låt tråden sitta kvar i sockel 2 på modul A och slå på tändningen igen, tryck sedan ned testknappen under cirka 5 sekunder. Släpp

sedan testknappen och vänta i tre sekunder på att lysdioden börjar blinka. När lysdioden tänds tryck ned testknappen i ytterligare fem sekunder och släpp den. Lysdioden slocknar då. Slå av tändningen och kontrollera att alla felkoder raderats genom att slå på tändningen igen och trycka på testknappen i en sekund - kod 1-1-1 ska då visas. Om någon annan kod visas, anteckna denna och upprepa raderingen. När alla felkoder raderats, slå av tändningen och placera tråden i sin hållare och sätt tillbaka modulernas lock.
9 När väl platsen för ett fel fastställts via felkoderna kan undersökningarna koncentreras på denna plats. Gå igenom kontrollerna igen, det kan tänkas att du glömt något. En mer detaljerad undersökning av systemet kräver speciell Volvo testutrustning. Det enda möjliga alternativet i detta skede är utbyte av en defekt del mot en bevisligen korrekt fungerande enhet eller att låta en Volvoverkstad utföra resterande arbete. Om en utbytesdel kan anskaffas (eller lånas) finns arbetsbeskrivningarna för demontering och montering i föregående avsnitt av detta kapitel.

10 Bränsleinsprutning, delar - demontering och montering

Observera: *Följande arbetsmoment är tillämpbara för samtliga system, såvida inte annat särskilt anges.*
Observera: *Se säkerhetsföreskrifterna i avsnitt 1 i detta kapitel innan du fortsätter.*

Luftflödesmätarens givare (LH3.2-Jetronic och Motronic 4.3)
Demontering
1 Lossa batteriets jordledning.
2 Lossa slangklämman och demontera luftutloppstrumman och i förekommande fall slangen från vevhusventilationen till luftrenarlocket.
3 Dra ur kontakten till luftflödesgivaren i locket.
4 Lossa tändkabeln till tändspolen från lockets baksida.
5 Tryck tillbaka fjäderclipsen och lyft av luftfilterlocket.
6 Skruva ur de två skruvarna och ta ut givaren från luftrenarlocket.
Montering
7 Monteringen sker med omvänd arbetsordning.

Givare för insugsluftens temperatur (Fenix 5.2)
Demontering
8 Utför de arbeten som beskrivs i paragraferna 1 till 5.
9 Ta försiktigt ut givaren från sin gummigenomföring i luftrenarlocket **(se bild)**.
Montering
10 Monteringen sker med omvänd arbetsordning.

Givare för insugsrörets tryck (Fenix 5.2)
Demontering
11 Lossa batteriets jordledning.

10.9 Ta ut givaren för insugsluftens temperatur från sin gummigenomföring (vid pil)

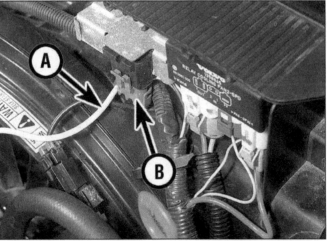

10.14 Lossa vakuumslangen (A) och dra ut kontakten (B) från givaren för absolut tryck i insugsröret

10.18 Koppla ur rören för bränslematning och returbränsle (vid pilar) vid slanganslutningarna bakom motorn

10.19 Demontera bränslerörsklammrarna (vid pil) från motorn

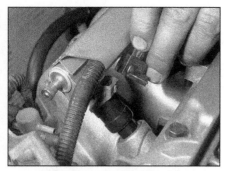

10.20 Dra ut kontakterna från injektorerna

12 Demontera luftfiltrets insugstrumma och kåpa på sidan av kylfläktskåpan.
13 Skruva ur de bultar på var sida om relähållaren som fäster den vid frontpanelen ovanför kylfläktskåpan.
14 Lyft upp relähållaren och koppla ur vakuumslang och kontakt från insugsrörets tryckgivare **(se bild)**.
15 Lossa tryckgivaren och ta ut den från centrum av relähållaren.

Montering

16 Monteringen sker med omvänd arbetsordning.

Bränslerör och injektorer

Demontering

17 Lossa batteriets jordledning.
18 Lossa rören för bränslematning och retur vid slanganslutningarna bakom motorn **(se bild)**. De är svåra att komma åt från ovansidan,

något enklare underifrån. Placera trasor runt anslutningarna och var beredd på spill av trycksatt bränsle när anslutningarna säras.
19 Skruva ur fästbultarna till de två bränslerörsklamrarna och ta undan klamrarna **(se bild)**.
20 Där tillämpligt, lossa turbons insugstrumma och dra sedan ut kontakterna från injektorerna **(se bild)**. Om problem uppstår, dra av höljet över bränsleröret ovanför injektorerna så att de blir mer åtkomliga.
21 Lossa vakuumslangen från tryckregulatorn på bränslerörets undersida **(se bild)**.
22 Skruva ur de två bultarna som fäster bränsleröret på insugsröret. Dra röret uppåt så att injektorerna släpper från insugsröret och lyft undan bränsleröret, komplett med injektorer och bränsletrycksregulator **(se bilder)**.
23 Individuella injektorer kan nu demonteras

från bränsleröret genom att de helt enkelt dras ut **(se bild)**.

Montering

24 Monteringen sker med omvänd arbetsordning. Kontrollera att injektorernas o-ringar och insugsrörets tätningar är i gott skick, byt vid behov och smörj in dem med vaselin eller silikonfett som monteringssmörjning **(se bild)**. Dra åt bränslerörets bultar till angivet moment, först med momentnyckel och sedan till den angivna vinkeln med en vinkelmätare.

Bränsletrycksregulator

Demontering

25 Lossa batteriets jordledning.
26 Demontera bränslerör och injektorer enligt föregående beskrivning men låt injektorerna sitta kvar i röret.
27 Skruva ur de två bultarna och demontera tryckregulatorn från bränsleröret **(se bild)**.

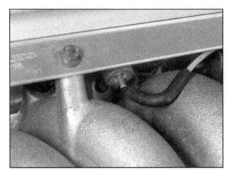

10.21 Lossa vakuumslangen från tryckregulatorn

10.22a Skruva ur bränslerörets två bultar (vid pilar) . . .

10.22b . . . och lyft ut röret med injektorerna på plats

10.23 Demontera injektorerna genom att dra ut dem ur bränsleröret

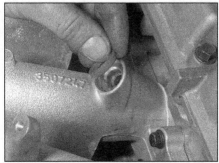

10.24 Vid behov, byt injektorpackningar i insugsröret vid monteringen

10.27 Skruva ur de två bultarna och lyft undan bränsletrycksregulatorn

10.29 Lossa kontakten till tomgångsluftens styrventil

10.36 Trottelhusets bultar (vid pilar)

Montering

28 Montera regulatorn på röret och montera sedan bränsleröret enligt tidigare beskrivning.

Tomgångsluftens ventil

Demontering

29 Dra ut kontakten från ventilens ände (se bild).
30 Lossa slangklämmorna och dra försiktigt av slangarna från anslutningarna.
31 Lossa monteringsbygelns fästbult och dra ut ventilerna ur insugsröret.

Montering

32 Monteringen sker med omvänd arbetsordning. Använd nya slangar och klämmor vid behov.

Trottelhus

Demontering

33 Dra ut kontakten till givaren.
34 Lossa tomgångsventilens slang, vakuumslangarna och luftintaget från trottelhuset.
35 Lossa trottellänkens kulled från trottelventilens öppningsarm.
36 Skruva ur de bultar som fäster trottelhuset

och lyft bort det från insugsröret (se bild). Ta reda på packningen.

Montering

37 Monteringen sker med omvänd arbetsordning. Använd en ny packning och vid behov nya slangklämmor.

Givare för trottelposition

Demontering

38 Dra ur kontakten till givaren.
39 Skruva ur de två bultarna som fäster givaren och dra ut den ur trottelhuset.

10.42 Lyft upp modulens lock

Montering

40 Monteringen sker med omvänd arbetsordning.

Givare för kylvätskans temperatur

41 Se kapitel 3, avsnitt 6.

Elektronisk styrenhet

Observera: Styrenheterna för bränsle/tändning och i förekommande fall automatväxellådan och tändsystemet EZ-29K finns alla placerade i styrenhetslådan som finns framme till höger i motorrummet framför kylsystemets expansionskärl.

Demontering

42 Kontrollera att tändningen är avslagen och lossa de två spärrarna på lådans locksidor. Lyft upp locket och lägg det åt sidan (se bild).
43 Dra låsarmen på styrenhetens ovansida framåt och dra ut styrenheten (se bilder). Bränslesystemets styrenhet är placerad i fack två, i mitten av lådan.

10.43a Dra låsarmen framåt . . .

10.43b . . . och ta ut styrenheten

12.16 Demontea insugsröret

12.20 Använd de nedre bultarna till att hålla fast packningen vid monteringen av insugsröret

Montering

44 Placera styrenheten i lådan så att kontakterna är i ingrepp.
45 Dra ned låsarmen och sätt tillbaka locket på lådan.

11 Farthållare - allmän information

Om monterad låter farthållaren bilen hålla en stadig hastighet, vald av föraren, oavsett backar och vindar.

Huvuddelarna i det systemet är en styrenhet, en styrkontakt, en vakuumservo och en vakuumpump. Broms- (och i förekommande fall) kopplingspedalen är försedda med kontakter som skyddar motorn mot övervarv om en pedal trycks ned medan farthållaren är inkopplad.

Systemet fungerar så att föraren accelererar upp till önskad fart och kopplar sedan in systemet med en brytare. Styrenheten övervakar sedan bilens hastighet (via hastighetsmätaren) och öppnar eller stänger trotteln via servon så att den inställda hastigheten bibehålls. Om kontakten förs till "OFF" eller broms- eller kopplingspedalen trycks ned stänger servon omedelbart trotteln. Den inställda hastigheten sparas i minnet och systemet kan kopplas in igen genom att brytaren förs till "RESUME", förutsatt att inte hastigheten sjunkit under 40 km/t.

Föraren kan förbigå farthållaren vid omkörningar genom att helt enkelt trycka ned gaspedalen. När gaspedalen släpps återtas den inställda hastigheten.

Farthållaren kan inte kopplas in vid hastigheter under 40 km/t och ska inte användas vid halka eller tät trafik.

Inga speciella arbetsmetoder för borttagning, montering eller justering fanns tillgängliga i skrivande stund. Problem ska lösas av en återförsäljare för Volvo eller annan specialist.

12 Insugsrör - demontering och montering

Observera: Se säkerhetsföreskrifterna i avsnitt 1 i detta kapitel innan du fortsätter.

Demontering

1 Lossa batteriets jordledning.
2 Lossa luftintagsledningen från trottelhuset och lossa i förekommande fall turbons luftintag.
3 Skruva ut skruven och demontera höljet över gasvajerns trumma och länkage.
4 Lossa vajerhöljets clips från vajerjusteringen och haka av vajern från trumman.
5 Skruva ur bultarna till de två bränslerörens fästklamrar på motorn och ta bort klamrarna.
6 Dra ut elkontakterna från injektorerna. Vid problem, dra undan bränslerörets hölje över injektorerna så att åtkomsten förenklas.
7 Lossa vakuumslangen från tryckregulatorn på bränslerörets undersida.
8 Skruva ur de två skruvarna som fäster bränsleröret vid insugsröret och dra det rakt upp så att injektorerna lossnar från insugsröret. Lägg bränsleröret med injektorerna på motorns översida. Var noga med att inte skada injektorspetsarna.
9 Dra ut positionsgivarens kontakt från trottelhuset.
10 Lossa slangarna till tomgångsluftstyrningen och dra ur styrventilens kontakt.
11 Demontera bromsservons vakuumslang, slangarna för återcirkulation av avgaser (om befintliga) och vakuumslangarna på trottelhuset.
12 Demontera övriga vakuumslangar som är anslutna till funktioner på utsidan av insugsröret.
13 Lossa kabelhärvan från insugsrörets fästen.
14 Skruva ur den bult som fäster mätstickans

rör vid insugsröret och den bult som fäster undersidan av insugsröret till stödstagsfästet.
15 Lossa de nedre fästbultarna på insugsröret med två eller tre varv och skruva ur de övre fästbultarna helt.
16 Lyft upp insugsröret och, där tillämpligt, mata vevhusventilationens slangar genom trummorna, samt lyft av insugsröret från topplocket **(se bild)**. Notera att de nedre bulthålen har urtag som låter insugsröret glida uppåt. Om insugsröret inte går att lyfta, kontrollera att inte packningen fastnat på insugsrörets yta. Packningens nedre hål saknar uttag och måste sitta kvar på motorn för att insugsröret ska kunna lyftas.
17 När insugsröret är demonterat, ta ut de nedre bultarna och packningen.
18 Vid behov kan komponenterna på insugsröret demonteras enligt tidigare beskrivningar i detta kapitel.
19 På motorer med variabla insugskanaler, kontrollera att klaffar och spindlar rör sig smidigt. Om problem uppstår med dessa måste reparationer överlämnas till en Volvoverkstad eftersom speciella tolkar krävs för att installera och sätta upp klaffarnas spel.

Montering

20 Monteringen sker med omvänd arbetsordning. Använd en ny packning på insugsröret och vid behov nya o-ringar och tätningar på injektorerna. Placera insugspackningen på topplocket och skruva in de nedre fästbultarna med några varv innan insugsröret sätts på plats **(se bild)**. I förekommande fall, glöm inte bort att mata slangen till vevhusventilationen mellan andra och tredje trumman. Dra åt bultarna till angivna moment.
21 Montera och justera gasvajern enligt beskrivning i avsnitt 4.

Anteckningar

Kapitel 4 Del B:
Avgassystem och avgasrening

Innehållsförteckning

Svårighetsgrad

Enkelt, passar novisen med lite erfarenhet		Ganska enkelt, passar nybörjaren med viss erfarenhet		Ganska svårt, passar kompetent hemma-mekaniker		Svårt, passar hemmamekaniker med erfarenhet		Mycket svårt, för professionell mekaniker	

Specifikationer

Åtdragningsmoment	Nm
Bultar till grenrörets värmesköld	15
Grenrör till topplock	25
Främre avgasrör till turboaggregat	30
Turboaggregat till insugsrör	25
Främre avgasrör till grenrör:	
Fjäderbelastad flänsfog	10
Flexibel flänsfog	25
Avgasrörets kulklammerfog	30
Lambdasond	45
Bultar till återcirkulationsventilen	50
Bultar till oljeseparator	20
Övre motorstag till motorfästet:	
Tidigare modeller (M8 bult):*	
Steg 1	18
Steg 2	dra ytterligare 120°
Senare modeller (M10 bult):*	
Steg 1	35
Steg 2	dra ytterligare 90°
Övre motorstag till torpedplåtsfäste:*	
Steg 1	35
Steg 2	dra ytterligare 60°
Stagfäste till motor:	
Övre muttrar	25
Nedre bultar:*	
Steg 1	45
Steg 2	dra ytterligare 90°

*Nya bultar/muttrar ska **alltid** användas

1 Allmän information

Avgassystem

Avgassystemet består av grenröret, en främre del som inkluderar katalysatorn och det främre röret samt en bakre del bestående av mellanröret, ljuddämpare och mynning. Systemet är upphängt under bilen i gummifästen.

På motorer av typerna B5204 T och B234 T/T5 finns ett vattenkylt turboaggregat monterat på grenröret. Mer information om turboaggregatet finns i avsnitt 5.

Avgasrening

Samtliga modeller som tas upp i denna handbok har inbyggda funktioner i bränslesystemet för att hjälpa till att minska skadliga utsläpp. Dessa finns i grovt räknat tre former, kontroll av vevhusutsläpp, kontroll av utsläpp från bränsleavdunstning och avgasrening. Huvudfunktionerna i dessa system är följande.

Vevhusutsläpp

För minskning av utsläpp av oförbrända kolväten från vevhuset till atmosfären används ett system med positiv vevhusventilation där motorn är förseglad och förbiblåsta gaser och oljedimmor dras från vevhusets insida genom en oljeavskiljare till insuget så att de kan förbrännas av motorn under normal drift.

Under stort undertryck i insuget (tomgång, insaktande) sugs gaserna ut ur vevhuset. Vid lågt undertryck (acceleration, fullgaskörning) tvingas gaserna ut ur vevhuset av det (relativt räknat) högre vevhustrycket. Om motorn är sliten kommer det ökade vevhustrycket (som uppstår av förbiblåsning) att tvinga en del av flödet tillbaka till insuget vid samtliga tryckförhållanden i insuget.

Bränsleförångning

Kontrollsystemet för utsläpp från bränsleförångning används till att minimera utsläppet av oförbrända kolväten i atmosfären. Detta görs genom att tanklocket är förseglat och att en kolkanister används till att samla och förvara bensinångor som bildas i tanken. När motorn körs sugs dessa ångor ut ur kanistern via en vakuumstyrd ventil eller av en elektriskt driven ventil som styrs av styrenheten och leds till insuget för förbränning i motorn.

Rätt tomgång erhålles genom att vakuumventilen bara öppnar när motorn körs under belastning. Ventilen öppnar då för att släppa ut gaserna till insuget.

Som en säkerhetsåtgärd och för att ytterligare minska utsläpp av kolväten är tanken försedd med en rullningsventil som stänger om fordonet lutar mer än 45° i sidled. Detta förhindrar bränslespill från tanken i händelse av en olycka.

Avgasrening

För att minska mängden föroreningar som släpps ut i atmosfären har samtliga modeller en katalytisk avgasrenare inbyggd i avgassystemet. Denna är av typen sluten slinga där en lambdasond i avgassystemet ger bränsleinsprutningens styrenhet konstanta returdata om syreinnehållet i avgaserna. Detta låter styrenheten justera blandningen genom att ändra på injektorernas öppningstider vilket ger bästa möjliga arbetsmiljö för katalysatorn, Systemet fungerar enligt följande.

Syresonden har ett inbyggt värmeelement som aktiveras av styrenheten så att sondspetsen snabbt uppnår effektiv arbetstemperatur. Sondspetsen är syrekänslig och sänder en signal till styrenheten som varierar i spänning beroende på mängden syre i avgaserna. Om bränsle/luftblandningen är för fet är avgaserna syrefattiga vilket leder till att sonden sänder en signal till styrenheten som är proportionell mot syreinnehållet i avgaserna. Spänningen ändras i takt med att blandningen blir magrare och syrehalten stiger. Optimal omvandlingseffekt för samtliga större föroreningar uppstår om blandningsförhållandet mellan insugsluft och bränsle hålls vid det kemiskt korrekta för fullständig förbränning av bensin - 14,7 delar luft (räknat per vikt) till en del bensin. Sondens utsignal ändras med ett stort steg vid denna punkt och styrenheten använder denna signal som referensvärde och korrigerar blandningen mot detta värde genom att ändra injektorernas öppningstider.

Förutom katalysatorn har vissa modeller även ett system för återcirkulation av avgaser (EGR). Detta är konstruerat för att skicka tillbaka en liten del av avgaserna till insuget och därmed förbränningen. Detta minskar halten av kväveoxider i den slutliga avgasblandning som släpps ut i atmosfären.

Den volym av avgaser som återförs styrs av vakuum (från insuget) via en ventil i insuget. Innan det når ventilen passerar vakuumet från insuget en vakuumregulator. Syftet med denna är att modifiera det vakuum som leds till ventilen i enlighet med motorns arbetsförhållanden.

Återcirkuleringen styrs av bränslets/tändningens elektroniska styrenhet som hämtar information om motorns arbetsparametrar från sin uppsättning givare.

Ett sekundärt luftinsprutningsystem finns monterat på vissa modeller på vissa marknader med extra stränga avgasregler. Systemet är konstruerat för att spruta in friskluft i avgaskanalerna i topplocket när motorn värms upp. Detta skapar en efterförbränning som reducerar halten av kolväten och koloxid före katalysatorn.

Systemet består av en eldriven luftpump, solenoid, envägsventil och rörledningar.

Systemet är i funktion under styrning av styrenheten för bränsle/tändning i två minuter och startar cirka 20 sekunder efter det att bilen satts i rörelse.

2 Avgassystem - allmän information och byte av delar

Allmän information

1 Avgassystemet består av grenröret, en främre del som inkluderar katalysatorn och det främre röret samt en bakre del bestående av mellanröret, ljuddämpare och mynning. Systemet är upphängt under bilen i gummifästen och fastbultat framtill i grenröret En självuppriktande kulledsfog används för att ansluta den främre delen till den bakre. Anslutningen mellan främre delen och grenröret är antingen en fjäderbelastad flänsfog eller en flänsfog innehållande en koppling av typen flexibelt fackverk.
2 Avgassystemet ska undersökas vad gäller läckor, skador och fastsättning med regelbundna mellanrum (se kapitel 1). Gör detta genom att dra åt handbromsen och låt sedan motorn gå på tomgång i ett väl ventilerat utrymme. Ligg ner på båda sidor om bilen och kontrollera utmed hela systemets längd om det finns läckor. Låt en medhjälpare tillfälligt täppa igen mynningen med en trasa eller liknande. Om en läcka är uppenbar, stoppa motorn och laga läckan med en reparationssats. Om läckan är omfattande eller skadan är uppenbar ska berörd sektion bytas. Kontrollera gummiupphängningens skick och byt slitna gummifästen efter behov.

Demontering

Främre delen

3 Lyft upp framvagnen och helst även bakvagnen på pallbockar (se *"Lyftning och stödpunkter"*).
4 Dra ur de två kontakterna till lambdasonden och lossa ledningarna från eventuella kabelband.
5 Lossa de muttrar som fäster främre rörets fläns vid grenröret. Ta reda på fjädrarna, om monterade. På vissa modeller kan åtkomligheten förbättras från ovansidan genom att grenrörets värmesköld demonteras.
6 Skruva ur bultar och muttrar vid kulledens fästen i de bakre och främre delarna och demontera klamrarna **(se bild)**.
7 I förekommande fall, skruva ur de fyra bultarna på förstyvningsplattan och demontera den från underredet.
8 Separera fogen mellan främre röret och grenröret och lyft bort främre delen från bilens undersida.

Bakre delen

9 Lyft upp bakvagnen och helst även framvagnen på pallbockar (se *"Lyftning och stödpunkter"*).
10 Skruva ur bultar och muttrar vid kulledens fästen i de bakre och främre delarna och demontera klamrarna.
11 Lossa mynning och ljuddämpare från sina gummifästen och dra delen framåt till dess att

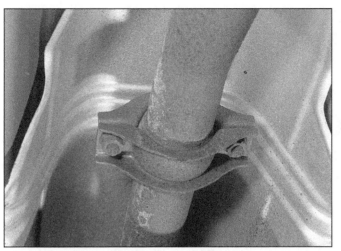

2.6 Kulledsfogen mellan främre och bakre delen av avgasröret

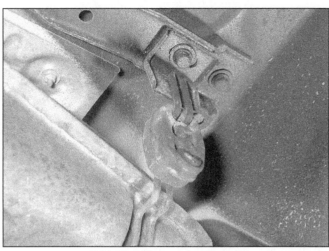

2.11 Ljuddämparens sidofäste

mynningen går fri från bakfjädringen **(se bild)**. Lyft bort främre delen från bilens undersida.

Montering

12 Montering sker med omvänd arbetsordning, var dock uppmärksam på följande:

a) Använd ny tätring eller flänspackning (efter tillämplighet) i fogen mellan främre rör och grenrör.

b) När den främre delen monteras, sätt först löst ihop främre röret med grenröret och katalysatorn till mellanröret. Rikta upp systemet och dra sedan fast muttrarna från främre röret till grenröret och sedan mellanrörets muttrar. Dra till angivet moment.

c) Se till att det finns minst ett spelrum på 20 mm mellan avgassystemet och bottenplattan/fjädringen.

3 Katalysator - allmän information och föreskrifter

1 Katalysatorn är en pålitlig och enkel enhet som inte kräver underhåll i sig själv, men det finns vissa saker som en ägare måste vara medveten om ifall katalysatorn ska fungera ordentligt under sin livstid.

(a) ANVÄND INTE blyad bensin i ett fordon som utrustats med katalysator - blyet täcker över ädelmetallen vilket minskar effekten och i slutänden förstör katalysatorn.

(b) Håll alltid systemen för bränsle och tändning i bästa skick i enlighet med tillverkarens serviceschema (se kapitel 1).

(c) Om motorn börjar misstända ska fordonet inte alls köras (eller i vart fall kortast möjliga sträcka) förrän felet är avhjälpt.

(d) Fordonet SKA INTE startas med knuff eller bogsering eftersom detta dränker katalysatorn med bränsle vilket gör att den överhettar när motorn startar.

(e) SLÅ INTE AV tändningen vid höga varvtal - du ska med andra ord inte pumpa på gasen omedelbart innan motorn stängs av.

(f) ANVÄND INTE tillsatser i bensin eller olja. Dessa kan innehålla substanser som är skadliga för katalysatorn.

(g) ANVÄND INTE fordonet om motorn bränner så mycket olja att den lämnar ett synligt spår av blå rök.

(h) Kom ihåg att katalysatorn arbetar med mycket höga temperaturer. DU SKA DÄRFÖR INTE, parkera bilen i torr undervegetation, långt gräs eller ovanför högar med fallna löv efter en längre körsträcka.

(i) Kom ihåg att katalysatorn är SKÖR. Knacka inte på den med verktyg under servicearbete.

(j) I vissa fall märks en svavelartad doft (liknande den av ruttna ägg) från avgasröret. Detta är vanligt hos många fordon med katalysatorer. När fordonet körts något tusental kilometer försvinner i regel doften. Under tiden kan du prova med att byta bensinmärke.

(k) Katalysatorn bör, på en väl skött (och väl körd) bil räcka i mellan 80 000 och 160 000 km. Om katalysatorn inte längre är effektiv måste den bytas ut.

4 Grenrör - demontering och montering

Demontering

Vänsterstyrda modeller

1 Lossa batteriets jordledning.
2 På turbomodeller, demontera turbon enligt beskrivning i avsnitt 6.
3 Ställ upp framvagnen på pallbockar (se "Lyftning och stödpunkter").

4 Skruva ur de muttrar som fäster främre avgasrörets fläns vid grenröret. Om monterade ska fjädrarna lossas. På vissa modeller underlättas åtkomligheten från ovansidan genom att grenrörets värmesköld demonteras.
5 Demontera luftfiltrets varmluftsintag från grenrörets värmesköld.
6 Skruva ur de muttrar som fäster grenröret vid topplocket.
7 Dra grenröret bakåt från topplockets pinnbultar och separera sedan flänsfogen till det främre röret. Vrid grenröret 90° åt höger och ta ut det från motorns baksida. På bilar med sådan utrustning, var försiktig så att inte luftkonditioneringens högtryckskontakt skadas när grenröret demonteras.
8 Ta reda på det främre rörets flänspackning eller tätring och de fem individuella packningarna mellan topplocket och grenröret.

Högerstyrda modeller

9 Lossa batteriets jordledning.
10 Dränera kylsystemet enligt beskrivning i kapitel 1.
11 På turbomodeller, demontera turbon enligt beskrivning i avsnitt 6.
12 Se del A av detta kapitel och demontera luftfiltret och varmluftsintaget från grenrörets värmesköld.
13 Skruva loss muttern och ta bort den bult som fäster det övre motorstaget vid fästet på motorn. Observera att det krävs ny bult och ny mutter vid monteringen.
14 Skruva ur den mutter som fäster den andra änden av motorstaget vid torpedplåten. Vrid staget åt sidan. Observera att det krävs ny bult och ny mutter vid monteringen.
15 Lossa den övre muttern och de två nedre bultarna som fäster motorstagsfästet till motorns sida. Notera placeringen för kontakternas stödplattor och för dem åt sidan. Lossa de kabelband och kontakter efter vad som krävs före att staget ska kunna tas bort, dra sedan av staget från sina styrstift

4.15 Demontering av motorstagsfästet

4.17 Lirka ut avgasrörets värmesköld från motorns baksida

4.22 Demontering av grenröret

på motorn **(se bild)**. Det sitter hårt fast på styrstiften så det krävs ett visst brytmoment.

16 Lossa de två värmarslangarna vid rörstumparna på motorns sida.

17 Skruva ur bultarna till grenrörets värmesköld och ta ut skölden från motorns baksida. Notera att utrymmet är **mycket** begränsat, skölden måste vridas och vändas till dess att rätt läge för utlyftning påträffas **(se bild)**.

18 Ställ upp framvagnen på pallbockar (se *"Lyftning och stödpunkter"*).

19 Skruva ur de muttrar som fäster främre avgasrörets fläns vid grenröret. Om monterade ska fjädrarna lossas.

20 Ställ ned bilen på marken.

21 Skruva ur de muttrar som fäster grenröret vid topplocket.

22 Dra grenröret bakåt från topplockets pinnbultar och separera sedan flänsfogen till det främre röret. Vrid grenröret 90° åt höger och ta ut det från motorns baksida **(se bild)**. Återigen, utrymmet är synnerligen begränsat vilket gör att avsevärt manövrerande krävs. På bilar med sådan utrustning, var försiktig så att inte luftkonditioneringens högtryckskontakt skadas när grenröret demonteras.

23 Ta reda på det främre rörets fläns-packning eller tätring och de fem individuella packningarna mellan topplocket och grenröret.

Montering

Samtliga modeller

24 Montering sker med omvänd arbets-ordning men tänk på följande:

a) *Om pinnbultar skruvas ur tillsammans med muttrarna ska de omedelbart sättas tillbaka i sina respektive hål i topplocket, använd lämpligt gänglåsmedel.*

b) *Rengör fogytorna på grenröret och topplocket med största noggrannhet före monteringen.*

c) *Använd nya grenrörspackningar och ny tätring/flänspackning i fogen mellan grenrör och främre rör.*

d) *Dra åt alla muttrar och bultar till angivna moment och i tillämpliga fall till angiven*

vinkel. Lägg märke till att samtliga vinkeldragna bultar/muttrar måste vara nya.

e) *På högerstyrda bilar, fyll på kylsystemet enligt beskrivning i kapitel 1 efter full-bordat arbete.*

5   Turboaggregat - allmän information och föreskrifter

Allmän information

1 Ett vattenkylt turboaggregat används på samtliga turbomodeller som tas upp i denna bok. Turbon ökar motorns effektivitet genom att höja trycket i insugsröret till över det atmosfäriska trycket. Blandningen av bränsle och luft trycks därmed in i cylindrarna istället för att sugas in.

2 Kraft till drivning av turbon kommer från avgaserna. Dessa strömmar genom ett speciellt utformat hus (turbinhuset) och driver där ett turbinhjul. Detta är monterat på en axel som på den andra änden har ett skovelhjul kallat kompressorhjulet. Detta snurrar i sitt eget hus och komprimerar insugsluften på dess väg till insugsröret.

3 Efter det att luften lämnat kompressorn passerar den genom en laddluftkylare som är en luft/luft värmeväxlare monterad på kylaren. Här avger luften den värme den tillfördes vid komprimerandet. Denna temperaturminskning ökar effektiviteten i motorn och minskar risken för detonationer.

4 Laddtrycket (trycket i insugsröret) be-gränsas av en wastegate (övertrycksventil), som leder bort avgaser från turbinhjulet som svar på en tryckkänslig aktiverare. Denna styrs av turboventilen med signaler från bränslesystemets elektroniska styrenhet.

5 Turbons axel är trycksmord via ett matningsrör från motorns huvudoljekanal. Axeln "flyter" på en oljekudde. Ett returrör leder oljan tillbaka till sumpen.

6 Vattenkylning håller turbolagrens drifts-temperatur på en lägre nivå än tidigare. Vattnet fortsätter att cirkulera med konvektion efter det att motorn stannat vilket kyler ned

turboaggregatet om det är hett efter en längre körsträcka.

Föreskrifter

7 Turboaggregatet arbetar med extremt höga hastigheter och temperaturer. Vissa före-skrifter måste efterlevas så att förtida haveri på aggregatet eller personskador kan undvikas.

a) *Kör aldrig turbon med någon del exponerad. Främmande föremål som faller in på roterande skovelblad kan orsaka omfattande skador och om de kastas ut igen även personskador.*

b) *Rusa inte motorn omedelbart efter start, speciellt inte om den är kall. Låt oljan cirkulera några sekunder först.*

c) *Låt alltid motorn sakta in till tomgång innan tändningen slås av - pumpa inte på gasen och slå av tändningen i och med att detta förfarande leder till att turbon roterar utan smörjning.*

d) *Låt motorn gå på tomgång i flera minuter innan den stängs av efter högfartskörning.*

e) *Följ de rekommenderade intervallerna för byte av olja och filter och använd en välkänd märkesolja av specificerad kvalitet. Underlåtenheter med oljebyten eller användning av dålig olja kan orsaka sotavlagringar på turbons axel och åtföljande haveri.*

6   Turboaggregat - demontering och montering

Demontering

1 Lossa batteriets jordledning.

2 Tappa ur kylvätskan enligt beskrivning i kapitel 1.

3 Skruva ur bultarna och demontera värme-skölden över turboaggregatet.

4 Lossa övre luftintaget och gummislangen från turbons intag.

5 Lossa friskluftsslangen från turbons sida och demontera den andra värmeskölden.

6 Lossa övre kylvätskereturröret och olje-

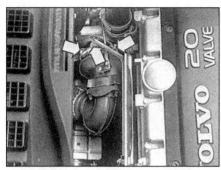

6.6 Övre returrör till turboaggregatets kylning och oljetillförselns röranslutningar (vid pilar)

6.8 Turboaggregatets rörklammerbult, returoljerörets fläns, fäste och grenrörets flänsbultar (vid pilar)

6.15 Koppla ur turbons laddtrycksslang (röd), förbikopplingsventilens slang (vit) och tryckregulatorns slang (gul)

intagets anslutningar, ta reda på packningarna **(se bild)**.
7 Lyft upp framvagnen på pallbockar (se *"Lyftning och stödpunkter"*).
8 Skruva ur bulten och ta bort klammern som fäster oljans matnings- och returrör **(se bild)**.
9 Skruva ur de två bultarna och separera oljereturrörets flänsfog från turboaggregatets fot.
10 Skruva ur de två nedre muttrarna som fäster turbon på grenröret och den nedre muttern som fäster den på det främre avgasröret.
11 Skruva ur den bult som fäster stödbygeln på turboaggregatet och sänk sedan ned bilen på marken.
12 Skruva ur de två kvarvarande muttrarna som fäster främre avgasröret vid turboaggregatet.
13 Lossa anslutningen till ingående kylvätskans rör och ta reda på packningarna.
14 Skruva ur de övre muttrarna som fäster turbon på grenröret och lyft av enheten från pinnbultarna.
15 Lyft upp turbon och lossa laddtrycksslangen (märkt röd), förbikopplingsventilens slang (märkt vit) samt tryckregulatorns slang (märkt gul) **(se bild)**. Notera hur slangarna är monterade så att ihopsättningen underlättas.
16 Lyft ut turboaggregatet från bilen och ta reda på packningarna.

Montering

17 Montering sker med omvänd arbetsordning men tänk på följande:

a) *Om pinnbultar skruvas ur tillsammans med muttrarna ska de omedelbart sättas tillbaka i sina respektive hål i topplocket, använd lämpligt gänglåsmedel.*
b) *Rengör fogytorna på turbon och insugsröret med största noggrannhet före monteringen.*
c) *Använd en ny insugspackning och nya tätningar i alla öppnade anslutningar.*
d) *Dra åt alla muttrar och bultar till angivna moment.*

e) *Fyll på kylsystemet enligt beskrivning i kapitel 1 efter fullbordat arbete.*

7 Vevhusventilation - kontroll och byte av delar

Kontroll

1 Delarna i detta system kräver ingen annan uppmärksamhet än att man regelbundet kontrollerar att slangarna inte är blockerade eller trasiga.

Byte av delar

Flamfälla (endast på modeller utan turbo)

2 Skruva ut skruven och demontera höljet över gasvajerns trumma och länkage.
3 Lossa slangklämman och demontera luftutloppstrumman på luftfilterlocket.
4 Böj slangen framåt för tillträde till flamfällan i trummans krök, framför trottelhuset.
5 Vrid flamfällans hölje 15 mm åt vänster så att bajonettfattningen lossnar. Dra ut höljet men lossa inte på några ventilationsslangar **(se bild)**.
6 Ta ut flamfällan ur höljet och rengör höljet noggrant. Det är att rekommendera att slangarna blåses igenom med tryckluft och att motoroljan byts när flamfällan byts.
7 Montera en ny flamfälla med omvänd arbetsordning.

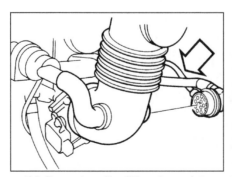

7.5 Demontera flamfällan. Lossa inte slangarna (vid pil)

Oljeseparator

8 Oljeseparatorn finns placerad på blockets framsida under insugsröret **(se bild)**.
9 Demontera insugsröret enligt beskrivning i del A av detta kapitel.
10 Lossa den övre slangen vid oljeseparatorn och demontera insugsrörets stödbygel. På senare modeller, lossa de clips som fäster anslutningsslangarna till blockets anslutningshylsor.
11 Skruva ur det två bultarna och lyft bort enheten från motorn.
12 På tidiga modeller, rengör oljeuppsamlarens packningsytor på blocket och montera nya tätningar på oljeuppsamlarens pinnbultar. På senare modeller, montera nya slangklämmor efter behov.
13 Montering av oljeseparator sker i omvänd arbetsordning. Montera insugsröret enligt beskrivning i del A av detta kapitel.

8 Bränsleförångningssystem - kontroll och byte av delar

Kontroll

1 Dålig tomgång, motorstopp och dåliga köregenskaper kan orsakas av att kanisterns vakuumventil inte fungerar, att kolkanistern är skadad, trasiga eller felkopplade slangar. Kontrollera att inte bränsletankens lock har en skadad eller deformerad packning.

7.8 Oljeseparatorns placering på motorns framsida

8.7 Bulten till kolkanisterns fästband (vid pil)

2 Förlust eller doft av bränsle kan orsakas av att bränsle läcker från bränsleledningar, en sprucken kanister, en trasig vakuumventil i kanistern eller slangar för ånga eller styrning som är frånkopplade, feldragna, i beknip eller skadade.

3 Inspektera samtliga slangar som är anslutna till kanistern. De får inte ha veck, läckor eller sprickor någonstans. Reparera eller byt vid behov.

4 Inspektera kanistern. Om den är sprucken eller skadad ska den bytas ut. Leta efter bränsleläckor från botten av kanistern. Byt kanister om den läcker och kontrollera sedan slangar och dess dragning.

Byte av delar

Kolkanister

5 Kanistern är placerad framtill under vänster hjulhus.

6 Notera placeringen av slangar för vakuum och bränsleventilation på kanistern och lossa dem försiktigt.

7 Lossa kanisterns fästband och dra ut enheten från motorrummet **(se bild)**.

8 Montering sker med omvänd arbetsordning.

Ventil

9 Ventilen är antingen monterad högst upp på kolkanistern (vakuumstyrd ventil) eller i bränsleförångningsledningen till kanistern (elektroniskt styrd ventil).

10 Den vakuumstyrda ventilen är en inte-grerad del av kolkanistern och de byts som en enhet.

11 Den elektroniskt styrda ventilen kan bytas för sig genom att följa förångningsledningen från kanistern till ventilen, lossa sedan slangarna och kontakten och ta ut ventilen.

12 Montering sker med omvänd arbetsordning.

9 Avgasrening - kontroll och byte av delar

Kontroll

1 Kontroll av systemet i sin helhet innebär en närgången inspektion av samtliga slangar, rör och kopplingar vad gäller skick och uppfästning. Förutom detta ska varje känt eller misstänkt fel tas om hand av en Volvoverkstad. I skrivande stund finns ingen information tillgänglig om det sekundära luftinsprutningssystemet. Detaljundersökningar i händelse av haveri i systemet samt byte av komponenter ska även dessa lämnas till en Volvoverkstad.

Byte av delar

Lambdasond

Observera: Sonden är ömtålig och kommer inte att fungera om den tappas eller utsätts för stötar, om strömförsörjningen störs eller om något rengöringsmedel används på den.

2 Ställ upp framvagnen på pallbockar (se *"Lyftning och stödpunkter"*).

3 Dra ut de två kontakterna till lambdasonden och lossa eventuella kabelband.

4 Skruva ut sonden från avgasrörets främre del och ta reda på brickan (om monterad) **(se bild)**.

5 Vid montering ska brickan (om monterad) rengöras eller, om skadad/sliten, bytas ut. Använd gängsmörjning på sondens gängor och montera den. Dra åt till angivet moment. Anslut elkablarna och fäst med kabelband där så behövs.

Katalysator

6 Katalysatorn är en del av avgassystemets främre del. Se avsnitten 2 och 3 för byte och mer information.

Styrenhet för återcirkulation av avgaser

7 Återcirkulationens styrenhet (EGR) är monterad på reläpanelen ovanför kylaren.

8 Lossa de två slangarna på styrenheten, notera deras lägen.

9 Skruva ur den yttre bulten på styrenhetens fäste.

10 Demontera styrenhet och fäste, dra ur kontakten och lossa styrenheten från fästet.

11 Montering sker med omvänd arbetsordning.

Ventil för återcirkulation av avgaser

12 Lossa batteriets jordledning.

13 Skruva ur skruven och lossa höljet över gasvajerns trumma.

14 Lossa luftfiltrets intagstrumma och luft-trumman till lådan för den elektronika styrenheten från var sida om kylfläktens kåpa.

15 Skruva ur de två bultar på var sida som fäster kylfläktskåpan och relähållaren vid frontpanelen.

16 Lyft upp relähållaren och dra ut kontakterna för fläkten och styrventilen samt vakuumslangen för återcirkulationen. Lägg hållaren åt sidan, fritt från kylfläktskåpan.

17 Lyft fläktkåpan uppåt så att den lossnar från de två nedre styrklackarna och flytta undan kåpa och fläkt från bilen.

18 Koppla ur luftintagstrumman vid trottelhuset och slangarna till vevhus-ventilationen och kolkanistern.

19 Demontera startmotorn enligt beskrivning i kapitel 5A.

20 Koppla ur återcirkulationens temperatur-givare och lossa kontakten från clipset.

21 Koppla ur återcirkulationsröret från ventilen **(se bild)**,

22 Skruva ur de två bultarna, demontera ventilen och ta reda på packningen.

23 Vid behov kan temperaturgivaren nu skruvas loss från ventilens sida.

24 Montering sker med omvänd arbetsordning. Använd ny packning och dra åt alla muttrar och bultar till angivet moment.

9.4 Lambdasondens placering i det främre avgasröret

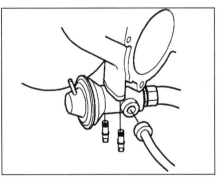

9.21 Återcirkulationsventilens anslutningar och fästen

Kapitel 5 Del A:
System för start och laddning

Innehållsförteckning

Svårighetsgrad

Enkelt, passar novisen med lite erfarenhet	Ganska enkelt, passar nybörjaren med viss erfarenhet	Ganska svårt, passar kompetent hemma-mekaniker	Svårt, passar hemmamekaniker med erfarenhet	Mycket svårt, för professionell mekaniker

Specifikationer

Systemtyp . . . . 12 volt, negativ jord

Batteri
Typ . . . . Lågunderhålls eller "underhållsfritt" förseglat
Kapacitet . . . . 45 till 60 Ah (beroende på modell)
Laddningsskick:
  Dåligt . . . . 12,5 volt
  Normalt . . . . 12,6 volt
  Gott . . . . 12,7 volt

Generator
Typ . . . . Bosch eller Nippon-Denso

Startmotor
Typ . . . . Bosch

---

1 Allmän information och föreskrifter

Allmän information

Motorns elektriska system består i huvudsak av systemen för laddning och start. I och med de motorrelaterade funktionerna tas dessa delar upp på en egen plats, skild från övriga elektriska enheter som belysning, instrument och liknande (dessa tas upp i kapitel 12). Information om tändsystemet finns i del B av detta kapitel.

Elsystemet är av typen 12 volt med negativ jord.

Batteriet är av lågunderhålls eller "underhållsfri" typ (förseglat) och laddas av generatorn som drivs med en rem från vevaxelns remskiva.

Startmotorn är av typen förengagerad och är försedd med en integrerad solenoid. Vid start flyttar solenoiden drivpinjongen till ingrepp med kuggkransen på svänghjulet/drivplattan innan spänning läggs på startmotorn. När motorn startas förhindrar en envägskoppling att startmotorns armatur vrids av motorn till dess att pinjongen frikopplas från kuggkransen.

Föreskrifter

Fler detaljer kring de olika systemen finns i relevanta avsnitt i detta kapitel. Även om en del reparationsanvisningar ges är den vanligaste metoden att byta ut den berörda delen.

Det är nödvändigt att iakttaga extra försiktighet vid arbete med elsystemet så att risken för skador på halvledarenheter (dioder och transistorer) undviks och, framför allt,

risken för personskador. Förutom de säkerhetsföreskrifter som ges i *"Säkerheten främst!"* i början av denna handbok ska även följande tas i beaktande vid arbete med elsystemet.

Ta alltid av ringar, klocka, armband och liknande innan arbete med elsystemet inleds. Även med urkopplat batteri kan en kapacitiv urladdning ske om en komponents strömförande kontakt jordas genom ett metallföremål. Detta kan ge en chock eller elakartad brännskada.

Kasta inte om batteripolerna. Generatorn och andra delar som innehåller halvledarkretsar kan skadas bortom alla reparationsmöjligheter.

Om motorn startas med startkablar från ett annat batteri ska polerna alltid kopplas *positiv-till-positiv* och *negativ-till-negativ* (se *"Starthjälp"*). Detta gäller även när en batteriladdare kopplas in.

Koppla aldrig från batteripolerna, generatorn, testinstrument eller någon kabel medan motorn är igång.

Låt inte motorn driva generatorn när denna inte är inkopplad.

"Testa" aldrig generatorn genom att "gnistra" strömkabeln mot jord.

Använd aldrig en ohmmätare av den typ som har en handvevad generator vid test av kretsar eller kontinuitet.

Försäkra dig alltid om att batteriets jordkabel är frånkopplad när du arbetar med elsystemet.

Innan du elsvetsar på bilen ska batteriet och generatorn kopplas från så att de skyddas mot skaderisker.

De typer av radio/bandspelare som levereras som standardutrustning av Volvo är försedda med inbyggda säkerhetskoder för att avskräcka tjuvar. Om strömmen till en sådan avbryts aktiveras stöldskyddet. Även om strömmen omedelbart kopplas in igen kommer radion inte att fungera förrän korrekt säkerhetskod för enheten angetts. Om du inte känner till korrekt kod ska du därför **inte** koppla från batteriets jordkabel eller ta ut radion från fordonet. Se handboken eller en Volvoverkstad för mer information.

2 Batteri - test och laddning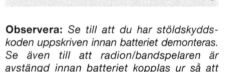

Standard och lågunderhållsbatteri - test

1 Om fordonet har en låg årlig körsträcka är det värt att kontrollera elektrolytens specifika vikt var tredje månad för att få en uppfattning om batteriets laddningsstatus. Använd en hydrometer till denna kontroll och jämför resultatet med följande tabell:

	Över 25°C	Under 25°C
Full laddning	1,210 till 1,230	1,270 till 1,290
70% laddning	1,170 till 1,190	1,230 till 1,250
Urladdat	1,050 till 1,070	1,110 till 1,130

Lägg märke till att avläsningen av den specifika vikten förutsätter en temperatur på 15°C; för varje 10°C under 15°C, minska med 0,007. För varje 10°C över 15°C lägg till 0,007.
2 Om batteriets skick är misstänkt ska först den specifika vikten på elektrolyten i varje cell mätas. En variation mellan celler som är 0,040 eller mer indikerar förlust av elektrolyt eller nedbrytning av plattor.
3 Om variationen i den specifika vikten är 0,040 eller mer ska batteriet bytas ut. Om variationen mellan cellerna är tillfredsställande men batteriet är urladdat ska batteriet laddas upp enligt beskrivningen längre fram i detta avsnitt.

Underhållsfritt batteri - test

4 Om ett batteri av typen "förseglat på livstid" finns monterat i bilen kan inte elektrolyt fyllas

på eller kontrolleras. Skicket på ett sådant batteri kan bara testas med en batterimätare eller en voltmätare.
5 Vid test av batteri med voltmätare ska denna kopplas över batteriet. Det mätresultat som erhålles ska jämföras med det som anges i specifikationerna under "laddning". Denna test är endast tillförlitlig om batteriet inte laddats på något sätt under de senaste sex timmarna. Om så inte är fallet ska lyktorna tändas under 30 sekunder. Vänta sedan i fem minuter efter det att lyktorna släckts innan testen utförs. Samtliga övriga kretsar måste vara avslagna så kontrollera att alla dörrar är stängda när testen görs.
6 Om mätresultatet är lägre än 12,2 volt är batteriet urladdat, Ett resultat mellan 12,2 och 12,4 volt anger en delvis urladdning.
7 Om batteriet ska laddas, lyft då bort det från bilen (avsnitt 3) och ladda det enligt beskrivningen längre fram i detta avsnitt.

Standard och lågunderhållsbatteri - laddning

Observera: Följande är bara generella råd. Följ alltid tillverkarens rekommendationer (i regel tryckta på en etikett fastsatt på batteriet) vid laddningen av batteriet.
8 Ladda batteriet med 3,5 till 4 Amp och fortsätt uppladdningen med denna styrka till dess att ingen ytterligare ökning av den specifika vikten noteras under en fyratimmarsperiod.
9 Alternativt kan en långsam laddare med styrkan 1,5 Amp användas över natten.
10 Speciella snabbladdare som påstås återställa laddningen i ett batteri på 1 eller 2 timmar är inte att rekommendera, eftersom de kan skada batteriplattorna allvarligt genom överhettning.
11 Vid batteriladdning ska elektrolytens temperatur aldrig överstiga 37,8°C.

Underhållsfritt batteri - laddning

Observera: Följande är bara generella råd. Följ alltid tillverkarens rekommendationer (i regel tryckta på en etikett fastsatt på batteriet) vid laddningen av batteriet.
12 Denna batterityp behöver en mycket

3.2 Lossa bulten (vid pil) och lossa polskon från batteriets minuspol

längre tid för full uppladdning än vanliga batterier. Den tid som går åt varierar med graden av urladdning, men kan vara ända upp till tre dygn.
13 En batteriladdare av typen konstant spänning krävs, som vid inkopplingen ska ställas in på 13,9 till 14,9 volt med laddströmmen under 25 Amp. Med denna metod bör batteriet vara användbart inom tre timmar, med ett volttal om 12,5. Detta är dock gällande för ett delvis urladdat batteri. Som sagt, en full uppladdning kan ta mycket längre tid.
14 Om det batteri som ska laddas är totalt urladdat (testvärde mindre än 12,2 volt) ska du låta en Volvoverkstad eller bilelektriker sköta om uppladdningen i och med att laddspänningen är högre och att en konstant uppsikt behövs under laddningen.

3 Batteri - demontering och montering

Observera: Se till att du har stöldskyddskoden uppskriven innan batteriet demonteras. Se även till att radion/bandspelaren är avstängd innan batteriet kopplas ur så att skador på radions mikroprocessor undviks.

Demontering

1 Batteriet är placerat i motorrummets främre vänstra del.
2 Lossa bulten på batteriets negativa polsko och dra av polskon **(se bild)**.
3 Lossa isoleringsskyddet (om monterat) och lossa den positiva polskon på samma sätt **(se bild)**.
4 Skruva ur bulten och lossa batteriklammern. Lyft ut batteriet från motorrummet.

Montering

5 Montering sker med omvänd arbetsordning. Smörj in polskorna med vaselin vid monteringen och anslut alltid den positiva polskon först och den negativa sist.

3.3 Lyft upp höljet så att batteriets pluspolsko blir åtkomlig

4 Laddning - test

Observera: Studera varningarna i "Säkerheten främst!" och avsnitt 1 av detta kapitel innan arbetet påbörjas.

1 Om laddningslampan inte tänds när tändningen slås på ska först generatorns anslutningar kontrolleras. Om dessa är tillfredsställande, kontrollera om glödlampan är hel och att lamphållaren är säkert monterad i instrumentbrädan. Om laddningslampan fortfarande inte tänds, kontrollera ledningen från generatorn till lamphållaren. Om denna är tillfredsställande är det fel på generatorn. Byt ut generatorn eller ta den till en bilelektriker för test och reparation.

2 Om laddningslampan tänds under körning ska motorn slås av. Kontrollera om drivremmen har korrekt spänning (se kapitel 1) och att generatorns kontakter är tillfredsställande. Om allt är som det ska vara på dessa punkter ska generatorn kontrolleras av en bilelektriker.

3 Om generatorns utmatning verkar dålig även om laddningslampan fungerar kan den reglerade spänningen mätas enligt följande.

4 Anslut en voltmätare över batteripolerna och starta motorn.

5 Öka motorvarvet till dess att avläsningen ger ett stabilt värde. Detta bör vara mellan 13,5 och 14,8 volt.

6 Slå på så många strömförbrukare som du har (lyktor, bakfönstervärmare, fläkt och annat) och kontrollera om generatorn håller det reglerade volttalet mellan 13,5 och 14,8 volt.

7 Om det reglerade volttalet inte är vad som anges ovan kan felet bero på slitna borstar, svaga borstfjädrar, defekt spänningsregulator, trasig diod, avbrott i faslindning eller slitna/skadade släpringar. Generatorn ska då bytas ut eller tas till en bilelektriker för test och reparation.

5 Generator - demontering och montering

Demontering

1 Lossa batteriets jordledning.
2 Lossa generatorns drivrem enligt beskrivning i kapitel 1.
3 Dra ut multikontakten och ledningarna från stiften på generatorns baksida (se bild).
4 Skruva ur och ta bort fästbultar och muttrar fram- och baktill och lyft ur generatorn ur sitt fäste.

Montering

5 Montering sker med omvänd arbetsordning. Montera drivremmen enligt beskrivning i kapitel 1.

6 Generator - test och renovering

Om generatorn misstänks vara defekt ska den demonteras och tas till en bilelektriker för testning. De flesta bilelektriker tillhandahåller och monterar borstar till en rimlig kostnad. Men kontrollera prislistan för reparationer innan du fortsätter, eftersom det kan vara mer ekonomiskt att köpa en ny eller renoverad generator.

7 Startsystem - test

Observera: Studera varningarna i *"Säkerheten främst!"* och avsnitt 1 av detta kapitel innan arbetet påbörjas.

1 Om startmotorn inte fungerar när tändningsnyckeln vrids till startläget kan detta bero på något av följande:
a) *Defekt batteri.*
b) *De elektriska anslutningarna mellan kontakt, solenoid, batteri och startmotor är defekta på någon punkt, vilket gör att nödvändig ström inte leds från batteriet genom startmotorn och till jord.*
c) *Defekt solenoid*
d) *Startmotorn är defekt, mekaniskt eller elektriskt.*

2 Kontrollera batteriet genom att slå på huvudbelysningen. Om lamporna bleknar efter ett par sekunder är batteriet urladdat. Ladda (se avsnitt 2) eller byt batteri. Om lyktorna lyser ordentligt, vrid på tändningsnyckeln och studera lyktorna. Om de då bleknar indikerar detta att strömmen kommer fram till startmotorn. I så fall ligger felet i startmotorn. Om lyktorna fortsätter att lysa ordentligt (och inget klickande hörs från startmotorns solenoid) indikerar detta att felet finns i kretsen eller solenoiden. Se följande stycken. Om startmotorn snurrar långsamt men batteriet är i bra skick visar detta att antingen

så är startmotorn defekt eller så finns det avsevärt motstånd i kretsen.

3 Om fel i kretsen misstänks ska batterikablarna kopplas loss (inklusive jordkabelns fäste i karossen) liksom alla kablar till startmotor/solenoid och jordledningen till motorväxellåda. Rengör samtliga kontaktytor noga och montera ihop igen. Använd sedan en voltmätare och kontrollera att full batteristyrka finns tillgänglig vid pluspolens förbindelse med solenoiden och att jordkontakten är god. Smörj in batteripolerna med vaselin så att korrosion förhindras. Korrosion i kontakter är bland det vanligaste felen i elsystem.

4 Om batteri och samtliga anslutningar är i bra skick ska kretsen kontrolleras genom att ledningen från solenoidens bladkontakt kopplas loss. Koppla in en voltmätare eller testlampa mellan ledningen och jord (exempelvis batteriets minuspol) och kontrollera att det finns ström i ledningen när tändningsnyckeln vrids till startläget. Om så är fallet är kretsen intakt - om inte så kan kretsens ledningar kontrolleras enligt beskrivningen i kapitel 12.

5 Solenoidens kontakter kan kontrolleras genom att en voltmätare eller testlampa kopplas in mellan batteriets pluspol och startmotorsidan av solenoiden och vidare till jord. När tändningsnyckeln vrid till startläget ska mätaren ge utslag eller lampan tändas. Om inget resultat erhålles är solenoiden defekt och ska bytas ut.

6 Om krets och solenoid visar sig vara felfria måste felet finnas i startmotorn. I så fall kan det vara möjligt att en specialist kan reparera startmotorn. Men kontrollera priser först, det kan visa sig vara billigare att köpa en ny eller renoverad startmotor.

8 Startmotor - demontering och montering

Demontering

1 Lossa batteriets jordledning.
2 Lossa ledningarna från startmotorns solenoid (se bild).

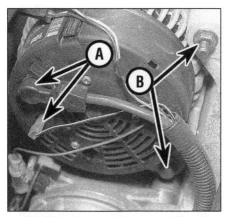

5.3 Alternatorns anslutningar (A) och bakre fästbultar (B)

8.2 Kontakterna på baksidan av startmotorns solenoid

8.3 Fästbulten till startmotorns bakre fäste (vid pil)

8.4 Demontering av startmotorn från svänghjulskåpan. Lägg märke till styrstiftets placering (vid pil)

3 Skruva loss startmotorns bakre fäste från motorn **(se bild)**.
4 Skruva ur de bultar som fäster startmotorn vid svänghjulskåpan och dra ut den från sin plats **(se bild)**. Notera placeringen på styrstiftet och se till att detta finns på plats vid monteringen.

Montering
5 Montering sker med omvänd arbetsordning.

9 Startmotor - test och renovering

Om startmotorn misstänks vara defekt ska den demonteras och tas till en bilelektriker för test. De flesta bilelektriker tillhandahåller och monterar borstar till en rimlig kostnad. Men kontrollera prislistan för reparationer innan du fortsätter, eftersom det kan vara mer ekonomiskt att köpa en ny eller renoverad startmotor.

10 Tändningslås - demontering och montering

Se kapitel 12, avsnitt 4.

Kapitel 5 Del B:
Tändningen

Innehållsförteckning

Svårighetsgrad

Enkelt, passar novisen med lite erfarenhet	**Ganska enkelt,** passar nybörjaren med viss erfarenhet	**Ganska svårt,** passar kompetent hemmamekaniker 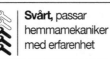	**Svårt,** passar hemmamekaniker med erfarenhet	**Mycket svårt,** för professionell mekaniker

Specifikationer

Allmänt

Systemtyp:

Motorerna B5204 S och B5234 S	Tändsystem EZ-129K med bränsleinsprutning LH3.2 Jetronic
Motorerna B5202 S och B5252 S	Motorstyrningssystemet Fenix 5.2
Motorerna B5204 T och B5234 T	Motorstyrningssystemet Motronic 4.3
Motorerna B5254 S	Tändsystem EZ-129K med bränsleinsprutning LH3.2 Jetronic eller motorstyrningssystemet Motronic 4.3 (beroende på marknad)
Tändföljd	1-2-4-5-3 (Cylinder 1 på motorns kamremssida)

Tändstift

Typ	se kapitel 1, Specifikationer

Tändläge*

Motorerna B5202 S, B5204 S, B5234 S och B5252 S	10° ± 2° FÖD @ 800 ± 50 rpm
Motorerna B5204 T och B5234 T	6° ± 2° FÖD @ 850 ± 50 rpm
Motorerna B5254 S :	
Med tändsystemet EZ-129K	10° ± 2° FÖD @ 800 ± 50 rpm
Med motorstyrningssystemet Motronic 4.3	5° ± 2° FÖD @ 850 ± 50 rpm

*Värdena anges enbart för kontrolländamål, justering är inte möjlig

Tändspole

Alla motorer utom B5252 S före 1994:	
Primärmotstånd	0,5 till 1,5 Ω
Sekundärmotstånd	8 000 till 9 000 Ω
B5252 S före 1994:	
Primärmotstånd	Ej angivet
Sekundärmotstånd	6 000 till 7 000 Ω

Åtdragningsmoment

	Nm
Knacksensorer	20

1   Allmän information

Tändningssystemet ansvarar för att antändning av den komprimerade bland-ningen av bränsle och luft i varje cylinder sker vid precis rätt ögonblick för gällande motorvarv och belastning. Detta uppnås genom användningen av ett sofistikerat elektroniskt styrsystem som använder sig av datorteknologi och elektromagnetiska kretsar för att uppnå önskade tändegenskaper. Tre system, beroende på motortyp och motorstorlek, används på de modeller av Volvo 850 som tas upp i denna handbok. I systemen Fenix 5.2 och Motronic 4.3 används en styrenhet för styrningen av hela systemet, inklusive bränsle och tändning. I systemet LH3.2-Jetronic används två styrenheter, en för bränslesystemet och en för tändsystemet EZ-129 K. I detta system samverkar styrenheterna för att utgöra ett komplett styrsystem för motorn. Funktionen av de tre systemen vad gäller styrning av tändningen är i det närmaste identisk, bara med smärre skillnader i arrangemanget av komponenterna.

Huvudkomponenterna på tändningssidan av systemet är styrenheten, tändningens kraftsteg, tändspolen, fördelaren, tändstiften och tändkablarna samt de olika givarna som informerar styrenheten om motorns arbetsförhållanden. Systemet fungerar enligt följande.

En serie hål finns urborrade i svänghjulets ytterkant och en varvräknare vars induktanshuvud är placerat strax ovanför borrhålen låter styrenheten beräkna motorns hastighet och vevaxelns läge. När vevaxeln roterar passerar utrymmet mellan borrhålen (kallat "tand") varvräknaren. Styrenheten sänder då en puls till tändningens styrenhet varje gång en tand passerar sensorn. Det saknas ett hål i svänghjulet vilket gör den tanden dubbelt så bred. Styrenheten känner igen frånvaron av pulsen från varvräknaren och använder denna till att fastställa den övre dödpunkten för kolv 1. Tidsintervallen mellan pulserna och placeringen för saknad puls låter styrenheten exakt mäta upp vevaxelns hastighet och position. Kamaxelns lägesgivare förstärker denna information genom att avgöra om en given kolv finns in insugs- eller avgastakten.

Information om motorns belastning sänds till styrenheten från luftflödesmätaren (eller, i system Fenix 5.2, givarna för insugstryck och insugslufttemperatur). Belastningen beräknas på bas av den luftmängd som sugs in i motorn. Mer information kommer från de två knacksensorerna som är känsliga för de vibrationer som alstras när motorn börjar "spika" (förtända). Givare som övervakar kylvätskans temperatur, trottelposition, hastighet, automatväxellådans växelläge (om befintlig) samt luftkonditioneringens arbete ger ytterligare data till styrenheten angående motorns arbetsförhållanden.

Från dessa ständigt föränderliga data väljer, och vid behov ändrar, styrenheten ett tändläge som hämtas från en karta över tändningskaraktäristika som finns i minnet.

När tändläget fastställts skickar styrenheten en signal till kraftsteget som är en elektronisk kontakt som styr strömmen till tändspolens primärlindning. När signalen kommer fram bryter kraftsteget primärströmmen till tändspolen vilket inducerar högspänning i spolens sekundärlindning. Denna högspända ström skickas till fördelaren och vidare till tändstiften via rotorarmen och tändstiftskablarna på vanligt vis. Cykeln upprepas många gånger per sekund för varje cylinder i tur och ordning.

I händelse av ett fel i systemet som uppstår på grund av förlust av signal från en givare går styrenheten över i ett nödprogram. Detta gör att bilen kan köras, men med begränsade funktioner och prestanda. En varningslampa tänds på instrumentpanelen om felet kan komma att orsaka en ökning av skadliga utsläpp i avgaserna.

För att underlätta felsökning är systemet försett med en inbyggd diagnostik som visar upp kända fel i systemet som en serie tresiffriga felkoder på en blinkande lysdiod.

Förutom ovanstående har många av tändningssystemets delar en andra funktion i styrning och drift av bränsleinsprutningen. Mer detaljer om detta finns i kapitel 4A.

2   Tändsystem - test

Varning: Den spänning som produceras av elektroniska system är avsevärt högre än den som produceras av konventionella system. Ytterst stor försiktighet måste iakttagas vid arbete med systemet om tändningen är påslagen. Personer som har en inopererad pacemaker ska hålla sig på betryggande avstånd från tändningens kretsar, delar och testutrustning.

Allmänt

1 Delarna i det elektroniska tändningssystemet är normalt sett mycket pålitliga, de flesta felen är troligtvis beroende på lösa eller smutsiga kontakter eller högspända krypströmmar genom smuts, fukt eller skadad isolering, inte på att någon del i systemet är trasig. Kontrollera **alltid** alla ledningar innan en elektrisk del i systemet anses vara orsaken till ett fel och arbeta metodiskt för att utesluta alla andra möjligheter innan du bestämmer dig för att en bestämd del är defekt.

2 Den gamla ovanan att kontrollera förekomsten av gnista genom att hålla den strömförande delen av en tändkabel en kort bit från motorn rekommenderas **inte.** Det är inte bara en stor risk för en kraftig stöt utan tändspolens högspänningslindning, styrenheten och kraftsteget kan skadas av detta. Du ska heller **aldrig** "diagnostisera" misständningar genom att lossa en tändkabel i taget.

3 Följande tester ska utföras när ett tydligt fel som startvägran eller klart märkbar misständning förekommer. Vissa fel är dock svårare att fastställa och ofta maskerade av det faktum att bränsle- och tändningssystemen går över till nödprogrammet för att upprätthålla bästa möjliga körbarhet. Fel av denna typ visar sig vanligen i form av överdriven bränsleförbrukning, dålig tomgång, brist på prestanda, knackningar och detonationer från motorn under vissa omständigheter - eller en valfri kombination av dessa tillstånd. Om problem som dessa uppkommer ska den inbyggda diagnostiken, beskriven i avsnitt 3, användas till att leta reda på problemet. Denna ska även användas om motorproblemet åtföljs av att varningslampan för avgasfel tänds.

Motorn startar inte

4 Om motorn endera inte alls dras runt eller dras runt mycket långsamt av startmotorn ska batteri och startmotor kontrolleras. Anslut en voltmätare till batteriet (positiv till positiv) och avläs volttalet när motorn dras runt av startmotorn i maximalt 10 sekunder. Om uppmätt värde understiger ca 9,5 volt ska först batteri, startmotor och laddning kontrolleras enligt anvisningarna i del A av detta kapitel.

5 Om motorn dras runt med normal fart men ändå inte startar, kontrollera först högspänningskretsen genom att ansluta en tändningslampa (följande tillverkarens instruktioner) och dra runt motorn på startmotorn. Om lampan blinkar kommer det spänning till tändstiften, så kontrollera då dessa först. Om lampan inte blinkar, kontrollera då själva tändkablarna och sedan fördelarlocket, kolborsten och rotorarmen enligt anvisningarna i kapitel 1.

6 Om det finns gnista, fortsätt med kontrollen enligt beskrivning i avsnitt 3 av detta kapitel.

7 Om det fortfarande inte finns gnista, kontrollera spolens skick, om möjligt genom att ersätta den med en fungerande spole, eller genom att kontrollera primär- och sekundärmotstånden. Om felet kvarstår finns problemet på annan plats, om felet löses är en ny spole den självklara lösningen. Kontrollera dock först noga i vilket skick lågspänningskopplingarna befinner sig i, så att du är säker på att problemet inte bara var smuts eller dåligt ansatta kontakter.

8 Om spolen är i bra skick finns problemet troligen i kraftsteget, en av systemets givare eller sammanhörande delar. I det fallet ska en felkod visas i diagnostiken som då hjälper till att hitta problemet (se avsnitt 3).

Motorn misständer

9 En oregelbunden misständning indikerar antingen en glappkontakt eller ett tillfälligt uppkommande fel i primärkretsen eller ett högspänningsfel på spolens sida av rotorarmen.

10 Kontrollera systemet noga med avslagen tändning och se till att samtliga kontakter är rena och väl fästa. Om utrustning finnes, kontrollera lågspänningskretsen enligt ovan.

11 Kontrollera att tändspolen, fördelarlocket och tändkablarna är rena och torra. Kontrollera kablar och tändstift (med utbyte om så behövs) och kontrollera sedan fördelarlock, kolborste och rotorarm enligt beskrivningen i kapitel 1.

12 Regelbunden misständning är nästan alltid beroende på ett fel i fördelarlocket, tändkablarna eller tändstiften. Använd stroboskop (se paragraf 5 ovan) och kontrollera om samtliga tändkablar bär högspänning.

13 Om en kabel saknar högspänning finns felet i den kabeln eller i fördelaren. Om samtliga kablar bär högspänning finns felet i tändstiften. Kontrollera och byt om minsta tvivel om deras skick föreligger.

14 Om högspänning helt saknas, kontrollera spolen. Sekundärlindningarna kan bryta samman under belastning.

15 Ytterligare kontroller av systemet ska utföras av en Volvoverkstad.

3 Diagnostiksystemet - allmän information och funktion

Observera: Tändningen och bränslesystemet måste betraktas som ett integrerat system för motorstyrning. Även om innehållet i detta avsnitt huvudsakligen berör tändningen har många av delarna dubbla funktioner och vissa av de följande beskrivningarna berör därmed även bränslesystemet.

Allmän information

1 Systemen för bränsle och tändning i samtliga motorer som tas upp av denna handbok har ett inbyggt diagnostiskt system för att underlätta felsökning och systemtester. Diagnostiken arbetar tillsammans med styrenheten/styrenheterna så att så att systemet kontinuerligt övervakas. Om ett fel uppstår sparas en serie signaler (felkoder) för avläsning via diagnostikenheten i motorrummet.

2 Om körbarhetsproblem uppstått och motorns prestanda är misstänkt defekt kan diagnostiken användas till att peka ut problemområden utan att specialutrustning används. När detta väl gjorts, kan ytterligare tester komma att behövas för att avgöra den exakta naturen av felet, dvs om en komponent är defekt eller om problemet är med en ledning eller annat. Förutom en visuell kontroll av kablar och kontakter kräver dessa vidare tester bruk av Volvos testutrustning och bör därför överlämnas till en Volvoverkstad.

Preliminära kontroller

Observera: När felsökning utförs, kom då ihåg att om ett fel uppstått strax efter det att någon del av fordonet fått service eller översyn, är den första platsen att leta efter felet på alltid där arbetet i fråga utfördes. Detta oavsett hur obesläktat det verkar vara, så att du kontrollerar att inte vårdslöst monterade delar orsakar problemen.

Om du spårar upp ett partiellt motorfel, som brist på prestanda ska, förutom nedanstående kontroller, även kompressionen kontrolleras. Kontrollera även att bränslefilter och luftfilter bytts med rekommenderade intervaller. Se kapitlen 1, 2A, eller 4A för detaljerade arbetsbeskrivningar.

3 Öppna motorhuven och kontrollera batterianslutningarnas skick - gör om anslutningen eller byt kablarna om fel påträffas (se avsnitt 1 i del A av detta kapitel innan du kopplar från batteriet). Använd samma teknik till att kontrollera att samtliga jordningar i motorrummet verkligen ger god elektrisk kontakt genom rena metall-mot-metall fogar och att de är fast åtdragna.

4 Arbeta dig sedan metodiskt runt motorrummet och kontrollera alla synliga kablar och kopplingarna mellan kabelhärvans delar. Det du i detta skede letar efter är kablar, som visar upp tydliga tecken på skador från skavande mot skarpa kanter eller rörliga delar i fjädring/kraftöverföring och/eller drivremmar, som genom att de kommit i kläm mellan vårdslöst monterade delar eller smälts av att de tvingats i kontakt med heta motordelar, kylledningar och liknande. I nästan alla fall är skador av denna typ i första hand orsakade av felaktig dragning vid hopsättningen efter genomfört arbete (se Observera i början av detta underavsnitt).

5 Självklart kan ledningar brytas eller smälta samman inne i isoleringen så att inga synliga bevis finns på skadan, men detta inträffar vanligen bara när kabelhärvan blivit felaktigt dragen, sa att den sträckts eller böjts skarpt. Om detta förmodas vara fallet och felet är svårt att hitta ska den misstänkta sektionen av härvan undersökas ytterst noggrant under detaljletandet som följer.

6 Beroende på felets omfattning kan skadade kablar repareras genom att brottet skarvas eller genom att en ny bit laskas in med lödda fogar så att kontakten blir bra. Förnya sedan isoleringen med eltejp eller värmekrympande rör. Om skadan är mer omfattande kan, med tanke på bilens framtida pålitlighet, den bästa lösningen vara att byta ut hela sektionen av kabelhärvan, oavsett hur dyrt detta kan verka att vara.

7 När skadan reparerats, se då till att kabelhärvan dras om på rätt sätt. Den ska gå fri från andra delar, inte vara sträckt eller böjd men däremot väl fastsatt på säker plats med medföljande plastclips, styrningar och fästband.

8 Kontrollera samtliga elektriska kontakter så att de är rena, fast hopsatta och att var och en är låst med sina respektive flikar eller clips. Om någon kontakt visar upp yttre spår av korrosion (ansamlingar av gröna eller vita avlagringar eller roststrimmor) eller misstänks vara smutsig måste kontakten öppnas och rengöras med elektrisk kontaktrengörare. Om kontaktens stift är mycket anfrätta måste kontakten bytas. Observera att detta i vissa fall kan kräva att en hel sektion av kabelhärvan byts ut.

9 Om rengöringen helt tar bort korrosionen och kontakten är i tillfredsställande skick är det klokt att packa kontakten full med lämpligt material som stänger ute smuts och fukt samt förhindrar att korrosionen återuppstår. En Volvoförsäljare kan ge råd.

10 Arbeta metodiskt runt hela motorrummet och kontrollera noggrant att alla vakuumslangar och rör är ordentligt fastsatta och korrekt dragna, utan tecken på sprickor, revor eller nedbrytning som kan orsaka luftläckage. Se även till att de inte är i kläm, veckade eller så böjda att de stör luftflödet. Kontrollera med extra uppmärksamhet vid samtliga anslutningar och skarpa böjningar och byt ut samtliga skadade eller deformerade slangdelar.

11 Arbeta dig från tanken via filtret till bränsleröret (glöm inte matningen och returledningen) och kontrollera samtliga bränsleledningar. Byt ut de som läcker, är klämda eller veckade.

12 Kontrollera att gasvajern är korrekt monterad och justerad. Byt om skicket är det minsta tvivelaktigt eller om den verkar styv eller ryckig. Se kapitel 4A om information behövs.

13 Lossa luftfiltrets kåpa och kontrollera filtrets skick (ett tilltäppt luftfilter minskar luftflödet vilket markant sänker motorns prestanda). Byt filter vid behov, se relevanta delar av kapitel 1 om mer information behövs.

14 Starta motorn och låt den gå på tomgång.

 Varning: Arbete i motorrummet med gående motor kräver stor försiktighet om risker för personskada ska kunna undvikas. Bland riskerna finns brännskador från heta delar och kontakt med rörliga delar som kylfläkten eller drivremmar. Se "Säkerheten främst!" i början av denna bok innan du börjar och se till att dina händer, långt hår och lösa kläder hela tiden hålls på betryggande avstånd från heta eller rörliga delar.

15 Arbeta dig från luftintaget och luftflödesmätaren (eller givaren för insugsluftens temperatur) till trottelhuset och insugsröret (glöm inte vakuumslangar och rör monterade på det) och leta efter läckor. Dessa avslöjas vanligen av sugande eller väsande ljudeffekter. Mindre läckor kan spåras genom att lösning med tvålvatten sprayas på misstänkta kopplingar. Om de läcker visas detta med en ändring av motorljudet och åtföljande luftbubblor (eller insug av vätska beroende på

3.21 Diagnostikenheten är placerad bredvid spolvätskebehållaren

3.22 Stick in tråden i sockel 6 på modul A (vid pil) så att tändsystemets felkoder kan avläsas

tryckskillnaden). Om en läcka påträffas ska fästklammern dras åt och/eller så ska den skadade delen bytas.

16 Följ principen och arbeta dig från topplocket via grenröret och till mynningen och kontrollera att avgassystemet är fritt från läckor. Enklaste sättet att göra detta är, om fordonet kan hissas upp och stöttas ordentligt under kontrollen, att täppa igen mynningen och lyssna efter ljudet från läckande gaser. Läckor bör vara uppenbara. Om en läcka påträffas ska fästbultar dras åt, packning bytas och eller del av systemet bytas efter behov.

17 Det är möjligt att göra ytterligare en kontroll av de elektriska kontakterna genom att vicka på dem, en i taget, medan motorn går på tomgång. En defekt kontakt avslöjar sig via motorns reaktion när kontakten bryts och sedan görs igen. En defekt kontakt ska bytas för att garantera den framtida pålitligheten i systemet. Observera att detta i vissa

fall kan innebära att en hel sektion av kabelhärvan måste bytas.

18 Slå av motorn. Om felet fortfarande inte påträffats är nästa steg att studera felkoderna i diagnostikenheten, vilket beskrivs i nedanstående paragrafer.

Avläsning av felkoder

Observera: *På modeller fr.o.m. 1996 sitter diagnostikenheten under en kåpa framför växelspaken och har ett 16-stifts uttag för anslutning till en felkodsläsare.*

19 Som angetts i del allmänna kommentarerna i början av detta avsnitt bör de preliminära kontrollerna beskrivna ovan eliminera de flesta felen i tändnings- eller bränslesystemet. Om felet fortfarande inte identifierats är nästa steg att kontrollera om en felkod angetts till diagnostiken och om så är fallet, tolka innebörden av denna felkod.

20 Som angetts i avsnitt 1 i detta kapitel har

motorstyrningssssystemet LH3.2-Jetronic en separat styrenhet för styrning av tändsystemet EZ-129 K. De andra två systemen i 850-serien har en styrenhet som är ansvariga för både bränsle och tändning. Därför ska, vid arbete på fordon med LH3.2/EZ-129 K, följande procedurer tillämpas. För de övriga systemen, se kapitel 4A, avsnitt 9.

21 Leta först upp diagnostikenheten som är placerad till höger, framtill i motorrummet, bredvid påfyllningen till behållaren för vindrutespolarvätska **(se bild)**. Diagnostikenheten består av två moduler monterade sida vid sida med ett plastlock på vardera enheten. Lyft på locken och lägg märke till att modulerna är märkta A och B och att båda har sex numrerade socklar på översidan.

22 Slå av tändningen och lossa tråden från hållaren på diagnostikenhetens sida och stick in den i sockel 6 på modul A **(se bild)**.

23 Ha papper och penna tillgängligt och

Felkod	Innebörd
1-1-1	Inget fel upptäckt
1-1-2	Defekt styrenhet
1-2-3	Signal från givaren för kylvätskans temperatur saknas eller är felaktig
1-3-1	Signal från varvtalsgivaren saknas
1-4-3	Signal från främre knacksensorn saknas eller är felaktig
1-4-4	Belastningssignal från bränslesystemets styrenhet saknas
1-5-4*	Läcka i systemet för återcirkulation av avgaser
2-1-4	Signal från varvtalsgivaren saknas intermittent
2-4-1*	Defekt flöde i systemet för återcirkulation av avgaser
3-1-1	Signal från givaren för hastighet saknas eller är felaktig
3-1-4	Signal från kamaxelns positionsgivare saknas
3-2-4	Signal från kamaxelns positionsgivare saknas intermittent
4-1-1	Signal från givaren för trottelposition saknas eller är felaktig
4-1-3*	Signal från givaren för temperatur i återcirkulerande avgaser saknas eller är felaktig
4-3-2	Hög temperatur i styrenhetens låda
4-3-3	Signal från bakre knacksensorn saknas eller är felaktig
5-1-3	För hög temperatur i styrenhetens låda

* Endast på motorer med viss avgasreningsutrustning (se kapitel 4B).

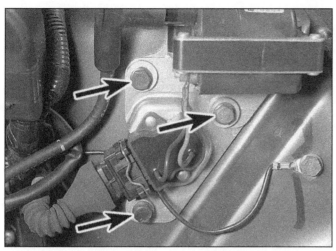

4.3 Bultarna till tändspolens och kraftstegets fäste (vid pilar)

6.4 Demontering av fördelarlocket från topplockets baksida

anteckna de felkoder som visas. De tresiffriga koderna visas i form av en serie blinkningar av den röda lysdioden (på A-modulens översida bredvid testknappen). Blinkningarna gör en kort paus mellan varje siffra.

24 Slå på tändningen med instucken tråd. Tryck en gång under cirka en sekund på testknappen på A-modulen och vänta på att lysdioden börjar blinka. När den gör det, anteckna felkoden. Tryck sedan åter på knappen och anteckna nästa felkod, om det finns någon. Fortsätt till dess att den första felkoden anges igen vilket anger att samtliga felkoder rapporterats och slå av tändningen.

25 Om kod 1-1-1 visas anger detta att inga felkoder för tändningen finns sparade i styrenheten. I så fall, se kapitel 4A, avsnitt 9 och gör en avläsning av felkoderna för bränsleinsprutningen.

26 Nedan finns de möjliga felkoderna för tändsystemet EZ-129 K och deras respektive innebörder. En beskrivning av felkoderna för bränslesystemet LH3.2 och de kombinerade koderna för de andra systemen ges i kapitel 4A, avsnitt 9.

27 När väl alla felkoder lästs av och noterats ska de raderas från styrenheten. Lägg märke till att felkoder inte kan raderas förrän alla har blinkat minst en gång och den första visats igen. Låt tråden sitta kvar i sockel 6 på modul A och slå på tändningen igen, tryck sedan ned testknappen under cirka 5 sekunder. Släpp sedan testknappen och vänta i tre sekunder på att lysdioden börjar blinka. När lysdioden tänds tryck ned testknappen i ytterligare fem sekunder och släpp den. Lysdioden slocknar då. Slå av tändningen och kontrollera att alla felkoder raderats genom att slå på tändningen igen och trycka på testknappen i en sekund - kod 1-1-1 ska då visas. Om någon annan kod visas, anteckna denna och upprepa raderingen. När alla felkoder raderats, slå av

tändningen och placera tråden i sin hållare och sätt tillbaka modulernas lock.

28 När väl ett fel lokaliserats via felkoderna kan undersökningarna koncentreras på denna plats. Gå igenom kontrollerna igen, det kan tänkas att du glömt något. En mer detaljerad undersökning av systemet kräver speciell Volvo testutrustning. De enda möjliga alternativet i detta skede är utbyte av en defekt del mot en bevisligen fungerande enhet eller att låta en Volvoverkstad utföra resterande arbete. Om en utbytesdel kan anskaffas (eller lånas) finns arbetsbeskrivningarna för demontering och montering i föregående avsnitt av detta kapitel.

4 Tändspole - demontering och montering

Demontering

1 Lossa batteriets jordledning.
2 Lossa kablarna från spolen och dra ur kontakten från kraftsteget strax under spolen.
3 Skruva ur de bultar som fäster spolen och kraftsteget vid fjäderbenstornet och ta ut enheten från motorrummet (se bild). Lägg märke till att tändspolen och kraftsteget är integrerade och inte kan tas isär.
4 Kontrollera att spolen inte har sprickor, läcker isoleringsolja eller har andra uppenbara skador. Om uppenbara skador finns, byt spole.

Montering

5 Montering sker med omvänd arbetsordning.

5 Tändsystemets kraftsteg - demontering och montering

Tändspolen och kraftsteget är integrerade och kan inte tas isär. För demontering och montering se avsnitt 4.

6 Fördelarlock och rotorarm - demontering och montering

Demontering

1 Skruva ur skruvarna och lyft undan tändkabellocket från topplockets centrum.
2 Dra av tändkablarna från tändstiften och lossa dem från clipsen. Märk upp kablarna så att sammanblandning vid montering undviks.
3 Skruva ur de tre skruvar som håller fördelarlocket på plats. Utrymmet är begränsat. Skruvarna är avsedda att stanna kvar i locket, så försök inte ta bort dem. Åtkomligheten kan förbättras vid behov genom att lossa på clipset och flytta luftfilterlocket åt sidan.
4 Lyft upp fördelarlocket och tändkablarna (se bild).
5 Demontera gnistskyddet och skruva ur de tre skruvarna och ta ut rotorarmen (se bilder).

Montering

6 Montering sker med omvänd arbetsordning. Se till att tändkablarna är fästa i sina clips och att de inte kommer i kläm när locket monteras.

6.5a Demontera gnistskyddet . . .

6.5b . . . skruva sedan ur de tre skruvarna och ta ut rotorarmen

7.3 Varvtalsgivarens placering och fästbult (vid pil)

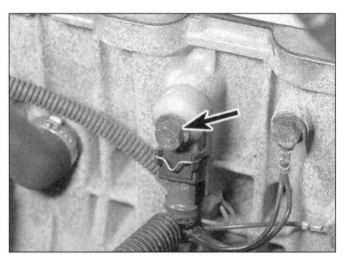

7.8 Bakre knacksensorns placering och fästbult (vid pil)

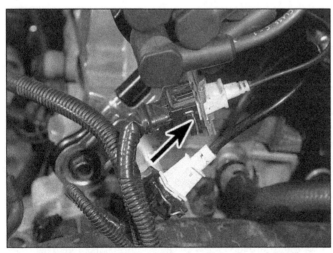

7.12 Kontakten till kamaxelns positionsgivare (vid pil)

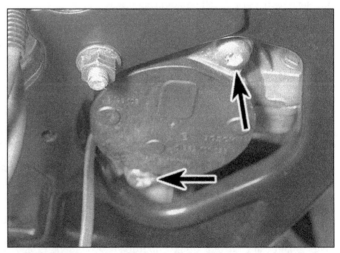

7.13 Fästskruvarna till kamaxelns positionsgivare (vid pilar)

7 Tändsystemets givare - demontering och montering

Varvtalsgivare

Demontering

1 Varvtalsgivaren finns högst upp på svänghjulskåpan.
2 Dra ut varvtalsgivarens kontakt just under fördelarlocket.
3 Skruva ur givarens bult och dra ut givaren från sin hållare på svänghjulskåpan **(se bild)**.

Montering

4 Montering sker med omvänd arbetsordning.

Knacksensorer

Demontering

5 De två knacksensorerna är placerade på motorns framsida under insugsröret.
6 Se kapitel 4A och demontera insugsröret.
7 Dra ur kontakten till främre/bakre knacksensorn efter tillämplighet.
8 Skruva ur sensorns bult och dra ut sensorn **(se bild)**.

Montering

9 Placera sensorn på blocket och dra åt sensorns bult till angivet moment. Vid åtdragning av bulten, håll den främre sensorn (närmast kamremmen) med kontakten i läget "klockan 3" och den bakre sensorn med kontakten i läget "klockan 5".
10 Montera insugsröret enligt beskrivning i kapitel 4A.

Kamaxelns positionsgivare

Demontering

11 Kamaxelns positionsgivare är placerad på topplockets bakre vänstra sida och drivs av avgaskamaxeln.

12 Dra ur kontakten till givaren, den finns under fördelarlocket **(se bild)**.
13 Skruva ur de två skruvarna och ta ut givaren från sin plats på topplocket, bakom motorstagsfästet **(se bild)**.

Montering

14 Montering sker med omvänd arbetsordning.

Kylvätskans temperaturgivare

15 Se kapitel 3, avsnitt 6.

Hastighetsgivare

16 Se kapitel 12, avsnitt 8.

Givare för trottelposition

17 Se kapitel 4A, avsnitt 10.

8 Elektronisk styrenhet (ECU)- demontering och montering

Observera: *Styrenheterna för bränsle/tändning och i förekommande fall automatväxellådan finns alla placerade i styrenhetslådan som är placerad framme till höger i motorrummet framför kylsystemets expansionskärl. Observera att endast LH3.2 Jetronic/EZ-129K har en separat styrenhet för tändningen.*

Demontering

1 Kontrollera att tändningen är avslagen och lossa de två spärrarna på lådans locksidor. Lyft upp locket och lägg det åt sidan **(se bild)**.
2 Dra låsarmen på styrenhetens ovansida framåt och dra ut styrenheten. Bränslesystemets styrenhet finns i fack två, i mitten av lådan.

Montering

3 Placera styrenheten i lådan så att kontakterna är i ingrepp.
4 Dra ned låsarmen och sätt tillbaka locket på lådan.

9 Tändläge - kontroll

Observera: Tändningsläget kan inte justeras, men det kan kontrolleras om så önskas.

1 Varmkör motorn till arbetstemperatur med luftkonditioneringen avslagen. Stoppa motorn och anslut ett stroboskop och en varvräknare enligt tillverkarnas instruktioner.
2 Skruva ur bulten och demontera kamremmens yttre kåpa. Tändlägesmärkena består av en skala på kamremmens inre hölje, ovanför insugskamaxelns drev, och en tunn linje på insugskamaxelns drev.
3 Framhäv jacket i kamaxelns remskiva och önskade märkningar på tidsinställningsskalan med vit färg eller tipp-ex. (Se Specifikationer för önskade värden).
4 Kör motorn med angiven tomgångshastighet och lys med stroboskopet på markeringarna på skalan. Jacket på remskivan ska se ut att vara fast och (om tändningen är rätt inställd) i linje med rätt märke på skalan.
Varning: Se till att elektriska ledningar, klädsel, långt hår eller liknande inte fastnar i drivremmar eller fläkt.
5 Stoppa motorn, koppla ur testverktygen och sätt tillbaka de elektriska kontakterna.
6 Om tändningsläget är felaktigt beror detta vanligen på fel på varvräknarsensorn, tändningens styrenhet eller tillhörande ledningar. Fel i dessa områden är troligtvis åtföljda av felkoder i diagnostikenheten. (se avsnitt 3).

Anteckningar

Kapitel 6
Kopplingen

Innehållsförteckning

Svårighetsgrad

Enkelt, passar novisen med lite erfarenhet	Ganska enkelt, passar nybörjaren med viss erfarenhet	Ganska svårt, passar kompetent hemma-mekaniker	Svårt, passar hemmamekaniker med erfarenhet	Mycket svårt, för professionell mekaniker

Specifikationer

Allmänt
Kopplingstyp .... Enkel torrlamell, tallriksfjäder, hydraulisk aktivering

Lamell
Diameter:
    Alla motorer utom B5234T och B5234T-5 .... 228 mm
    Motorerna B5234T och B5234T-5 .... 240 mm

Tryckplatta
Maximal skevhet .... 0,2 mm

Åtdragningsmoment   Nm
Tryckplattans fästbultar 25
Huvudcylinderns fästmuttrar 25

1 Allmän information

En koppling av typen torr enkel lamell med tallriksfjäder finns monterad på alla modeller med manuell växellåda. Manövreringen av kopplingen är hydraulisk via huvud- och slavcylinder.

Huvuddelarna i kopplingen är tryckplattan, lamellen (ibland kallad friktionsplattan) och urtrampningslagret. Tryckplattan är fastbultad på svänghjulet med lamellen som mellanlägg. Centrum av drivplattan är försedd med honsplines som paras ihop med splines på växellådans ingående axel. Urtrampnings-lagret är anslutet till en gaffel och trycker på tallriksfjäderns fingrar på tryckplattan.

När motorn går och kopplingspedalen är uppsläppt klämmer tallriksfjädern ihop tryckplattan, lamellen och svänghjulet. Drivningen sker via friktionsytorna på svänghjulet och tryckplattan till lamellen och därigenom till den ingående axeln i växellådan.

När kopplingspedalen trycks ned överförs pedalrörelsen hydrauliskt till kopplingsgaffeln. Denna flyttar lagret så att det trycker på fjädern. Fjädertrycket på drivplattan minskar då och svänghjul och tryckplatta roterar utan att röra lamellen. När pedalen släpps upp återställs fjädertrycket och drivningen kopplas då gradvis in igen.

Kopplingens hydrauliska system består av huvudcylinder, slavcylinder och tillhörande slangar och rör. Hydrauloljans behållare är delad med bromsarnas huvudcylinder.

Lamellslitage kompenseras automatiskt av hydrauliken.

2 Kopplingspedal - demontering och montering

Demontering

1 Lossa batteriets jordledning.
2 Demontera klädselpanelen under instrumentbrädan på förarsidan. På bilar med krockkuddar ska knäskyddet under rattstången demonteras.
3 Vik undan mattan, lossa det clips som

2.3 Fästclips för huvudcylinderns tryckstång till kopplingspedalen (vid pil)

fäster huvudcylinderns tryckstång vid kopplingspedalen **(se bild)**.
4 Håll i pedalen så att den inte rör sig uppåt av fjädertrycket och lossa tryckstången från pedalen. Tryck ned pedalen och lossa hjälpfjädern från pedalen.
5 Ta ut pedalens låsring och dra av pedalen från pedaltappen **(se bild)**.
6 När pedalen är borta, kontrollera skicket på bussningarna och byt efter behov.

Montering

7 Montering sker med omvänd arbetsordning. Fetta in pedalbussningarna och använd en ny låsring om den gamla på något sätt är skadad eller förvriden.

3 Kopplingens huvudcylinder - demontering och montering

⚠ **Varning: Hydraulolja är giftig - tvätta omedelbart noggrant bort den om hudkontakt uppstår och sök omedelbar läkarvård om den sväljs eller kommer in i ögonen. Vissa typer av hydraulolja är lättantändlig och kan därmed fatta eld vid kontakt med heta föremål. Vid arbete med hydrauliska**

2.5 Ta ut pedalens låsring (vid pil) och dra av pedalen från tappen

system ska du alltid förutsätta att oljan ÄR lättantändlig och därmed vidta samma skyddsåtgärder som vid arbete med bensin. Hydraulolja är dessutom ett högeffektivt färgborttagningsmedel och angriper plast. Om du spiller hydraulolja ska den omedelbart sköljas bort med enorma mängder vatten. Till sist, kom även ihåg att hydraulolja tar upp fuktighet från luften. Gammal olja kan vara förorenad av vatten och därmed oanvändbar. Vid påfyllning eller byte ska alltid rekommenderad typ användas. Se till att den kommer från en nyligen öppnad förseglad behållare.

Observera: *Huvudcylinderns interna delar finns inte att få separat och reparationer och renovering av cylindern är inte möjlig. I händelse av hydraulfel eller tecken på läckor på eller kring huvudcylindern eller kopplingspedalen måste hela enheten bytas.*

Demontering

1 Lossa batteriets jordledning.
2 På vänsterstyrda modeller, se kapitel 4A och demontera luftfiltret.
3 Demontera oljematningsledningen från huvudcylindern **(se bild)**. Ha en behållare redo för det spill som uppstår.
4 Koppla ur tryckrörets koppling från änden

av cylindern **(se bild)**. Var beredd på mer spill. Täck över öppningen med en bit polyeten och ett gummiband så att smuts hålls kvar på utsidan. Där en snäppkoppling används för röranslutningen, dra ut fjäderclipset och dra ut röret.
5 Demontera klädselpanelen under instrumentbrädan på förarsidan. På bilar med krockkuddar ska knäskyddet under rattstången demonteras.
6 Vik undan mattan, lossa det clips som fäster huvudcylinderns tryckstång vid kopplingspedalen
7 Håll i pedalen så att den inte rör sig uppåt av fjädertrycket och lossa tryckstången från pedalen. Tryck ned pedalen och lossa hjälpfjädern från pedalen.
8 Skruva ur de två muttrar och bultar som fäster huvudcylindern vid torpedplåten.
9 Ta ut huvudcylindern. Var försiktig så att du inte spiller olja på målade ytor.

Montering

10 Monteringen sker med omvänd arbetsordning. Lägg märke till följande:
a) *Om en ny huvudcylinder monteras, flytta matarslangen från den gamla till den nya cylindern innan den monteras.*
b) *Om hydraulrörsanslutningen är av snäpptyp: montera en ny o-ring i anslutningen.*
c) *Dra åt huvudcylinderns muttrar till angivet moment.*
d) *Lufta ur hydrauliken efter arbetet (se avsnitt 5).*

4 Kopplingens slavcylinder - demontering och montering

Observera: *Slavcylinderns interna delar finns inte att få separat och reparationer och renovering av cylindern är inte möjlig. I händelse av hydraulfel eller tecken på läckor på eller kring slavcylinderns tryckstång eller damask måste hela enheten bytas.*

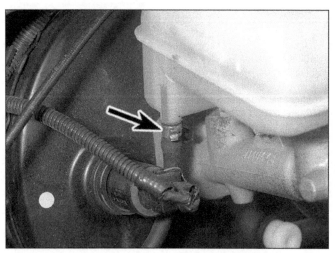

3.3 Lossa matarslangen (vid pil) från behållaren

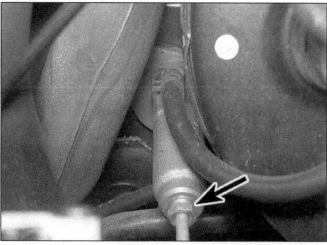

3.4 Skruva ur rörkopplingen (vid pil) från änden av huvudcylindern

4.2 Ta ut slavcylinderns låsring (vid pil)

5.2 Slavcylinderns avluftningsskruv och dammskydd (vid pil)

Demontering

Observera: Läs varningen i början av avsnitt 3 innan du fortsätter.

1 Skruva loss hydraulrörsanslutningen i slavcylinderns ände och dra försiktigt ut röret. Se till att ha ett kärl och trasor redo att fånga upp utspilld hydraulolja. Täck över öppningen med en bit polyeten och ett gummiband så att smuts inte kommer in.

2 Ta ut låsringen och dra ut cylindern ur växellådshuset **(se bild)**.

Montering

3 Monteringen sker med omvänd arbetsordning. Lufta ur hydrauliken efter arbetet (se avsnitt 5).

5 Kopplingens hydraulsystem - avluftning

Observera: Läs varningen i början av avsnitt 3 innan du fortsätter.

1 Fyll på ren hydraulolja av specificerad typ i behållaren (se *"Veckokontroller"*).

2 Ta bort dammskyddet och trä på en bit genomskinlig slang över slavcylinderns avluftningsskruv. Placera andra änden av slangen i en burk som innehåller lite hydraulolja.

3 Lossa på avluftningsskruven och låt en medhjälpare trycka ned kopplingspedalen. Dra åt avluftningsskruven när pedalen är i botten. Låt medhjälparen släppa upp pedalen och lossa på avluftningen igen.

4 Upprepa till dess att ren olja utan luftbubblor strömmar ut från avluftningen. Dra åt avluftningsskruven när pedalen är i botten och ta bort slang och burk.

5 Fyll hydrauloljebehållaren.

6 Om så önskas kan utrustning för trycksatt avluftning användas - se kapitel 9.

6 Kopplingen - demontering, inspektion och montering

> **Varning: Damm från kopplingsslitage som samlas på kopplingens delar kan innehålla asbest som är hälsovådligt.** ANVÄND ALLTID andningsmask. BLÅS INTE bort detta damm med tryckluft. ANDAS INTE IN något damm. ANVÄND INTE bensin eller oljebaserade lösningsmedel för att ta bort detta damm. Rengöringsmedel för bromsar eller metylalkohol ska användas till att skölja ned dammet i ett lämpligt kärl. Efter det att kopplingens delar torkats rena med trasor ska förorenade trasor och förbrukad spolvätska placeras i en förseglad och märkt behållare.

Demontering

1 Kopplingen är åtkomlig på två sätt. Antingen så kan motorn och växellådan lyftas ut enligt beskrivning i kapitel 2B så att motor och låda kan delas. Eller så kan motorn lämnas kvar i bilen medan växellådan demonteras separat enligt beskrivning i kapitel 7A.

2 När lådan och motorn särats, skruva ur kopplingshusets bultar. Arbeta i diagonal ordningsföljd och lossa bultarna bara ett par varv i taget. Förhindra att svänghjulet roterar medan bultarna skruvas ur genom att låsa svänghjulet med en grov skruvmejsel i ingrepp i kuggkransen och vilande mot ett styrstift. Alternativt kan ett låsverktyg enkelt tillverkas av metallskrot.

3 Dra försiktigt av kopplingshuset från styrstiften, var redo att fånga upp lamellen som kommer att ramla ut när huset lyfts. Anteckna vilken väg den är monterad.

4 Det är av största vikt att varken olja eller fett

kommer i kontakt med friktionsmaterial och friktionsytor vid inspektion och montering.

Inspektion

5 När kopplingen demonterats ska alla spår av asbest torkas bort med en torr trasa. Detta ska helst göras utomhus eller i ett väl ventilerat utrymme, asbestdamm är hälsovådligt och får inte andas in.

6 Undersök lamellens beläggningar vad gäller slitage och lösa nitar samt kanten för skevhet och även vad gäller sprickor, brustna torsionsfjädrar samt slitna splines. Friktionsbeläggningens ytan kan vara höggradigt glaserad, men så länge som friktionsmaterialets mönster är klart synligt är detta godtagbart. Om det finns spår av oljeföroreningar, vilket indikeras av kontinuerliga eller fläckvisa glansiga svarta missfärgningar måste lamellen bytas. Dessutom måste orsaken till oljeföroreningen spåras upp och rättas till. Orsaken är en läckande packbox, antingen på vevaxeln eller ingående växellådsaxeln - eller båda. Lamellen måste även bytas om beläggningen slitits ned till, eller strax över, nitskallarna.

7 Kontrollera de bearbetade ytorna på svänghjul och tryckplatta. Om endera är skårad eller djupt repad krävs ett byte. Tryckplattan måste även bytas om den har synliga sprickor, om tallriksfjädern är skadad eller har ett misstänkt svagt tryck, eller om det föreligger överdriven förvrängning av tryckplattans yta **(se bild)**.

8 När växellådan är demonterad, kontrollera skicket på urtrampningslagret enligt beskrivning i avsnitt 7.

Montering

9 Det är rekommendabelt att inleda ihopsättningen av kopplingen med rena händer och att tryckplatta och svänghjul torkas av med en ren, torr och luddfri trasa innan de monteras.

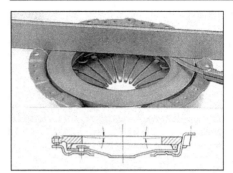

6.7 Kontrollera om tryckplattan är skev med hjälp av stållinjal och bladmått

10 Placera lamellen i läge med den plana sidan mot svänghjulet.
11 Placera kopplingskåpan över styrstiften, låt bultarna ta gäng och fingerdra dem så att lamellen greppas men fortfarande är flyttbar.
12 Lamellen måste nu centreras så att ingående växellådsaxel går genom lamellens splines i centrum av lamellnavet när växellådan och motorn sätts ihop.
13 Centrering görs tämligen enkelt genom att en rund stav eller en lång skruvmejsel sticks genom lamellcentrum så att stavänden vilar i hålet i vevaxeländen.
14 Använd den som en hävstång och för den så att lamellen centreras.
15 Centreringen kan enkelt bedömas genom att staven dras ur hålet. Granska lamellnavets relation till vevaxelcentrum. När hålet är exakt i mitten av lamellnavet är centreringen korrekt.

6.16 Centrera lamellen med ett verktyg för kopplingscentrering (vid pil)

16 En alternativ och mer precis metod är att köpa ett speciellt lamellcentreringsverktyg från en tillbehörsbutik **(se bild)**.
17 När kopplingen centrerats, dra stegvis åt kopplingshusets bultar i diagonal följd till det moment som anges i specifikationerna.
18 Montera sedan motorn och/eller växellådan enligt anvisningarna i tillämpliga kapitel av denna handbok.

7 Kopplingens urtrampningslager - demontering, inspektion och montering

Demontering

1 Urtrampningslagret är åtkomligt på två sätt. Antingen så kan motorn och växellådan lyftas ut enligt beskrivning i kapitel 2B så att motor och låda kan delas. Eller så kan motorn lämnas kvar i bilen medan växellådan demonteras separat enligt beskrivning i kapitel 7A.
2 När motor och låda delats, ta bort urtrampningslagret från kopplingsgaffeln och dra av det från den ingående axelns styrhylsa.
3 Lossa gaffelns dammskydd från svänghjulskåpan och dra ut gaffeln ur axelns kulklack.

Inspektion

4 Kontrollera att lagret löper smidigt och byt det om det finns minsta tecken på ojämnheter när lagret snurras. Det är en god idé att byta lagret som en del av kopplingsrenoveringen, oavsett vilket skick det verkar vara i. Kontrollera även skicket på dammskyddet och byt även detta om minsta tecken på skador eller slitage är synligt.

Montering

5 Monteringen sker med omvänd arbetsordning. Smörj gaffelns kulklack med lite molybdenbisulfidfett. Fetta inte in ingående växellådsaxel, styrhylsan eller urtrampningslagret eftersom dessa komponenter har en friktionsminskande beläggning som inte kräver smörjning.
6 Med lager och gaffel på plats, bind fast gaffeln vid slavcylinderns fästöra med ett kabelband eller liknande så att den hålls på plats när växellådan monteras.

Kapitel 7 Del A:
Manuell växellåda

Innehållsförteckning

Svårighetsgrad

Enkelt, passar novisen med lite erfarenhet	Ganska enkelt, passar nybörjaren med viss erfarenhet	Ganska svårt, passar kompetent hemma-mekaniker	Svårt, passar hemmamekaniker med erfarenhet	Mycket svårt, för professionell mekaniker

Specifikationer

Allmänt

Typ .... Helsynkroniserad 5-växlad låda med back
Beteckning M56

Utväxlingsförhållanden

Växellåda M56L:

1:an	....	3,38:1
2:an	....	1,90:1
3:an	....	1,19:1
4:an	....	0,87:1
5:an	....	0,70:1
Backen	....	3,30:1

Växellåda M56H:

1:an	....	3,07:1
2:an	....	1,77:1
3:an	....	1,19:1
4:an	....	0,87:1
5:an	....	0,70:1
Backen	....	2,99:1

Slutväxel .... 3,77:1, 4,00:1 eller 4,45:1 beroende på motortyp och tillverkningsår

Smörjning

Oljetyp .... Volvo syntetisk växellådsolja 97308
Volym .... 2,1 liter

Atdragningsmoment

	Nm
Bultarna till växelspakshuset	25
Bultarna till växelspakshusets tvärplatta	25
Bultarna till urtrampningslagrets styrhylsa	10
Klammerbultar till krängningshämmare	50
Övre motorstag till fäste:	
Tidiga modeller (M8 bult):*	
Steg 1	18
Steg 2	Dra ytterligare 120°
Senare modeller (M10 bult):*	
Steg 1	35
Steg 2	Dra ytterligare 90°
Bultarna mellan motor och växellåda	50
Nedre motorstagsfäste till växellåda:**	
Steg 1	35
Steg 2	Dra ytterligare 40°
Motorfästen, muttrar och bultar	50
Bakre motorfäste till växellåda	50
Monteringsramens bakre fästen till kaross	50
Monteringsramens främre och bakre bultar:*	
Steg 1	105
Steg 2	Dra ytterligare 120°
Bultarna till styrväxelns krockskydd	80
Styrväxelns muttrar till monteringsramen*	50
Hjulbultar	110

*Nya muttrar/bultar ska **alltid** användas

---

1 Allmän information

Den manuella växellådan och slutväxeln finns i ett aluminiumhus, fastbultat direkt på vänster sida av motorn. Växlarna väljs av en spak som påverkar växelväljarmekanismen via vajrar.

Växellådans interna komponenter är den ingående axeln, övre och nedre överföringsaxlarna, slutväxelns differential samt väljningsmekanismen. Den ingående axeln har de fixerade dreven för ettan, tvåan och femman, de fritt roterande dreven för trean och fyran samt treans/fyrans synkronisering. Den övre överföringsaxeln har de fritt roterande dreven för femman och backen,

synkroniseringen för femman och backen samt en slutväxelpinjong. Den nedre överföringsaxeln har de fixerade dreven för trean och fyran, de fritt roterande dreven för ettan, tvåan och backens mellandrev, ettans/tvåans synkronisering samt en slutväxelpinjong.

Drivkraften från motorn överförs till den ingående axeln av kopplingen, Dreven på den ingående axeln är i permanent ingrepp med dreven på de två överföringsaxlarna men när drivkraft överförs är endast ett drev i taget låst på axeln, de övriga roterar fritt. Val av växel sker med glidande synkroniseringsenheter, rörelser i växelspaken överförs till väljargafflar som skjuter tillämplig synkronisering mot den växel som ska läggas i och låser drevet på tillämplig axel. I neutralläge är inget drev låst, samtliga roterar fritt.

Backen läggs i genom att backdrevet på den övre överföringsaxeln låses. Drivkraften överförs genom den ingående axeln till backens mellandrev på den nedre överföringsaxeln till backdrevet och slutväxelpinjongen på den övre överföringsaxeln. Backväxeln erhålles därmed genom att kraften överförs via alla tre axlarna till skillnad mot två av axlarna när en växel framåt är ilagd. Genom att eliminera behovet av ett separat backmellandrev kan även backen synkroniseras.

2 Växelspakshus - demontering och montering

Demontering

1 Demontera mittkonsolen enligt beskrivning i kapitel 11.
2 Skruva ur de fyra bultar som fäster huset vid golvet **(se bild)**.
3 På senare modeller, skruva ur de två bultarna och demontera kryssplattan på husets baksida från sidoförstärkningsbalkarna på var sida.
4 Lyft upp huset och ta loss väljarvajrarnas fästen från växelspakens fot och från länkplattan på husets sida.
5 Ta ut fästclipsen som fäster vajerhöljena vid huset och demontera huset **(se bild)**.

2.2 Placeringen av bultarna (vid pilar) till växelspakshuset

2.5 Väljarvajerns ytterhöljes fästclips till huset (vid pil)

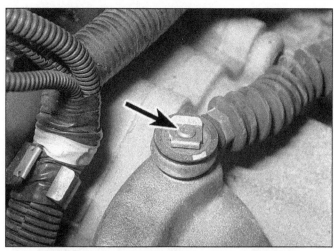

3.3 Väljarvajerns fästclips till växellådsarmen (vid pil)

3.4 Väljarvajerns ytterhöljes fästclips till växellådsfästet (vid pil)

Montering

6 Montering sker i omvänd arbetsordning. Dra åt de fyra fästbultarna och i förekommande fall tvärplattans bultar till angivet moment. Montera mittkonsolen enligt beskrivning i kapitel 11.

3 Väljarvajrar - demontering och montering

Demontering

1 Lossa batteriets jordledning.
2 Se kapitel 4A och demontera luftfiltret.
3 Ta ut den låsring som fäster vajerinnerdelarna vid väljararmarna **(se bild)**. Dra av alla brickor och skjut av vajerändarna från armarna.
4 Dra ut clipsen och lossa vajerhöljena från växellådsfästena **(se bild)**.
5 Demontera mittkonsolen enligt beskrivning i kapitel 11.
6 Skruva ut skruvarna och demontera klädseln/ljudisoleringen under instrumentbrädans vänstra sida.
7 Skruva ut skruvarna och demontera stödplattan för mattan under mitten av vänster sida av instrumentbrädan. Vik mattan bakåt så att plattan kan tas ut.
8 Lossa de bultar som fäster täckplattan för vajergenomföringen vid torpedplåten.
9 Dra isär vänster lufttrumma under instrumentbrädan.
10 Demontera växelspakshuset enligt beskrivning i avsnitt 2.
11 Anteckna vajrarnas dragning under instrumentbrädan och i motorrummet för att underlätta montering. Lossa alla närliggande komponenter efter behov och dra sedan ut vajrarna, en i taget, i passagerarutrymmet och ta ut dem ur bilen.

Montering

12 Arbeta från bilens insida och mata försiktigt ut vajrarna i motorrummet. Kontrollera att de dras korrekt. Lägg märke till att den vajer som är ansluten till växelspakshusets vänstra länkplatta och länkplattan är märkta med gul färg.
13 Anslut vajrarna till växelspakshuset och montera huset enligt beskrivning i avsnitt 2.
14 Koppla in lufttrumman igen, montera sedan täckplattan över vajergenomföringen, mattans stödplatta och klädseln/ljudisoleringen.
15 Montera mittkonsolen enligt beskrivning i kapitel 11.
16 Fäst vajerhöljena vid växellådsfästena och vajrarna vid väljararmarna. Lägg märke till att den ytterstta vajern (märkt med gul färg) ansluts till den vertikala väljararmen i växellådans ände (även den gulmärkt).
17 Fäst vajerhöljena med clipsen och vajrarna med brickor och låsringar.
18 Montera luftfiltret (kapitel 4A) och koppla in batteriet.

4 Packboxar - byte

Packbox på höger differentialsidodrev

1 Ställ upp framvagnen på pallbockar (se *"Lyftning och stödpunkter"*). Demontera höger framhjul.
2 Demontera ABS-systemets hjulgivare från styrknogen och lossa givarledningen från fjäderbensfästet.
3 Skruva ur den bult som fäster bromsslangs- och ABS-ledningsfästet vid inre hjulhuset.
4 På tidigare modeller, demontera stänkskyddet under motorn.
5 Skruva ur muttern och ta bort den klammerbult som fäster fjädringsarmens kulled vid

styrknogen. Tryck ned fjädringsarmen, vid behov med en kraftig stång, så att kulledens skaft lossnar från knogen. Om kulleden sitter fast, tvinga isär springan i styrknogen med en huggmejsel eller stor skruvmejsel. Se till att inte skada kulledens dammskydd under och efter isärtagningen.
6 Lossa de två bultarna och demontera locket över mellanaxelns stödlager.
7 Vrid ut fjäderbenet och styrknogen och dra ut mellanaxeln från lådan. För axeln åt sidan och lägg den på ett av styrningens hydraulrör.
8 Använd en stor skruvmejsel eller lämplig hävarm och ta försiktigt ut packboxen ur växellådshuset. Se till att inte skada växellådshuset **(se bild)**.
9 Torka rent i packboxens säte.
10 Doppa den nya packboxen i olja och tryck in den i huset för hand, se till att den ligger rätt i sätet.
11 Använd en passande rörstump eller stor hylsa och knacka försiktigt in packboxen på plats så att den ligger jäms med husets kant.
12 Montera drivaxeln i omvänd arbetsordning. Dra åt samtliga muttrar och bultar till angivna moment, se kapitlen 8, 9 och 10. Kontrollera att ABS-systemets hjulgivare och givarens plats i styrknogen är helt rena innan montering.

4.8 Tag ut drivaxelns packbox med hjälp av en stor skruvmejsel

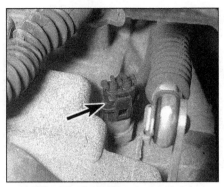

5.2 Backljuskontakt och elanslutning (vid pil)

Packbox på vänster differential-sidodrev

13 Utför de arbeten som beskrivs i para-graferna 1 till 5 ovan.
14 Vrid ut fjäderbenet och styrknogen och lossa den inre universalknuten från växellådan genom att bända mellan knutens kant och växellådssidan med en stor skruvmejsel eller liknande. Dra ut knuten och lägg drivaxeln på monteringsramen.
15 Utför de arbeten som beskrivs i para-graferna 8 till 11 ovan.
16 Montera drivaxeln i omvänd arbets-ordning. Kontrollera att den inre universal-knuten trycks in helt i växellådan så att låsringen låser på plats på differentialen. Dra åt samtliga muttrar och bultar till angivna moment, se kapitlen 8, 9 och 10. Kontrollera att ABS-systemets hjulgivare och givarens plats i styrknogen är helt rena innan montering.

Packboxen på ingående växellådsaxel

17 Demontera växellådan enligt beskrivning i avsnitt 7.
18 Demontera urtrampningslagret från kopplingsgaffeln och dra av det från den ingående axelns styrhylsa.
19 Lossa gaffelns dammskydd från sväng-hjulskåpan och dra av gaffeln från kulklacken.
20 Skruva ur de tre bultarna och lossa styrhylsan från svänghjulskåpan.
21 Ta ut den gamla packboxen och rengör sätet.
22 Smörj in den nya packboxen och montera den i svänghjulskåpan med läppen pekande mot växellådshuset. Knacka den på plats med lämplig rörstump eller hylsa.
23 Montera urtrampningslagret i omvänd arbetsordning. Smörj gaffeltappens kulklack helt lätt med molybdenbisulfidfett. Smörj inte in ingående växellådsaxeln, styrhylsan eller urtrampningslagret. Dessa komponenter har en friktionsreducerande beläggning som inte kräver smörjning.
24 Med lager och gaffel på plats, bind fast gaffeln vid slavcylinderns öra på sväng-hjulskåpan med ett kabelband eller liknande

så att den hålls på plats när växellådan monteras.
25 Montera växellådan enligt beskrivning i avsnitt 7.

5 Backlampans kontakt - demontering och montering

Demontering

1 Backlampans kontakt finns monterad på växellådans översida mellan de två växel-väljararmarna.
2 Rengör runt kontakten, dra ut elkontakten och skruva ur kontakten **(se bild)**.

Montering

3 Montering sker i omvänd arbetsordning.

6 Manuell växellåda, olja - dränering och påfyllning
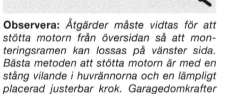

Observera: *Byte av växellådsolja är inte ett servicekrav och utförs normalt endast om enhetens ska demonteras för renovering eller byte.*

Dränering

1 Ställ upp framvagnen på pallbockar (se *"Lyftning och stödpunkter"*). Placera ett lämpligt kärl under växellådan.
2 På växellådans vänstra sida finns pluggarna

för påfyllning/nivåkontroll och dränering **(se bild)**. Skruva ut dräneringspluggen (den lägre) och låt oljan rinna ut i kärlet.
3 När all olja runnit ut ska dräneringspluggen sättas tillbaka och dras åt ordentligt.

Påfyllning

4 Torka rent runt påfyllnings/nivåpluggen och skruva ut den.
5 Fyll växellådan med specificerad olja genom hålet, till dess att den börjar rinna ut genom hålet.
6 Sätt tillbaka pluggen och dra åt den ordentligt. Ställ ned bilen på marken, provkör en kort sträcka och kontrollera att växellådan inte läcker olja.
7 Sluthantera den gamla oljan i enlighet med miljöskyddslagen.

7 Manuell växellåda - demontering och montering

Observera: *Åtgärder måste vidtas för att stötta motorn från översidan så att mon-teringsramen kan lossas på vänster sida. Bästa metoden att stötta motorn är med en stång vilande i huvrännorna och en lämpligt placerad justerbar krok. Garagedomkrafter och en medhjälpare behövs för att utföra detta arbete.*

Demontering

1 Ställ ratt och hjul rakt fram. Lossa rattstångsjusteringen och tryck ratten så långt

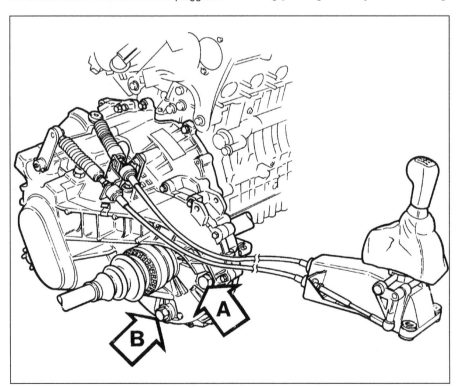

6.2 Växellådans påfyllnings/nivåplugg (A) och dräneringsplugg (B)

7.15 Demontering av övre motorstaget från sitt fäste

7.24 Bultarna mellan nedre motorstagesfästet och växellådan (vid pilar)

upp och in som det går och lås den i detta läge.

2 Ställ växelspaken i friläge.

3 Se kapitel 5A och demontera batteriet, skruva sedan ur bultarna och demontera batterilådan.

4 Se kapitel 4A och demontera luftfiltret och alla relevanta lufttrummor på motorns vänstra sida.

5 Ta ut den låsring som fäster väljarvajrarnas ändar vid väljararmarna. Dra ut brickorna och dra av vajerändarna från armarna.

6 Dra ut clipsen och lossa väljarvajerhöljena från växellådsfästena.

7 Knacka ut låsstiftet och demontera den vertikala väljararmen på växellådsänden.

8 Dra ut elkontakten till backlampans kontakt.

9 På turbomodeller, demontera locket över trottelhuset och koppla ur luftintaget till trottelhuset. Flytta röret åt sidan och bind fast det med ett kabelband. Koppla även ur den övre oljekylarslangen vid motorns oljekylare.

10 Ta ut låsringen och dra ut kopplingens slavcylinder från svänghjulskåpan.

11 Lossa jordledningen från växellådans framsida och kabelhärvans monteringclips.

12 Se kapitel 5A och demontera startmotorn.

13 Lyft ut expansionskärlet ur sitt fäste och låt det hänga fritt.

14 Om återcirkulation för avgaser (EGR) finns, lossa slangarna vid styrenheten ovanför kylaren.

15 Skruva ut muttern och ta bort den bult som fäster övre motorstaget vid fästet på motorn **(se bild)**. Lägg märke till att det krävs en ny mutter och en ny bult vid monteringen.

16 Lossa jordledningens fästbult på torpedplåten, bredvid stagets fäste i karossen.

17 Skruva ur alla bultarna mellan motor och växellåda som går att komma åt från ovansidan.

18 Se kapitel 8 och demontera vänster drivaxel helt men demontera höger drivaxel endast från växellådan så att den fortfarande är ansluten vid styrknogen.

19 Demontera stänkskyddet under kylaren och på tidigare modeller, det stora stänkskyddet under motorn.

20 Demontera clipsen och lossa röret under monteringsramens framsida.

21 Lossa kabelbanden och lyft ut kolkanistern från monteringsramens vänstra sida. Stötta kanistern med ett kabelband, så att den går fri från monteringsramen.

22 Lossa avgassystemet från sitt fäste på katalysatorns baksida.

23 Skruva ur bultarna till servostyrningens hydraulrörsfästen på främre och bakre sidan av monteringsramen.

24 Skruva ur de två bultarna som fäster nedre motorstaget vid växellådan **(se bild)**.

25 På högerstyrda modeller, lossa de två bultarna till krockskyddet för styrväxeln på monteringsramens baksida och den mutter som fäster krockskyddsbasen vid monteringsramen.

26 Se Observera i början av detta avsnitt och stötta motorn på lämpligt sätt från ovan, så mycket att motorfästena avlastas.

27 Skruva ur den bult som fäster den främre motorinfästningen vid monteringsramen.

28 Lossa den bult som fäster den bakre motorinfästningen vid styrväxeln och sedan de fem muttrar som fäster styrväxeln vid monteringsramen. Kom ihåg att det krävs nya muttrar vid monteringen.

29 Placera en kraftig garagedomkraft under och i kontakt med monteringsramens vänstra sida. Se till att motorn är ordentligt stöttad från ovansidan.

30 Skruva ur de två bultarna på var sida som fäster monteringsramens bakre fästen vid karossen **(se bild)**.

31 Lossa de två monteringsramsbultarna på höger sida med cirka 15 mm. Kom ihåg att det krävs nya bultar vid monteringen.

32 Skruva ur de två monteringsramsbultarna på vänster sida. Ta reda på motorfästet när den bakre bulten skruvas ur. Kom ihåg att det

krävs nya bultar vid monteringen.

33 Sänk försiktigt på domkraften så att monteringsramens vänstra sida sjunker cirka 10 cm. Se till att styrväxelns fästbultar går fria från monteringsramen när den sänks.

34 På högerstyrda modeller, skruva ur de bultar som fäster krängningshämmarens klammrar på vänster sida av monteringsramen och lossa högra sidans klammerbultar så att de bara sitter på ett fåtal gängor. Fäst vänster sida av krängningshämmaren vid styrväxeln med ett kabelband.

35 Sänk ned domkraften helt och låt monteringsramen hänga fritt i högersidans fästen.

36 Fäst vänster sida av styrväxeln vid en lämplig del av bottenplattan med en kraftig vajer.

37 Skruva ur muttern och bulten och demontera bakre motorinfästningen från styrväxel och växellådsfästet.

38 Koppla ur ledningen till hastighetsgivaren och lossa lambdasondens ledning från bakre motorfästets hölje. Demontera höljet och fästet från växellådan.

39 Sänk motorn och lådan med hjälp av det övre stödet till dess att det finns tillräckligt med utrymme att dra av växellådan. Se till att inte sänka enheten så mycket att det

7.30 Monteringsramens vänstra fäste och styrväxelns fäste (vid pilar)

nedåtgående avgasröret kommer i kontakt med styrväxeln. Se även till att oljestickans rör går fritt från kylarfläkten och att inga slangar eller ledningar kommer i kläm.

40 Fäst och stötta växellådan från undersidan med en garagedomkraft.

41 Skruva ur resterande bultar mellan motor och växellåda. Dra växellådan rakt av motorns styrstift och se till att inte låta växellådans vikt bli hängande på den ingående axeln.

42 Sänk ned domkraften och ta bort växellådan från bilens undersida.

Montering

43 Fäst urtrampningsgaffeln vid slavcylinderns öra på svänghjulskåpan med ett kabelband så att den hålls på plats vid monteringen. Smörj inte in ingående växellådsaxel, styrhylsan eller urtrampningslagret. Dessa komponenter har en friktionsreducerande beläggning som inte kräver smörjning.

44 För växellådan på plats så att den träs på motorns styrstift. Montera de nedre bultarna mellan motor och växellåda och dra åt dem till angivet moment.

45 Lyft motorn till ungefärlig monteringshöjd. Sätt tillbaka det bakre motorfästet med hölje och säkra med de tre bultarna åtdragna till angivet moment.

46 Sätt tillbaka bakre motorinfästningen mot växellådsfästet och styrningen men dra inte åt bultförbandet helt i detta skede.

47 Återanslut hastighetsgivarens kontakt och fäst lambdasondens ledning på fästets hölje.

48 På högerstyrda modeller, höj monteringsramen till inom 100 mm från karossen och rikta upp styrväxel och krockskydd med sina respektive monteringsplatser och montera sedan krängningshämmarens klamrar. Dra åt samtliga klammerbultar till angivet moment.

49 För samtliga modeller, höj monteringsramen till monteringsläget och se till att styrväxelbultarna tar gäng på sina platser.

50 Montera de nya monteringsramsbultarna, bakre motorfästet och vänstersidans bultar. Dra åt monteringsramsbultarna med en momentnyckel och sedan till angiven vinkel med en vinkelmätare. Dra åt motorfästbultarna till angivet moment.

51 Stötta höger sida av monteringsramen med domkraften och ta bort de tidigare lossade bultarna. Montera nya bultar och de två motorfästbultarna och dra åt dem enligt anvisningarna i föregående paragraf.

52 Fäst styrväxeln på monteringsramen med fem nya muttrar dragna till angivet moment.

53 Montera den främre motorfästbulten och dra åt främre och bakre motorinfästningen till angivet moment.

54 På högerstyrda modeller, sätt tillbaka de två bultarna till styrväxelns krockskydd på monteringsramens baksida och den mutter som fäster krockskyddsbasen vid monteringsramen. Dra åt till angivet moment.

55 Montera det nedre motorstaget på växellådan och dra åt bultarna med en momentnyckel och sedan till angiven vinkel med en vinkelmätare.

56 Montera bultarna till styrväxelns hydraulrörsfäste fram- och baktill på monteringsramen och sätt tillbaka avgassystemets fäste.

57 Sätt tillbaka kolkanistern och rörclipsen på monteringsramens framsida.

58 Montera drivaxlarna enligt beskrivning i kapitel 8.

59 Montera stänkskyddet under kylaren och i förekommande fall under motorn.

60 Montera startmotorn och de övre växellådsbultarna. Dra åt bultarna till angivet moment.

61 Montera jordledningen på torpedplåten.

62 Fäst det övre motorstaget i sitt fäste med ny bult och ny mutter och dra åt med en momentnyckel och sedan till angiven vinkel med en vinkelmätare.

63 I förekommande fall, montera slangarna till styrenheten för återcirkulering av avgaser (EGR).

64 Koppla in jordledningen på växellådans framsida och montera kabelhärvans clips.

65 Montera kopplingens slavcylinder och fäst den med låsringen.

66 Montera expansionskärlet, oljekylarslangen, luftintagsröret (om tillämpligt) och backlampans kontakt.

67 Montera växelväljararmen och säkra med låsstiftet.

68 Montera väljarvajrarna, lägg märke till att den gulmärkta vajern ansluts till den yttre väljararmen.

69 Montera batterilådan, batteriet, luftfiltret och lufttrummorna.

70 Kontrollera växellådsoljans nivå och fyll på vid behov.

8 Manuell växellåda, renovering - allmän information

Renovering av en manuell växellåda är ett svårt arbete för gör-det-självare. Det omfattar isärtagning och hopmontering av många små delar. Ett stort antal toleranser måste precisionsmätas och vid behov justeras med utvalda distanser och låsringar. En följd av detta är att om det uppstår problem med växellådan kan en kompetent hemmamekaniker ta bort och sätta tillbaka växellådan, men renoveringen bör lämnas åt en specialist. Färdigrenoverade växellådor kan finnas att köpa. Fråga hos återförsäljaren eller grossister eller växellådsspecialister. I de allra flesta fall överträffar den tid och de pengar en renovering förbrukar kostnaden av en färdigrenoverad låda.

Trots detta är det inte omöjligt för en oerfaren mekaniker att helrenovera en växellåda, förutsatt att specialverktyg finns tillgängliga och att arbetet utförs metodiskt, stegvis och med eftertanke, så att ingenting förbises.

De verktyg som krävs inkluderar tänger för inre och yttre låsringar, lagerutdragare, draghammare, en sats nåldorn, en mätklocka och möjligen en hydraulisk press. Dessutom krävs en stor och stabil arbetsbänk och ett skruvstycke eller en växellådshållare.

Vid demonteringen ska noggranna anteckningar föras över hur varje del kommer isär, var den finns i relation till andra delar och vad som håller den fast.

Innan lådan tas isär är det en god hjälp om du har en viss idé om var felet ligger. Vissa problem kan knytas till specifika delar i lådan vilket kan göra det enklare att inspektera och byta delar. Se *"Felsökning"* i slutet av denna handbok för eventuella ledtrådar.

Kapitel 7 Del B:
Automatväxellåda

Innehållsförteckning

Svårighetsgrad

Enkelt, passar novisen med lite erfarenhet	Ganska enkelt, passar nybörjaren med viss erfarenhet	Ganska svårt, passar kompetent hemma-mekaniker	Svårt, passar hemmamekaniker med erfarenhet 	Mycket svårt, för professionell mekaniker

Specifikationer

Allmänt

Typ	Datorstyrd fyrstegs växellåda med låst momentomvandlare på de tre högsta stegen
Beteckning	AW 50-42

Utväxlingsförhållanden

1:an	3,61:1
2:an	2,06:1
3:an	1,37:1
4:an	0,98:1
Backen	3,95:1
Slutväxel	2,54:1, 2,74:1 eller 3,16:1 (beroende på motortyp)

Smörjning

Smörjmedelstyp	Dexron IIE automatväxellådsolja
Volym:	
Dränering och påfyllning	7,6 liter
Från torr (inklusive momentomvandlare)	10,1 liter (cirka)

Åtdragningsmoment

	Nm
Växellådans dräneringsplugg	40
Väljarvajerns fäste på växellådan	25
Täckplatta över väljarvajerns genomföring	6
Väljarhusets bultar	25
Väljarhusets tvärplattebultar	25
Varvtalsgivarens bult	5,5
Oljetemperaturgivaren	25
Bultar mellan momentomvandlare och drivplatta	35
Bultarna till krängningshämmarklamrar	50
Övre motorstag till fäste:	
Tidiga modeller (M8 bult):*	
Steg 1	18
Steg 2	Dra ytterligare 120°
Senare modeller (M10 bult):*	
Steg 1	35
Steg 2	Dra ytterligare 90°

Atdragningsmoment (forts)

	Nm
Bultarna mellan motor och växellåda	50
Nedre motorstag till växellåda:	
Tidiga modeller (M8 bult):*	
Steg 1	18
Steg 2	Dra ytterligare 90°
Senare modeller (M10 bult):*	
Steg 1	35
Steg 2	Dra ytterligare 40°
Motorinfästningar, muttrar och bultar	50
Bakre motorfäste till växellåda	50
Monteringsramens bakre fästen till kaross	50
Monteringsramens främre och bakre bultar:*	
Steg 1	105
Steg 2	Dra ytterligare 120°
Bultarna till styrväxelns krockskydd	80
Styrväxelns muttrar till monteringsramen*	50
Hjulbultar	110

*Nya muttrar/bultar ska **alltid** användas

1 Allmän information

Växellådan AW 50-42 är en datorstyrd helautomatisk fyrstegs växellåda med låsning av momentomvandlaren på de tre högsta stegen.

Växellådan styrs av en elektronisk styrenhet som tar emot signaler från olika givare relaterade till växellådans arbetsförhållanden. Information om motorns parametrar hämtas från motorns styrenhet. Från dessa data kan växellådans styrenhet välja optimala växlingshastigheter och låsningspunkter för momentomvandlaren i enlighet med inställt körläge.

Drivningen tas från motorn till växellådan av en momentomvandlare. Denna är en typ av viskös koppling som under vissa förhållanden har en vridmomentsökande effekt. Momentomvandlaren är mekaniskt låst till motorn, styrt av styrenheten, i de tre högsta stegen, för att minska effektförluster från slirning och därmed förbättra bränsleekonomin.

Växelväljaren har sex lägen: P, R, N, D, 3 och L. Motorn kan endast startas i lägena P och N. I läge P är kraftöverföringen mekaniskt låst. Detta läge ska endast väljas när bilen står helt stilla. I läge R är backen ilagd, i N friläge (neutral). I läge D sker växlingarna automatiskt mellan samtliga steg. I läge 3 är fjärde steget blockerat och automatisk växling sker mellan de resterande tre stegen. I läge L finns endast de första två stegen tillgängliga.

Körlägesväljaren har tre funktioner: E, S och W (ekonomi, sport och vinter). I läget E sker uppväxlingar och låsning av momentomvandlaren så snabbt som möjligt för maximal ekonomi, däremot ger läget S växlingspunkter som väljs för maximala

prestanda. I läget W låter växellådan bilen starta från stillastående på en högre växel än normalt för undvikande av hjulspinn vid dåligt väglag. Detta läge kan även användas till att begränsa växlingarna i D, 3 och L när väglaget kräver en mer direkt kontroll av valet av växel.

En funktion kallad "kickdown" gör att växellådan växlar ned ett steg (om motorvarvet tillåter) när trotteln trycks i botten. Detta är användbart när extra acceleration krävs. Kickdown styrs, i likhet med andra funktioner, av styrenheten.

Ett växellås finns på vissa modeller. Denna säkerhetsanordning förhindrar att växelväljaren rörs när motorn stoppats eller när tändningen är avslagen och växelväljaren finns i läge P.

Förutom styrning av växellådan har styrenheten en integrerad felsökning. Ett fel signaleras till föraren med en blinkande varningslampa på instrumentpanelen. Styrenheten övergår då till ett nödprogram som medger begränsade prestanda men ser till att två växlar framåt och backen kan läggas in, men växlingen måste utföras manuellt.

Om ett fel av denna typ uppstår sparar styrenheten en uppsättning felkoder för avläsning i diagnostikenheten i motorrummet.

En automatväxellåda är en komplex enhet. Om den inte misshandlas är den mycket pålitlig och långlivad. Reparationer och renoveringar ligger utanför möjligheternas gränser för många verkstäder, för att inte tala om hemmamekaniker. Om uppkomna problem inte kan lösas med hjälp av detta kapitel ska specialisthjälp anlitas.

2 Automatväxellådsolja - dränering och påfyllning

1 Byte av olja i automatväxellådan är inte ett servicekrav och är normalt sett bara nödvändigt under följande omständigheter:

a) Om diagnostikenheten loggat en felkod som indikerar för hög oljetemperatur (se avsnitt 11).

b) Om oljan är missfärgad eller luktar bränd efter hårt och kontinuerligt bruk av växellådan.

b) Om bilen kontinuerligt körs som taxi eller drar släp under långa perioder ska oljan bytas efter varje 75 000 km.

2 Ställ upp framvagnen på pallbockar (se "Lyftning och stödpunkter").

3 Demontera stänkskyddet under kylaren och på tidigare modeller det stora stänkskyddet under motorn.

4 Skruva ur dräneringspluggen på höger sida av växellådshuset, under och omedelbart framför drivaxeln. Låt oljan rinna ner i ett passande kärl.

Varning: Om bilen nyss körts kan oljan vara mycket het.

Montera och dra åt dräneringspluggen, använd ny packning vid behov.

5 Montera stänkskydd och ställ ned bilen på marken.

6 Vid behov, se kapitel 5A och demontera batteri och batterilåda.

7 Rengör anslutningen för oljekylarens returslang på växellådan och lossa slangen från växellådsanslutningen. Plugga igen den öppna anslutningen på växellådan.

8 Montera en genomskinlig plastslang på änden av oljekylarens returslang. Led slangen ned i kärlet.

9 Montera tillfälligt batteriet och batterilådan.

10 Dra åt handbromsen och för växelväljaren till P.
11 Fyll på 2 liter färsk automatväxellådsolja av specificerad typ via mätstickans rör.
12 Starta motorn och låt den gå på tomgång. Olja kommer att flyta ned i dräneringskärlet. När det kommer bubblor i oljan ska motorn slås av.
13 Fyll på ytterligare 2 liter färsk automatväxellådsolja av specificerad typ via mätstickans rör.
14 Upprepa paragraf 12 och demontera sedan åter batteriet och batterilådan. Ta bort plastslangen och koppla in oljekylarens returslang till växellådan.
15 Montera batteriet och batterilådan.
16 Fyll på ytterligare 2 liter färsk automatväxellådsolja.
17 Starta motorn och låt den gå på tomgång. För växelväljaren till samtliga lägen, stanna 4 - 5 sekunder i varje. För väljaren tillbaka till P, vänta i två minuter och kontrollera nivån enligt beskrivning i kapitel 1. Använd markeringen "COLD" och fyll på efter behov.
18 Sluthantera den gamla oljan på ett säkert sätt (se *"Allmänna reparationsanvisningar"*).

3 Väljarvajer - demontering, montering och justering

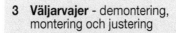

Demontering

1 Parkera bilen plant, se kapitel 4A och demontera luftfiltret.
2 Se kapitel 5A och demontera batteri och batterilåda.
3 Arbeta i motorrummet och dra ut låsclips och brickor som fäster väljarvajerns innerdel vid växellådans väljararm **(se bild)**.
4 Skruva ur de två muttrarna och ta bort brickorna (om monterade) som fäster väljarvajerns ytterhöljes fäste vid växellådan. Lyft bort fästet från monteringsklackarna och lossa innervajerns ände från väljararmen.
5 Demontera mittkonsolen enligt beskrivning i kapitel 11.
6 Ta ut det låsclips som fäster väljarvajerns innerdel vid väljararmen.
7 Ta ut det låsclips som fäster väljarvajerns hölje vid växellådan.
8 Skruva ut skruvarna och demontera klädseln/ljudisoleringen under instrumentbrädans vänstra sida.
9 Skruva ut skruvarna och demontera stödplattan för mattan under mitten av vänster sida av instrumentbrädan. Vik mattan bakåt så att plattan kan tas ut.
10 Lossa de bultar som fäster täckplattan för vajergenomföringen vid torpedplåten. I tillämpliga fall ska växellåsvajern lossas från väljarvajern.
11 Anteckna vajrarnas dragning under instrumentbrädan och i motorrummet för att underlätta montering. Lossa alla närliggande komponenter efter behov och dra sedan ut

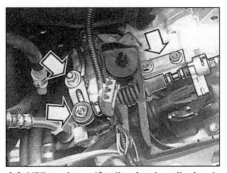

3.3 Väljarvajerns låsclips (nedre pilen) och höljfästets muttrar (högra pilen)

vajrarna, en i taget, i passagerarutrymmet och ta ut dem ur bilen.

Montering och justering

12 Arbeta från bilens insida och mata försiktigt ut vajrarna i motorrummet. Kontrollera att de dras korrekt.
13 Fäst vajern vid väljararmen och huset och säkra med låsclips.
14 Montera täckplattan över vajergenomföringen, mattans stödplatta och klädseln/ljudisoleringen.
15 Montera mittkonsolen enligt beskrivning i kapitel 11.
16 För växelväljaren till läget R. Kontrollera att växelarmen och vajerläget inte ändras under följande manövrar.
17 Flytta väljararmen på växellådan så långt framåt som det går till läget P. Kontrollera att P valts genom att släppa upp handbromsen och försök sedan att rulla bilen, kraftöverföringen ska vara låst. Dra åt handbromsen igen.
18 För växellådans väljararm bakåt ett steg till läge R **(se bild)**.
19 Utan att rubba läget för väljarvajern eller väljararmen, placera innervajern på väljararmen och placera ytterhöljets fäste på

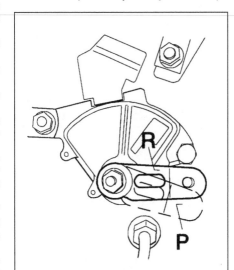

3.18 För växelväljaren till P och sedan bakåt ett steg till R

växellådans pinnbultar. Fäst med muttrarna och i förekommande fall brickorna och dra åt muttrarna till angivet moment.
20 Montera låsclips och brickor så att vajern fästs vid väljararmen.
21 Kontrollera justeringen genom att föra växelväljaren till läge N. Rör inte låsknappen och flytta växelväljaren något framåt och bakåt. De ska finnas spel i bägge riktningarna.
22 Efter fullbordat arbete, montera luftfilter (se kapitel 4A), batterilåda och batteri.

4 Växelväljarhus - demontering och montering

Modeller före 1993

Demontering

1 Lossa batteriets jordledning.
2 Dra upp växelväljarens knopp och ta bort den från spaken. Lägg märke till att det krävs en avsevärd kraft för att lossa knoppen.
3 Se kapitel 11 och demontera mittkonsolen.
4 Dra ut det låsclips som fäster väljarvajerns innerdel vid växelväljarspaken.
5 Dra ut det låsclips som fäster väljarvajerns ytterhölje vid växelväljarhuset.
6 Ta bort växelväljarens glödlampshållare från foten av indikatorpanelen.
7 Skruva ur de bultarna som fäster växelväljarhuset vid golvet och lyft ut huset ur bilen.

Montering

8 Montering sker med omvänd arbetsordning. Vid montering av växelväljarens knopp ska den tryckas hårt på plats, så att den säkert fastnar i snäppfästena. Se även till att låsknappen hamnar i spärrarna på spakens tryckstång.

1993 och senare modeller

Demontering

9 Lossa batteriets jordledning.
10 Ta tag i damasken på växelväljarspaken runt det interna fästclipset, vrid damasken 90° och dra ned den. Se till att fästclipset återgår till sitt ursprungliga läge efter det att den släppt damasken.
11 Dra upp växelväljarens knopp och ta bort den från spaken. Lägg märke till att det krävs en avsevärd kraft för att lossa knoppen.
12 Se kapitel 11 och demontera mittkonsolen.
13 Dra ut det låsclips som fäster väljarvajerns innerdel vid växelväljarspaken.
14 Dra ut det låsclips som fäster väljarvajerns ytterhölje vid växelväljarhuset.
15 Ta bort växelväljarens glödlampshållare från foten av indikatorpanelen.
16 I tillämpliga fall, dra ut kontakten till växellåsets solenoid.
17 På senare modeller, skruva ur de två bultarna och lossa tvärplattan på husets

baksida från sidoförstärkningsbalken på var sida.

18 Skruva ur de bultar som fäster växelväljarhuset vid golvet och lyft ut huset ur bilen.

Montering

19 Montering sker med omvänd arbetsordning. Vid montering av växelväljarens knopp, tryck in fästclipset i damasken och tryck sedan damasken över spärrarna mot knoppens kant. Tryck upp fästclipset och se till att det greppar in i knoppens spärrar.

5 Varvtalsgivare - demontering och montering

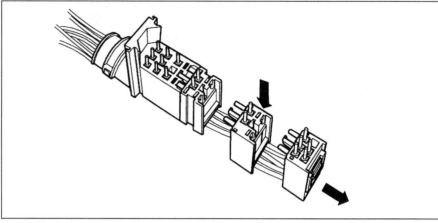

5.7 Dra isär kontakten så att stift och uttag till varvtalsgivaren blir åtkomliga

Demontering

1 Se kapitel 5A och demontera batteriet.
2 Se kapitel 4A och demontera luftfilter samt luftintagstrummor.
3 Demontera batterilådan och lossa luftfilterfästet.
4 Dra ur växellådans huvudkontakt på ovansidan av växellådshuset. Lägg märke till gummipackningen.
5 Demontera kabelklamrarna runt kabelhärvan och gummigenomföringen.
6 Stick in en tunn skruvmejsel i änden på kontakthuset och tryck ned spärren. Lyft ut ledningarna och kontakterna.
7 Dra isär kontakterna och demontera tvåstiftskontakten innehållande stiften 16 och 17 **(se bild)**.
8 Torka rent runt givaren och skruva ur givarens bult och ta bort givaren från växellådans översida.

Montering

9 Smörj givarens o-ring med vaselin, placera givaren i läge och säkra den med bulten.
10 Återanslut elkontakterna och montera ledningar och kontakter i kontakthuset.
11 Montera gummigenomföringen och kabelklamrarna till kabelhärvan och återanslut kontakten.
12 Montera batterilåda, batteri och luftfilter enligt anvisningarna i kapitlen 4 och 5.

6 Oljetemperaturgivare - demontering och montering

Demontering

1 Följ beskrivningen i avsnitt 5, paragraferna 1 till 6.
2 Dra isär kontakterna och demontera tvåstiftskontakten innehållande stiften 12 och 13.
3 Tryck ned spärren i kontaktens fot och tryck ut den röda låstungan lite. Ta bort de två stiften från kontakten.

4 Dränera oljan ur automatväxellådan enligt beskrivning i avsnitt 2.
5 Torka rent runt givaren och skruva ur givaren från växellådshusets framsida **(se bild)**. Placera ett kärl under givaren när den skruvas ur eftersom det kommer att bli ett oljespill.
6 Notera dragningen för givarens ledning och dra försiktigt ut den. Ta ut givaren ur bilen.

Montering

7 Smörj givarens o-ring med vaselin, placera givaren i läge och dra fast den till angivet moment.
8 Dra givarens ledningar i sina ursprungliga lägen och tryck fast stiften i kontakten. Notera att stift 12 är den blå/röda ledningen och att stift 13 är den blå/svarta ledningen. Sätt ihop kontakterna.
9 Återanslut elkontakterna och montera ledningar och kontakter i kontakthuset.
10 Montera gummigenomföringen och kabelklamrarna till kabelhärvan och återanslut kontakten.
11 Montera batterilåda, batteri och luftfilter enligt anvisningarna i kapitlen 4 och 5.
12 Fyll på växellådan med färsk automatväxellådsolja enligt beskrivning i avsnitt 2.

6.5 Placering för oljetemperaturens givare

7 Kickdown-kontakt - demontering och montering

Kickdown-kontakten är en integrerad del av gasvajern. Se kapitel 4A för demontering och montering.

8 Elektronisk styrenhet - demontering och montering

Observera: *Automatväxellådans styrenhet finns placerad tillsammans med styrningen av bränsle och tändning i styrenhetslådan som finns placerad framme till höger i motorrummet framför expansionskärlet.*

Demontering

1 Se till att tändningen är avslagen och lossa de två spärrarna på sidan av lådans lock. Lyft upp locket och lägg det åt sidan.
2 Dra låsarmen på styrenhetens ovansida framåt och dra ut styrenheten från fack tre i lådan, närmast höger hjulhus.

Montering

3 Tryck fast styrenheten i lådans kontakt.
4 Tryck ned låsarmen och sätt på locket.
5 Om en ny styrenhet monteras måste signalen från trottelns positionsgivare kalibreras enligt följande.
6 Lägg klossar vid alla fyra hjulen och dra åt handbromsen till fullo.
7 Starta motorn och för växelväljaren till läge D.
8 Tryck så hårt du kan på bromspedalen och håll den nedtryckt under följande manöver.
9 Tryck gasen i botten, så att kickdown-kontakten stänger. Håll gasen i botten i 5 sekunder.
10 Släpp gaspedalen och för växelväljaren till läge P. Den nya signalen från trottelns positionsgivare finns nu sparad i styrenhetens minne.
11 Slå av motorn och ta bort hjulklossarna.

9 Packboxar - byte

Differentialsidornas packboxar

1 Se arbetsbeskrivningen i del A, avsnitt 4.

Packbox för ingående axel/momentomvandlare

2 Demontera växellådan enligt beskrivning i avsnitt 10.
3 Dra momentomvandlaren rakt ut ur växellådan. Var försiktig, den är oljefylld.
4 Dra eller bänd ut den gamla packboxen. Rengör sätet och inspektera packboxens anliggningsyta på momentomvandlaren.
5 Smörj den nya packboxen med automatväxellådsolja och montera den med läppen inåt. Knacka fast den med en rörstump.
6 Smörj momentomvandlarens hylsa med automatväxellådsolja och skjut momentomvandlaren på plats, tryck in den så långt det går.
7 Kontrollera att momentomvandlaren är ordentligt på plats genom att mäta avståndet mellan kanten av växellådshusets yta till fästbultarnas flikar på omvandlaren. Detta mått ska vara cirka 14 mm.
8 Montera växellådan enligt beskrivning i avsnitt 10.

Samtliga packboxar

9 Kontrollera nivån på växellådsoljan enligt beskrivning i kapitel 1 efter genomfört arbete.

10 Automatväxellåda - demontering och montering

Observera: Åtgärder måste vidtas för att stötta motorn från översidan, så att monteringsramen kan lossas på vänster sida. Bästa metoden att stötta motorn är med en stång vilande i huvrännorna och en lämpligt placerad justerbar krok. Garagedomkrafter och en medhjälpare behövs för att utföra detta arbete.

Demontering

1 Ställ ratt och hjul rakt fram. Lossa rattstångsjusteringen och tryck ratten så långt upp och in som det går och lås den i detta läge.
2 För växelväljaren till N.
3 Se kapitel 5A och demontera batteriet, skruva sedan ur bultarna och demontera batterilådan.
4 Se kapitel 4A och demontera luftfiltret och alla relevanta lufttrummor på motorns vänstra sida.
5 På turbomodeller, demontera locket över trottelhuset och koppla ur luftintaget till

trottelhuset. Flytta röret åt sidan och bind fast det med ett kabelband. Koppla även ur den övre oljekylarslangen vid motorns oljekylare. Dessutom, på senare turbomodeller, demontera höljet över trottelhuset och koppla ur gasvajern från styrskivan och fästet. Demontera insugstrummorna mellan turboaggregatet och kylaren och mellan luftfiltret och turboaggregatet
6 Lossa väljarvajern på växellådssidan enligt beskrivning i avsnitt 3.
7 Dra ur kontakten i huvudkabelhärvan på ovansidan av växellådan.
8 Lossa jordledningens och kabelhärvans monteringclips.
9 På tidiga modeller, lossa växellådans vakuumslang från sitt clips. På senare modeller, lossa kabeln från växellådan och lossa lambdasondens kontakt från växellådsfästet.
10 Lossa inloppsslangen till växellådans oljekylare från den övre snabbkopplingen på kylarens sida. Lossa returoljeslangen från växellådan. Plugga lossade slangar och öppna anslutningar.
11 Demontera mätstickans rör och plugga öppningen.
12 Se kapitel 5A och demontera startmotorn.
13 Lyft ut expansionskärlet ur sitt fäste och låt det hänga fritt.
14 Om återcirkulation för avgaser (EGR) finns, lossa slangarna vid styrenheten ovanför kylaren.
15 Skruva ut muttern och ta bort den bult som fäster övre motorstaget vid fästet på motorn. Lägg märke till att det krävs en ny mutter och en ny bult vid monteringen.
16 Lossa jordledningens fästbult på torpedplåten, bredvid motorstagets fäste i karossen.
17 Skruva ur alla bultarna mellan motor och växellåda som går att komma åt från ovansidan.
18 Se kapitel 8 och demontera vänster drivaxel helt men demontera höger drivaxel endast från växellådan så att den fortfarande är ansluten vid styrknogen.
19 Demontera stänkskyddet under kylaren och på tidigare modeller, det stora stänkskyddet under motorn.
20 Demontera clipsen och lossa röret under monteringsramens framsida.
21 Lossa kabelbanden och lyft ut kolkanistern från monteringsramens vänstra sida. Stötta kanistern med ett kabelband, så att den går fri från monteringsramen.
22 Lossa avgassystemet från sitt fäste på katalysatorns baksida.
23 Skruva ur bultarna till servostyrningens hydraulrörsfästen på främre och bakre sidan av monteringsramen.
24 Skruva ur de två bultar som fäster nedre motorstaget vid växellådan.
25 På högerstyrda modeller, lossa de två bultarna till krockskyddet för styrväxeln på monteringsramens baksida och den mutter som fäster krockskyddsbasen vid monteringsramen.
26 Se Observera i början av detta avsnitt och

stötta motorn på lämpligt sätt från ovan, så mycket att motorinfästningarna avlastas.
27 Skruva ur den bult som fäster den främre motorinfästningen vid monteringsramen.
28 Lossa den bult som fäster den bakre motorinfästningen vid styrväxeln och sedan de fem muttrar som fäster styrväxeln vid monteringsramen. Kom ihåg att det krävs nya muttrar vid monteringen.
29 Placera en kraftig garagedomkraft under och i kontakt med monteringsramens vänstra sida. Se till att motorn är ordentligt stöttad från ovansidan.
30 Skruva ur de två bultarna på var sida som fäster monteringsramens bakre fästen vid karossen.
31 Lossa de två monteringsramsbultarna på höger sida med cirka 15 mm. Kom ihåg att det krävs nya bultar vid monteringen.
32 Skruva ur de två monteringsramsbultarna på vänster sida. Ta reda på motorfästet när den bakre bulten skruvas ur. Kom ihåg att det krävs nya bultar vid monteringen.
33 Sänk försiktigt på domkraften så att monteringsramens vänstra sida sjunker cirka 10 cm. Se till att styrväxelns fästbultar går fria från monteringsramen när den sänks.
34 På högerstyrda modeller, skruva ur de bultar som fäster krängningshämmarens klamrar på vänster sida av monteringsramen och lossa högra sidans klammerbultar så att de bara sitter några få gängor. Fäst vänster sida av krängningshämmaren vid styrväxeln med ett kabelband.
35 Sänk ned domkraften helt och låt monteringsramen hänga fritt i högersidans fästen.
36 Lossa jordledningen från växellådan.
37 Fäst vänster sida av styrväxeln vid en lämplig del av bottenplattan med en kraftig vajer.
38 Skruva ur muttern och bulten och demontera bakre motorinfästningen från styrväxel och växellådsfästet.
39 Koppla ur ledningen till hastighetsgivaren och lossa lambdasondens ledning från bakre motorfästets hölje. Demontera höljet och fästet från växellådan.
40 Vrid på vevaxeln med en hylsnyckel på remskivebulten till dess att en av momentomvandlarens fästbultar till drivplattan blir åtkomlig genom öppningen på växellådans baksida. Arbeta genom öppningen och skruva ur bulten **(se bild)**. Vrid vevaxeln efter behov så att resterande bultar kan skruvas ur på samma sätt. Kom ihåg att det krävs nya bultar vid monteringen.
41 Sänk motorn och växellådan med hjälp av det övre stödet till dess att det finns tillräckligt med utrymme att dra av växellådan. Se till att inte sänka enheten så mycket att det nedåtgående avgasröret kommer i kontakt med styrväxeln. Se även till att oljestickans rör går fritt från kylarfläkten och att inga slangar eller ledningar kommer i kläm.
42 Fäst och stötta växellådan från undersidan med en garagedomkraft.

43 Skruva ur resterande bultar mellan motor och växellåda. Dra växellådan rakt av motorns styrstift och se till att momentomvandlaren finns kvar i växellådan. Använd hålet i växellådshuset till att hålla moment-omvandlaren på plats **(se bild 10.40).**
44 Sänk ned domkraften och ta bort växel-lådan från bilens undersida.

Montering

45 Innan växellådan monteras ska oljekylaren spolas ur med färsk automatväxellådsolja. Gör det genom att montera en slang på den övre anslutningen, häll sedan oljan genom slangen och samla upp den i ett kärl placerat under returslangen.
46 Rengör kontaktytorna på moment-omvandlaren och drivplattan och fogytorna mellan växellådan och motorn. Smörj mo-mentomvandlarens styrning och motorns/växellådans styrstift med lite fett.
47 Kontrollera att momentomvandlaren är ordentligt på plats genom att mäta avståndet mellan kanten av växellådshusets yta till fästbultarnas flikar på omvandlaren. Detta mått ska vara cirka 14 mm.
48 För växellådan på plats så att den träs på motorns styrstift. Montera de nedre bultarna mellan motor och växellåda och dra åt dem, först diagonalt och sedan till angivet moment.
49 Bulta fast momentomvandlaren på drivplattan med nya bultar, vrid på vevaxeln för åtkomst. Fingerdra bultarna först och dra dem sedan till angivet moment.
50 Lyft motorn till ungefär monterad höjd. Sätt tillbaka det bakre motorfästet med hölje och säkra med de tre bultarna åtdragna till angivet moment.
51 Sätt tillbaka bakre motorinfästningen mot växellådan och styrningen men dra inte åt bultförbandet helt i detta skede.
52 Återanslut hastighetsgivarens kontakt och fäst lambdasondens ledning på fästets hölje.
53 På högerstyrda modeller, höj monterings-ramen till inom 10 cm från karossen och rikta upp styrväxel och krockskydd med sina respektive monteringsplatser och montera sedan krängningshämmarens klamrar. Dra åt samtliga klammerbultar till angivet moment.
54 För samtliga modeller, höj monterings-ramen till monteringsläget och se till att styrväxelbultarna greppar in på sina platser.
55 Montera de nya monteringsramsbultarna, bakre motorfästet och vänstersidans bultar. Dra åt monteringsramsbultarna med en momentnyckel och sedan till angiven vinkel med en vinkelmätare. Dra åt motorfäst-bultarna till angivet moment.
56 Stötta höger sida av monteringsramen med domkraften och ta bort de tidigare lossade bultarna. Montera nya bultar och de två motorfästbultarna och dra åt dem enligt anvisningarna i föregående paragraf.
57 Fäst styrväxeln på monteringsramen med fem nya muttrar dragna till angivet moment.
58 Montera den främre motorfästbulten och

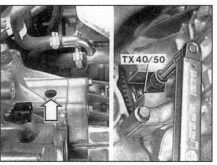

10.40 Lossa bultarna till momentomvandlaren. Hålet i växellådshuset (vid pil)

dra åt främre och bakre motorinfästningen till angivet moment.
59 På högerstyrda modeller, sätt tillbaka de två bultarna till styrväxelns krockskydd på monteringsramens baksida och den mutter som fäster krockskyddsbasen vid monte-ringsramen. Dra åt till angivet moment.
60 Montera det nedre motorstaget på växellådan och dra åt bultarna med en momentnyckel och sedan till angiven vinkel med en vinkelmätare.
61 Montera bultarna till styrväxelns hydraul-rörsfäste fram- och baktill på monterings-ramen och sätt tillbaka avgassystemets fäste.
62 Sätt tillbaka kolkanistern och rörclipsen på monteringsramens framsida.
63 Montera drivaxlarna enligt beskrivning i kapitel 8.
64 Montera stänkskyddet under kylaren och i förekommande fall under motorn.
65 Montera startmotorn och de övre växellådsbultarna. Dra åt bultarna till angivet moment.
66 På tidiga modeller, anslut växellådans vakuumslang till sitt clips. På senare modeller, anslut kabeln till växellådan och fäst lambdasondens kontakt på växellådsfästet.
67 Anslut slangarna till växellådans olje-kylare.
68 Montera mätstickans rör, använd en ny o-ring.
69 Montera de kabelklamrar som fäster kabelhärvan och jordledningen.
70 Stick in huvudkabelhärvans kontakt på växellådans ovansida.
71 Anslut jordledningen till torpedplåten.
72 Fäst det övre motorstaget i sin hållare med ny bult och ny mutter och dra åt med en momentnyckel och sedan till angiven vinkel med en vinkelmätare.
73 I förekommande fall, montera slangarna till styrenheten för återcirkulering av avgaser.
74 Montera expansionskärlet, oljekylar-slangen, luftintagsröret (om tillämpligt).
75 Anslut och justera väljarvajern enligt beskrivning i avsnitt 3
76 Montera batterilådan, batteriet, luftfiltret och lufttrummorna.
77 Om tillämpligt, anslut gasvajern till styr-skivan och fästet.
78 Kontrollera växellådsoljans nivå och fyll på vid behov.

11 Automatväxellåda - felsökning

Allmän information

1 Automatväxellådans elektroniska styr-system innehåller en diagnostikfunktion som hjälp vid felsökning och systemtestning. Diagnostiken övervakar kontinuerligt sys-temets komponenter och funktion. Om ett fel uppstår sparar styrenheten en serie felkoder som sedan kan avläsas via diagnostikenheten i motorrummet.
2 Om ett fel uppstår, indikerat av att varningslampan på instrumentpanelen blinkar, så kan diagnostiken användas till att inledningsvis peka ut vilket felområdet är, utan att specialutrustning används. När detta väl utförts är dock ofta fler tester nödvändiga för att avgöra felets exakta natur. Om felet exempelvis är mekaniskt eller elektriskt, om en komponent havererat eller om felet finns i en ledning eller annat likartat problem.

Avläsning av felkoder

Observera: *På modeller fr.o.m. 1996 sitter diagnostikenheten under en kåpa framför växelspaken och har ett 16-stifts uttag för anslutning till en felkodsläsare.*

3 I händelse av att ett systemfel misstänks, eller indikeras av varningslampan, är första steget att kontrollera om en felkod angetts och i så fall tolka kodens innebörd.
4 Leta först upp diagnostikenheten som finns till höger, framtill i motorrummet, bredvid påfyllningen till behållaren för vindrutespolar-vätska. Diagnostikenheten består av två moduler monterade sida vid sida med ett plastlock på vardera enheten. Lyft på locken och lägg märke till att modulerna är märkta A och B och att de båda har sex numrerade socklar på översidan.
5 Slå av tändningen och lossa tråden från hållaren på diagnostikenhetens sida och stick in den i sockel 1 på modul A.
6 Ha papper och penna tillgängligt och anteckna de felkoder som visas. De tresiffriga koderna visas i form av en serie blinkningar av den röda lysdioden (på A-modulens översida bredvid testknappen). Blinkningarna gör en kort paus mellan varje siffra.
7 Slå på tändningen med tråden instucken. Tryck en gång under cirka en sekund på testknappen på A-modulen och vänta på att lysdioden börjar blinka **(se bild)**. När den gör det, anteckna felkoden. Tryck sedan åter på knappen och anteckna nästa felkod, om det finns någon. Fortsätt till dess att den första felkoden anges igen, vilket anger att samtliga felkoder rapporterats och slå av tändningen.
8 Om kod 1-1-1 visas anger detta att inga felkoder för elektriska fel i växellådans kretsar och sammanhörande komponenter finns sparade i styrenheten. Om det finns ett uppenbart fel i växellådans funktion är detta då troligen av mekanisk natur.

9 Nedan räknas de möjliga felkoderna för automatväxellådan upp tillsammans med sina respektive innebörder.

10 När väl alla felkoder lästs av och noterats ska de raderas från styrenheten. Lägg märke till att felkoder inte kan raderas förrän alla har blinkat minst en gång och den första visats igen. Låt tråden sitta kvar i sockel 1 på modul A och slå på tändningen igen, tryck sedan ned testknappen under cirka 5 sekunder. Släpp sedan testknappen och vänta i tre sekunder på att lysdioden börjar blinka. När lysdioden tänds tryck ned testknappen i ytterligare fem sekunder och släpp den. Lysdioden slocknar då. Slå av tändningen och kontrollera att alla felkoder raderats genom att slå på tändningen igen och trycka på testknappen i en sekund - kod 1-1-1 ska då visas. Om någon annan kod visas, anteckna denna och upprepa rade-

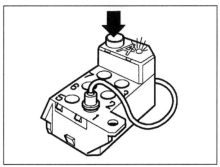

11.7 Avläs felkoderna genom att trycka på knappen på diagnostikenheten

ringen. När alla felkoder raderats, slå av tändningen och placera tråden i sin hållare och sätt tillbaka modulernas lock.

11 När väl platsen för ett fel fastställts via felkoderna kan undersökningarna koncentreras på denna plats. I många fall kan felet vara så enkelt som en korroderad, klämd eller lös kontakt eller en lös, smutsig eller vårdslöst monterad komponent. Kom ihåg att om felet uppstått endast en kort tid efter det att någon del av bilen fått service eller underhåll är alltid den första platsen att leta efter fel på där arbetet utfördes, oavsett hur obesläktat det kan verka vara, bara för att kontrollera att inte vårdslöst fastsatta komponenter orsakar problemet.

12 Om felet inte kan redas ut enkelt på detta sätt kärvs en mer detaljerad undersökning av systemet vilket kräver speciell Volvo testutrustning. De enda möjliga alternativet i detta skede är utbyte av en defekt del mot en bevisligen fungerande enhet (om möjligt) eller att låta en Volvoverkstad utföra resterande arbete.

Automatväxellåda - felsökning

Felkod	Innebörd
1-1-1	Inget fel upptäckt
1-1-2	Solenoid S1, krets kortsluten till 12 volt
1-1-3	Defekt styrenhet
1-1-4	Brott på kretsen för val av körläge
1-2-1	Solenoid S1, krets kortsluten till jord
1-2-2	Brott på kretsen för solenoid S1
1-2-3	Solenoid STH, krets kortsluten till 12 volt
1-2-4	Kretsen för val av körläge kortsluten till jord
1-3-1	Brott eller kortslutning till jord i kretsen för solenoid STH
1-3-2	Defekt styrenhet
1-3-4	Ej korrekt belastningssignal
1-4-1	Oljetemperaturgivarens krets kortsluten till jord
1-4-2	Brott i kretsen för oljetemperaturgivaren
1-4-3	Kretsen för kickdown-kontakten kortsluten till jord
2-1-1	Defekt styrenhet
2-1-2	Solenoid S2, krets kortsluten till 12 volt
2-1-3	Trottelpositionssignal för hög
2-2-1	Solenoid 2, krets kortsluten till jord
2-2-2	Brott på kretsen för solenoid S2
2-2-3	Trottelpositionssignal för låg
2-3-1	Trottelpositionssignal ej reguljär
2-3-2	Hastighetsgivarens signal saknas
2-3-3	Felaktig signal från hastighetsgivaren
2-3-5	För hög oljetemperatur
2-4-5	Brott eller kortslutning till jord i krets för vridmomentsbegränsning
3-1-1	Ingen signal från växellådans varvtalsgivare
3-1-2	Felaktig signal från växellådans varvtalsgivare
3-1-3	Felaktig signal från växellägesgivaren
3-2-2	Fel utväxling för angiven fart
3-2-3	Låsning slirar eller är ej i ingrepp
3-3-1	Solenoid SL, krets kortsluten till 12 volt
3-3-2	Brott på kretsen för solenoid SL
3-3-3	Solenoid SL, krets kortsluten till jord

Anteckningar

Kapitel 8
Drivaxlar

Innehållsförteckning

Svårighetsgrad

Enkelt, passar novisen med lite erfarenhet	Ganska enkelt, passar nybörjaren med viss erfarenhet	Ganska svårt, passar kompetent hemma-mekaniker	Svårt, passar hemmamekaniker med erfarenhet	Mycket svårt, för professionell mekaniker

Specifikationer

Allmänt

Drivaxeltyp .... Massiva stålaxlar av lika längd, splinesförband till inre och yttre drivknutar. Mellanaxel inkorporerad i höger drivaxelmontage.

Typ av yttre drivknut .... Konstanthastighetsknut med kula och bur

Typ av inre drivknut:
  Manuell växellåda .... Konstanthastighetsknut med kula och bur
  Automatväxellåda .... Konstanthastighetsknut, Tripod

Åtdragningsmoment   Nm

Drivaxelmutter:*
  Steg 1 120
  Steg 2 .... Dra ytterligare 60°
Överfallsbultar till höger drivaxels stödlager 25
Hjulbultar 110

En ny mutter måste användas om de ursprungliga är av stukad typ

1 Allmän information

Drivkraften överförs från differentialen till framhjulen via två massiva stålaxlar av lika längd, försedda med drivknutar av konstanthastighetstyp på inre och yttre ändarna. I och med växellådans placering ingår en mellanaxel och ett stödlager i höger drivaxelmontage.

En drivknut av konstanthastighetstyp med kula och bur finns monterad på vardera drivaxelns ytterdel. Knuten har en ytterdel som är splineskopplad till hjulnavet och gängad så att den kan fästas vid navet med en stor mutter. Knuten består av sex kulor i en bur som är i ingrepp med den inre delen. Montaget skyddas av en flexibel gummidamask som är fäst på drivaxeln och knutens ytterdel.

I den inre änden är drivaxeln splineskopplad till en drivknut av konstant-hastighetstyp med kula och bur på modeller med manuell växellåda eller en drivknut av typen tripod innehållande nållager och skålar på modeller med automatväxellåda. På vänster sida är den inre knuten i direkt ingrepp med differentialens solhjul. På höger sida är den inre knuten integrerad med mellanaxeln vars inre del är i direkt ingrepp med differentialens solhjul. I likhet med de yttre knutarna skyddas de inre av en damask fäst på axeln och knuten.

2 Drivaxlar - demontering och montering

Observera: *På modeller före 1995 är drivaxlarna fästa med M20 muttrar som låses genom att de stukas fast i spåret i knutens axelände. På senare modeller används en självlåsande M22 mutter. Stukade M20 muttrar måste alltid bytas mot nya om de lossats men M22 muttrar kan återanvändas.*

Demontering

1 Dra åt handbromsen ordentligt och lägg klossar vid bakhjulen. Demontera navkapseln på den sida som arbetet ska utföras på.
2 På tidiga modeller ska den stukning som säkrar drivaxelns mutter knackas upp.
3 Låt en medhjälpare trycka ned broms-pedalen med all kraft och lossa drivaxelns fästmutter med en hylsa och ett långt förlängningsskaft. Muttern är mycket hårt åtdragen.
4 Ställ upp framvagnen på pallbockar (se *"Lyftning och stödpunkter"*). Demontera tillämpligt hjul.
5 Skruva helt ut den tidigare lossade driv-axelmuttern. På tidiga modeller med stukad mutter ska muttern kasseras och en ny användas vid montering. På senare modeller är muttern självlåsande och kan återanvändas om den inte är skadad.
6 Demontera ABS-systemets hjulgivare från styrknogen och lossa givarens ledning från fjäderbensfästet **(se bild)**.

2.6 Demontera hjulgivaren till ABS från styrknogen

2.10 Lossa bärarmens kulled från styrknogen (vid pil)

2.11 Vrid fjäderben och styrknoge utåt och dra av drivknuten från navflänsen

7 Skruva ur den bult som fäster bromsledningen och ABS-ledningsfästet vid inre hjulhuset.
8 Lossa drivknuten från navet genom att knacka in den 10 - 15 mm med en klubba av plast eller koppar.
9 Om höger drivaxel demonteras på en tidigare modell ska stänkskyddet undre motorn demonteras.
10 Lossa muttern och ta bort den klammerbult som fäster fjädringens styrarmskulled vid styrknogen. Tryck ned armen med en grov stång om så krävs för att lossa kulledens arm från knogen **(se bild)**. Om kulleden sitter fast hårt, tvinga isär skåran i styrknogen med en grov skruvmejsel eller en huggmejsel. Se till att inte skada kulledens dammskydd vid eller efter demonteringen.

2.13 Demontering av skyddet för mellanaxelns stödlageröverfall från höger drivaxel

11 Vrid ut fjäderbenet och styrknogen, dra ut drivaxelns drivknut från navflänsen **(se bild)**.
12 Om vänster drivaxel demonteras, lossa den inre knuten från växellådan genom att bända mellan kanten på knuten och växellådshusets kant med en stor skruvmejsel eller liknande. Se till att inte skada växellådans packbox eller den inre damasken. Dra ut drivaxeln från hjulhusets undersida.
13 Om höger drivaxel demonteras, skruva ur de två bultarna och ta bort skyddet över mellanaxelns stödlager **(se bild)**. Dra ut mellanaxeln ur växellådan och ta ut drivaxeln från hjulhusets undersida.

Montering

14 Montering sker med omvänd arbetsordning, lägg dock märke till följande punkter.
 a) Innan montering, ta bort alla spår av metallklister, rost, olja och smuts från splines och gängor på den yttre drivknuten.
 b) Om arbetet utförs på vänster drivaxel, se till att den inre knuten trycks in hela vägen i växellådan så att låsringen går i läge på differentialen.
 c) Lägg på en 3 till 4 mm bred rand metallklister (finns hos Volvohandlare) på splinesen på den yttre knuten innan den monteras i navflänsen **(se bild)**.
 d) Smörj gängorna i knuten och drivaxelns mutter med motorolja innan montering. Kontrollera att en ny mutter används om den ursprungliga var stukad.

 e) Dra samtliga muttrar och bultar till angivet moment (se kapitlen 9 och 10 för åtdragningsmoment för komponenter i bromsar och fjädring). Vid åtdragning av drivaxelmuttrar, dra först med momentnyckel och sedan till angiven vinkel med en vinkelmätare **(se bilder)**. Om muttern är av stukad typ, lås den genom att knacka ned mutterflänsen i knutens skåra med en mejsel.
 f) Se till att ABS-systemets hjulgivare och givarens plats i styrknogen är helt rena innan montering.

3 Yttre drivknutsdamask - byte

1 Demontera drivaxeln enligt beskrivning i avsnitt 2.
2 Skär av damaskens clips och dra ned damasken på axeln så att den yttre drivknuten blottas.
3 Ta ut så mycket fett som möjligt ur knuten och vidga knutens inre låsring med en skruvmejsel mellan ringändarna. Knacka samtidigt på den exponerade ytan av kulnavet med hammare och dorn så att knuten lossnar från drivaxeln **(se bilder)**. Dra av damasken från drivaxeln.
4 Med knuten loss från axeln, tvätta knuten i fotogen eller lämpligt lösningsmedel och torka

2.14a Lägg på en sträng metallklister på drivknutens splines innan den fogas ihop med navflänsen

2.14b Dra åt drivaxelmuttern med en momentnyckel ...

2.14c ... och sedan en vinkelmätare

3.3a Tvinga isär knutens inre låsring med en skruvmejsel . . .

3.3b . . . och knacka sedan loss knuten med hammare och drivdorn

13 Kontrollera att knuten rör sig ledigt i alla riktningar och montera sedan drivaxeln enligt beskrivning i avsnitt 2.

Modeller med manuell växellåda

1 Följ beskrivningen i avsnitt 3 för ytterdamasken. Om den yttre damasken redan demonterats är det inte nödvändigt att demontera innerknuten för att byta damask eftersom den kan dras av axeln från ytteränden. Vid ihopsättning, notera att fettmängden i den inre knutarna är 120 gram på alla modeller.

Modeller med automatväxellåda

Modeller utan turbo

2 Demontera drivaxeln enligt beskrivning i avsnitt 2.

3.8 Montera en ny inre låsring på knuten innan knuten monteras

3.11 Fyll knut och damask med specialfett

den noga. Ta bort den invändiga låsringen och skaffa en ny för monteringen.

5 Flytta den inre splinesade drivdelen från sida till sida så att kulorna i turordning blottas på toppen av sitt spår. Kontrollera att kulorna inte visar tecken på sprickor, plana punkter eller märkta ytor.

6 Inspektera kulbanorns inre och yttre delarna. Om banorna breddats har kulorna inte längre en tät passning. Kontrollera samtidigt kulburens fönster så att det inte finns slitage eller sprickor mellan fönstren. Skaffa en ny yttre drivknut om något slitage är uppenbart.

7 Om knuten är i godtagbart skick, skaffa en reparationssats från Volvohandlaren, som består av en ny damask och nya clips till denna. Korrekt typ och mängd fett ingår vanligtvis i satsen. Om inte kan Volvohandlaren leverera detta separat.

8 Montera den nya invändiga låsringen och fyll knuten med medföljande fett. Arbeta in det ordentlig i kulbanorna och i drivaxelns öppning till den inre delen **(se bild)**. Använd 80 gram fett för icke-turbomodeller och 120 gram för turbomodeller.

9 Dra på damasken på axeln och placera den inre änden i spåret på drivaxeln.

10 Koppla ihop knuten med drivaxelns splines och knacka den på plats till dess att den invändiga låsringen hamnar i drivaxelns spår.

11 Kontrollera att låsringen håller fast knuten ordentligt på drivaxeln och lägg in resterande fett i damasken och på knuten **(se bild)**.

12 Placera damaskens yttre läpp i spåret på knutens ytterdel och montera de två clipsen. Ta bort eventuellt spel ur clipsen genom att försiktigt trycka ihop den upphöjda delen med en tång **(se bilder)**.

3 Lossa damaskens clips och dra av damasken från axeln så att knuten blottas.

4 Märk upp läget för drivknuten i för hållande till drivaxeln så att hopsättningen underlättas.

5 Använd en skruvmejsel och peta försiktigt upp antiseparationsplattans flikar i hörnen **(se bild)**. Dra ut ytterdelen av den inre drivknuten.

6 Använd en låsringstång och ta ut låsringen som fäster knuten vid drivaxeln. Märk upp drivknutens placering i förhållande till drivaxeln med en färgklick eller en körnare.

7 Drivknuten kan nu demonteras. Om den sitter fast, dra av den från axeln med en avdragare. Se i så fall till att avdragarens ben placeras bakom den inre delen och att de inte kommer i kontakt med nållagren. Alternativt kan den inre delen av knuten stöttas och axeln pressas ut med en hydraulpress. Se även där till att nållagren inte utsätts för belastning.

8 Dra av damasken från drivaxelns ände när knuten demonterats.

9 Torka knutens delar rena, se till att inte ta bort upprikningsmärken. **Använd inte** fotogen eller andra lösningsmedel vid rengöring av denna typ av drivknut.

10 Undersök om drivknuten, nållagren och

3.12a Montera damaskens låsclips . . .

3.12b . . . och kläm ihop den upphöjda delen med en tång

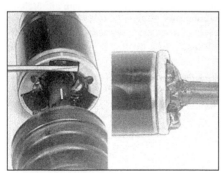

4.5 På modeller utan turbo, böj upp låsflikarna på den inre drivknutens antiseparationsplatta med en skruvmejsel

4.23 På turbomodeller, böj upp den inre drivknutens krage (vid pilar) med en tång

de yttre delarna visar tecken på repor eller slitage. Kontrollera att nålarna rullar fritt på skaften. Om det finns slitage måste knuten bytas. Om knuten är i godtagbart skick, skaffa en reparationssats från Volvohandlaren, som består av en ny damask och nya clips till denna. Korrekt typ och mängd fett ingår vanligtvis i satsen. Om inte kan Volvohandlaren leverera detta separat.

11 Trä försiktigt på den nya damasken på drivaxeln.

12 Rikta upp med hjälp av märkningen vid demonteringen och trä på knuten på drivaxelns splines. Använd hammare och mjukt dorn till att knacka knuten på plats, var försiktig så att inte knutens nålar eller axelns splines skadas. Alternativt kan drivaxeln stöttas och knuten pressas på plats med en hydraulpress och lämplig rördistans som lägger tryck endast på knutens innerdel.

13 Säkra drivknuten på plats med låsringen, kontrollera att den är korrekt placerad i spåret på drivaxeln.

14 Fördela 190 gram av specialfettet jämnt runt knuten och inne i den yttre delen. Eventuellt överblivet fett packas in i damasken.

15 Dra ytterdelen i läge över knuten och kontrollera att märkena från demonteringen är uppriktade.

16 Knacka försiktigt ned plattans flikar till sin ursprungliga form med en klubba.

17 Dra upp damasken på drivaxeln och placera den i spåren på drivaxeln och knutens ytterdel.

18 Montera clipsen på damasken. Ta bort eventuellt spel ur clipsen genom att försiktigt trycka ihop den upphöjda delen med en tång.

19 Kontrollera att knuten rör sig ledigt i alla riktningar och montera sedan drivaxeln enligt beskrivning i avsnitt 2.

Turbomodeller

20 Demontera drivaxeln enligt beskrivning i avsnitt 2.

21 Lossa damaskens clips och dra av damasken från axeln så att knuten blottas.

22 Märk upp läget för drivknuten i förhållande till drivaxeln så att ihopsättningen underlättas.

23 Använd en tång och böj försiktigt upp den vikta kragen på knutens ytterdel, så mycket att knutens nållager kan glida ut **(se bild)**. Dra av ytterdelen från knuten, var beredd att hålla nålarna på plats, annars kan de falla ut när ytterdelen dras av. Vid behov kan nålarna hållas på plats med tejp efter demonteringen av ytterdelen. Nålarna är matchade till skaften, så det är viktigt att de inte byts ut sinsemellan.

24 Använd en låsringstång och ta ut den låsring som fäster drivknuten vid drivaxeln.

25 Drivknuten kan nu demonteras. Om den sitter fast, dra av den från axeln med en avdragare. Se i så fall till att avdragarens ben placeras bakom den inre delen och att de inte kommer i kontakt med nållagren. Alternativt kan den inre delen av knuten stöttas och axeln pressas ut med en hydraulpress. Se även där till att nållagren inte utsätts för belastning.

26 Dra av damasken från drivaxelns ände när knuten demonterats.

27 Torka knutens delar rena, se till att inte ta bort uppriktningsmärken. **Använd inte** fotogen eller andra lösningsmedel vid rengöring av denna typ av drivknut.

28 Undersök om drivknuten, nållagren och de yttre delarna visar tecken på repor eller slitage. Kontrollera att nållagren rullar fritt på skaften. Om det finns slitage måste knuten bytas. Om knuten är i godtagbart skick, skaffa en reparationssats från Volvohandlaren, som består av en ny damask och nya clips till denna. Korrekt typ och mängd fett ingår vanligtvis i satsen. Om inte kan Volvohandlaren leverera detta separat.

29 Trä försiktigt på den nya damasken på drivaxeln.

30 Trä på knuten på drivaxelns splines. Använd hammare och mjukt dorn till att knacka knuten på plats, var försiktig så att inte knutens nållager eller axelns splines skadas. Alternativt kan drivaxeln stöttas och knuten pressas på plats med en hydraulpress och lämplig rördistans som lägger tryck endast på knutens innerdel.

31 Säkra drivknuten på plats med låsringen, kontrollera att den är korrekt placerad i spåret på drivaxeln.

32 Fördela 190 gram av specialfettet jämnt runt knuten och inne i den yttre delen. Eventuellt överblivet fett packas in i damasken.

33 Dra ytterdelen i läge över knuten och

kontrollera att märkena från demonteringen är uppriktade.

34 Knacka försiktigt ytterdelens vikta krage till sin ursprungliga form.

35 Dra upp damasken på drivaxeln och placera den i spåren på drivaxeln och knutens ytterdel.

36 Montera clipsen på damasken. Ta bort eventuellt spel ur clipsen genom att försiktigt trycka ihop den upphöjda delen med en tång.

37 Kontrollera att knuten rör sig ledigt i alla riktningar och montera sedan drivaxeln enligt beskrivning i avsnitt 2.

5 Höger drivaxels stödlager - demontering och montering

Observera: *För detta arbete krävs en hydraulpress och passande dockor.*

Demontering

1 Demontera drivaxeln enligt beskrivning i avsnitt 2.

2 Demontera innerknuten och damasken enligt beskrivning i avsnitt 4.

3 Använd låsringstång och ta ut stödlagrets låsring från mellanaxeln.

4 Placera stödlagret på en pressbädd med mellanaxeln uppåt. Tryck ut axeln ur lagret.

Montering

5 Placera det nya lagret på pressbädden och stick in mellanaxeln genom centrum. Pressa axeln och drivknuten in i lagret till dess att lagret går mot stoppet på axeln.

6 Montera låsringen, kontrollera att den går helt i spåret.

7 Montera innerknut och damask på drivaxeln och montera drivaxeln enligt beskrivning i avsnitten 4 respektive 2 .

6 Renovering av drivaxlar - allmän information

1 Provkör bilen och lyssna efter metalliska klick från framvagnen när bilen körs långsamt i en cirkel med fullt rattutslag. Om det hörs klickanden indikerar detta slitage i de yttre drivknutarna.

2 Om vibration som följer hastigheten känns i bilen vid acceleration föreligger möjligen slitage i de inre drivknutarna.

3 Drivknutar kan demonteras och inspekteras vad gäller slitage enligt beskrivning i avsnitten 3 och 4. Om slitage är uppenbart ska knutarna bytas.

Kapitel 9
Bromssystem

Innehållsförteckning

Allmän information 1
Bakre bromsklossar - byte 5
Bakre bromsok - demontering, renovering och montering 9
Bakre bromsskivor - inspektion, demontering och montering 7
Bromshuvudcylinder- demontering och montering 10
Bromsljuskontakt - demontering och montering 18
Bromspedal - demontering och montering 12
Byte av bromsolja . . . . .Se kapitel 1
Främre bromsklossar - byte 4
Främre bromsok - demontering, renovering och montering 8
Främre bromsskiva - inspektion, demontering och montering 6
Handbroms - justering 14
Handbromsbackar - inspektion och byte 15
Handbromsspak - demontering och montering 17
Handbromsvajer - demontering och montering 16
Hydraulrör och slangar - byte 3
Hydraulsystem - avluftning 2
Kontroll av bromsklosslitage . . . . .Se kapitel 1
Kontroll av bromsoljenivå . . . . .Se "Veckokontroller"
Kontroll av bottenplatta och broms/bränslerör . . . . .Se kapitel 1
Låsningsfritt bromssystem (ABS) - allmän information 19
Låsningsfritt bromssystem (ABS), delar -
    demontering och montering 20
Låsningsfritt bromssystem (ABS) - felsökning 21
Tryckreduceringsventil - demontering och montering 11
Vakuumservo - demontering och montering 13

Svårighetsgrad

| Enkelt, passar novisen med lite erfarenhet | | Ganska enkelt, passar nybörjaren med viss erfarenhet | | Ganska svårt, passar kompetent hemma-mekaniker | | Svårt, passar hemmamekaniker med erfarenhet | | Mycket svårt, för professionell mekaniker |  |

Specifikationer

Allmänt

Systemtyp:

Färdbroms	Tvåkrets hydraulisk med servo. Låsningsfria bromsar (ABS) på samtliga modeller
Handbroms	Mekanisk till trummor inbyggda i de bakre bromsskivorna

Främre bromsar

Typ	Ventilerade skivor med flytande enkelkolvsok
Minsta beläggningstjocklek på bromsklossar	3,0 mm
Skivdiameter	280 mm
Skivtjocklek:	
Ny	26,0 mm
Slitagegräns	23,0 mm
Max kast på bromsskiva	0,04 mm
Max variation på skivtjocklek	0,008 mm

Bakre bromsar

Typ	Massiv skiva med fast dubbelkolvsok
Minsta beläggningstjocklek på bromsklossar	2,0 mm
Skivdiameter	295 mm
Skivtjocklek:	
Ny	9,6 mm
Slitagegräns	8,4 mm
Max kast på bromsskiva	0,08 mm
Max variation på skivtjocklek	0,008 mm

Handbroms

Trumdiameter	178 mm
Max kast på bromstrumma	0,15 mm
Max orundhet på bromstrumma	0,15 mm

Åtdragningsmoment

	Nm
Bultar till främre okfäste*	100
Styrstiftsbultar till främre ok	30
Fästbultar till bakre ok*	50
Huvudcylinderns monteringsmuttrar	25
Servons monteringsmuttrar	25
Röranslutningar	14
Slanganslutningar	18
Fästbultar för ABS-givare	10
Monteringsbultar för styrenheten till ABS	5
Hjulbultar	110

*Använd alltid nya bultar

1 Allmän information

Bromspedalen manövrerar skivbromsar på de fyra hjulen via ett servoförstärkt hydrauliskt system med dubbla kretsar. Handbromsen manövrerar separata trumbromsar på bakhjulen via vajrar. Ett system för låsningsfria bromsar (ABS), inkluderande feldiagnostik finns monterat på alla modeller och beskrivs närmare i avsnitt 19.

Det hydrauliska systemet är delat i två kretsar så att om en krets slås ut kommer den andra fortfarande att ge fullgod bromskraft (även om pedalväg och kraft kan komma att öka). På samtliga modeller används axiell delning så att den ena kretsen går enbart över framhjulen och den andra enbart över bakhjulen. Det finns en tryckreduceringsventil i den bakre bromskretsen som förhindrar bakhjulslåsning under extrema inbromsningar.

Bromsservon är av direktverkande typ och finns placerad mellan bromspedalen och huvudcylindern. Servon förstärker förarens kraft och är vakuumstyrd. Vakuumet tas från insugsröret.

Varningslampor på instrumentbrädan meddelar föraren om låg bromsoljenivå tack vare en nivåvakt i huvudcylinderns behållare. En annan varningslampa talar om när handbromsen är åtdragen och anger även närvaron av fel i ABS-systemet.

Observera: *Arbete med systemet ska utföras försiktigt och metodiskt under iakttagande av klinisk renlighet vid renovering av någon del av hydrauliken. Byt alltid till nya delar (i axeluppsättningar där så behövs) om minsta tveksamhet råder angående skicket. Använd alltid original Volvo delar eller åtminstone delar av erkänt god kvalitet. Kom ihåg de varningar som finns i "Säkerheten främst!" och relevanta punkter i detta kapitel gällande farorna med asbestdamm och hydraulolja.*

2 Hydraulsystem - avluftning

⚠️ *Varning: Hydraulolja är giftig, spola omedelbart av med stora mängder vatten om hudkontakt uppstår. Sök omedelbar läkarhjälp vid nedsväljning eller ögonkontakt. Vissa typer av hydraulolja är lättantändliga och kan fatta eld vid kontakt med heta delar. Vid arbete med hydrauliksystem är det säkrast att förutsätta att oljan ÄR lättantändlig och vidta samma skyddsåtgärder som vid arbete med bensin. Hydraulolja är dessutom ett effektivt färgborttagningsmedel och angriper plast. Om spill uppstår ska detta omedelbart sköljas bort med enorma mängder rent vatten. Slutligen så är vätskan hygroskopisk (absorberar fukt från luften). Ju mer fukt som absorberas av oljan dess lägre blir kokpunkten, vilket leder till en farlig förlust av bromseffekt under hård inbromsning. Gammal hydraulolja kan vara förorenad och oduglig för användning. Vid påfyllning ska alltid rekommenderad typ från en nyöppnad förpackning användas.*

Allmänt

1 Korrekt funktion av det hydrauliska bromssystemet är endast möjlig om all luft tappats ur systemet. Detta uppnås genom att systemet avluftas.

2 Vid avluftningen ska endast färsk, ren hydraulolja av specificerad typ användas. Återanvänd inte olja som redan tappats ur systemet. Se till att ha tillräckligt med olja innan arbetet påbörjas.

3 Om det finns någon möjlighet att felaktig vätska används i systemet måste ledningar och delar spolas ur med ren hydraulolja och sedan förses med nya packningar och oljetätningar.

4 Om bromsolja förlorats från huvudcylindern på grund av läckage i systemet måste läckan spåras och tätas innan arbetet kan framskrida.

5 Parkera bilen på plan mark, slå av tändningen och lägg i ettans växel (manuell låda) eller P (automatväxellåda), lägg klossar vid hjulen och släpp upp handbromsen.

6 Kontrollera att samtliga rör och slangar är fästade, att kopplingarna är åtdragna och att avluftningsskruvarna är stängda. Ta bort dammskydden på avluftningsskruvarna och gör rent kring dem.

7 Skruva upp huvudcylinderbehållarens lock och fyll på bromsolja till märket "MAX". Skruva på locket löst och kom ihåg att under hela proceduren alltid hålla nivån ovanför "MIN". I annat fall finns risk för att än mer luft kommer in i systemet.

8 Det finns ett antal gör-det-själv-satser avsedda för enmans avluftning av bromssystem att köpa i biltillbehörsaffärer. Där så är möjligt är det rekommendabelt att en sådan sats används eftersom de verkligen förenklar avluftningen och även minskar risken för att avtappad olja/luft sugs tillbaka i systemet. Om sådan sats inte finns tillgänglig måste den grundläggande tvåmannametoden användas. Den beskrivs nedan i detalj.

9 Om en sats används, förbered bilen enligt tidigare anvisningar och följ satstillverkarens anvisningar i och med att arbetsbeskrivningarna kan variera i detaljer beroende på sats. Generellt sett är gör-det-själv-satserna som nedan beskrivet i relevanta avsnitt.

10 Oavsett metod måste korrekt ordningsföljd iakttas (paragraferna 11 till 12) så att all luft verkligen tappas ut ur systemet.

Ordningsföljd för avluftning

11 Om hydraulsystemet bara delvis kopplats ur och korrekta förebyggande åtgärder vidtagits för att minimera oljeförlust ska det bara vara nödvändigt att avlufta den delen (primärkretsen eller sekundärkretsen).

12 Om hela systemet ska avluftas ska detta göras i följande arbetsordning:
a) *Bakhjulsbromsarna (valfri ordningsföljd).*
b) *Höger frambroms.*
c) *Vänster frambroms.*

Avluftning - grundmetod (tvåmanna)

13 Använd en ren, genomskinlig glasburk och en lämplig längd slang av plast eller gummi som har en tät passform över avluftnings-skruven samt en ringnyckel som passar skruvarna. En medhjälpare behövs.
14 Om inte redan gjort, ta bort dammskyddet på avluftningsskruven på den första broms som ska avluftas och montera avluftnings-slangen på skruven. Sänk ned den andra änden av slangen i burken, som redan ska vara fylld med så mycket bromsolja som krävs för att täcka slangänden.
15 Se till att nivån i huvudcylinderns behål-lare hålls åtminstone över markeringen "MIN" under hela arbetet.
16 Låt medhjälparen trycka bromspedalen i botten ett antal gånger så att trycket byggs upp och bibehåll detta vid den sista ned-trampningen.
17 Håll pedalen i botten och öppna avluftningsskruven cirka ett varv och låt den komprimerade bromsoljan och luften rinna ut i burken. Medhjälparen ska hålla kvar foten på bromspedalen och följa den ned mot golvet om så behövs och inte släppa bromsen förrän så begärs. När flödet upphör, dra åt avluftningsskruven och instruera med-hjälparen att långsamt släppa upp broms-pedalen. Kontrollera bromsoljenivån.
18 Upprepa stegen 16 och 17 till dess att ren bromsolja, utan luftbubblor, kan ses vid slangens mynning. Om huvudcylindern drä-nerats och fyllts på och luften tappas ur från den första skruven i sekvensen, låt det gå cirka 5 sekunder mellan cyklerna så att passagerna i huvudcylindern får tid att fyllas.
19 När luftbubblor inte längre förekommer, dra åt skruven och ta bort slangen samt montera dammskyddet. Dra inte åt avluft-ningsskruven för hårt.
20 Upprepa sedan med samtliga bromsok i rätt ordningsföljd till dess att all luft tagits bort från systemet och bromspedalen känns fast.

Avluftning - med sats med envägsventiler

21 Som namnet antyder består dessa satser av en slangbit med en envägsventil som förhindrar att avtappad luft/olja sugs tillbaka in i systemet. Vissa satser innehåller även en genomskinlig behållare som kan placeras så att det blir lättare att se luftbubblorna i slangänden.
22 Satsen monteras på avluftningsskruven och används sedan. Användaren kliver tillbaka i förarsätet och trycker ned bromspedalen med en mjuk stadig rörelse och släpper sedan upp den. Detta upprepas till dess att luftbubblorna är borta.
23 Dessa satser förenklar arbetet så mycket

att det är lätt att glömma bort oljenivån i huvudcylinderns behållare. Se till att denna nivå alltid är ovanför minimistrecket.

Avluftning -med sats för trycksatt avluftning

24 Dessa satser manövreras vanligen med övertrycket i reservdäcket. Lägg dock märke till att det troligen är nödvändigt att minska trycket där, se de instruktioner som medföljer.
25 I och med att en trycksatt bromsoljefylld behållare monteras ihop med huvudcylinderns behållare utförs avluftningen genom att skruvarna (i angiven ordningsföljd) öppnas så att oljan kan rinna ut, som ur en kran, till dess att det inte längre bubblar i slangmynningen.
26 Denna metod har den fördelen att den stora oljebehållaren ger ett extra skydd mot att luft dras in i systemet under avluftningen.
27 Trycksatt avluftning är speciellt effektiv vid arbete med "svåra" system eller när avluftning utförs efter det att hela systemet tappats ur vid byte av bromsolja. Det är även den metod Volvo rekommenderar ifall hydraulsystemet tappas ur, helt eller delvis.

Samtliga metoder

28 Efter avslutad avluftning och att broms-pedalen har en fast känsla igen ska all spillvätska spolas bort. Dra sedan åt avluft-ningsskruvarna ordentligt och sätt tillbaka dammskydden.
29 Efter fullbordad avluftning, kontrollera och fyll på nivån i huvudcylinderns behållare.
30 Kassera bromsolja som tappats ut vid avluftning. Den kan inte användas till någonting.
31 Kontrollera känslan i bromspedalen. Om denna är svampig finns det fortfarande luft i systemet. Detta kräver fortsatt avluftning. Om avluftning misslyckas efter ett flertal försök kan detta bero på slitna packningar i huvud-cylindern.

3 Hydraulrör och slangar - byte

Observera: *Innan arbetet påbörjas, se varningarna i början av avsnitt 2 gällande riskerna med hydraulolja.*
1 Om ett rör eller en slang ska bytas, minimera förlust av hydraulolja genom att först ta bort locket till huvudcylinderns behållare och lägg sedan en bit plastfilm över och försegla med ett gummiband. Alternativt så kan hydraulslangar vid behov förseglas med en bromsslangklämma. Metallanslut-ningar kan pluggas (under förutsättning att försiktighet iakttages så att inte oljan förorenas) omedelbart efter urkoppling. Placera en trasa undre varje anslutning som ska öppnas så att den fångar upp spillet.

2 Om en slang lossas, skruva ur bromsrörets mutter först innan slangens fjäderklämma lossas.
3 För lossande av bromsrörsmuttrar är det att föredra att bromsrörsnyckel i rätt storlek anskaffas, dessa finns att få från den flesta biltillbehörsbutiker. Om detta inte är möjligt kan en öppen fast nyckel med tät passform användas, men om muttern sitter hårt eller är korroderad kan flankerna rundas om nyckeln glider. I så fall är en självlåsande nyckel enda möjligheten att skruva ur en envis mutter. Men detta medför att röret och den skadade muttern måste bytas till nya delar vid ihopsättningen. Rengör alltid kringliggande områden innan en anslutning öppnas. Om en komponent med fler än en anslutning tas loss, anteckna vilken anslutning som leder vart, innan någon av dem lossas.
4 Om ett bromsrör ska bytas finns dessa att få i färdiga längder, med muttrar och flänsar på plats, från Volvohandlare. Allt som då behöver göras är att böja dem till rätta former, följande originalets linjer, innan de monteras på plats. Alternativt säljer de flesta bil-tillbehörsbutiker färdiga bromsrör på meter-vara, men detta kräver en korrekt uppmätning av originalen så att utbytesdelarna blir av korrekt längd. Säkraste sättet är att ta med originalet som mall.
5 Innan monteringen, blås igenom rören eller slangarna med torr tryckluft. Dra inte åt muttrarna för hårt. Det krävs inte brutal styrka för att åstadkomma en tät fog.
6 Om slangar byts, se till att rör och slangar är korrekt dragna, utan veck och vridningar och att de sitter i sina fästen. Originalslangar har vita linjer i längsled som klart visar om slangen vrids.
7 Efter monteringen, avlufta systemet enligt beskrivningarna i avsnitt 2 och skölj bort eventuellt spill samt leta efter läckor.

4 Främre bromsklossar - byte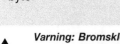

⚠️ *Varning: Bromsklossarna måste bytas samtidigt på framhjulen - byt ALDRIG klossar på bara ett hjul eftersom detta kan resultera i ojämn bromsverkan. Damm från slitage av bromsklossar kan innehålla asbest som är en hälsorisk. Blås inte bort med tryckluft, andas inte in dammet. ANVÄND INTE petroleumbaserade lösningsmedel för rengöring av bromsdelar. Använd endast bromsrengöringsmedel eller metylalkohol. LÅT INTE bromsolja, olja eller fett komma i kontakt med klossar eller skiva. Se även varningen i början av avsnitt 2 rörande riskerna med hydraulolja.*

1 Lägg klossar vid bakhjulen, lossa framhjuls-muttrarna och lyft upp framvagnen på pall-bockar (se *"Lyftning och stödpunkter"*). Ta bort framhjulen.

4.2 Dra ut bromsklossens fjäderclips

4.3a Lossa styrstiftens skyddshuvar . . .

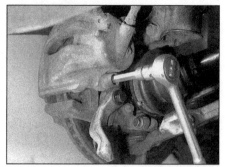

4.3b . . . och skruva ut båda styrstiften

2 Använd en skruvmejsel och ta försiktigt ut bromsklossens fjäderclips. Se till att inte deformera detta **(se bild)**.
3 Ta bort skyddshuvarna över okets två styrstift och skruva ur styrstiften med en 7 mm sexkantshylsa **(se bilder)**.
4 Dra av oket från klossarna och okhållaren, se till att inte sträcka på bromsslangen **(se bild)**.
5 Ta ut den inre klossen, med fjäderclips från okets kolv och den yttre klossen från okhållaren **(se bilder)**. Häng det i läge med snöre eller tråd bundet på lämplig fjädrings-detalj. Tryck inte på bromspedalen medan oket är borta från skivan.
6 Mät upp tjockleken på klossarnas belägg-ning. Om någon slitits ned till specificerat minimum ska samtliga klossar bytas. Försök inte byta plats för klossar i avsikt att utjämna slitage (ojämnt slitage kan bero på att oket kärvar på styrstiften).

4.4 Dra av oket från bromsklossarna

7 Rengör ok och hållare med en fuktig trasa eller gammal målarpensel. Kontrollera att inte okets kolv och dammskydd visar tecken på läckage av bromsolja. Inspektera styrstiftens gummibussningar. Reparera eller byt efter behov (se avsnitt 8).
8 Ta bort varje spår av rost och avlagringar från bromsskivans ytterkant med stålborste eller fil. Inspektera skivan. Om bromsvibra-tioner varit ett problem krävs en mer noggrann inspektion (se avsnitt 6).
9 Om nya klossar ska monteras, tryck då tillbaka okets kolvar in i loppen med en tång. Var försiktig så att inte dammskydden skadas. Ta bort lite bromsolja från huvudcylinderns behållare så att den inte översvämmas när kolvarna trycks tillbaka.

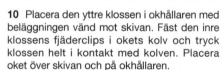

HAYNES TiPS Bästa sättet att ta bort bromsolja från huvud-cylinderns behållare är att använda en ren spruta.

10 Placera den yttre klossen i okhållaren med beläggningen vänd mot skivan. Fäst den inre klossens fjäderclips i okets kolv och tryck klossen helt i kontakt med kolven. Placera oket över skivan och på okhållaren.
11 Smörj styrstiften med silikonfett, stick in dem i oken och dra åt till angivet moment. Sätt tillbaka skyddshuvarna på styrstiften.
12 Montera klossens fjäderclips.
13 Tryck ned bromspedalen ett antal gånger så att klossarna kommer fram till skivan.
14 Upprepa arbetet med den andra fram-bromsen.

15 Sätt tillbaka hjulen, sänk ned bilen och dra åt hjulmuttrarna i diagonal följd till angivet moment.
16 Kontrollera bromsoljans nivå och fyll på vid behov.
17 När nya klossar monterats, undvik om möjligt hårda inbromsningar under de första 50 milen så att beläggen kan sätta sig ordentligt.

5 Bakre bromsklossar - byte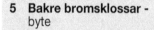

⚠ Varning: Bromsklossarna måste bytas samtidigt på bakhjulen - byt ALDRIG klossar på bara ett hjul eftersom detta kan resultera i ojämn bromsverkan. Damm från slitage av bromsklossar kan innehålla asbest som är hälsovådligt. Blås inte bort med tryckluft, andas inte in dammet. ANVÄND INTE petroleumbaserade lösningsmedel för rengöring av bromsdelar. Använd endast bromsrengöringsmedel eller metylalkohol. LÅT INTE bromsolja, olja eller fett komma i kontakt med klossar eller skiva. Se även varningarna i början av avsnitt 2 rörande riskerna med hydraulolja.

1 Lägg klossar vid framhjulen och ställ upp bakvagnen på pallbockar (se "Lyftning och stödpunkter"). Ta av bakhjulen.
2 Driv ut de två hållarstiften ur oket med hammare och dorn. Ta reda på antivibra-tionsfjädern. Skaffa en ny till ihopmonte-ringen **(se bilder)**.

4.5a Ta bort den inre klossen från okets kolv . . .

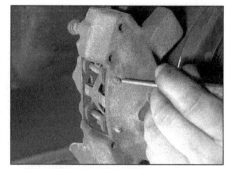

4.5b . . . och den yttre från okfästet

5.2a Knacka ut de två bakre stiften till bromsklossarna . . .

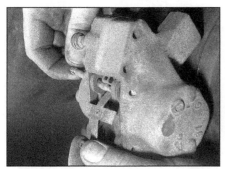

5.2b . . . och ta ut antivibrationsfjädern

5.4 Dra ut bromsklossarna och antignisselshimsen

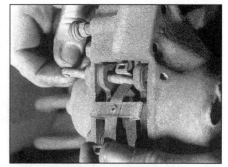

5.11a Montera bromsklossens övre stift och antivibrationsfjäder . . .

3 Tryck ut klossarna från skivan med en tång. Bryt inte mellan klossar och skiva.
4 Dra ut klossarna ur oket, med antignisselshimsen, om monterade **(se bild)**. Märk upp placeringen om de ska återanvändas. Tryck inte på bromspedalen med klossarna ute ur oket.
5 Mät upp tjockleken på klossarnas friktionsbelägg. Om någon kloss är sliten under angiven minimigräns ska samtliga fyra bakre klossar bytas ut. Försök inte utjämna slitage genom att byta klossarnas placering.
6 Rengör ok och hållare med en fuktig trasa eller gammal målarpensel. Kontrollera att inte okets kolv och dammskydd visar tecken på läckage av bromsolja. Reparera eller byt efter behov (se avsnitt 9).
7 Inspektera den synliga delen av skivan. Om den har djupa repor, sprickor eller spår eller om vibrationer och ryck varit ett problem ska en mer noggrann undersökning göras (se avsnitt 7). Om tillträde till skivans innersida behövs ska oket tas bort.
9 Om nya klossar monteras tryck då tillbaka okets kolvar in i loppen med en tång. Ta bort lite bromsolja från huvudcylinderns behållare så att den inte svämmar över när kolvarna trycks tillbaka.

> **HAYNES TiPS** Bästa sättet att ta bort bromsolja från huvudcylinderns behållare är att använda en ren spruta.

10 Montera klossarna och shimsen i okets käftar med friktionsytorna mot skivan.
11 Stick in den övre klossens stift och antivibrationsfjädern och knacka in stiftet. Montera det nedre stiftet, se till att det går över fjäderns tungor **(se bilder)**.
12 Tryck ned bromspedalen ett antal gånger så att klossarna når fram till skivan.
13 Upprepa arbetet med det andra bakhjulets broms.
14 Sätt tillbaka hjulen, sänk ned bilen och dra åt hjulmuttrarna i diagonal ordningsföljd till angivet moment.
15 Kontrollera bromsoljans nivå och fyll på vid behov.

16 Om nya klossar monterats, undvik om möjligt hårda inbromsningar under de första 50 milen så att beläggen kan sätta sig ordentligt.

6 Främre bromsskiva - inspektion, demontering och montering

Observera: *Innan arbetet påbörjas, studera varningen i början av avsnitt 4 rörande farorna med asbestdamm.*

Inspektion
Observera: *Om någon av skivorna kräver byte ska BÅDA bytas samtidigt, så att en jämn bromseffekt uppnås. Montera även nya bromsklossar om skivorna byts.*
1 Demontera de främre bromsklossarna enligt beskrivning i avsnitt 4.
2 Inspektera friktionsytorna vad gäller sprickor och djupa repor (grunda spår är normalt och kan ignoreras). En sprucken skiva måste bytas ut, en repad skiva kan renoveras med fräsning under förutsättning att tjockleken inte reduceras under specificerat minimum.
3 Kontrollera skivans axialkast med en mätklocka vars sond placeras nära den yttre kanten av skivan. Om kastet överstiger värdet i Specifikationer kan bearbetning vara möjlig, i annat fall måste skivan bytas.

6.5 Demontering av främre okhållare

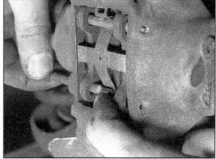

5.11b . . .montera sedan det nedre stiftet, draget över tungan på fjädern

> **HAYNES TiPS** Om mätklocka inte finns tillgänglig kan kastet mätas genom att en pekare monteras fast nära skivans ytterkant, i kontakt med skivan. Rotera skivan och mät upp maximal förskjutning av pekaren med bladmått.

4 För tjocka skivor kan också orsaka vibrationer. Kontrollera tjockleken med en mikrometer.

Demontering
5 Demontera klossar och ok (avsnitt 4), skruva ur de två bultarna och ta bort okhållaren **(se bild)**. Lägg märke till att det krävs nya bultar vid hopsättningen.
6 Kontrollera om skivans läge i relation till navet är uppmärkt. Om inte, gör din egen märkning som hjälp vid ihopsättningen. Ta

6.6a Ta ut framskivans låsstift . . .

6.6b ... och ta ut skivan

bort det stift som fäster skivan vid navet (och bulten på tidigare modeller) och lyft bort skivan **(se bilder)**.

Montering

7 Se till att kontaktytorna mellan nav och skiva är rena. Ta bort rostskyddsmedlet från den nya skivan med metylalkohol och en trasa.
8 Placera skivan på navet med märkningarna i linje och montera stiftet (och i förekommande fall, bulten) som håller skivan.
9 Montera okhållaren och dra åt de nya bultarna till angivet moment.
10 Montera bromsklossarna enligt beskrivning i avsnitt 4.

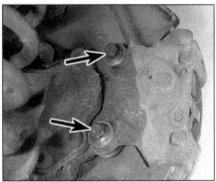

7.4 Bultar till bakre okhållare (vid pilar)

7 Bakre bromsskivor - inspektion, demontering och montering

Observera: *Innan arbetet påbörjas, studera varningen i början av avsnitt 4 rörande farorna med asbestdamm.*

Inspektion

Observera: *Om någon av skivorna kräver byte ska BÅDA bytas samtidigt, så att en jämn bromseffekt uppnås. Montera även nya bromsklossar om skivorna byts.*
1 Med demonterade bromsklossar (se avsnitt 5), är inspektionen är densamma som för de främre skivorna, se avsnitt 6, paragraferna 2 till 4. Kontrollera dessutom skicket på handbromsens trummor efter demonteringen. Värden för slitage, kast och orundhet för dessa finns i specifikationerna. Trummorna slits sällan, annat än om handbromsen regelbundet används till att stoppa bilen.

Demontering

2 Om inte redan gjort, demontera bakre bromsklossarna enligt beskrivning i avsnitt 5.
3 Lossa okets bromsrör från fästclipset på fjädringsarmen och, om arbetet utförs på vänster ok, skruva ur bulten till bromsrörets trevägsanslutning.
4 Skruva ur de två okbultarna och dra ut oket utan att sträcka på bromsröret **(se bild)**. Kom ihåg att det krävs nya bultar vid montering. Bind fast oket vid lämplig fjädringskomponent.
5 Skruva ut hjulets styrstift från skivan **(se bild)**.
6 Märk skivans läge i förhållande till navet och dra av skivan **(se bild)**. Om så behövs, knacka på skivan med en mjuk klubba. Om skivan sitter fast därför att handbromsbackarna kniper, gör då enligt följande.
7 Arbeta från bilens insida, lyft upp mittkonsolens armstöd och ta ut den rektangulära täckplattan i konsolens fot.
8 Arbeta genom öppningen, använd en vinklad insexnyckel och vrid på justerbulten på handbromsspakens baksida till dess att det är slack på handbromsvajrarna.

9 Vrid på den bakre bromsskivan till dess att handbromsens justeringshål kommer över handbromsbackens interna justerhjul. Stick in en skruvmejsel genom hålet och vrid hjulet så mycket som behövs för att lossa bromsbackarna **(se bild)**.

Montering

10 Se till att kontaktytorna mellan nav och skiva är rena. Ta bort rostskyddsmedlet från den nya skivan med metylalkohol och en trasa.
11 Placera skivan på navet med märkningarna i linje och montera stiftet.
12 Montera bromsoket och dra åt de nya bultarna till angivet moment. Fäst upp bromsröret i stödclipset och montera i förekommande fall trevägsanslutningens bult.
13 Montera bromsklossarna enligt beskrivning i avsnitt 5.
14 Justera handbromsen enligt beskrivning i avsnitt 14.

8 Främre bromsok - demontering, renovering och montering

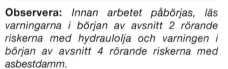

Observera: *Innan arbetet påbörjas, läs varningarna i början av avsnitt 2 rörande riskerna med hydraulolja och varningen i början av avsnitt 4 rörande riskerna med asbestdamm.*

Demontering

1 Lägg klossar vid bakhjulen och lyft upp framvagnen på pallbockar (se *"Lyftning och stödpunkter"*). Ta bort framhjulen.
2 Minimera förlust av hydraulolja genom att först ta bort locket till huvudcylinderns behållare och lägg sedan en bit plastfilm över och försegla med ett gummiband. Alternativt så kan bromsslangen vid behov förseglas med en bromsslangklämma, en G-klämma eller liknande med skyddade käftar.
3 Rengör området runt okets slanganslutning och lossa anslutningen ett halvt varv. Var beredd på spill.

7.5 Ta ut bakskivans låsstift ...

7.6 ... och ta ut skivan

7.9 Lossande av handbromsbackens interna justeringshjul

4 Demontera bromsklossarna enligt beskrivning i avsnitt 4.
5 Skruva av oket från hydraulslangen och torka omedelbart upp spill. Plugga öppna anslutningar.
6 Om okhållaren ska demonteras, skruva ur de två bultar som fäster den vid styrknogen. Notera att det krävs nya bultar vid montering.

Renovering

7 Med demonterat ok, rengör det utvändigt med metylalkohol och en mjuk borste.
8 Ta bort avluftningsskruven och töm ur kvarvarande olja från oket.
9 Ta bort kolvdammskydd och dra ut kolven ur loppet. Om kolven är trög, sätt tillbaka avluftningsskruven och lägg på lågt tryck (från exempelvis en fotpump) på oljeinloppet. Var beredd på att kolven kan flyga ut med viss kraft.
10 Tag ut kolvpackningen ur loppet med ett trubbigt verktyg.
11 Dra ut styrstiftens gummibussningar.
12 Rengör kolvar och lopp med luddfri trasa och ren bromsolja eller metylalkohol. Smärre ojämnheter kan poleras bort med stålull. Gropar, repor eller vändkanter i lopp eller på kolvar innebär att hela oket måste bytas ut.
13 Byt ut samtliga gummidelar som en rutinåtgärd (tätningar, dammskydd och gummibussningar). Blås ur oljeinlopp och hål till avluftningsskruvar med tryckluft.
14 Smörj nya kolvtätningar med ren bromsolja och stick in dem i skåran i loppet med enbart fingrarna som verktyg
15 Montera nya dammskydd på kolvar, se till att de sätter sig korrekt i kolvspåret. Dra ut damasken så att den är färdig för montering.
16 Smörj kolvar och lopp med ren bromsolja.
17 För kolv och damask mot oket. Fäst damasken i spåret i kolvhuset och tryck kolven genom damasken in i okets lopp.
18 Montera de nya gummibussningarna på styrstiften och sätt tillbaka okets avluftningsskruv.

Montering

19 Om demonterat, montera okhållaren med nya bultar dragna till angivet moment.
20 Montera bromsklossarna enligt beskrivning i avsnitt 4, men skruva på oket på slangen innan det monteras på hållaren.
21 Dra åt slanganslutningen, se till att inte slangen veckas.
22 Lossa bromsslangklämman eller plastfilmen, beroende på vad som använts, och avlufta bromsarna enligt beskrivning i avsnitt 2.
23 Tryck ned bromspedalen ett par gånger så att klossarna sätter sig, montera hjulet och ställ ned bilen på marken. Dra åt hjulbultarna i diagonal följd till angivet moment.

9 Bakre bromsok - demontering, renovering och montering

Observera: Innan arbetet påbörjas, läs varningarna i början av avsnitt 2 rörande riskerna med hydraulolja och varningen i början av avsnitt 5 rörande riskerna med asbestdamm.

Demontering

1 Minimera förlust av hydraulolja genom att först ta bort locket till huvudcylinderns behållare och lägg sedan en bit plastfilm över och försegla med ett gummiband. Alternativt så kan bromsslangen vid behov förseglas med en bromsslangklämma, en G-klämma eller liknande med skyddade käftar.
2 Demontera de bakre bromsklossarna enligt beskrivning i avsnitt 5.
3 Rengör området runt okets slanganslutning och lossa anslutningen. Var beredd på spill och plugga öppningarna.
4 Skruva ur de två bultarna och demontera oket. Kom ihåg att det krävs nya bultar vid montering.

Renovering

5 Detta är i princip samma jobb som för de främre oken (avsnitt 8), utom det att det finns två kolvar i varje ok. Försök inte sära okhalvorna för borttagning av kolvarna.

Montering

6 Montera oket över skivan och fäst det på axeln med två nya bultar som dras till angivet moment.
7 Montera bromsröret på oket och dra åt anslutningen.
8 Montera bromsklossarna enligt beskrivning i avsnitt 5.
9 Lossa bromsslangklämman eller plastfilmen, beroende på vad som använts, och avlufta bromsarna enligt beskrivning i avsnitt 2.
10 Tryck ned bromspedalen ett par gånger så att klossarna sätter sig, montera hjulet och ställ ned bilen på marken. Dra åt hjulbultarna i diagonal följd till angivet moment.

10 Bromshuvudcylinder - demontering och montering

Observera: Innan arbetet påbörjas, läs varningarna i början av avsnitt 2 rörande riskerna med hydraulolja.
Observera: Huvudcylindern kan inte renoveras och interna delar finns ej tillgängliga separat. I händelse av en defekt huvudcylinder måste den bytas.

Demontering

1 Lossa batteriets jordledning.
2 Sifonera upp så mycket bromsolja som möjligt från bromshuvudcylinderns behållare. Använd mekanisk pump.
Varning: Sug inte upp hydraulolja med munnen - den är giftig.
3 Dra ur varningslampans kontakt från behållarens lock.
4 Lossa de två ABS-slangarna och i förekommande fall slangen till kopplingens huvudcylinder från behållarens sida (se bild). Var beredd på spill och plugga samtliga öppningar.
5 Ta bort hydraulanslutningarna från huvudcylindern. Var beredd på spill och plugga hålen så att smuts hålls borta.
6 Ta bort de muttrar som fäster huvudcylindern vid servon (se bild). Dra av huvudcylindern från servons pinnbultar och ta bort den. Spill inte hydraulolja på målade ytor.

Varning: På vissa tidiga modeller finns det en risk att vakuumservons tryckstångssäte i huvudcylindern sitter kvar på tryckstången när cylindern tas bort. Om detta inträffar måste både huvudcylindern och vakuumservon bytas. Försök inte sätta tillbaka sätet på huvudcylindern.

Montering

7 Placera huvudcylindern på plats på servon och fäst den med muttrar som dras till angivet moment.
8 Montera bromsrören men dra inte fast anslutningsmuttrarna helt i detta skede.
9 Montera ABS-slangarna och i före-

10.4 Anslutningar för ABS-systemets slangar och rör på huvudcylinder och behållare

10.6 Huvudcylinderns muttrar (vid pilar)

kommande fall kopplingsslangen till behållaren. Smörj slangändarna med bromsolja så att monteringen underlättas.

10 Montera varningslampans kontakt på behållarens lock och koppla in batteriet.

11 Placera trasor under bromsrörens anslutningar till huvudcylindern och fyll behållaren med ren bromsolja av angiven typ.

12 Dra åt bromsrörsanslutningarna ordentligt när de synbarligen börjar läcka olja.

13 Lufta ur systemet enligt beskrivning i avsnitt 2 efter fullbordat arbete. På modeller med manuell växellåda ska kopplingshydrauliken avluftas enligt beskrivning i kapitel 6.

14 När systemet avluftats ska huvudcylindern tryckprovas genom att bromspedalen trycks ned hårt och hålls nedtryckt i 30 sekunder. Släpp upp pedalen och leta efter läckor kring huvudcylinderns röranslutningar.

11 Tryckreduceringsventil - demontering och montering

Observera: *Innan arbetet påbörjas, läs varningarna i början av avsnitt 2 rörande riskerna med hydraulolja.*

Demontering

1 Minimera förlust av hydraulolja genom att först ta bort locket till huvudcylinderns behållare och lägg sedan en bit plastfilm över och försegla med ett gummiband så att det blir lufttätt.

2 Torka av bromsrörsanslutningarna på tryckreduceringsventilen och lägg trasor under så att spillet sugs upp.

3 Lossa bromsrörsmuttrarna och dra försiktigt undan bromsrören från ventilen.

4 Skruva ur de två bultarna och ta ut ventilen **(se bild)**.

Montering

5 Montering sker med omvänd arbetsordning. Avlufta hydraulsystemet enligt beskrivning i avsnitt 2 när arbetet är färdigt.

11.4 Tryckreduceringsventilens muttrar (vid pilar)

12 Bromspedal - demontering och montering

Arbetsbeskrivningen för demontering och montering av bromspedal är identisk med kopplingspedalen, se kapitel 6, avsnitt 2.

13 Vakuumservo - demontering och montering

Vänsterstyrda modeller

Demontering

1 Lossa batteriets jordledning och tryck ned bromspedalen ett antal gånger så att vakuumet upphävs.

2 Demontera hydraulmodulatorn för ABS och fästet enligt beskrivning i avsnitt 20, paragraferna 8 till 18.

3 Demontera bromsens huvudcylinder enligt beskrivning i avsnitt 10.

4 Lossa servons vakuummatning genom att bända ut envägsventilen på servons framsida.

5 Dra ur kontakten till bromspedalens lägesgivare.

6 Lossa kabelhärvor och lufttrummor runt servon efter behov, så att åtkomligheten förbättras.

7 Skruva ur skruvarna och demontera förarsidans klädsel under instrumentbrädan och, om monterat, även knäskyddet bakom klädseln.

8 Lossa servons tryckstång från bromspedalen genom att dra ut fästclipset.

9 Skruva ur de fyra muttrarna och lyft ut servon från motorrummet. Ta reda på o-ringen mellan servon och torpedplåten.

Montering

10 Montering sker med omvänd arbetsordning, men tänk på följande:

a) *Se till att o-ringen är i läge innan servon monteras.*

b) *Dra åt alla muttrar och bultar till angivet moment.*

c) *Montera huvudcylindern enligt beskrivning i avsnitt 10.*

d) *Montera hydraulmodulatorn till ABS och fästet enligt beskrivning i avsnitt 20.*

e) *Avlufta hydrauliken enligt beskrivning i avsnitt 2 när arbetet är färdigt.*

Högerstyrda modeller

11 I och med placeringen av servon på högerstyrda bilar och det extremt trånga arbetsutrymmet är proceduren för demontering och montering både svår och omfattande. Bland andra komplikationer kan nämnas att det krävs att den främre monteringsramen lossas och sänks, komplett med motor och växellåda. Detta kräver

speciella Volvoverktyg för att undvika skador på omgivande komponenter och anslutningar plus en omfattande demontering, vilket gör att arbetet ligger utanför denna handboks omfattning. Vi rekommenderar därför att arbete som innebär demontering och montering av servon på högerstyrda bilar överlämnas till en Volvoverkstad.

14 Handbroms - justering

1 Innan justeringen utförs, kör bilen långsamt på en lugn väg i cirka 400 meter med handbromsen åtdragen ett par hack. Detta tar bort rost och beläggningar på bromsbackar och trumma.

2 Lägg klossar vid framhjulen och ställ upp bakvagnen på pallbockar (se *"Lyftning och stödpunkter"*). Ta av bakhjulen.

3 Släpp upp handbromsen och vrid på den bakre bromsskivan till dess att handbromsens justeringshål kommer över handbromsbackens interna justerhjul. Stick in en skruvmejsel genom hålet och vrid hjulet så mycket som behövs för att låsa skivan **(se bild 7.9)**. Backa sedan på justerhjulet med cirka 4 - 5 hack så att skivan snurrar fritt. Upprepa på den andra bakbromsen.

4 Från insidan, dra upp handbromsspaken och kontrollera att full bromseffekt på bakhjulen uppnås efter 3 - 5 klick på handbromsspakens spärr. Om så inte är fallet, gör följande.

5 Arbeta från bilens insida, lyft upp mittkonsolens armstöd och peta ut den rektangulära täckplattan i konsolens fot **(se bild)**.

6 Arbeta genom öppningen, använd en vinklad insexnyckel och vrid på justerbulten på handbromsspakens baksida till dess att villkoren i paragraf 4 är uppfyllda **(se bild)**. Lossa handbromsspaken och kontrollera att hjulen roterar fritt. Montera mittkonsolens täckplatta.

7 När justeringen är korrekt, montera hjulen och ställ ned bilen. Dra sedan hjulbultarna diagonalt till angivet moment.

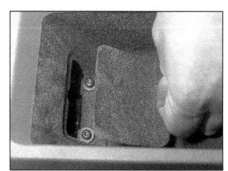

14.5 Bänd upp täckplåten från mittkonsolens fot så att handbromsspakens justerbult blir åtkomlig

14.6 Handbromsspakens justerbult (vid pil) sedd med mittkonsolen demonterad

15.3a Haka av handbromsbackens nedre returfjäder . . .

15 Handbromsbackar - inspektion och byte

Inspektion

1 Demontera bakre bromsskivan enligt beskrivning i avsnitt 7.
2 Kontrollera backarnas skick vad gäller slitage, skador och oljeföroreningar. Byt vid behov och åtgärda orsaken. Liksom med bromsklossar måste backar bytas i axelvisa uppsättningar.

Byte

3 Haka av bromsbackens nedre returfjäder, bänd isär backarna och ta bort dem från skölden. Haka av den övre returfjädern och sära på backarna. Notera justeringsmekanismens korrekta position när den demonteras **(se bilder)**.
4 Rengör skölden, insidan av bromsskivan

och justeringsmekanismen. Kontrollera att justerhjulet snurra fritt på gängorna.
5 Lägg på ett lager fett med hög smältpunkt på backens kontaktyta mot skölden och på justermekanismens gängor.
6 Montering sker med omvänd arbetsordning. Se till att varken fett eller olja kommer på backarnas beläggning eller på friktionsytorna.
7 Montera bromsskivan enligt beskrivning i avsnitt 7 och justera handbromsen enligt beskrivning i avsnitt 14.

16 Handbromsvajer - demontering och montering

Demontering

1 Lägg klossar vid framhjulen och ställ upp bakvagnen på pallbockar (se "Lyftning och stödpunkter"). Ta av bakhjulen.

2 Se kapitel 11 och demontera mittkonsolen. Demontera även baksätet och lyft undan så mycket av mattorna som behövs för att komma åt vajeringången i bottenplattan.
3 Kontrollera att handbromsen är uppsläppt och lossa justerbulten på spakens baksida till dess att vajrarna är slacka **(se bild 14.6)**.
4 Ta ut låsringen och dra ut handbromsvajerns manöversegment från handbromsspakens axel och lossa ändstycket på handbromsvajerns innerdel från segmentet **(se bilder)**.
5 På tidigare modeller, skruva ut de skruvar som fäster handbromsvajerns styrhylsa till vardera bromssköld. På senare modeller, borra ut nitarna som fäster handbromsvajern vid fjädringens bärarmar på var sida. På samtliga modeller, skruva ur den skruv som fäster vajerfästet vid bärarmsfästet strax framför bakre hjulhuset **(se bilder)**.
6 På tidigare modeller med lös styrhylsa på handbromsvajerhöljets ände, dra styrhylsan framåt från sin placering på axeltappen så att

15.3b . . . och övre returfjäder . . .

15.3c . . .ta sedan isär backarna. Notera justeringens monteringsläge

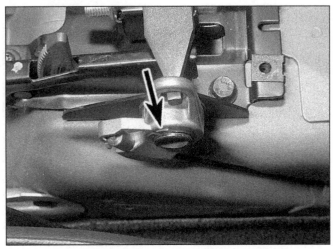

16.4a Ta ut manöversegmentets låsring (vid pil)

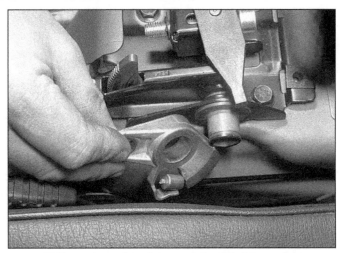

16.4b . . .dra sedan ut segmentet och haka av vajern

innervajern blottas. Lossa innervajern från handbromsbackens expanderare genom att dra ut vajeränden från expanderhylsan.

7 På senare modeller med en fast styrhylsa av plast på båda vajerhöljena, vrid hylsan fram och tillbaka så att den lossnar från axeltappen. Lossa därefter innervajern från handbromsbackens expanderare genom att dra ut vajeränden från expanderhylsan **(se bilder).**

8 På samtliga modeller, lossa slutligen alla kvarvarande vajerclips och dra ut vajern från bilens insida.

Montering

9 Haka på innervajerns ände på bromsbackens expander och dra fast den så att den låser i expanderhylsan.

10 Tryck tillbaka styrhylsan på axeltappen.

11 Mata vajern från bilens insida och fäst innervajern på handbromsspakens manöversegment. Koppla segmentet till handbromsspakens mekanism och säkra med låsringen. Se till att låsringen går helt i spåret.

12 Montera vajerfästet på bärarmsfästet.

13 På tidigare modeller, montera vajerns styrhylsefäste på bromsskölden. På senare modeller, fäst vajern på bärarmen med ny popnit.

14 Montera resterande vajerclips och sedan mittkonsolen enligt beskrivning i kapitel 11. Sätt tillbaka baksäte och mattor.

15 Dra några gånger i handbromsen så att vajern hinner sätta sig och justera sedan vajern enligt beskrivning i avsnitt 14.

17 Handbromsspak - demontering och montering

Demontering

1 Demontera mittkonsolen enligt beskrivning i kapitel 11.

2 Dra ut kontakten till handbromsvarningslampans brytare.

3 Skruva ur bulten till varningslampans brytare och ta ut brytaren.

16.5a Borra ut den nit som fäster handbromsvajern vid bärarmen . . .

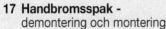

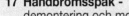

16.5b . . .och skruva ur fästets skruv (vid pil)

16.7a Vrid styrhylsan (vid pil) fram och tillbaka . . .

16.7b . . . så att den lossnar från axeltappen

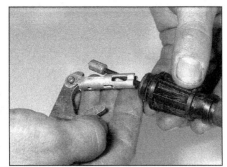

16.7c Dra ut innervajerns ändstycke från expanderhylsan

4 Lossa de tre bultar som fäster handbromsspakens montage vid golvet.
5 Lossa handbromsvajrarna och ta ut handbromsmontaget ur bilen.

Montering

6 Montering sker med omvänd arbetsordning. Justera handbromsen enligt beskrivning i avsnitt 14 efter avslutat arbete.

18 Bromsljuskontakt - demontering och montering

Demontering

Tidig typ (manuellt justerad) kontakt

1 Lossa batteriets jordledning.
2 Skruva ur skruvarna och demontera förarsidans klädsel under instrumentbrädan och på bilar med krockkudde även knäskyddet under rattstången, om monterat.
3 Dra ut kontakten till bromsljuskontakten på bromspedalens fäste.
4 Skruva ut låsmuttern och skruva ut kontakten från fästet.

Senare typ (självjusterande) kontakt

5 Lossa batteriets jordledning.
6 Skruva ur skruvarna och demontera förarsidans klädsel under instrumentbrädan och på bilar med krockkuddar även knäskyddet under rattstången, om monterat.
7 Tryck ned bromspedalen en smula och tryck sedan upp bromsljuskontakten mot pedalen så att låshylsan släpper.
8 Dra låshylsan mot kontaktens rörliga del, så långt det går.
9 Tryck ihop kontaktens sidospärrar och dra ut kontakten från pedalstället. Dra ut elkontakten och ta ut kontakten.

Montering

Tidig typ (manuellt justerad) kontakt

10 Skruva in kontakten i pedalstället till dess att den rörliga delen precis berör pedalen. Tryck ner pedalen en aning och skruva på låsmuttern men dra inte åt den ännu.
11 Anslut kontakten och batteriet.
12 Släpp upp bromspedalen och skruva ut kontakten till dess att bromsljuset tänds. Skruva sedan in den precis så mycket att bromsljuset slocknar och dra sedan åt låsmuttern.
13 Kontrollera att ledningen inte är vriden och montera den klädsel som togs bort för åtkomlighet.

Senare typ (självjusterande) kontakt

14 Se till att kontaktens låshylsa är fullt utdragen mot kontaktens rörliga del.
15 Anslut kontakten elektriskt och tryck ned bromspedalen och placera kontakten i pedalstället. Tryck in kontakten i pedalstället till dess att ett klick hörs när spärren greppar i pedalstället.

16 Dra upp pedalen så högt som det går, detta justerar kontakten automatiskt.
17 Vicka försiktigt på kontakten och kontrollera att den är i rätt läge, koppla in batteriet och kontrollera bromsljusets funktion.
18 Montera den klädsel som togs bort för åtkomlighet.

19 Låsningsfritt bromssystem (ABS) - allmän information

Det låsningsfria bromssystem som är standardutrustning på samtliga modeller övervakar hjulens rotationshastighet under inbromsning. Plötslig nedsaktning av ett hjul, indikerande att låsning inträffat, leder till att det hydrauliska trycket till det hjulets broms minskas eller avbryts under ett kort ögonblick.

Systemets huvuddelar är givarna, styrenheten och hydraulikmodulatorn.

En givare finns monterad på vardera hjulet tillsammans med ett pulshjul på navet. Givarna övervakar hjulens rotationshastigheter och kan upptäcka när det finns risk för hjullåsning (låg rotationshastighet).

Information från givarna leds till styrenheten som manövrerar solenoidventiler i hydraulikmodulatorn. Dessa begränsar hydraultrycket i ok som upptäcks vara på gränsen till låsning.

Om ett fel uppstår i systemet tänder styrenheten en varningslampa på instrumentpanelen och kopplar ur systemet. Normal bromsning är fortfarande tillgänglig, men utan låsningsfrihet. Felsökning underlättas genom att systemet är försett med diagnostik. I händelse av fel sparar styrenheten felkoder för avläsning i diagnostikenheten i motorrummet. Mer information om diagnostiken finns i avsnitt 21.

På bilar med antispinnsystem (TRACS) har ABS-systemet en dubbelroll. Förutom det känner av när ett hjul är på väg att låsa vid inbromsning upptäcker systemet även om ett hjul spinner under acceleration. Om detta inträffar läggs bromsen på det hjulet an ett kort ögonblick så att hjulspinnet elimineras. Bromsen släpps när hjulets hastighet är densamma som de övriga hjulens.

20 Låsningsfritt bromssystem (ABS), delar - demontering och montering

Demontering

Framhjulens givare

1 Lägg klossar vid bakhjulen och lyft upp framvagnen på pallbockar (se *"Lyftning och stödpunkter"*). Ta bort hjulen.
2 Skruva ur den bult som fäster givaren vid styrknogen. Dra ut givaren och dra ur kontakten **(se bild)**.

20.2 Demontering av ABS-givaren på framhjulet

Främre pulshjul

3 Det främre pulshjulet är presspassat på drivaxelknuten och specialverktyg krävs för demontering. Detta jobb ska utföras av en Volvoverkstad.

Bakhjulens givare

4 Lägg klossar vid framhjulen och lyft upp bakvagnen på pallbockar (se *"Lyftning och stödpunkter"*). Ta bort hjulen.
5 Skruva ur bulten som fäster givaren vid axeltappen. Dra ut givaren och dra ur kontakten. På vissa modeller är det nödvändigt att följa ledningen bakåt till dess att kontakten påträffas. Detta kan innebära att baksätet eller bagagerummets klädsel måste demonteras (se kapitel 11).

Elektronisk styrenhet

6 Torka rent runt styrenhetens kontakt och dra ut den.
7 Skruva ut de tre bultarna och lyft försiktigt upp styrenheten från sin plats **(se bild)**.

Hydraulikmodulator

Observera: *Innan arbetet påbörjas, läs varningen i början av avsnitt 2 rörande riskerna med hydraulolja.*
8 Lossa batteriets jordledning.
9 Tappa ur all bromsolja. Detta är i princip samma arbete som avluftning (se avsnitt 2), men ingen olja fylls på i huvudcylinderns behållare under arbetet. Lägg märke till att när systemet avluftas efter genomfört arbete krävs utrustning för trycksatt avluftning.
10 Demontera luftfiltret enligt beskrivning i kapitel 4A. På turbomodeller ska dessutom inloppslufttrumman mellan luftfiltret och turbon demonteras.
11 Torka rent på alla bromsrörsanslutningar vid tryckreduceringsventilen och hydraulikmodulatorn. Placera uppsugande trasor under röranslutningarna så att spill sugs upp. Vid följande arbeten ska alla lossade rör och kontakter märkas, så att de inte blandas ihop vid monteringen.
12 Vid tryckreduceringsventilen, skruva loss anslutningsmuttrarna på de två bromsrör som kommer från huvudcylindern. Dra försiktigt undan rören och plugga alla öppningar.
13 Lossa anslutningsmuttrarna på de tre

20.7 ABS-systemets hydraulmodulator och styrenhet (ECU)

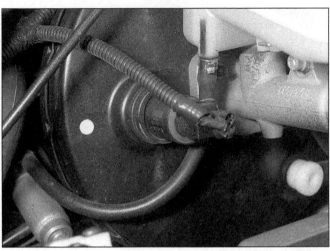

20.24 Bromspedalens lägesgivare framtill på servoenheten

bromsrören (fyra på bilar med TRACS) på modulatorns sida. Dra försiktigt undan rören och plugga alla öppningar.

14 Koppla från den stora kontakten på fjäderbenstornets ovansida och skruva ur de två bultar som fäster kontakten.

15 Demontera kombinationsreläet och dra ur kontakten från modulatorn. Flytta kombinationsreläet åt sidan.

16 Skruva ur den mutter som fäster modulatorhållaren vid fästet på fjädertornet. Skruva sedan ur de två muttrar som håller fästet vid tornet, lyft upp fästet och ta bort modulatorns hållare.

17 Koppla ur de två slangar på modulatorn som kommer från huvudcylinderns behållare.

18 Lyft försiktigt upp modulatorhållaren, komplett med tryckreduceringsventilen och styrenheten.

19 Lossa det kabelband som håller kabelhärvan vid hållaren.

20 Skruva ur det två kvarvarande bromsrörsanslutningarna på modulatorns ände. Dra försiktigt undan rören och plugga alla öppningar.

21 Skruva ur de fyra bultarna och demontera modulatorn från sin hållare.

22 Lägg märke till att modulatorn är en förseglad precisionsenhet som under inga omständigheter får tas isär.

Bromspedalens lägesgivare

23 Tryck ned bromspedalen ett par gånger så att vakuumet upphävs i servon.

24 Dra ut kontakten från pedalens givare på servons framsida **(se bild)**.

25 Öppna låsringen och dra ut givaren från servon. Ta bort o-ring och distanshylsa från givaren.

Montering

26 I samtliga fall sker montering med omvänd arbetsordning men lägg märke till följande:

 a) *Rengör hjulgivarna och deras platser*

 innan monteringen och borsta av pulshjulen med en styv borste.
 b) *Avlufta hydrauliken enligt beskrivning i avsnitt 2 sedan modulatorn monterats.*
 c) *Använd en ny o-ring på bromspedalens lägesgivare och se till att den färgkodade distanshylsan matchar färgkodningen på servon.*

21 Låsningsfritt bromssystem (ABS) - felsökning

Allmän information

1 ABS-systemet (i likhet med många andra system i Volvo 850) har ett diagnossystem för underlättande av felsökning och systemtest. Diagnostiken är en funktion av styrenheten som kontinuerligt övervakar systemets delar och dess funktioner. Om ett fel uppstår sparar styrenheten felkoder för senare avläsning i diagnostikenheten i motorrummet. I och med att styrenheten för ABS även styr funktionerna i antispinnsystemet, TRACS, är följande information även relevant för bilar försedda med detta system.

2 Om ett fel uppstår i endera ABS eller TRACS, indikerat av att relevant varningslampa tänds på instrumentpanelen, kan diagnostiken användas till att inledningsvis peka ut problemområdet utan att specialutrustning används. Efter detta kan emellertid ytterligare tester behövas för att avgöra felets exakta natur, d.v.s. om en komponent havererat eller om det är ett ledningsfel eller annat besläktat problem.

Avläsning av felkoder

Observera: *På modeller fr.o.m. 1996 sitter diagnostikenheten under en kåpa framför växelspaken och har ett 16-stifts uttag för anslutning till en felkodsläsare.*

3 I händelse av att systemfel misstänks eller indikeras av tänd varningslampa är första

steget att kontrollera om det finns felkoder inskrivna i diagnostiken och i så fall att tolka felkoden eller felkoderna.

4 Leta först upp diagnostikenheten som finns till höger, framtill i motorrummet, bredvid påfyllningen till behållaren för vindrutespolarvätska. Diagnostikenheten består av två moduler monterade sida vid sida med ett plastlock på vardera enheten. Lyft på locken och lägg märke till att modulerna är märkta A och B och att båda har sex numrerade socklar på översidan.

5 Slå av tändningen och lossa tråden från hållaren på diagnostikenhetens sida och stick in den i sockel 3 på modul A **(se bild)**.

6 Ha papper och penna tillgängligt och anteckna de felkoder som visas. De tresiffriga koderna visas i form av en serie blinkningar av den röda lysdioden (på A-modulens översida bredvid testknappen). Blinkningarna gör en kort paus mellan varje siffra.

7 Slå på tändningen med tråden instucken. Tryck en gång under cirka en sekund på testknappen på A-modulen och vänta på att lysdioden börjar blinka. När den gör det, anteckna felkoden. Tryck sedan åter på knappen och anteckna nästa felkod, om det finns någon. Fortsätt till dess att den första felkoden anges igen vilket anger att samtliga felkoder rapporterats och slå av tändningen.

8 Om kod 1-1-1 visas anger detta att inga felkoder finns sparade i styrenheten och att systemet fungerar korrekt.

9 Nedan finns de möjliga felkoderna för ABS och TRACS samt deras innebörder.

10 När väl alla felkoder lästs av och noterats ska de raderas från styrenheten. Lägg märke till att felkoder inte kan raderas förrän alla har blinkat minst en gång och den första visats igen. Låt tråden sitta kvar i sockel 3 på modul A och slå på tändningen igen, tryck sedan ned testknappen under cirka 5 sekunder. Släpp sedan testknappen och vänta i tre sekunder på att lysdioden börjar blinka. När lysdioden tänds tryck ned testknappen i ytterligare fem

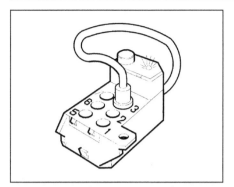

21.5 Stick in tråden i sockel 3 på modul A för att avläsa felkoderna för ABS-systemet

sekunder och släpp den. Lysdioden slocknar då. Slå av tändningen och kontrollera att alla felkoder raderats genom att slå på tändningen igen och trycka på testknappen i en sekund - kod 1-1-1 ska då visas. Om någon annan kod visas, anteckna denna och upprepa raderingen. När alla felkoder raderats, slå av tändningen och placera tråden i sin hållare och sätt tillbaka modulernas lock.

11 När ett fel väl lokaliserats via felkoderna kan undersökningarna koncentreras på denna plats. I många fall kan felet vara så enkelt som en korroderad, klämd eller lös kontakt eller en lös, smutsig eller vårdslöst monterad komponent. Kom ihåg att om felet uppstått endast en kort tid efter det att någon del av

bilen fått service eller underhåll är alltid den första platsen att leta efter fel på där arbetet utfördes, oavsett hur obesläktat det kan verka vara, bara för att kontrollera att inte vårdslöst fastsatta komponenter orsakar problemet.

12 Om felet inte kan redas ut enkelt på detta sätt krävs en mer detaljerad undersökning av systemet vilket kräver speciell Volvo test-utrustning. De enda möjliga alternativet i detta skede är utbyte av en defekt del mot en bevisligen korrekt fungerande enhet (om möjligt) eller att låta en Volvoverkstad utföra resterande arbete. Om en utbytesenhet kan skaffas (eller lånas) finns procedurerna för demontering och montering i de föregående avsnitten i detta kapitel.

ABS och antispinnsystem (TRACS) - felsökning

Felkod	Innebörd
1-1-1	Inget fel upptäckt
1-2-1	V Framhjulsgivare - felaktig signal vid hastighet understigande 40 km/t
1-2-2	H Framhjulsgivare - felaktig signal vid hastighet understigande 40 km/t
1-2-3	V Bakhjulsgivare - felaktig signal vid hastighet understigande 40 km/t
1-2-4	H Bakhjulsgivare - felaktig signal vid hastighet understigande 40 km/t
1-4-1	Defekt givare för bromspedalläge, kortsluten till jord eller fas
1-4-2	Defekt bromsljuskontakt, bruten krets eller kortslutning
1-4-3	Styrenhetens minne defekt
1-4-4	Överhettade bromsskivor (endast bilar med TRACS)
2-1-1	V Framhjulsgivare - ingen signal vid rörelsestart
2-1-2	H Framhjulsgivare - ingen signal vid rörelsestart
2-1-3	V Bakhjulsgivare - ingen signal vid rörelsestart
2-1-4	H Bakhjulsgivare - ingen signal vid rörelsestart
2-2-1	V Framhjulsgivare - ingen signal från ABS systemet
2-2-2	H Framhjulsgivare - ingen signal från ABS systemet
2-2-3	V Bakhjulsgivare - ingen signal från ABS systemet
2-2-4	H Bakhjulsgivare - ingen signal från ABS systemet
3-1-1	V Framhjulsgivare - bruten krets eller kortslutning
3-1-2	H Framhjulsgivare - bruten krets eller kortslutning
3-1-3	V Bakhjulsgivare - bruten krets eller kortslutning
3-1-4	H Bakhjulsgivare - bruten krets eller kortslutning
3-2-1	V Framhjulsgivare - oregelbunden signal vid hastighet överstigande 40 km/t
3-2-2	H Framhjulsgivare - oregelbunden signal vid hastighet överstigande 40 km/t
3-2-3	V Bakhjulsgivare - oregelbunden signal vid hastighet överstigande 40 km/t
3-2-4	H Bakhjulsgivare - oregelbunden signal vid hastighet överstigande 40 km/t
4-1-1	Inloppsventil för V frambroms, bruten krets eller kortslutning
4-1-2	Returventil för V frambroms, bruten krets eller kortslutning
4-1-3	Inloppsventil för H frambroms, bruten krets eller kortslutning
4-1-4	Returventil för H frambroms, bruten krets eller kortslutning
4-2-1	Inloppsventil för bakbromsar, bruten krets eller kortslutning
4-2-2	Returventil för bakbromsar, bruten krets eller kortslutning
4-2-3	TRACS-ventil, bruten krets eller kortslutning (endast bilar med TRACS)
4-2-4	TRACS tryckgivare, defekt eller kortsluten krets (endast bilar med TRACS)
4-4-1	Processfel i styrenheten
4-4-2	Hydraulmodulatorns pumptryck lågt
4-4-3	Elektriskt eller mekaniskt fel i hydraulmodulatorns pumpmotor
4-4-4	Ingen ström till hydraulmodulatorns ventiler

Anteckningar

Kapitel 10
Fjädring och styrning

Innehållsförteckning

Svårighetsgrad

Enkelt, passar novisen med lite erfarenhet	Ganska enkelt, passar nybörjaren med viss erfarenhet	Ganska svårt, passar kompetent hemma-mekaniker	Svårt, passar hemmamekaniker med erfarenhet	Mycket svårt, för professionell mekaniker

Specifikationer

Framfjädring
Typ .... Oberoende, med MacPherson-ben innehållande spiralfjädrar och teleskopiska stötdämpare. Krängningshämmare på samtliga modeller.

Bakfjädring
Typ .... "Delta Link", bestående av två längsgående bärarmar och integrerade tvärarmar med spiralfjäder och teleskopiska stötdämpare. Krängningshämmare på samtliga modeller.

Styrning
Typ .... Servoassisterad kuggstång
Hydrauloljetyp .... Se "Veckokontroller"

Hjulinställning och styrvinklar
Framhjul:
Camber-vinkel .... 0° ± 1,0°
Maximal skillnad mellan sidorna .... 1,0°
Caster-vinkel .... 3°20' ± 1,0°
Maximal skillnad mellan sidorna .... 1,0°
Toe-inställning (mätt på fälgkanterna) .... 20' ± 6' toe-in
Bakhjul:
Camber-vinkel .... -1,0° ± 30'
Toe-inställning (mätt på fälgkanterna) .... 4' ± 10' toe-in

Fälgar
Typ .... Pressat stål eller aluminiumlegering (beroende på modell)
Storlek .... 6J x 15, 6,5J x 15, 6,5J x 16, 7J x 17
Kast (maximum):
Stålfälgar .... 0,8 mm
Aluminiumfälgar .... 0,6 mm
Radialkast (maximum):
Stålfälgar .... 1,0 mm
Aluminiumfälgar .... 0,6 mm

Däck

Lufttryck .... Se *"Veckokontroller"*
Storlek (beroende på marknad):
Modeller utan turbo .... 185/65 R 15, 195/60 R 15, 205/55 R 15, T115/70 R15 (nödreserv)
Turbomodeller .... 185/65 R 15 (vinterdäck), 205/45 R 17, 205/50 R 16, 205/55 R 15, T115/70 R15 (nödreserv)

Åtdragningsmoment

Nm

Framfjädring

Drivaxelmutter:*
Steg 1 120
Steg 2 .... Dra ytterligare 60°
Muttern till bärarmskulledens klammerbult 50
Navhållare till styrknoge:**
Steg 1 20
Steg 2 45
Steg 3 .... Dra ytterligare 60°
Fjäderben till styrknoge:**
Steg 1 65
Steg 2 .... Dra ytterligare 90°
Fjäderbenets övre fäste i karossen 25
Muttrar till krängningshämmarens anslutningslänkar 50
Krängningshämmarens klammerbultar 50
Fjäderben till övre fästmutter 70
Stötdämparmutter 70
Bärarmens muttrar till monteringsramen:**
Steg 1 65
Steg 2 .... Dra ytterligare 120°
Muttrarna till bärarmskulledens infästning i bärarmen:**
Steg 1 18
Steg 2 .... Dra ytterligare 120°
Monteringsramens fästen i karossen 50
Monteringsramens främre och bakre bultar:**
Steg 1 105
Steg 2 .... Dra ytterligare 120°

Bakfjädring

Baknavsmutter:
M20 mutter:**
Steg 1 120
Steg 2 .... Dra ytterligare 30°
M22 mutter:
Steg 1 120
Steg 2 .... Dra ytterligare 35°
Axeltapp till bärarm:**
Steg 1 35
Steg 2 .... Dra ytterligare 60°
Bromssköld till axeltapp:
Övre bultar 25
Nedre bultar 20
Övre stötdämparinfästning till kaross 25
Nedre stötdämparmutter 80
Stötdämparens övre centrummutter:
Standard stötdämpare 40
Nivomat stötdämpare med M12 mutter 40
Nivomat stötdämpare med M10 mutter:**
Steg 1 20
Steg 2 .... Dra ytterligare 90°
Spiralfjäder till bärarm 40
Tvärarmsinfästning i bärarm:**
Steg 1 50
Steg 2 .... Dra ytterligare 120°
Krängningshämmarinfästning i tvärarm 50
Krängningshämmarinfästning i bärarm:**
M10 mutter:
Steg 1 50
Steg 2 .... Dra ytterligare 90°

Krängningshämmarinfästning i bärarm:** (forts)
M12 mutter:

Steg 1	65
Steg 2	Dra ytterligare 90°

Tvärarmsinfästning i bärarm:**

Steg 1	50
Steg 2	Dra ytterligare 120°

Bärarmens bakre bult:**

Steg 1	105
Steg 2	Dra ytterligare 90°

Bärarmsfäste till kaross:**

Steg 1	65
Steg 2	Dra ytterligare 60°

Styrning

Rattbult	40
Krockkuddsmodul till ratt	10
Rattstångens övre muttrar	25
Rattstångens nedre bultar	25
Klammerbult ratt/mellanaxeluniversalknut	20
Bultar till styrväxelns krockskydd	80
Styrväxelns muttrar till monteringsramen	50
Styrväxel till motorinfästning	50
Styrväxelns mittfäste	80
Servostyrpumpens skyddsplåt	25
Servostyrpumpens bultar	25
Styrstagsändens kulstiftmutter	70

Fälgar

Hjulbultar	110

*En ny mutter måste användas om den ursprungliga var av stukad typ
Använd **alltid nya bultar/muttrar

---

1 Allmän information

Den individuella framhjulsupphängningen är av typen MacPherson fjäderben, med spiralfjädrar och integrerade teleskopiska stötdämpare. Fjäderbenen är placerade på tvärgående bärarmar som är monterade på den främre monteringsramen via gummibussningar på innerändarna och de har en kulled i ytterändarna. Styrknogarna, som innehåller navlagren, bromsoken och naven/skivorna, är fastbultade på MacPherson-benen och anslutna till bärarmarna via kullederna. En främre krängningshämmare finns på alla modeller och är monterad på monteringsramen och MacPherson-benen via länkarmar.

Bakfjädringen är av typen "Delta Link" och består av två längsgående bärarmar med integrerade tvärarmar. Den främre änden av vardera bärarmen är upphängd i bottenplattan via gummibussningar och vardera tvärarmen är ansluten till den motsatta bärarmen via gummibussningar. En spiralfjäder och separata teleskopiska stötdämpare är monterade på vardera bärarmen. En bakre krängningshämmare finns monterad på samtliga modeller.

Servoassisterad kuggstångsstyrning är standardutrustning. Servokraften kommer från en hydraulpump som drivs med en rem från vevaxelns remskiva.

Observera: Många av de komponenter som beskrivs i detta kapitel är monterade med muttrar eller bultar som vinkeldras. Dessa muttrar och bultar är markerade i specifikationerna undre rubriken Åtdragningsmoment. När någon av dessa infästningar lossas är det synnerligen viktigt att **nya** muttrar och bultar används vid monteringen. Självlåsande muttrar används också på många platser och dessa bör bytas, speciellt om det inte går att känna något motstånd när låsdelen passerar över gängorna på bulten.

2 Främre navhållare och lager - demontering och montering

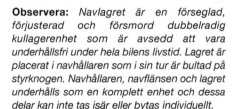

Observera: Navlagret är en förseglad, förjusterad och försmord dubbelradig kullagerenhet som är avsedd att vara underhållsfri under hela bilens livstid. Lagret är placerat i navhållaren som i sin tur är bultad på styrknogen. Navhållaren, navflänsen och lagret underhålls som en komplett enhet och dessa delar kan inte tas isär eller bytas individuellt.

Observera: På modeller före 1995 är drivaxlarna fästa med M20 muttrar som låses genom att de stakas fast i spåret i knutens axelstump. På senare modeller används en självlåsande M22 mutter. Stukade M20 muttrar måste alltid bytas mot nya om de lossats men M22 muttrar kan återanvändas.

Demontering

1 Dra åt handbromsen ordentligt och lägg klossar vid bakhjulen. Demontera navkapseln på den sida som arbetet ska utföras på.
2 På tidiga modeller ska den stukning som säkrar drivaxelns mutter knackas upp.
3 Låt en medhjälpare trycka ned bromspedalen med all kraft och lossa drivaxelns fästmutter med en hylsa och ett långt förlängningsskaft. Muttern är **mycket** hårt åtdragen.
4 Ställ upp framvagnen på pallbockar (se "Lyftning och stödpunkter"). Demontera aktuellt hjul.
5 Skruva helt ut den tidigare lossade drivaxelmuttern. På tidiga modeller med stukad mutter ska muttern kasseras och en ny användas vid montering. På senare modeller är muttern självlåsande och kan återanvändas om den inte är skadad.
6 Demontera ABS-systemets hjulgivare från styrknogen och lossa givarens ledning från fjäderbensfästet.
7 Skruva ur de två bultar som fäster bromsoket vid styrknogen. Kom ihåg att det krävs nya bultar vid monteringen. Dra ut oket, komplett med bromsklossar från skivan och häng upp det i spiralfjädern med ett snöre.
8 Kontrollera om skivans läge i relation till navet är uppmärkt. Om inte, gör din egen märkning som hjälp vid ihopsättningen. Ta bort det stift som fäster skivan vid navet (och bulten på tidigare modeller) och lyft bort skivan.

2.10 Mutter (vid pil) till bärarmskulledens klammerbult

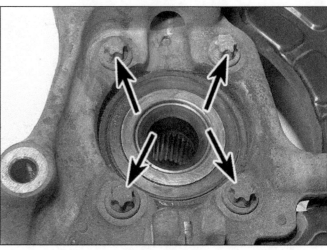

2.12 Navhållarens bultar (vid pilar). Styrknogen demonterad endast för tydlighetens skull

9 Lossa universalknuten från navet genom att knacka in den 10 - 15 mm med en klubba av plast eller koppar.

10 Lossa muttern och ta bort den klammerbult som fäster bärarmens kulled vid styrknogen. Tryck ned armen med en grov stång om så krävs för att lossa kulledens arm från knogen **(se bild)**. Om kulleden sitter fast hårt, tvinga isär skåran i styrknogen med en grov skruvmejsel eller en huggmejsel. Se till att inte skada kulledens dammskydd vid eller efter demonteringen.

11 Vrid ut fjäderbenet och styrknogen, dra ut drivaxelns universalknut från navflänsen.

12 Skruva ur de fyra bultarna och dra ut navhållaren ur styrknogen **(se bild)**. Kom ihåg att det krävs nya bultar vid monteringen.

Montering

13 Innan montering, ta bort alla spår av metallklister, rost, olja och smuts från splines och gängor på den yttre drivknuten och navhållarens fogytor mot styrknogen.

14 Placera navhållaren på styrknogen och montera den med nya bultar som dras åt stegvis i diagonal följd, först till angivet moment och sedan till angiven vinkel med hjälp av en vinkelmätare.

15 Resterande montering sker med omvänd arbetsordning, lägg dock märke till följande.

a) Se till att fogytorna mellan navet och bromsskivan är kliniskt rena och montera skivan med hjälp av uppriktningsmärkena.

b) Lägg på en 3 till 4 mm bred rand metallklister (finns att köpa hos Volvohandlare) på splinesen på den yttre knuten innan den monteras i navflänsen (se kapitel 8, avsnitt 2).

c) Smörj gängorna i knuten och drivaxelns mutter med motorolja innan montering. Kontrollera att en ny mutter används om den ursprungliga var stukad.

d) Dra samtliga muttrar och bultar till angivet moment (se kapitel 9 för åtdragnings-

moment för komponenter i bromsar). Vid åtdragning av drivaxelmuttrar, dra först med momentnyckel och sedan till angiven vinkel med en vinkelmätare. Om muttern är av stukad typ, lås den genom att knacka ned mutterflänsen i knutens spår med en mejsel.

e) Se till att ABS-systemets hjulgivare och givarens plats i styrknogen är kliniskt rena innan montering.

3 Styrknoge - demontering och montering

Observera: *Från och med 1994 års modell ökades diametern på bulthålen mellan fjäderbenet och styrknogen från 12,1 mm till 13,0 mm för att förbättra camber-vinkelns justeringstoleranser vid tillverkningen. Denna senare typ av styrknoge är numera den enda version som lagerhålls av Volvohandlare. Om styrknogen ska bytas blir det även nödvändigt att skaffa en camber-justeringssats bestående av distanshylsor för styrknogens bulthål. I samtliga fall måste camber-vinkeln kontrolleras och justeras efter fullbordat arbete. Vi rekommendera att du kontaktar en Volvohandlare för information om tillgänglighet av delar och betydelsen av denna ändring innan du påbörjar arbetet.*

Demontering

1 Följ beskrivningen i avsnitt 2, paragraferna 1 till 8.

2 Skruva ur muttern och lossa styrstagsändens kulled från styrknogen med hjälp av en kulledsavdragare.

3 Skruva ur de två muttrarna och ta bort de bultar som fäster fjäderbenet vid styrknogen **(se bild)**. Kom ihåg att det krävs nya muttrar och bultar vid monteringen.

4 Lossa muttern och ta bort den klammerbult

som fäster bärarmens kulled vid styrknogen. Tryck ned armen med en grov stång om så krävs för att lossa kulledens arm från knogen Om kulleden sitter fast hårt, tvinga isär skåran i styrknogen med en grov skruvmejsel eller en huggmejsel. Se till att inte skada kulledens dammskydd vid eller efter demonteringen.

5 Lossa styrknogen från fjäderbenet och dra sedan ut drivaxelns knut från navflänsen.

6 Skruva ur de fyra bultarna och dra ut navhållaren ur styrknogen. Kom ihåg att det krävs nya bultar vid monteringen.

Montering

7 Innan montering, ta bort alla spår av metallklister, rost, olja och smuts från splines och gängor på den yttre drivknuten och navhållarens fogytor mot styrknogen.

8 Där så behövs, placera navhållaren på styrknogen. Montera de nya bultarna och dra åt dem stegvis i diagonal följd, först till angivet moment och sedan till angiven vinkel med hjälp av en vinkelmätare.

3.3 Bultar mellan fjäderben och styrknoge

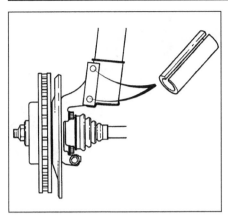

3.9 Distanshylsor måste monteras på styrknogen om en ny komponent monteras

9 Resterande montering sker med omvänd arbetsordning, lägg dock märke till följande:

a) Om en ny styrknoge monteras, se till att distanshylsorna som ingår i camber-justeringssatsen är i läge i styrknogens bulthål, se början av detta avsnitt **(se bild)**.

b) Se till att fogytorna mellan navet och bromsskivan är kliniskt rena och montera skivan med hjälp av upprtiktningsmärkena.

c) Lägg på en 3 till 4 mm bred rand metallklister (finns att köpa hos Volvohandlare) på splinesen på den yttre knuten innan den monteras i navflänsen (se kapitel 8, avsnitt 2).

d) Smörj gängorna i knuten och drivaxelns mutter med motorolja innan montering. Kontrollera att en ny mutter används om den ursprungliga var stukad.

e) Dra samtliga muttrar och bultar till angivet moment (se kapitel 9 för åtdragnings-moment för komponenter i bromsar). Vid åtdragning av drivaxelmuttrar, dra först med momentnyckel och sedan till angiven vinkel med en vinkelmätare. Om muttern är av stukad typ, lås den genom att knacka ned mutterflänsen i knutens spår med en mejsel.

f) Se till att ABS-systemets hjulgivare och givarens plats i styrknogen är kliniskt rena innan montering.

g) Efter avslutat arbete ska den främre camber-vinkeln kontrolleras och justeras av en Volvoverkstad.

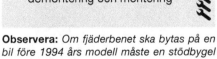

4   Främre fjäderben -
demontering och montering

Observera: Om fjäderbenet ska bytas på en bil före 1994 års modell måste en stödbygel för ABS-systemets hjulgivarledning anskaffas, den finns som en sats hos Volvohandlare. Dessutom, från och med 1994 års modell ökades diametern på bulthålen mellan fjäderbenet och styrknogen från 12,1 mm till

13,0 mm för att förbättra camber-vinkelns justeringstoleranser vid tillverkningen. Denna senare typ av styrknoge är numera den enda version som lagerhålls av Volvohandlare. Om styrknogen ska bytas blir det även nödvändigt att skaffa en camber-justeringssats bestående av distanshylsor för styrknogens bulthål. I samtliga fall måste camber-vinkeln kontrolleras och justeras efter fullbordat arbete. Vi rekommendera att du kontaktar en Volvohandlare angående tillgänglighet av delar och betydelsen av denna modifiering innan du påbörjar arbetet.

Demontering

1 Lägg klossar vid bakhjulen och lyft upp framvagnen på pallbockar (se *"Lyftning och stödpunkter"*). Ta bort aktuellt hjul.

2 Demontera ABS-systemets hjulgivare från styrknogen och lossa givarens ledning från fjäderbensfästet eller styrknogsfästet, och från hållaren i det inre hjulhuset **(se bild)**.

3 Skruva ur muttern och lossa krängnings-hämmarens länk från fästet på fjäderbenet **(se bild)**.

4 Placera en domkraft under bärarmen och lyft tills dess att fjädringens vikt avlastas.

5 Arbeta från motorrummet och skruva ur de tre muttrar som fäster fjäderbenets övre fäste vid karossen **(se bild)**. Lägg märke till att det krävs nya muttrar vid monteringen.

6 Skruva ur de två muttrarna och ta ut den bult som fäster fjäderbenet vid styrknogen. Lägg märke till att det krävs nya muttrar och ny bult vid monteringen.

7 Lossa fjäderbenet från styrknogen och dra ut det från under hjulhuset.

8 På modeller från och med 1994, kontrollera att det finns två distanshylsor i styrknogens bulthål **(se bild 3.9)**. Om det bara finns en hylsa, eller ingen, kommer en eller två att krävas för monteringen. Hylsorna används till att justera den främre camber-vinkeln och efter vad justering som behövs kan ena eller bägge hylsorna ha tagits bort under justeringen. Av det skälet är det viktigt att hylsorna finns på plats inledningsvis.

Montering

9 Montering sker med omvänd arbets-ordning, lägg dock märke till följande:

4.3 Mutter (vid pilen) till krängningshämmarlänken

4.2 Lossa ledningen till ABS-systemets hjulgivare från styrknogens fäste

a) På modeller från och med 1994 ska nya distanshylsor montera i styrknogens bulthål efter behov.

b) Om ett nytt fjäderben monteras på en tidigare årsmodell än 1994, montera då sladdfästet till den nya hjulgivaren till ABS-systemet på monteringsflänsen på sidan av fjäderbenet och fäst den med två bultar, se inledningen till avsnittet.

c) Dra åt samtliga bultförband till angivet moment med nya bultar/muttrar där så krävs. Vid åtdragningen av bultförbandet mellan fjäderbenet och styrknogen ska åtdragningen först utföras med momentnyckel och sedan slutdras till angiven vinkel med en vinkelmätare.

d) Se till att ABS-systemets hjulgivare och givarens plats i styrknogen är kliniskt rena innan montering.

e) Efter avslutat arbete ska den främre camber-vinkeln kontrolleras och justeras av en Volvoverkstad.

5   Främre fjäderben -
isärtagning, inspektion och
ihopsättning

⚠️ *Varning: Innan försök görs att demontera stötdämpare och spiralfjäder krävs ett passande verktyg för hoptryckning av fjädern. Justerbara spiralfjäder-kompressorer är lätta att skaffa och rekommenderas å det starkaste för detta arbetsmoment. Varje försök att ta isär*

4.5 Muttrar (vid pilarna) till övre fjäderbensfästet

5.3a Skruva ur fjäderbenets mutter . . .

5.3b . . . och ta bort specialbrickan

5.5a Skruva ur stötdämparens mutter . . .

fjäderbenet utan ett sådant verktyg resulterar troligen i material- och personskador.
Observera: *Volvos specialverktyg 999 5467, 5468 samt 5469 krävs för att demontera och montera fjäderbenets fästmutter och stötdämparens hållmutter.*

Isärtagning

1 Demontera fjäderbenet från bilen enligt beskrivning i avsnitt 4.
2 Montera fjäderkompressorn så att den täcker minst sex varv på fjädern. Se till att

kompressorn är av en typ som har en metod att låsa den vid fjädern (vanligen med en liten klammerbult). Andra typer kan glida av eller runt på fjädern när de dras åt. Dra åt kompressorn till dess att fjädersätena avlastas.
3 Använd Volvos verktyg 999 5467 och skruva ur fjäderbenets fästmutter - håll samtidigt fast den utstickande delen av kolvstången med verktyg 999 5468. Ta bort muttern och specialbrickan **(se bilder)**.
4 Använd verktyg 999 5469 och skruva ut stötdämparens hållmutter - håll samtidigt fast

den utstickande delen av kolvstången med verktyg 999 5468.
5 Ta bort stötdämparmuttern, övre fästet och fjädersätet följt av fjädern, stoppet och damasken **(se bilder)**.
6 Ta bort stoppet från damasken och sedan stoppets bricka från stoppet **(se bild)**.

Inspektion

7 Ta isär alla fjäderbenets delar och undersök om de visar tecken på slitage, skador eller deformering **(se bild)**. Byt delar efter behov.
8 Undersök om stötdämparen visar tecken på

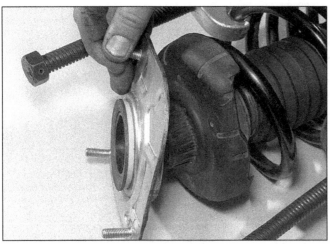

5.5b . . . demontera övre fästet . . .

5.5c . . . fjädersätet . . .

5.5d . . . fjädern . . .

5.5e . . . samt stoppet och damasken

5.6 Lossa stoppet från damasken

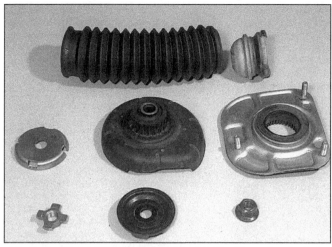

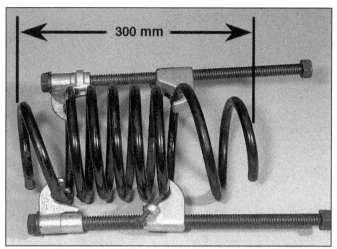

5.7 Kontrollera att fjäderbenets delar inte är slitna eller skadade

5.12 Tryck ihop fjädern till visat mått innan monteringen

läckage och kontrollera om kolvstången är repad. Testa stötdämparens funktion genom att hålla den upprätt och dra kolven genom ett fullt slag och sedan i korta slag om 50 - 100 mm. I bägge fallen ska det motstånd som känns vara smidigt och kontinuerligt. Om motståndet är ryckigt eller ojämnt eller om det finns synliga tecken på skador måste dämparen bytas.

9 Om något tvivel råder angående spiralfjäderns skick, lossa gradvis på kompressorn och leta efter tecken på förvridning eller sprickor. I och med att Volvo inte specificerat en minsta fri längd är det enda sättet att kontrollera spänningen att jämföra fjädern med en ny. Byt fjäder om den är skadad, förvriden eller i tvivelaktigt skick.

10 Inspektera övriga komponenter vad gäller tecken på skador och byt allt som verkar misstänkt. På modeller före 1994 ska stoppbrickan med 7 mm tjocklek bytas mot den senare versionen på 3 mm vid ihopsättningen.

11 Om en ny stötdämpare monteras, förspänn den genom att hålla den vertikalt och pumpa ett par gånger.

Ihopsättning

12 Ihopsättning sker med omvänd arbets-

ordning, kontrollera att fjädern är hoptryckt till cirka 300 mm innan den monteras (se bild). Kontrollera att fjäderändarna är korrekt placerade i sätena och dra åt stötdämparens och fjäderbenets monteringsmuttrar till angivet moment.

6 Främre bärarm - demontering, renovering och montering

Observera: Modeller före 1994 har en främre bärarm av aluminium medan senare modeller är tillverkade av stål. Konstruktionen av dem är helt olika och de är inte sinsemellan utbytbara.

Demontering

1 Lägg klossar vid bakhjulen och lyft upp framvagnen på pallbockar (se "Lyftning och stödpunkter"). Ta bort aktuellt hjul.

2 Lossa muttern och ta bort den klammerbult som fäster bärarmens kulled vid styrknogen. Tryck ned armen med en grov stång om så krävs för att lossa kulledens arm från knogen. Om kulleden sitter fast hårt, tvinga isär skåran i styrknogen med en grov skruvmejsel eller en

huggmejsel. Se till att inte skada kulledens dammskydd vid eller efter demonteringen.

3 Lossa de två inre muttrarna, dra ut bultarna och ta ut bärarmen från bilen (se bilder). Lägg märke till att det krävs nya muttrar och bultar vid monteringen.

Renovering

4 Rengör både bärarmen och området runt fästena noggrant. Leta efter tecken på sprickor, skador och skevhet. Kontrollera de inre pivåbussningarna extra noga, leta efter tecken på att gummit är svullet, sprucket eller slitet. Om endera bussningen kräver byte ska detta arbete överlämnas till en Volvoverkstad eftersom det kräver en hydraulisk press och lämpliga distanser samt en tolk för demontering och montering och korrekt placering av bussningarna i bärarmen.

5 Kontrollera även skicket på bärarmens kulled. På bärarmar av aluminium kan kulleden bytas separat om den är sliten (se avsnitt 7). På bärarmar av stål är kulleden integrerad, vilket betyder att om kulleden är sliten så måste hela bärarmen bytas.

Montering

6 Placera armen i sina fästen och montera nya bultar och muttrar. Fingerdra dem bara i detta skede. Slutdragning utförs när bilen står på marken.

7 Placera kulledens skaft i styrknogen och rikta upp klammerbultspåret med styrknogens bulthål. Montera klammerbulten och muttern samt dra åt till angivet moment.

8 Sätt tillbaka hjulet, ställ ned bilen och dra åt hjulbultarna i diagonal följd till angivet moment.

9 Dra åt bärarmens inre fästen, först till angivet moment med momentnyckel och sedan till angiven vinkel med hjälp av en vinkelmätare.

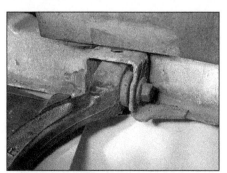

6.3a Bärarmens främre inre fäste ...

6.3b ... och bakre inre fäste

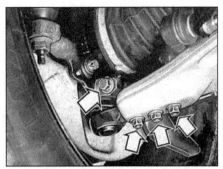

7.3 Muttrar till bärarmens kulled och styrknogens klammerbult (vid pilar)

7 Främre bärarmens kulled - demontering och montering

Observera: *Demontering och montering av kulleden kan endast utföras på bilar före 1994 års modell med bärarmar av aluminium. På senare modeller, med bärarmar av stål, är kulleden integrerad i bärarmen.*

Demontering

1 Lägg klossar vid bakhjulen och lyft upp framvagnen på pallbockar (se *"Lyftning och stödpunkter"*). Ta bort aktuellt hjul.
2 Lossa muttern och ta bort den klammerbult som fäster bärarmens kulled vid styrknogen. Tryck ned armen med en grov stång om så krävs för att lossa kulledens arm från knogen. Om kulleden sitter fast hårt, tvinga isär skåran

8.2 Lossa länkarna från krängningshämmarens ändar

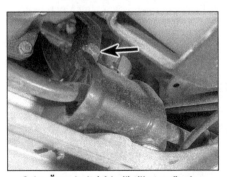

8.4a Övre bult (vid pil) till styrväxelns krockskydd . . .

i styrknogen med en grov skruvmejsel eller en huggmejsel. Se till att inte skada kulledens dammskydd vid eller efter demonteringen.
3 Skruva ur de tre muttrarna och separera kulleden från bärarmen **(se bild)**. Lägg märke till att det krävs nya muttrar vid monteringen men bultarna kan återanvändas.
4 Kontrollera kulledens skick och byt den om spelet är för stort eller om dammskyddet är skadat.

Montering

5 Placera kulleden i bärarmen, montera nya muttrar och dra dem först till angivet moment med momentnyckel och sedan till angiven vinkel med hjälp av en vinkelmätare. Dra åt den inre muttern först, sedan den mittre och till sist den yttre.
6 Placera kulledens skaft i styrknogen och rikta upp klammerbultspåret med styrknogens bulthål. Montera klammerbulten och muttern och dra åt till angivet moment.
7 Sätt tillbaka hjulet, ställ ned bilen och dra åt hjulbultarna i diagonal följd till angivet moment.

8 Främre krängningshämmare - demontering och montering

Demontering

1 Lägg klossar vid bakhjulen och lyft upp framvagnen på pallbockar (se *"Lyftning och stödpunkter"*). Ta bort hjulen.
2 Skruva ur muttrarna och lossa länkarna på var sida om krängningshämmaren **(se bild)**.
3 På tidigare modeller, demontera stänkskyddet under motorn.
4 På högerstyrda modeller, skruva ur de två bultarna till styrväxelns krockskydd på baksidan av den främre monteringsramen **(se bilder)**.
5 Skruva ur de fem muttrar som fäster styrväxeln vid monteringsramen och på högerstyrda modeller muttern längst ner på styrväxelns krockskydd.
6 Lossa bultarna till clipsen till styrväxelns hydraulrör på monteringsramens fram- och baksida.
7 Placera en stabil garagedomkraft under och i kontakt med monteringsramens baksida.

8.4b . . . och främre bult (vid pil)

> **Varning: Försäkra dig om att monteringsramen är väl stöttad och att domkraften har kapacitet för den sammanlagda vikten av motorn, växellådan och monteringsramen.**

8 Skruva ur de två bultarna på var sida som fäster monteringsramens bakre fästen vid karossen.
9 Skruva ur den bult på var sida som fäster monteringsramens bakre fästen vid ramen och ta reda på brickorna. Kom ihåg att det krävs nya bultar vid monteringen.
10 Lossa de två främre bultarna till monteringsramen med 10 till max 15 mm och sänk sedan domkraften försiktigt så att monteringsramens baksida sjunker något. Se till att styrväxelns bultar går fria från ramen. På högerstyrda modeller, kontrollera att krockskyddet inte fastnar i servons hydraulikrör när monteringsramen sänks. Kom ihåg att det krävs nya bultar även vid monteringen av monteringsramens framsida.
11 Skruva ur de bultar som fäster krängningshämmarklamrarna på var sida om monteringsramen och dra ut krängningshämmaren från bilens undersida **(se bild)**. På högerstyrda modeller, dra ut styrväxelns krockskydd i samband med att krängningshämmaren tas ur.
12 Inspektera krängningshämmaren, leta efter tecken på skador och förvridningar samt tecken på slitage i länkar och monteringsbussningarnas gummi. På tidigare modeller kan klamrarna och bussningarna bytas separat vid behov. På senare modeller är bussningarna vulkaniserade på krängningshämmaren och finns inte som separata delar.

Montering

13 Placera krängningshämmaren i läge på monteringsramen tillsammans med styrväxelns krockskydd på högerstyrda bilar. Montera klammerbultarna och dra åt till angivet moment.
14 Lyft upp monteringsramens baksida och låt styrväxelns och i förekommande fall krockskyddets bultar ta gäng.
15 Montera de bakre fästena på karossen men fingerdra bara bultarna i detta skede.
16 Fäst de bakre fästena i monteringsramen

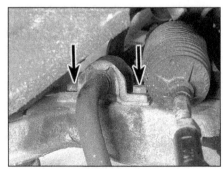

8.11 Krängningshämmarens klammerbultar (vid pilar)

med brickor och nya fingerdragna bultar i detta skede.

17 Flytta domkraften till monteringsramens framsida och lyft så mycket att domkraften bär upp monteringsramens vikt. Skruva ur de främre bultarna och montera nya med fingerdragning.

18 Dra åt de två vänstra monteringsramsbultarna först till angivet moment med momentnyckel och sedan till angiven vinkel med hjälp av en vinkelmätare. Dra sedan åt de högra bultarna på samma sätt och avsluta med att dra de fyra bultförbanden mellan fästen och kaross till angivet moment.

19 Montera styrväxeln med nya muttrar dragna till angivet moment.

20 På högerstyrda modeller, montera styrväxelns krockskyddsmutter och de två bultarna.

21 Montera clipsbultarna till servostyrningens hydraulrör.

22 På tidigare modeller, montera stänkskyddet under motorn.

23 Montera krängningshämmarens länkar på var sida i fästena på fjäderbenen.

24 Sätt tillbaka hjulen, ställ ned bilen och dra åt hjulbultarna i diagonal följd till angivet moment.

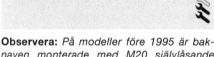

9 Baknavslager - byte

Observera: *På modeller före 1995 är baknaven monterade med M20 självlåsande muttrar medan senare modeller har M22 muttrar. M20 muttern ska alltid bytas om den lossats medan M22 muttern kan återanvändas. Lägg märke till att de två muttrarna har olika åtdragningsmoment.*

1 Baknavens lager kan inte bytas separat, de levereras med baknaven som kompletta enheter.

2 Demontera bromsskivan enligt beskrivning i kapitel 9, knacka loss navkapseln och skruva ur muttern. Dra av nav och lager från axeltappen.

3 Montera den nya enheten, smörj navmutterns gängor (använd ny mutter där så behövs) och skruva på muttern, först till angivet moment med momentnyckel och sedan till angiven vinkel med hjälp av en vinkelmätare.

4 Montera navkapseln och sedan bromsskivan enligt beskrivning i kapitel 9.

10 Bakaxeltapp - demontering och montering

Observera: *På modeller före 1995 är baknaven monterade med M20 självlåsande muttrar medan senare modeller har M22 muttrar. M20 muttern ska alltid bytas om den*

10.5 Bromssköld, bromsbackar och vajerfästen på axeltappen (vid pilar)

lossats medan M22 muttern kan återanvändas. Lägg märke till att de två muttrarna har olika åtdragningsmoment.

Demontering

1 Demontera bromsskivan och handbromsbackarna på aktuell sida enligt beskrivning i kapitel 9, avsnitten 7 respektive 15.

2 Knacka loss navkapseln och skruva ur muttern. Dra av nav och lager från axeltappen.

3 Skruva ur bulten till ABS-systemets hjulgivare och dra loss givaren från axeltappen. Dra inte ur givarens kontakt.

4 På tidigare modeller, skruva ur handbromsvajerns styrhylseskruv på bromsskölden.

5 Skruva ur de fyra bultarna och demontera bromsskölden tillsammans med bromsbackarnas clips **(se bild)**. Demontera bromssköldspackningen och skaffa en ny om den gamla på något vis är skadad.

6 På tidigare modeller med lös styrhylsa på handbromsvajerhöljets ände, dra styrhylsan framåt från sin placering på axeltappen så att innervajern blottas. Lossa innervajern från handbromsbackens expanderare genom att dra ut vajeränden från expanderhylsan.

7 På senare modeller med en fast styrhylsa av plast på höljets ände, se kapitel 11 och demontera mittkonsolen. Arbeta inifrån bilen, ta ut låsringen och dra ut handbromsvajerns segment från handbromsspakens axel (se kapitel 9, avsnitt 16 vid behov). Lossa innervajerns ände från segmentet. På axeländen, dra ut innervajern något och lossa den från bromsbackens expanderare genom att dra ut ändstycket ur hylsan.

8 Skruva ur de fyra bultarna och demontera axeltappen från bärarmen. Kom ihåg att det krävs nya bultar vid monteringen. På senare modeller, när axeltappen dras ut, vrid handbromsvajerns styrhylsa fram och tillbaka så att den lossnar från axeltappen **(se bild)**.

Montering

9 Se till att axeltappen och bärarmens fogytor är rengjorda och montera axeltappen. På senare modeller ska handbromsvajern matas genom axeltappen när den monteras, tryck styrhylsan på plats.

10 Fäst axeltappen med nya bultar dragna

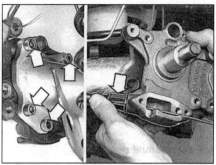

10.8 Skruva ur bultarna (vid pilar) mellan axeltappen och bärarmen och lossa handbromsvajerns styrhylsa då axeltappen lyfts ut

stegvis i diagonal följd till angivet moment med momentnyckel och sedan till angiven vinkel med hjälp av en vinkelmätare.

11 Koppla handbromsvajerns innerdel till bromsbackarnas expander. På tidigare modeller ska styrhylsan tryckas på plats på axeltappen. På senare modeller, arbeta inifrån bilen och koppla vajern till segmentet och montera sedan segmentet på handbromsspakens axel. Säkra med låsringen och kontrollera att den går helt ned i spåret.

12 På senare modeller, montera mittkonsolen enligt beskrivning i kapitel 11.

13 Använd ny packning vid behov och montera bromsskölden på axeltappen. Montera de fyra bultarna tillsammans med de två clipsen och dra bultarna till angivet moment.

14 På tidigare modeller, skruva fast handbromsvajerns styrhylsefäste på bromsskölden.

15 Se till att ABS-systemets hjulgivare och dess plats på axeltappen är kliniskt rena och montera givaren, skruva fast den med bulten.

16 Montera baknavet, skruva på muttern (använd ny i tillämpliga fall) och dra till angivet moment med momentnyckel och sedan till angiven vinkel med hjälp av en vinkelmätare. Montera navkapseln.

17 Montera bromsbackarna och bromsskivan enligt beskrivning i kapitel 9, avsnitten 15 och 7.

11 Bakre stötdämpare - demontering och montering

Demontering

1 På sedanmodeller, vik ned baksätets ryggstöd och lossa framkanten på bagageutrymmets matta. Demontera stödpanelen under mattan. Lossa ryggstödets spärr, lossa fästena och demontera bagageutrymmets sidopanel så att det övre stötdämparfästet blir åtkomligt.

2 På herrgårdsvagnar, skruva ur skruvarna på bagageutrymmets främre golvpanel. Dra panelen bakåt så att den lossnar från de främre fästena och lyft ut panelen.

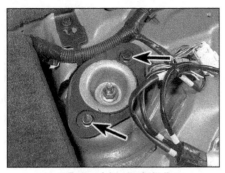

11.4 Bultar (vid pilar) till övre stötdämparfästet

3 Lägg klossar vid framhjulen och lyft upp bakvagnen på pallbockar (se *"Lyftning och stödpunkter"*).
4 Lossa de två bultar i bagageutrymmet som fäster det övre stötdämparfästet vid karossen **(se bild)**.
5 Placera en domkraft under bakfjäderns säte på bärarmen och lyft så att stötdämparen avlastas.
6 Lossa stötdämparens nedre fästmutter och dra av stötdämparen från bärarmens pinnbult **(se bild)**.
7 Ta ut stötdämparen, komplett med det övre fästet, via bagageutrymmet.
8 Demontera det övre fästet genom att skruva ur centrummuttern medan kolvstången hålls fast.
9 Kontrollera skicket på stötdämparen och övre fästet och byt komponenter efter behov.

Montering

10 Montering sker med omvänd arbetsordning, dra åt samtliga muttrar och bultar till angivna moment och eventuellt angivna vinklar.

12 Bakre spiralfjäder - demontering och montering

Demontering

1 Följ arbetsbeskrivningen i avsnitt 11, paragraferna 1 till 6.
2 Sänk långsamt ned domkraften under bärarmen till dess att all spänning släpper från fjädern och ta bort domkraften.
3 Skruva ur den mutter som fäster det nedre fjädersätet vid bärarmen.
4 Lyft ut fjädern, nedre säte, stoppet och övre fjädersätet från sina platser.
5 Undersök komponenternas skick och byt efter behov.

Montering

6 Placera stoppet, fjädern, övre sätet och nedre sätet i läge. Skruva fast muttern till det nedre sätet till angivet moment.

11.6 Stötdämparens nedre mutter

7 Höj bärarmen med domkraften och stick in fjäderns överdel i sitt urtag i bottenplattan.
8 Montera stötdämparen och dra åt samtliga bultar och muttrar till angivna moment.

13 Bakre krängningshämmare - demontering och montering

Demontering

1 Lägg klossar vid framhjulen och lyft upp bakvagnen på pallbockar (se *"Lyftning och stödpunkter"*).
2 Ta bort ljuddämparens vänstra gummifäste och bind upp ljuddämparen så högt det går.
3 Leta upp muttrarna till höger på tvärarmen på vänster bärarm, skruva ur den yttre och ta ut bulten.
4 Använd en körnare och gör ett märke på kanten av tvärarmens fäste som nu är synligt, precis innanför hålet i bärarmen **(se bild)**. Det är mycket viktigt att detta märke görs ordentligt så att det kan användas som utgångspunkt vid uppriktningen i samband med monteringen, i annat fall går bakhjulets toe-inställning förlorad.
5 När läget för tvärarmens infästning på bärarmen markerats, skruva ur muttern och ta bort den andra bulten. Kom ihåg att både bultar och muttrar till tvärarmen måste bytas mot nya vid monteringen.
6 Skruva ur de två muttrarna och ta ut de bultar som fäster krängningshämmaren vid

13.4 Yttre mutter (1) för höger tvärarm och uppriktningsmärket för monteringen (2)

vänster bärarm. Notera skillnaden i längd mellan bultarna och deras respektive placering - både bultar och muttrar måste bytas mot nya vid monteringen.
7 Skruva ur de två muttrarna och ta ut bultarna på höger sida av krängningshämmaren, endast nya muttrar krävs här för monteringen. Dra ut krängningshämmaren och ta bort den från bilens undersida.

Montering

8 Placera krängningshämmaren i läge och montera de nya bultar och muttrar som fäster den vid vänster bärarm samt bultar och nya muttrar som fäster den andra änden vid bärarmen. Dra inte åt bultförbanden i detta skede.
9 Använd nya bultar och muttrar och montera den inre tvärarmsbulten löst. Rikta upp utgångsmärket som gjordes vid demonteringen och dra sedan åt innerfästet såpass att läget bibehålls.
10 Montera den nya ytterbulten och muttern och dra de bägge muttrarna till angivet moment med momentnyckel och sedan till angiven vinkel med hjälp av en vinkelmätare.
11 Dra muttrarna i krängningshämmarens fäste till tvärarmen till angivet moment. Dra sedan muttrarna i hämmarens fäste i bärarmen till angivet moment med momentnyckel och sedan till angiven vinkel med hjälp av en vinkelmätare. Lägg märke till att de två muttrarna har olika åtdragningsmoment.
12 Montera ljuddämparfästet och ställ ned bilen.

14 Bakfjädring - demontering och montering

Demontering

1 Demontera bägge bromsskivorna enligt beskrivning i kapitel 9, avsnitt 7.
2 Skruva ur bulten till ABS-systemets hjulgivare och dra loss givaren från axeltappen. Dra inte ur givarens kontakt.
3 På tidigare modeller, skruva ut de skruvar som fäster handbromsvajerns styrhylsa till vardera bromsskölden. På senare modeller, borra ut nitarna som fäster handbromsvajern vid fjädringens bärarmar på var sida. På samtliga modeller, skruva ur den skruv som fäster vajerfästet vid bärarmsfästet strax framför bilens bakhjulshus.
4 På tidigare modeller med lös styrhylsa på handbromsvajerhöljets ände, dra styrhylsan framåt från sin placering på axeltappen så att innervajern blottas. Lossa innervajern från handbromsbackens expanderare genom att dra ut vajeränden från expanderhylsan. Upprepa förfarandet med den andra vajern.
5 På senare modeller med en fast styrhylsa av plast på höljets ände, se kapitel 11 och

demontera mittkonsolen. Arbeta inifrån bilen och ta ut låsringen och dra ut handbromsvajerns segment från handbromsspakens axel (se kapitel 9, avsnitt 16 vid behov). Lossa innervajerns ände från segmentet. Arbeta på axelsidan, vrid handbromsvajerns styrhylsa fram och tillbaka så att den lossnar från axeltappen. Lossa innervajern från handbromsbackens expanderare genom att dra ut vajeränden från expanderhylsan. Upprepa förfarandet med den andra vajern.

6 Lossa bromsröret från slangen strax framför bärarmen. Minimera förlust av hydraulolja genom att först ta bort locket till huvudcylinderns behållare och lägg sedan en bit plastfilm över och försegla med ett gummiband. Alternativt så kan bromsslangen vid behov förseglas med en bromsslangklämma.

7 På sedanmodeller, vik ned baksätets ryggstöd och lossa framkanten på bagageutrymmets matta. Demontera stödpanelen under mattan. Lossa ryggstödets spärr, lossa fästena och demontera bagageutrymmets sidopanel så att det övre stötdämparfästet blir åtkomligt.

8 På herrgårdsvagnar, skruva ur skruvarna på bagageutrymmets främre golvpanel. Dra panelen bakåt så att den lossnar från de främre fästena och lyft ut panelen.

9 Lossa de två bultar i bagageutrymmet som fäster det övre stötdämparfästet vid karossen **(se bild 11.4)**.

10 Placera en domkraft under bakfjäderns säte på bärarmen och lyft så att stötdämparen avlastas.

11 Lossa stötdämparens nedre fästmutter och dra av stötdämparen från bärarmens pinnbult.

12 Sänk långsamt ned domkraften under bärarmen till dess att all spänning släpper från fjädern och ta bort domkraften.

13 Skruva ur den mutter som fäster det nedre fjädersätet vid bärarmen.

14 Lyft ut fjädern, nedre sätet, stoppet och övre fjädersätet från sina platser.

15 Upprepa arbetsbeskrivningen i paragraferna 9 till 14 på höger sida.

16 Med fjädersätet stöttat av domkraften, skruva ur de fyra bultar som fäster höger bärarm och bärarmsfäste till bottenplattan **(se bild)**. Kom ihåg att det krävs nya bultar vid monteringen.

17 Placera en andra domkraft under och i kontakt med vänster fjädersäte, skruva ur de fyra bultar som fäster vänster bärarm och bärarmsfäste till bottenplattan. Kom ihåg att det krävs nya bultar vid monteringen.

18 Stötta bakfjädringen och sänk bägge domkrafterna sakta. När enheten går fri från bottenplattan, dra ut den bakåt från bilens undersida.

Montering

19 Montering sker med omvänd arbetsordning men tänk på följande:

a) Placera fjädringen i läge med domkrafter och fäst den med fyra nya fingerdragna bultar på var sida.

b) Dra åt den bakre bulten på var sida som fäster bärarmen och bärarmsfästet vid bottenplattan, först till angivet moment med momentnyckel och sedan till angiven vinkel med hjälp av en vinkelmätare. Dra sedan åt de tre kvarvarande bultarna på var sida på samma sätt.

c) Montera fjädrar och stötdämpare enligt beskrivning i avsnitten 12 respektive 11.

d) Koppla handbromsvajerns innerdelar till bromsbackarnas expanderare. På tidigare modeller ska styrhylsan tryckas på plats på axeltappen. På senare modeller, arbeta inifrån bilen och koppla vajern till segmentet och montera sedan segmentet på handbromsspakens axel. Säkra med låsringarna och kontrollera att de går helt ned i spåren. Använd nya popnitar till att fästa vajerhöljena vid bärarmarna.

e) Avlufta bromsarna enligt beskrivning i kapitel 9.

15 Ratt - demontering och montering

Modeller utan krockkuddar

Demontering

1 Kör bilen framåt och parkera den med ratten rakt fram.
2 Lossa batteriets jordledning.
3 Peta försiktigt ut rattcentrum.
4 Skruva ur rattens centrumbult.
5 Se till att ratten fortfarande är i läget rakt fram och dra ut ratten från rattstången.

Montering

6 Monteringen sker i omvänd ordning, se till att hjulen och ratten pekar rakt fram. Dra åt rattbulten till angivet moment.

Modeller med krockkuddar

 Varning: Hantera krockkudden med extra stor försiktighet som en åtgärd att undvika risken för personskador. Håll den alltid med höljet vänt från kroppen. Om tvivel råder kring något av de föreslagna arbetsmomenten med krockkudden eller styrkretsarna till den, kontakta en Volvoverkstad.

Demontering

7 Kör bilen framåt och parkera den med ratten och hjulen rakt fram.
8 Lossa batteriets jordledning.
9 Placera en bit maskeringstejp på översidan av rattnavet och en annan på rattstångens övre hölje. Dra ett streck med en blyertspenna över bägge tejpbitarna som ett uppriktningsmärke vid monteringen.
10 Vrid startnyckeln till läge I så att rattlåset öppnar.
11 Använd en passande Torx-bit och skruva ur de två skruvarna till krockkuddsmodulen från rattens baksida **(se bild)**. Vrid ratten 90° åt vart håll så att skruvarna blir åtkomliga.

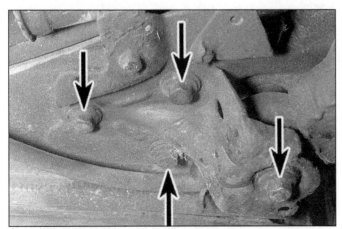

14.16 Bultar (vid pilar) till höger bärarm och bärarmsfäste

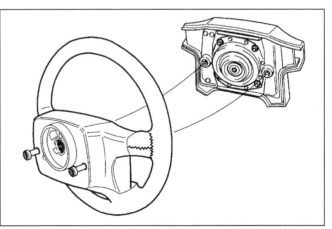

15.11 Krockkuddens fäste i ratten

12 Lyft av modulen från ratten, dra ur kontakten på modulens baksida och ta ut den ur bilen.

 Varning: Placera krockkudden på en säker plats med mekanismen nedåt som säkerhetsåtgärd mot oavsiktlig utlösning. Försök inte öppna eller reparera enheten eller lägga någon elektrisk spänning på den. Använd aldrig en krockkudde som är synbarligen skadad eller som mixtrats med.

13 Skruva ur den skruv som fäster krockkuddens ledningshållare av plast. Se till att skruven sitter kvar i hållaren.
14 Skruva ur rattbulten.
15 Ställ framhjulen rakt fram genom att använda uppriktningslinjen på maskeringstejpen.
16 Lyft av ratten från rattstången, mata ledningen och plastremsan genom hålet i ratten.

Montering

17 Kontrollera att framhjulen fortfarande pekar rakt fram.
18 Centrera krockkuddens kontaktrulle genom att vrida den maximalt medsols och sedan cirka tre varv motsols. Fortsätt vrida till dess att rullen är i läget "klockan 1". Lås rullen i detta läge genom att skruva in låsskruven som finns i fästbandet av plast **(se bild)**.
19 Mata ledningen genom hålet i rattcentrum och trä på ratten på rattstången. Följ uppriktningsmärket och se till att klackarna på kontaktrullen greppar in i urtagen i rattnavet. Försök inte vrida på ratten med låst kontaktrulle i och med att rullen då skadas.
20 Montera rattbulten och fingerdra den.
21 Ta bort kontaktrullens låsskruv och montera skruven och fästbandet på plats i ratten.
22 Dra åt rattbulten till angivet moment.
23 Lägg krockkuddsmodulen på rattens nederkant och koppla in kontakten. Sväng

enheten i läge i ratten och kontrollera att ledningen inte kommer i kläm.
24 Skruva i skruvarna och dra dem till angivet moment, börja med höger skruv.
25 Vrid startnyckeln till läge II så att tändningen slås på och återanslut sedan batteriets jordkabel.

Varning: Se till att det inte finns någon person i bilen när batteriet kopplas in.

26 Slå av tändningen, slå på den igen. Kontrollera att varningslampan släcks efter cirka 10 sekunder.

16 Rattstång - demontering och montering

Demontering

1 Lossa batteriets jordledning.
2 Demontera ratten enligt beskrivning i avsnitt 15.
3 Skruva ur de fyra skruvarna från undersidan av rattstångens nedre kåpa och lyft undan övre och nedre kåporna.
4 Demontera förarsidans klädsel under instrumentpanelen och i förekommande fall knäskyddet.
5 På bilar utan krockkuddar, skruva ur de tre skruvarna och ta bort signalhornssläpringen från rattstångens topp. På bilar med krockkudde, lossa ledningsclipset och dra ut kontakten från kontaktrullen på rattstångens topp. Skruva ur de tre skruvarna och demontera kontaktrullen.
6 Skruva ur två skruvarna på var sida och demontera rattstångens flerfunktionsreglage. Dra ut reglagens kontakter.
7 Dra ut tändningslåsets kontakt från låsets sida.
8 Sätt in tändningsnyckeln i låset och vrid den till läge I.
9 Använd ett 2 mm dorn eller liknande och

tryck ned tändningslåsets spärrflik genom hålet i huset ovanför låset och dra ut tändningslåset.
10 Demontera kontaktbryggan från rattstångens topp.
11 Dra ned rattstångens kabelhärva i mittpunkten.
12 Skruva ur de övre rattstångsmuttrarna och ta undan brickorna. På tidigare modeller kan det bli nödvändigt att böja stödstagen något uppåt mot instrumentpanelen.
13 Dra ut rattstången från det nedre fästet och mellanaxeln och ta ut den ur bilen.

Montering

14 Montering sker med omvänd arbetsordning och tänk på följande:
a) Smörj mellanaxelns splines med fett innan rattstången monteras i den.
b) Centrera rattstången i öppningen i instrumentbrädan innan de övre muttrarna dras åt till angivet moment.
c) När tändningslåset monteras, vrid nyckeln till läge I, tryck ned låsfliken och tryck in låset i huset till dess att fliken snäpper i läge i sitt urtag.
d) Se till att gummidamaskerna över flerfunktionsreglagen placeras korrekt i rattstångens övre och nedre kåpor.
e) Montera ratten enligt beskrivning i avsnitt 15.

17 Rattstångens mellanaxel - demontering och montering

Demontering

1 Demontera rattstången enligt beskrivning i avsnitt 16.
2 Skruva ur de två bultarna och demontera rattstångens nedre fäste från instrumentbrädans undersida **(se bild)**.
3 Ta ut låsclipset, skruva ur muttern och ta

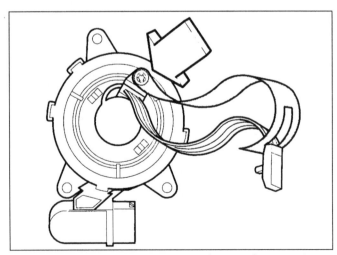
15.18 Krockkuddens kontaktrulle låst med låsskruven i plastremsan

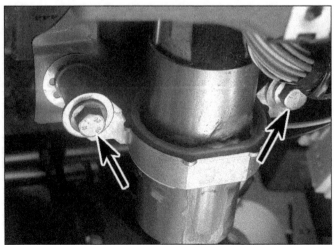
17.2 Rattstångens nedre bultar (vid pilar)

17.3 Universalknutens klammerbult och låsclips (vid pil)

bort bulten från mellanaxelns universalknut **(se bild)**.

4 Dra upp universalknuten från styraxeln och lyft ut mellanaxeln från bilen.

Montering

5 Montering sker med omvänd arbetsordning. Dra åt alla muttrar och bultar till angivet moment och säkra universalknutens klammerbult med låsclipset.

18 Styraxel, damask och lager - demontering och montering

Demontering

1 Demontera rattstången och mellanaxeln enligt beskrivning i avsnitten 16 och 17.
2 Vik upp överdelen av damasken vid styraxelns fot.
3 Ta ut låsringen från damaskens nederdel och ta ut damask och lager.
4 Ta ut låsclipset, skruva ur muttern och ta bort klammerbulten från styraxelns universalknut.
5 Dra upp universalknuten från styrväxelns pinjongaxel och ta ut styraxeln från bilen.

Montering

6 Trä universalknuten på styrväxelns pinjongaxel och tryck in den helt. På tidigare modeller ska spåret i knuten vara i linje med centrum av den plana delen på pinjongaxeln. På senare modeller ska spåret i knuten vara i linje med spåret under pinjongaxelns splines **(se bild)**.
7 Montera klammerbult och mutter, dra åt muttern till angivet moment och säkra med låsclipset.
8 Smörj nållagret i damasken med fett och damaskens nedre del med tvålvatten.
9 Med damaskens överdel uppvikt, montera nederdelen på torpedplåtens krage och se till att det blir god tätning.
10 Smörj låsringen med tvålvatten och tryck in den på plats runt damaskens fot och torpedplåten.
11 Vik ned damaskens överdel så att den tätar runt låsringens fläns.
12 Montera mellanaxel och rattstång enligt beskrivning i avsnitten 17 respektive 16.

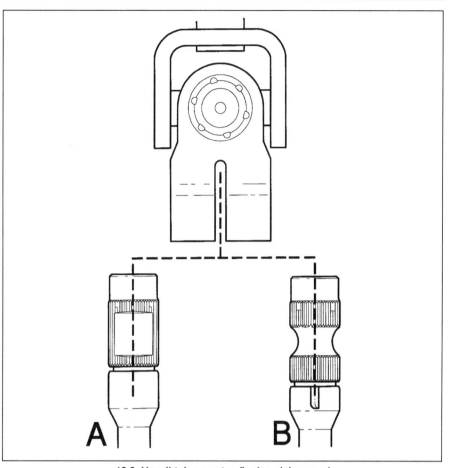

18.6 Uppriktning av styrväxelns pinjongaxel

A Tidigare modeller   *B Senare modeller*

19 Styrväxel - demontering och montering

Demontering

1 Kör bilen framåt och parkera den med framhjulen rakt fram. Ta ut tändningsnyckeln så att styrningen låses i läge.
2 Lossa batteriets jordledning.
3 Lägg klossar vid bakhjulen och lyft upp framvagnen på pallbockar (se *"Lyftning och stödpunkter"*). Ta av hjulen.
4 Skruva ur vänster styrstagsändes mutter till slutet av gängen. Separera kulstiftet från styrarmen med en kulledsavdragare, ta sedan av muttern och lossa kulstiftet från armen. Lossa höger styrstagsände på samma sätt.
5 På bilar med krockkudde, mät upp styrstagslängden på ena sidan, i förhållande till styrväxelhuset och anteckna detta mått.
6 På tidigare modeller, demontera stänkskyddet under motorn.
7 Lossa bultarna till hydraulrörens fästen från fram- och baksidan av monteringsramen.
8 På högerstyrda modeller, skruva ur de två bultarna till styrväxelns krockskydd på bak-

sidan av den främre monteringsramen och ta bort krockskyddet. Torka rent runt röranslutningarna och på styrväxelns pinjonghus. Placera ett lämpligt kärl under styrväxeln, skruva ur anslutningsmuttrarna och dra försiktigt loss rören.
9 Skruva ur de fem muttrar som fäster styrväxeln vid monteringsramen.
10 Placera en stabil garagedomkraft under och i kontakt med monteringsramens baksida.

Varning: Försäkra dig om att monteringsramen är väl stöttad och att domkraften har kapacitet för den sammanlagda vikten av motorn, växellådan och monteringsramen.

11 Skruva ur de två bultarna på var sida som fäster monteringsramens bakre fästen vid karossen.
12 Skruva ur den bult på var sida som fäster monteringsramens bakre fästen vid ramen och ta reda på brickorna. Kom ihåg att det krävs nya bultar vid monteringen.
13 Lossa de två främre bultarna till monteringsramen med 10 till max 15 mm och sänk sedan domkraften försiktigt så att monteringsramens baksida sjunker något. Se

till att styrväxelns bultar går fria från ramen. Kom ihåg att det krävs nya bultar även vid monteringen av monteringsramens framsida.

14 På vänsterstyrda modeller, lossa hydraulröret från styrväxeln enligt beskrivning i paragraf 8.

15 Ta ut låsclipset, skruva ur muttern och ta bort klammerbulten från styraxelns universalknut. Dra upp universalknuten från styrväxelns pinjongaxel.

16 Skruva ur den bult som fäster styrväxeln vid bakre motorfästet. På högerstyrda modeller, demontera värmeskölden. På samtliga modeller, dra ut styrväxeln från bilens vänstra sida.

17 Om en ny styrväxel ska monteras, flytta över centralfästet till den nya enheten men dra inte åt bultarna helt i detta skede.

Montering

18 På bilar med krockkudde, ställ in längden på styrstaget till det uppmätta måttet genom att vrida på pinjongaxeln efter behov.

19 Placera styrväxeln i läge på monteringsramen. På högerstyrda modeller, montera värmeskölden.

20 Stötta styrväxeln på bakre motorfästet, placera den så att den är rak i förhållande till monteringsramen och dra åt motorinfästningens bult till angivet moment.

21 Trä universalknuten på styrväxelns pinjongaxel och tryck in den helt. På tidigare modeller ska spåret i knuten vara i linje med mitten på den plana delen på pinjongaxeln. På senare modeller ska spåret i knuten vara i linje med spåret under pinjongaxelns splines **(se bild 18.6)**.

22 Montera klammerbulten, dra åt den till angivet moment och säkra med låsclipset.

23 På vänsterstyrda modeller, återanslut hydraulrören löst, använd nya o-ringar i anslutningarna. Montera rörclipsens bultar löst på framsidan, rikta upp rören och clipsen och dra åt styrväxelns röranslutningar helt.

24 Lyft monteringsramen baktill och låt styrväxelns bultar ta gäng.

25 Montera de bakre fästena på chassit men fingerdragna endast bultarna i detta skede.

26 Montera de bakre fästena på monteringsramen med brickor, fingerdra dem i detta skede.

27 Flytta domkraften till monteringsramens framsida och lyft så mycket att monteringsramens vikt bärs upp. Skruva ur bultarna helt, montera nya bultar och fingerdra dem.

28 Dra åt de två vänstra monteringsramsbultarna först till angivet moment med momentnyckel och sedan till angiven vinkel med hjälp av en vinkelmätare. Dra sedan åt de högra bultarna på samma sätt och avsluta med att dra de fyra bultförbanden mellan fästen och kaross till angivet moment.

29 Montera styrväxeln med nya muttrar dragna till angivet moment. Om en ny styrväxel monterats, dra åt mittenfästets bult specificerat moment.

30 På högerstyrda modeller, montera styr-

växelns hydraulrör och rörclipsens bultar enligt beskrivning i paragraf 23.

31 På alla modeller, montera resterande rörclips och dra åt clipsbultarna.

32 På högerstyrda modeller, montera styrväxelns krockskydd.

33 Montera styrstagsändarna på styrarmarna och säkra med nya muttrar dragna till angivet moment.

34 På tidigare modeller, montera stänkskyddet under motorn.

35 Anslut batteriet, sätt på hjulen och avlufta styrväxeln enligt beskrivning i avsnitt 21.

36 Ställ ned bilen och dra åt hjulbultarna i diagonal följd till angivet moment.

37 Låt en Volvoverkstad kontrollera framhjulens toe-inställning.

20 Styrväxelns damasker - byte

1 Demontera styrstagsänden på berörd sida enligt beskrivning i avsnitt 23.

2 Räkna och anteckna antalet exponerade gängvarv på styrstaget, från änden av staget till låsmuttern på stagänden. Skruva loss låsmuttern.

3 Lossa de två clipsen och skala av damasken.

4 Rengör styrstagets innerände från smuts och grus och (om åtkomlig) kuggstången.

5 Packa den nya damasken med 20 gram styrväxelfett (finns att köpa hos Volvohandlare), montera och säkra damasken.

6 Montera styrstagsändens låsmutter och placera den så att antalet synliga gängvarv är det antecknade.

7 Montera styrstagsänden enligt beskrivning i avsnitt 23.

21 Styrväxel - avluftning

1 Styrservopumpen med kombinerad oljebehållare finns på motorns framsida i kamremsänden.

2 Oljenivån kontrolleras med en mätsticka i locket. Mätstickan har markeringar på bägge sidorna så att nivån kan kontrolleras med varm eller kall motor. Nivån ska inte överskrida markeringen "COLD" eller "HOT" (vilket som är aktuellt) och inte underskrida markeringen "ADD" (fyll på).

3 Om påfyllning behövs, använd ren och färsk hydraulolja av specificerad typ (se *"Veckokontroller"*). Leta efter läckor om regelbunden påfyllning behövs. Kör inte bilen utan olja i behållaren.

4 Efter byte av delar, eller om nivån sjunkit så lågt att luft kommit in i hydraulsystemet, måste den avluftas enligt följande.

5 Fyll behållaren till rätt nivå enligt ovan.

6 Lägg klossar vid bakhjulen och lyft upp framvagnen på pallbockar (se *"Lyftning och stödpunkter"*).

7 Vrid ratten upprepade gånger mellan fulla utslag och fyll på olja efter behov.

8 Ställ ned bilen, starta motorn och låt den gå på tomgång.

9 Ge fullt rattutslag åt höger och håll kvar ratten i det läget i 10 sekunder.

10 Ge sedan fullt rattutslag åt vänster och håll kvar ratten i det läget i 10 sekunder.

11 Fyll på mer olja vid behov.

12 Upprepa paragraferna 9 och 10 tio gånger. Flytta bilen något framåt för att undvika överdrivet slitage på däcken och upprepa paragraferna 9 och 10 ytterligare tio gånger. Kontrollera hela tiden nivån och fyll på efter behov.

13 Efter genomförd avluftning, stoppa motorn, kontrollera nivån och sätt på locket på behållaren.

22 Servopump - demontering och montering

Demontering

1 Demontera hjälpaggregatets drivrem enligt beskrivning i kapitel 1.

2 Tappa ur cirka tre liter kylvätska enligt beskrivning i kapitel 1.

3 Lossa den övre kylslangen från termostathuset.

4 Demontera kalluftsintaget från styrenhetens låda och lossa slangen från clipset på motoroljans mätsticksrör.

5 Skruva ur skyddets övre bult och ta bort distansen, lossa sedan den nedre muttern **(se bild)**.

6 Lossa tryckrörets anslutningsmutter ett kvarts varv.

7 Skruva ur pumpens fem bultar, tre genom hålen i pumpens remskiva, två sitter på baksidan.

8 Placera trasor under pumpen och lyft ut den ur fästet.

9 Skruva ur tryckrörets anslutning och ta reda på o-ringen.

10 Gör ett litet snitt med vass kniv längs med oljereturslangen, så att den kan dras av från rörstumpen på pumpen. Slangen får inte kapas bortom markeringsranden på änden.

11 Höj och stötta framvagnen så att hjulen precis går fria från marken.

12 Placera ett lämpligt kärl under bilens front och samla upp hydrauloljan från slangarna då ratten vrids mellan fulla utslag.

13 Om en ny pump ska monteras, låt en Volvoverkstad flytta över remskiva och behållare eftersom specialverktyg krävs för detta arbete.

Montering

14 Montering sker med omvänd arbetsordning, lägg dock märke till följande:

22.5 Övre bult (vid pil) till servopumpens skyddsplåt

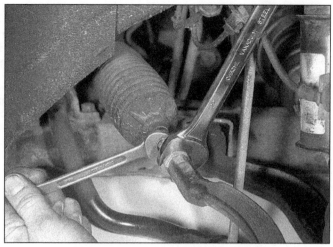

23.2 Lossa styrstagsändens låsmutter

a) Använd en ny o-ring på tryckrörets anslutning. Kapa av den snittade änden på returslangen innan den träs på rörstumpen.
b) Dra skyddets bultar och fästbultarna till angivet moment.
c) Montera drivremmen och fyll på kylsystemet enligt beskrivning i kapitel 1.
d) Fyll pumpens behållare och avlufta systemet enligt beskrivning i avsnitt 21.

23 Styrstagsändar - demontering och montering

Demontering

1 Lägg klossar vid bakhjulen och lyft upp framvagnen på pallbockar (se *"Lyftning och stödpunkter"*). Demontera aktuellt framhjul.

2 Håll mot på styrstaget och lossa ändens låsmutter ett halvt varv (se bild).
3 Skruva ur styrstagsändens kulstiftmutter. Separera kulstiftet från styrarmen med en kulledsavdragare, ta sedan av muttern och lossa kulstiftet från armen (se bilder).
4 Skruva ur styrstagsänden, räkna antalet varv och anteckna detta.

Montering

5 Skruva på styrstagsänden med samma antal varv som den skruvades loss.
6 Sätt in kulstiftet i styrarmen. Montera ny mutter och dra den till angivet moment.
7 Håll mot på styrstaget och dra åt låsmuttern.
8 Ställ ned bilen och dra åt hjulbultarna i diagonal följd till angivet moment.
9 Låt en Volvoverkstad kontrollera framhjulens toe-inställning.

24 Hjulinställning och styrvinklar - allmän information

1 En bils geometri för fjädring och styrning definieras med fyra grundinställningar - samtliga vinklar anges i grader (toe-inställningar uttrycks även som ett mått). Inställningarna är camber, caster, spindel-bultens lutning och toe-inställning. På Volvo 850 är endast främre camber och fram- och bakhjulens toe-inställningar justerbara.
2 Camber är den vinkel med vilken framhjulen är inställda att avvika från vertikalplanet sett från bilens fram- eller baksida. "Negativ camber" är antalet grader som hjulen lutar inåt i överkanten.
3 Den främre camber-vinkeln justeras genom att bultarna mellan styrknogen och fjäder-

23.3a Lossa styrstagsändens kulstift med en kulledsavdragare . .

23.3b . . . och ta loss änden från styrstaget

bensfästet lossas och att styrknogens läge justeras efter behov.

4 Caster är vinkeln mellan styraxeln och en tänkt vertikal linje, sett från bilens sida. "Positiv caster" är när styraxeln lutar bakåt i överkanten.

5 Spindelbultens lutning är vinkeln (sett från bilens framsida) mellan vertikalplanet och en tänkt linje dragen genom övre fjäderbensfästet och bärarmens kulled.

6 Toe-inställning är skillnaden i avstånd mellan fälgarnas främre och bakre innerkanter (mätt i navhöjd). "Toe-in" är när hjulen pekar inåt i framkanten och "toe-out" är när de pekar utåt i framkanten.

7 Framhjulens toe-inställning justeras genom justering av längden på styrstagen på båda sidor.

8 Bakhjulens toe-inställning justeras genom att man ändrar placeringen av fästena för bakfjädringens tvärarm på bärarmen.

9 Med undantag för främre och bakre toe-inställningar samt främre camber-vinkel är alla andra fjädrings- och styrvinklar inställda vid tillverkningen och ingen justering är möjlig. De kan därför förutsättas vara korrekta, såvida inte bilen är krockskadad.

10 Speciell optisk utrustning krävs för att kontrollera och korrekt justera in främre och bakre toe-inställningar samt främre camber-vinkel. Detta innebär att arbetet bör överlämnas till en Volvoverkstad eller liknande expert.

Kapitel 11
Kaross och detaljer

Innehållsförteckning

Svårighetsgrad

Enkelt, passar novisen med lite erfarenhet	**Ganska enkelt,** passar nybörjaren med viss erfarenhet	**Ganska svårt,** passar kompetent hemma-mekaniker	**Svårt,** passar hemmamekaniker med erfarenhet	**Mycket svårt,** för professionell mekaniker

Specifikationer

Åtdragningsmoment

	Nm
Framsätets skenor till golv	40
Rullar till främre säkerhetsbälten	48
Främre säkerhetsbältens nedre fästen i säten*	20
Bakre säkerhetsbältens nedre fästen	48

Nya bultar måste användas

---

1 Allmän information

Karossen är tillverkad av pressade stålsektioner och finns i två versioner, fyrdörrars sedan och femdörrars herrgårdsvagn. De flesta komponenter är ihopsvetsade men viss användning av strukturell limning förekommer. Dörrar och dörrstolpar är förstärkta mot sidokollisioner som en del av sidokollisionsskyddet (SIPS).

Ett antal bärande delar och karosspaneler är tillverkade i galvaniserat stål för att ge ett gott skydd mot rost. Plastmaterial används i stor utsträckning, speciellt i interiören men även i yttre delar. Främre och bakre stötfångare är gjutna i syntetmaterial som är både

lätt och starkt. Plastdelar som innerskärmar finns monterade på bilens undersida för att ytterligare förbättra rostskyddet.

2 Underhåll - kaross och bottenplatta

Det allmänna skicket på en bils kaross är den enstaka faktor som mest påverkar värdet. Underhåll är enkelt men måste vara regelbundet. Slarv, speciellt efter smärre skador kan snabbt leda till ytterligare skador och dyra reparationer. Det är viktigt att även hålla ett öga på de delar som inte är direkt synliga, exempelvis bottenplattan, inne i hjulhusen och motorrummets undre del.

Den grundläggande underhållsrutinen är tvättning, helst med stora mängder vatten från

en slang. Detta tar bort alla lösa partiklar som kan ha fastnat på bilen. Det är viktigt att spola bort dem på ett sätt som förhindrar att ytan repas. Hjulhusen och bottenplattan behöver tvättas på samma sätt för att ta bort ansamlad lera som innehåller fukt och tenderar att underlätta rostangrepp. Paradoxalt nog är den bästa tidpunkten att tvätta underredet och hjulhusen när det regnar och leran därmed är extra våt och mjuk. I mycket våt väderlek rengörs ofta underredet automatiskt från stora ansamlingar så det är en bra tid för inspektion.

Periodvis, med undantag för bilar med vaxade underreden, är det en god idé att rengöra hela undersidan med ångtvätt, inklusive motorrummet, så att en grundlig inspektion kan utföras för att se efter vilka småreparationer som behövs. Ångtvätt finns på många bensinstationer och verkstäder och behövs för att ta bort ansamlingar av oljeblandad smuts som ibland kan bli tjock i vissa utrymmen. Om ångtvätt inte finns tillgänglig finns det ett par utmärkta avfettningsmedel som kan strykas på med borste så att smutsen sedan kan spolas bort. Lägg märke till att dessa metoder INTE ska användas på bilar med vaxade underreden, eftersom de tar bort vaxet. Bilar med vaxade underreden ska inspekteras årligen, helst på senhösten. Underredet tvättas då av så att skador i vaxbestrykningen kan hittas och åtgärdas. Det bästa är att lägga på ett helt nytt lager vax före varje vinter. Det är även värt att överväga att spruta in vaxbaserat skydd i dörrpaneler, trösklar, balkar och liknande som ett extra rostskydd där tillverkaren inte redan åtgärdat den saken.

Efter det att lacken tvättats, torka av den med sämskskinn så att den får en fin yta. Ett lager med genomskinligt skyddsvax ger förbättrat skydd mot kemiska föroreningar i luften. Om lacken mattats eller oxiderats kan ett kombinerat tvätt- och polermedel återställa glansen. Detta kräver lite ansträngning, men sådan mattning orsakas vanligen av slarv med regelbunden tvättning. Metallic-lacker kräver extra försiktighet och speciella slipmedelsfria rengörings-/polermedel krävs för att inte ytan ska skadas.

Kontrollera alltid att dräneringshål och rör i dörrar och ventilation är helt öppna så att vatten kan rinna ut. Kromade ytor ska behandlas som lackerade. Glasytor ska hållas fria från smutshinnor med hjälp av glastvättmedel. Vax eller andra medel för polering av lack eller krom ska inte användas på glas.

3 Underhåll -
klädsel och mattor

Mattorna ska borstas eller dammsugas med jämna mellanrum så att de hålls rena. Om de är svårt nedsmutsade ska de tas ut ur bilen för skrubbning. Se i så fall till att de är helt torra innan de sätts tillbaka i bilen. Säten och dekorpaneler kan hållas rena med fuktig trasa och speciella rengöringsmedel. Om de fläckas ned (vilket oftare är fallet i ljusa inredningar) kan lite flytande tvättmedel och en mjuk nagelborste användas till att skrubba ut smutsen ur materialet. Glöm inte takets insida, håll det rent på samma sätt som klädseln. När flytande rengöringsmedel används inne i en bil ska de tvättade ytorna inte överfuktas. För mycket fukt kan komma in i sömmar och stoppning och där framkalla fläckar, störande dofter och till och med röta. Om insidan av bilen blöts ned av en olyckshändelse är det mödan värt att ta besväret att torka ut bilens insida ordentligt, speciellt när det gäller mattorna. *Lämna aldrig oljedrivna eller elektriska värmeelement i bilen för detta ändamål.*

4 Mindre karosskador -
reparation

Reparation av mindre repor i karossen

Om en repa är mycket ytlig och inte trängt ned till karossmetallen är reparationen mycket enkel att utföra. Gnugga det skadade området helt lätt med lackrenoveringsmedel eller en mycket finkornig slippasta så att lös lack tas bort från repan och det omgivande området befrias från vax. Skölj med rent vatten.

Lägg på bättringslack på repan med en fin pensel. Lägg på i många tunna lager till dess att ytan i repan är i jämnhöjd med den omgivande lacken. Låt den nya lacken härda i minst två veckor och blanda sedan in den med omgivningen genom att gnugga hela området kring repan med lackrenoveringsmedel eller en mycket finkornig slippasta. Avsluta med en vaxpolering.

I de fall en repa gått ned till karossmetallen och denna börjat rosta krävs en annan teknik. Ta bort lös rost från botten av repan med ett vasst föremål och lägg sedan på rostskyddsfärg så att framtida rostbildning förhindras. Fyll sedan upp repan med spackelmassa och en spackel av gummi eller nylon. Vid behov kan spacklet tunnas ut med thinner så att det blir mycket tunt, vilket är idealiskt för smala repor. Innan spackelmassan härdar, linda en mjuk bomullstrasa runt fingret och doppa fingret i thinner och stryk snabbt över spackelmassans yta. Detta gör den gropig så att bättringslacken fäster bättre när den målas över.

Reparation av bucklor i karossen

När en djup buckla uppstått i bilens kaross blir den första uppgiften att räta ut bucklan så att den i det närmaste återtar ursprungsformen. Det finns ingen orsak att försöka att helt återställa formen i och med att metallen i det skadade området sträckt sig vid skadans uppkomst. Detta betyder att metallen aldrig helt kan återta sin gamla form. Det är bättre att försöka ta bucklans nivå upp till ca 3 mm under den omgivande karossens nivå. I de fall bucklan är mycket grund är det inte värt besväret att räta ut den. Om undersidan av bucklan är åtkomlig kan den försiktigt knackas ut med en träklubba eller plasthammare. Vid knackningen ska mothåll användas på plåtens utsida så att inte större delar knackas ut.

Skulle bucklan finnas i en del av karossen som har dubbel plåt eller något annat som gör den oåtkomlig från insidan krävs en annan teknik. Borra ett flertal hål genom metallen i bucklan - speciellt i de djupare delarna. Skruva sedan in långa plåtskruvar precis så långt att de får ett fast grepp i metallen. Dra

sedan ut bucklan genom att dra i skruvskallarna med en tång.

Nästa steg är att ta bort lacken från det skadade området och ca 3 cm av den omgivande friska plåten. Detta görs enklast med stålborste eller slipskiva monterad på borrmaskin, men kan även göras för hand med sandpapper. Avsluta förberedelserna före spacklingen genom att repa den nakna plåten med en skruvmejsel eller filspets, eller genom att borra små hål i det område som ska spacklas, så att den fäster bättre.

Fullborda arbetet enligt anvisningarna för spackling och lackering.

Reparation av rosthål och revor i karossen

Ta bort lacken från det drabbade området och ca 3 cm av den omgivande friska plåten med en sliptrissa eller stålborste monterad i en borrmaskin. Om detta inte finns tillgängligt kan ett antal ark sandpapper göra jobbet lika effektivt. När lacken är borttagen kan du mer exakt uppskatta rostskadans omfattning och därmed avgöra om hela panelen (där möjligt) ska bytas ut eller om rostskadan ska repareras. Nya plåtdelar är inte så dyra som de flesta tror och det är ofta snabbare och ger bättre resultat med plåtbyte än försök till reparation av större rostskador.

Ta bort all dekor från det drabbade området, utom den som styr den ursprungliga formen av det drabbade området, exempelvis lyktsarger. Ta sedan bort lös eller rostig metall med plåtsax eller bågfil. Knacka kanterna något inåt så att du får en grop för spacklingsmassan.

Borsta av det drabbade området med en stålborste så att rostdamm tas bort från ytan av den kvarvarande metallen. Måla det drabbade området med rostskyddsfärg, om möjligt även på baksidan.

Innan spacklingen kan ske måste hålet blockeras på något sätt. Detta kan göras med nät av plast eller aluminium eller med aluminiumtejp.

Nät av plast eller aluminium eller glasfiberväv är i regel det bästa materialet för ett stort hål. Skär ut en bit som är ungefär lika stor som det hål som ska fyllas och placera det i hålet så att kanterna finns under nivån för den omgivande plåten. Ett antal klickar spackelmassa runt hålet fäster materialet på plats.

Aluminiumtejp kan användas till små eller mycket smala hål. Dra av en bit från rullen och klipp den till ungefärlig storlek, dra bort täckpapperet (om sådant finns) och fäst tejpen över hålet. Flera remsor kan läggas bredvid varandra om bredden på en inte räcker till. Tryck ned tejpkanterna med ett skruvmejselhandtag eller liknande så att tejpen fäster ordentligt på metallen.

Karossreparationer - spackling och lackering

Innan du följer anvisningarna i detta avsnitt, läs de föregående om reparation.

Många typer av spackelmassa förekommer. Generellt sett är de som består av grundmassa och härdare bäst vid denna typ av reparationer. Vissa av dem kan användas direkt från förpackningen. En bred och följsam spackel av nylon eller gummi är ett ovärderligt verktyg för att skapa en väl formad spackling med en fin yta.

Blanda lite massa och härdare på en skiva av exempelvis kartong eller masonit. Mät härdaren noga - följ tillverkarens instruktioner. I annat fall härdar spacklet för snabbt eller för långsamt. Bred upp massan på det förberedda området med spackeln, dra spackeln över massan så att rätt form och en jämn yta uppstår. Så snart en någorlunda korrekt form finns ska du inte arbeta mer med massan. Om du håller på för länge blir massan kletig och börjar fastna på spackeln. Fortsätt lägga på tunna lager med ca 20 minuters mellanrum till dess att massan är något högre än den omgivande plåten.

När massan härdat kan överskottet tas bort med hyvel eller fil och sedan slipas ned med gradvis finkornigare papper. Börja med nr 40 och avsluta med nr 400 torr & våtpapper. Linda alltid papperet runt en slipkloss - i annat fall blir inte den slipade ytan plan. Vid slutpoleringen med torr & våtpapperet ska detta emellanåt sköljas med vatten. Detta skapar en mycket slät yta på massan i slutskedet.

Vid detta läge ska bucklan vara omgiven av en ring med ren plåt som i sin tur omges av en lätt ruggad kant av frisk lackering. Skölj av reparationsområdet med rent vatten till dess att allt slipdamm försvunnit.

Spruta ett tunt lager grundfärg på hela reparationsområdet. Detta avslöjar mindre ytfel i spacklingen. Laga dessa med ny massa eller filler och slipa av ytan igen. Massa kan tunnas ut med thinner så att den blir mer lämpad för riktigt små gropar. Upprepa denna sprutning och reparation till dess att du är nöjd med spackelytan och den ruggade lacken. Rengör reparationsytan med rent vatten och låt den torka ut.

Reparationsytan är nu klar för lackering. Färgsprutning måste utföras i ett varmt, torrt, damm- och dragfritt utrymme. Detta kan skapas inomhus om du har tillgång till ett större arbetsområde, men om du är tvungen att arbeta utomhus måste du vara noga med valet av tidpunkt. Om du arbetar inomhus kan du spola av golvet med vatten eftersom detta binder dammet.

Om reparationsytan är begränsad till en panel ska de omgivande delarna maskas av. Detta minskar effekten av en mindre missanpassning mellan färgerna. Dekorer och detaljer (kromlister, handtag med mera) ska även de maskas av. Använd riktig maskeringstejp och ett flertal lager tidningspapper till detta.

Innan du börjar spruta ska burken skakas ordentligt. Spruta på en provbit, exempelvis en konservburk, till dess att du behärskar tekniken. Täck sedan arbetsytan med ett tjockt lager grundfärg, uppbyggt av flera tunna skikt. Polera sedan grundfärgens yta med nr 400 våt & torrpapper till dess att den är slät. Medan detta utförs ska ytan hållas våt. Låt torka innan mer färg läggs på.

Spruta på ytan och bygg upp tjocklek med flera tunna lager färg. Börja spruta i mitten och arbeta utåt med enstaka sidledes rörelser till dess att hela reparationsytan och ca 5 cm av den omgivande lackeringen täcks. Ta bort maskeringen 10 till 15 minuter efter sista färglagret sprutats på.

Låt den nya lacken härda i minst två veckor innan en lackrenoverare eller mycket fin slippasta används till att jämna ut den nya lackens kanter mot den gamla. Avsluta med vax.

Plastdelar

Med den ökade användningen av plast i karossdelar, exempelvis stötfångare, spoiler, kjolar och i vissa fall större paneler, blir reparationer av allvarligare slag på sådana delar ofta en fråga om att överlämna dessa till specialister eller byte av delen i fråga. Hemmareparationer av sådana skador är inte rimliga beroende på kostnaden för den specialutrustning och de speciella material som krävs. Grundprincipen för dessa reparationer är dock att en skåra tas upp längs med skadan med en roterande rasp i en borrmaskin. Den skadade delen svetsas sedan ihop med en varmluftspistol och en plaststav i skåran. Plastöverskott tas bort och ytan slipas ned. Det är viktigt att rätt typ av ifyllnadsplast används i och med att plasttypen i karossdelar kan variera, exempelvis PCB, ABS eller PPP.

Mindre allvarliga skador (skrapningar, små sprickor) kan lagas av hemmamekaniker med en tvåkomponents epoxymassa. Den blandas i lika delar och används på liknande sätt som spackelmassa på plåt. Epoxyn härdar i regel inom 30 minuter och kan sedan slipas och målas.

Om ägaren byter en komplett del själv eller har reparerat med epoxymassa, återstår problemet med målning. Svårigheten är att hitta en färg som är fungerar ihop med den plast som används. En gång i tiden kunde inte någon universalfärg användas i och med det breda utbudet av plaster i karossdelar. Generellt sett fastnar inte standardfärger på plast och gummi. Numera finns det dock satser för plastlackering att köpa. Dessa består i princip av förprimer, grundfärg och färglager. Kompletta instruktioner finns i satserna, men grundmetoden är att först lägga på förprimern och låta den torka i 30 minuter innan grundfärgen läggs på. Denna ska torka ca en timme innan det speciella färglagret läggs på. Resultatet blir en korrekt färgad del där lacken kan böjas med materialet. Det senare är en egenskap som standardfärger vanligtvis saknar.

5 Större karosskador - reparation

Där allvarliga karosskador uppstått eller större ytor behöver åtgärdas på grund av bristfälligt underhåll måste nya delar eller paneler svetsas in. Detta bör överlämnas till yrkeskunniga personer. Om skada uppstått på grund av kollision måste hela bilen mätas upp. I och med konstruktionssättet kan styrkan och formen i helheten påverkas av en skada på en del. I sådana fall krävs en Volvoverkstad med specialutrustning i form av mätjigg. Om en kaross lämnas sned är detta först och främst farligt i och med att bilens vägegenskaper försämras. I andra hand kommer ojämna krafter att påverka styrning, motor och växellåda, vilket leder till onormalt slitage eller totalhaveri. Även däckslitaget kan bli mycket större.

6 Motorhuv - demontering, montering och justering

Demontering

1 Öppna huven, lossa fästena och demontera den inre ljuddämparpanelen.
2 Ta bort spolarröret från huven vid T-kopplingen. Lossa röret och för det åt sidan.
3 Markera runt gångjärnssprintarna med en filtpenna som monteringsreferens.
4 Ta hjälp av någon och stötta motorhuven. Ta ut sprintarna, lyft bort huven och ställ den på ett säkert ställe.

Montering och justering

5 Innan monteringen, placera trasor under hörnen av huven bakom gångjärnen så att lacken skyddas mot skador.
6 Montera huven och stick in sprintarna i sina märkta lägen.
7 Montera spolarröret och ljuddämparpanelen.
8 Stäng huven och kontrollera att allt passar. De två bultarna på var sida styr passningen i längsled och de två muttrarna på var sida styr passningen i höjdled för huvens baksida. Den främre huvhöjden styrs av placeringen av huvlåsfästena på var sida (se bilder).
9 Dra åt gångjärnens bultar och muttrar ordentligt när passningen är korrekt.

7 Huvlåsvajer - demontering, montering och justering

Demontering

1 Huvlåsvajern är tvådelad - en sektion löper från handtaget i passagerarutrymmet till vänster eller höger huvlås och den andra sektionen löper mellan de två huvlåsen.

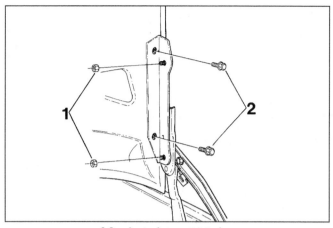

6.8a Justering av motorhuv

1 Gångjärnsmuttrar- justering i höjdled
2 Gångjärnsbultar - justering i längsled

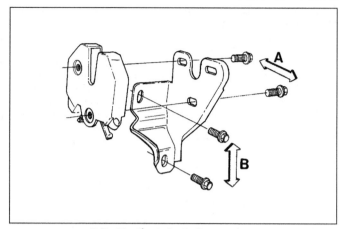
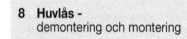

6.8b Huvlåsets justeringspunkter

A Justering i sidled   B Justering i höjdled

2 Öppna huven inifrån bilen, lossa innervajern från handtaget i bilen och ta bort vajerhöljet från fästet **(se bild)**.
3 Dra vajern genom torpedplåtens genomföring och lossa den andra änden från vänster eller höger huvlås, lossa kabelbanden och ta ut vajern.
4 Lossa huvlåsbultarna och för låsen mot varandra så att det blir slack på vajern mellan dem.

5 Lossa vajerändarna från låsarmarna, lossa kabelbanden och ta bort vajern.

Montering och justering

6 Montering sker med omvänd arbetsordning. Justera den gängade delen av vajern vid låshandtaget så att nästan allt slack försvinner vid det inre viloläget. Justera vajern mellan låsen genom att flytta isär låsen. Dra åt samtliga bultar ordentligt efter justeringen.

8 Huvlås - demontering och montering

Demontering

1 Öppna huven och märk upp huvlåsens och låsfästets läge på berörd sida med en filtpenna.
2 Skruva ur de två bultar som fäster relevant huvlås vid huvlåsfästet.
3 Lyft ut låset, haka av vajern och, beroende på vilken sida det gäller, vajern från huvlåshandtaget. Ta ut låset.

Montering

4 Montering sker med omvänd arbetsordning. Ta upp slacket i vajern mellan låsen genom att föra isär låsen i fästet. Justera låsets höjd för korrekt passform och stängningen av huven genom att flytta fästet upp eller ned efter behov **(se bild 6.8b)**.

9 Dörrar - demontering, montering och justering

Demontering

1 Lossa batteriets jordledning.
2 Öppna dörren och stötta den med domkraft eller pallbock, skydda lacken med trasor.
3 Dra ur framdörrens kontakt genom att vrida kontakten motsols och dra ut den från sockeln i stolpen **(se bild)**. Om en bakdörr demonteras, lyft dragspelshylsan från dörrstolpen och dra ur kontakten inne i den.
4 Lossa dörrstoppet genom att skruva ur den skruv som fäster det i stolpen.
5 Skruva ur den låsskruv som låser gångjärnssprinten vid fästet på stolpen **(se bild)**.

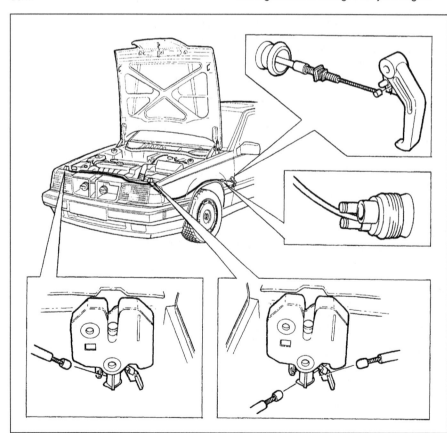

7.2 Huvlåsvajerns delar och fästen

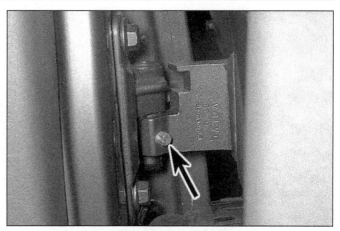

9.3 Vrid dörrledningens kontakt (vid pil) motsols för urdragning

9.5 Dörrgångjärnssprintens låsskruv (vid pil)

6 Använd medhjälpare och lyft upp dörren så att den lossar från tapparna och ställ undan dörren.

Montering och justering

7 Montera dörren i omvänd arbetsordning och justera den sedan enligt följande.
8 Stäng dörren och kontrollera uppriktningen mot omgivande karosspaneler. Avståndet ska vara lika stort hela vägen runt och dörren måste vara i jämnhöjd med bilens utsida. Bakkanten av framdörren ska vara 0 till 1,5 mm utanför bakdörrens framkant.

9 Justering i längsled av dörrens över- och nederkanter utförs med shims mellan gångjärn och dörr. Shimsen finns i tjocklekar om 0,3 och 0,5 mm och kan tryckas på plats efter det att gångjärnens fästbultar slackats.
10 Vertikal och lateral justering utförs genom att gångjärnens fästbultar slackas så att dörren kan flyttas efter behov.
11 När korrekt dörrpassning erhålles, justera låsplattan så att dörren öppnar och stänger enkelt men ordentligt. Dra ut dörrhandtaget, stäng dörren och kontrollera att låset glider över låsplattan utan att skrapa i den.

10 Dörrklädsel - demontering och montering

Demontering

1 På modeller med manuella fönsterhissar, lyft spärren på handtagets baksida och dra av handtagets täckplatta från knoppen. Stick in ett 6 mm dorn i hålet i handtagets mitt och dra samtidigt av handtaget från axeln.
2 Stick in en skruvmejsel under ett hörn av högtalargallret och bänd ut det (se bild).
3 Skruva ur högtalarens fyra skruvar, ta bort den och dra ut kontakten (se bild).
4 Demontera det inre dörrhandtaget genom att dra av det från handtagsarmen (se bild).
5 Demontera den klädda panelen ovanför dörrhandtaget genom att bända det uppåt från underkanten så att den lossnar från de tre fästena. Det krävs en viss kraft för detta och det är ganska troligt att fästena bryts av vid detta moment. Var beredd på att skaffa nya inför monteringen.
6 Skruva ur de två skruvar som nu syns bakom panelen (se bild).
7 Skruva ur de fyra skruvar (eller tre på

10.2 Bänd försiktigt loss högtalargallret

10.3 Skruva ur de fyra skruvarna och dra ut högtalaren

10.4 Dra av dörrhandtaget från armen

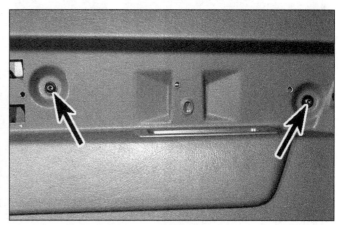

10.6 Skruva ur de två skruvarna (vid pilar) bakom den stoppade panelen

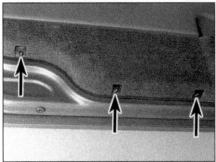

10.7 Skruva ur de fyra skruvarna i nederkanten av panelen (tre av dem visade)

10.8 Lossa plastskruven (vid pil) på framdörrens klädselpanel

10.9 Lyft upp panelen och dra undan den från dörren

bakdörrarna) som fäster underkanten av panelen vid dörren **(se bild)**.
8 På framdörrarna, ta ut plastskruven på panelens framkant genom att lossa skruven och dra ut hylsan **(se bild)**.
9 Lyft panelen uppåt och bort från dörren **(se bild)**. På en bakdörr, dra ur varningslampans kontakt.

Montering

10 Montering sker med omvänd arbetsordning. Skaffa nya panelfästen till den inklädda panelen om dessa bröts av vid demonteringen. Flytta över fästena (eller montera de nya) på panelen och tryck fast panelen så att fästena går in i sina hål i huvudpanelen **(se bilder)**.

11 Dörrhandtag och lås - demontering och montering

Demontering

Framdörrens låscylinder

1 Demontera dörrklädseln enligt beskrivning i avsnitt 10.
2 Ta ut täckplattan över ytterhandtagets skruvar på dörrkanten **(se bild)**.
3 Stick in nyckeln i låscylindern och en liten skruvmejsel i hålet i dörren närmast handtagets skruvar. Tryck in skruvmejseln så att fjäderplattan trycks ned och dra ut låscylindern ur handtaget **(se bild)**.

Framdörrens ytterhandtag

4 Demontera låscylindern enligt föregående beskrivning.
5 Lossa låsets skruvar **(se bild)**.
6 Skruva ur de två skruvarna till ytterhandtaget från dörrkanten **(se bild)**.
7 Dra ut handtaget från låset och lossa andra änden från den främre tappen **(se bilder)**.

Främre dörrlås

8 Demontera fönsterhisskassetten enligt beskrivning i avsnitt 12.
9 Demontera låscylindern och ytterhandtaget enligt föregående beskrivningar.
10 Skruva ur nedre skruven i styrskenan till fönstret och ta ut styrskenan **(se bild)**.
11 Dra ur låsets kabelhärva från kontakten och lossa ledningsclipset från dörren. Tryck in

10.10a Montera fästena på den stoppade panelen

10.10b Tryck sedan in fästena i huvudpanelens hål för montering

11.2 Lirka ut täckplattan över ytterhandtagets skruvar

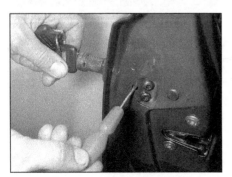

11.3 Tryck ned fjäderplattan med en skruvmejsel och dra ut låscylindern

11.5 Lossa de två skruvarna till dörrlåset (vid pilar)

11.6 Skruva ur ytterhandtagets två skruvar (vid pilar) från dörrkanten

11.7a Dra ut handtaget från låset . . .

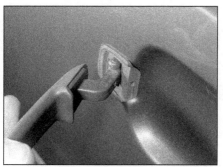

11.7b . . . och lossa den andra änden från den främre tappen

11.10 Skruva ur den nedre skruven i rutans styrskena

11.11a Dra ur kabelhärvan från låsets kontakt . . .

11.11b . . . och tryck in genomföringen i dörren och mata ut kabelhärvan

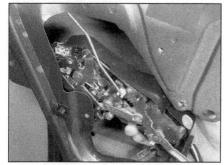

11.12 Demontering av låset från dörren

ledningsgenomföringen i dörren och mata kabelhärvan genom hålet **(se bilder)**.
12 Skruva ur låsets två skruvar från dörrkanten och ta ut låset genom öppningen **(se bild)**.

Bakdörrens ytterhandtag

13 Demontera dörrklädseln enligt beskrivning i avsnitt 10.
14 Bänd ut täckplattan över ytterhandtagets skruvar på dörrkanten.
15 Lossa handtagets skruvar.
16 Skruva ur de två skruvarna till ytterhandtaget från dörrkanten.
17 Dra ut handtaget från låset och lossa andra änden från den främre tappen.

Bakdörrens lås

18 Demontera fönsterhisskassetten enligt beskrivning i avsnitt 12.
19 Demontera ytterhandtaget enligt föregående beskrivning.
20 Demontera tätningslisten i fönstrets bakkant.
21 Sänk fönstret hela vägen.
22 Demontera ledningsklammern från nederdelen av fönstrets bakre styrskena, skruva ur de två skruvarna och dra ut skenan.
23 Dra ur låsets kabelhärva från kontakten och lossa ledningsclipset från dörren. Tryck in ledningsgenomföringen i dörren och mata kabelhärvan genom hålet.
24 Skruva ur låsets två skruvar från dörrkanten och ta ut låset genom öppningen.

Montering

25 Montering sker med omvänd arbetsordning. Kontrollera funktionerna innan klädseln monteras.

12 Fönsterhiss och rutor - demontering och montering

Demontering

Fönsterhissmotor

1 Demontera dörrklädseln enligt beskrivning i avsnitt 10.
2 Hissa upp fönstret och säkra det i upphissat läge med tejp över dörramens topp.

12.4 Demontering av fönsterhissens motor

3 Dra ur motorns kontakt.
4 Skruva ur de tre bultarna och dra ut motorn från kassetten **(se bild)**.

Fönsterhisskassett

5 Demontera fönsterhissens motor enligt föregående beskrivning.
6 Demontera plastskyddet på över tillträdespanelen på dörrens baksida **(se bild)**.
7 Använd en tång och dra av innerhandtagets returfjäder från handtagets arm **(se bild)**.
8 Skruva ur pivåbulten i handtagets fot och ta reda på returfjädern.
9 Skruva ur de tre bultarna och ta bort handtagsarmens ram **(se bild)**.
10 Sänk fönsterrutan till dess att lyftskenans slider blir åtkomliga genom öppningarna i dörren.

12.6 Ta bort plastlocket över panelen baktill på dörren

12.7 Lossa det inre dörrhandtagets returfjäder

12.9 Skruva ur de tre bultarna (vid pilarna) till handtagsramen

11 Dra ur låsclipsen från lyftskenans slider och lossa lyftarmarna från sliderna **(se bild)**.
12 Skruva ur de åtta bultar som fäster kassetten i dörren, stötta fönsterrutan och dra ut kassetten ur dörren **(se bild)**.

Framdörrens ruta

13 Demontera fönsterhisskassetten enligt föregående beskrivning.
14 Ta försiktigt ut den inre tätningslisten från överkanten av dörrpanelen **(se bild)**.
15 För rutan så långt ned det går, luta upp den baktill och lyft ut den ur dörren **(se bild)**.

Bakdörrens ruta

16 Demontera fönsterhisskassetten enligt föregående beskrivning.

17 Ta försiktigt ut den inre tätningslisten från överkanten av dörrpanelen

18 Demontera ledningsklammern som sitter i nederkanten av fönstrets bakre styrskena, skruva ur de två skruvarna och dra ut skenan uppåt.

19 För rutan så långt ned det går, luta upp den baktill och lyft ut den ur dörren.

Montering

20 Montering sker med omvänd arbetsordning. Kontrollera funktionen innan klädseln monteras.

13 Bakluckans klädsel - demontering och montering

Demontering

1 Öppna bakluckan och demontera klädseln runt det inre handtaget genom att sticka in en spatel under överkanten och tvinga ned den **(se bild)**.
2 Demontera höljet över det höga bromsljuset genom att greppa det på bägge sidorna och dra ned det. Se till att inte bryta av de tämligen bräckliga inre tungorna **(se bild)**.
3 Placera kartongremsor med måtten 180 x 100 mm mellan övre och nedre panelerna på var sida. Den nedre panelens kanter är vassa och kan lätt repa en oskyddad övre panel.
4 Ta tag mellan bakluckans tätningslist och panelen längs med nederkanten och dra panelen bakåt och nedåt så att de inre fästena släpper **(se bild)**.

12.11 Dra ut låsclipsen från lyftskenans slider

12.14 Lirka upp dörrens inre tätningslist

12.12 Demontering av fönsterhisskassetten

12.15 Lyft ut rutan

13.1 Lossa bakluckans innerhandtag med en spatel

13.2 Dra av kåpan från det högt monterade bromsljuset

5 Bänd ned panelens nederkant så att den går fri från bakluckan och tryck den sedan framåt genom att knacka hårt på var sida. Var beredd på att ta emot panelen när det övre fästet lossnar.

6 Demontera den lilla övre panelen genom att dra bägge sidorna inåt och överkanten bakåt.

Montering

7 Montering sker med omvänd arbetsordning. Se till att använda kartongremsorna till att skydda övre panelen när den nedre monteras.

14 Baklucka - demontering och montering
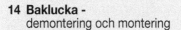

Demontering

1 Lossa batteriets jordledning.

2 Använd en liten skruvmejsel och bänd ut ledljuset i mitten av takets bakre klädsel, dra ut kontakten och ta bort lampan.

3 Ta ut plasthuvarna över de två skruvarna i takets bakre klädsel. Skruva ur skruvarna och demontera klädseln.

4 Ta ut huvarna över den kombinerade taktröskelns och D-stolpens klädsel och skruva ur skruvarna på bägge sidorna. Lossa panelerna genom att dra ur dem ur fästclipsen.

5 Demontera bakluckans klädsel enligt beskrivning i avsnitt 13.

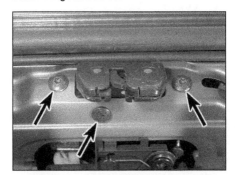

16.5 Skruva ur de tre låsbultarna (vid pilar) och dra ut låset ur bakluckan

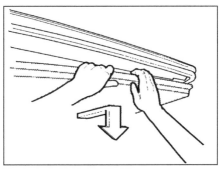

13.4 Lossa de inre fästena genom att dra panelen bakåt och nedåt

6 Lyft upp den löstagbara golvpanelen på höger sida i lastutrymmet.

7 Dra ut spolarslangen nedströms det nu åtkomliga filtret. Ta loss slangen från sin plats.

8 Dra ur kontakten på vänster sida och tryck den genom gångjärnshålet.

9 Skruva ur skruvarna och ta bort bakluckans sidodekorlister på var sida.

10 Ta hjälp av någon, skruva ur de två skruvarna på var sida och lyft bort bakluckan.

Montering

11 Montering sker med omvänd arbetsordning.

15 Bakluckans stödfjädrar - demontering och montering

Demontering

1 Använd en liten skruvmejsel och bänd ut ledljuset i mitten av takets bakre klädsel, dra ut kontakten och ta bort lampan.

2 Bänd ut plasthuvarna över de två skruvarna i takets bakre klädsel. Skruva ur skruvarna och demontera klädseln.

3 Ta ut huvarna över den kombinerade taktröskelns och D-stolpens klädsel och skruva ur skruvarna på bägge sidorna. Lossa panelerna genom att dra ur dem ur fästclipsen.

4 Stötta bakluckan i öppet läge med lämpligt stöd.

5 Lossa det fäste som håller stödfjädern vid karossen.

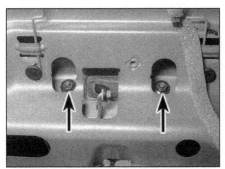

16.9a Skruva ur bultarna till bakluckans ytterhandtag (två mittbultar vid pilar) . . .

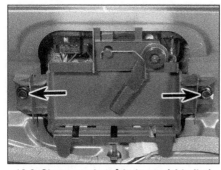

16.2 Skruva ur de två bultarna (vid pilar) som fäster innerhandtaget vid bakluckan

6 Lossa stödfjäderns kulleder och ta bort dem från bilen.

Montering

7 Montering sker med omvänd arbetsordning.

16 Bakluckans lås - demontering och montering

Demontering

Låset

1 Demontera bakluckans klädsel enligt beskrivning i avsnitt 13.

2 Skruva ur de två bultar som fäster innerhandtaget vid bakluckan (se bild).

3 Dra ur kontakten till centrallåset.

4 Lossa länkstängerna till ytterhandtaget och låscylindern.

5 Skruva ur de tre bultar som fäster låset och ta ut det genom öppningen (se bild).

Ytterhandtag

6 Demontera bakluckans torkarmotor enligt beskrivning i kapitel 12.

7 Lossa länkstängerna till ytterhandtaget och låscylindern.

8 Dra ur kontakten till nummerplåtsbelysningen och lossa kabelclipsen.

9 Skruva ur de fyra muttrarna, två nära mitten och två på kanterna, och dra försiktigt ut ytterhandtaget (se bilder). Mata ut ledningen till nummerplåtsbelysningen med handtaget.

16.9b . . . och dra av handtaget

16.11 Låsring till bakluckans låscylinder (vid pilen)

Låscylinder

10 Demontera ytterhandtaget enligt föregående beskrivning.
11 Ta ut låsringen på cylinderns baksida och dra ut cylindern ur handtaget **(se bild)**.

Montering

12 Montering sker med omvänd arbetsordning.

17 Bagagelucka - demontering och montering

Demontering

1 Öppna bagageluckan och demontera ljuddämpningspanelen.
2 Dra ur kontakterna till centrallåset och nummerplåtsbelysningen så att luckan kan tas bort.
3 Markera runt gångjärnsbultarna. Anlita en medhjälpare, skruva ur gångjärnsbultarna och lyft undan luckan.

Montering

4 Montering sker med omvänd arbetsordning. Om justering krävs, demontera först bakre bagagehyllan enligt beskrivning i avsnitt 27. Justering i längsled av luckans framkant utförs genom att vrida på excentermuttern i gångjärnet, under bagagehyllan. Vertikal och lateral justering av bakkanten utförs genom att låsplattan flyttas inom rörelsemånen för de avlånga bulthålen. Kontrollera passning och stängning och montera bagagehyllan.

18 Bagageluckans stödfjädrar - demontering och montering

Demontering

1 Demontera B-stolpens klädsel och bakre bagagehyllan enligt beskrivning i avsnitt 27.
2 Lossa stödfjäderns främre kulled från klacken.
3 Ta ut de clips som säkrar stödfjädern till luckans gångjärn och ta bort fjädern.

Montering

4 Montering sker med omvänd arbetsordning.

19 Bagageluckans lås - demontering och montering

Demontering

Lås

1 Öppna bagageluckan och demontera ljuddämpningspanelen.
2 Skruva ur de tre bultarna och demontera täckplattan.
3 Lossa länkstaget från ytterhandtaget **(se bild)**.
4 Dra ur kontakten till centrallåsmotorn.
5 Öppna justerhylsan av plast, lossa cylinderns länkstag och dra ut låset.

Låscylinder

6 Öppna bagageluckan och demontera ljuddämpningspanelen.
7 Öppna justerhylsan av plast, lossa cylinderns länkstag.

8 Demontera förstärkningsbygeln och dra ut cylindern. Skruva ur skruven i förstärkningsbygeln, stick in nyckeln i låset och dra ut cylindern.

Montering

9 Montering sker med omvänd arbetsordning, men justera länkstången mellan låset och cylindern enligt följande.
10 Stick in nyckeln i cylindern och vrid den till läget 0.
11 Öppna justerhylsan av plast och med de två länkstängerna loss, dra stängerna mot varandra och lägg dem i justerhylsan.
12 Stäng hylsan och kontrollera funktionen hos lås och cylinder.
13 Montera ljuddämparpanelen efter avslutat arbete.

20 Vindruta och fasta rutor - demontering och montering

Speciell utrustning och teknik krävs för att dessa rutor ska kunna tas bort och sättas tillbaka med lyckat resultat. Lämna arbetet till Volvoverkstad eller vindrutespecialist.

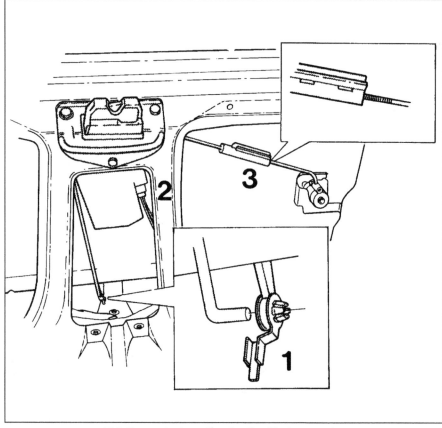

19.3 Bagageluckans lås, detaljer för demontering

1 Koppla ur ytterhandtagets länkstång
2 Dra ut kontakten
3 Koppla ur låscylinderns länkstång vid justerhylsan

21.1 Demontera ytterbackspegelns glas och dra ur kontakterna

21.3 Spegelmotorns skruvar (vid pilar)

21.13 Ta loss panelen från spegel och dörr

21 Ytterbackspeglar och sammanhörande delar - demontering och montering

Demontering

Spegelglas

1 Placera fingrarna bakom spegelglasets kant närmast dörren och dra rakt ut, dra i förekommande fall ur kontakten till värmeelementet **(se bild)**.

Motor till eljusterad spegel

2 Demontera spegelglaset enligt föregående beskrivning
3 Skruva ur de tre skruvarna, ta bort motorn, dra ur kontakten när den är åtkomlig **(se bild)**.

Kantskydd

4 Demontera spegelrutan enligt föregående beskrivning
5 Kläm ut de fyra plastclipsen tillsammans och dra ut främre skyddet.
6 Skruva ur de fyra skruvarna och demontera kantskyddet.

Manuellt justerade speglar (komplett enhet)

7 Demontera dörrklädseln enligt beskrivning i avsnitt 10.
8 Ta försiktigt loss klädseln från spegeln och

21.15a Skruva ur spegelns tre bultar . . .

dörren och dra av justerskaftets gummihölje.
9 Dra ut låsclipset och lossa justerskaftet från fästet.
10 Dra ut kontakten till värmeelementet (i förekommande fall).
11 Skruva ur de tre bultarna, lyft av justerskaftets fäste och dra ut spegeln från dörren. Ta bort gummigenomföringen från dörren när spegeln dras ut.

Eljusterade speglar (komplett enhet)

12 Demontera dörrklädseln enligt beskrivning i avsnitt 10.
13 Lirka försiktigt loss klädseln från spegeln och dörren **(se bild)**.
14 Dra ut kontakten till motorn på dörrens insida.

21.15b . . . och dra ut spegeln från dörren

15 Skruva ur de tre bultarna och dra ut spegeln från dörren. Ta bort gummigenomföringen från dörren när spegeln dras ut **(se bilder)**.

Montering

16 Montering sker med omvänd arbetsordning. I tillämpliga fall, se till att gummigenomföringen monteras korrekt i sitt hål i dörren.

22 Stötfångare - demontering och montering

Observera: *Stötfångarna består av tre sektioner, en plastlist, ett energiupptagande skumlager och ett inre aluminiumräcke. På de flesta modeller finns en spoiler monterad under den främre stötfångaren. Demontering och montering är i princip samma procedur för främre och bakre stötfångare.*

Demontering

1 Skruva ur bulten på var sida, lossa framkantens clips och ta bort stänkskyddet under kylaren.
2 På främre stötfångaren, skruva ur skruvarna, lossa clipsen och ta bort spoilern **(se bilder)**.
3 Ta bort de nitar som fäster innerskärmen av plast vid stötfångaren, borra eller skär lös dem.
4 Lossa plastlisten från stötfångarens mitt genom att bända loss och dra av den.

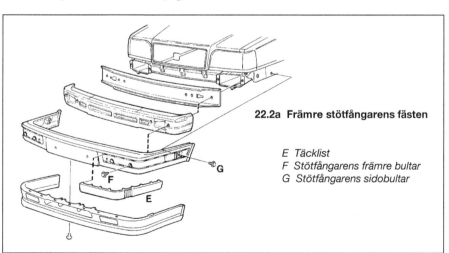

22.2a Främre stötfångarens fästen

E Täcklist
F Stötfångarens främre bultar
G Stötfångarens sidobultar

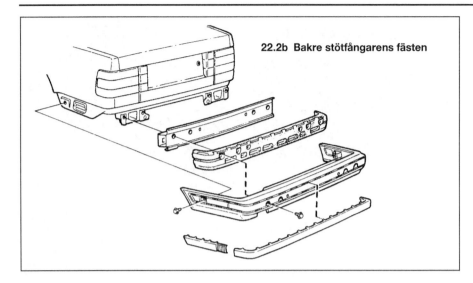

22.2b Bakre stötfångarens fästen

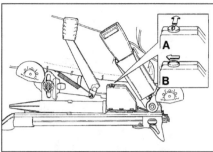

24.1 Knapplägen på säkerhetslåset för mekanisk bältesspännare

A Pilen på den röda knappen pekar i bilens tvärled - förspänningen låst och säkrad
B Pilen på den röda knappen pekar i bilens längsled - förspänningen upplåst och armerad

5 Skruva ur de fyra bultar som nu blottas och den bult på var sida som fäster stötfångaren vid karossen. Dra av stötfångaren från bilen.

Montering

6 Montering sker med omvänd arbetsordning.

23 Kylargrill - demontering och montering

Demontering

1 Öppna motorhuven och ta bort de sex plastclipsen på grillens baksida genom att dra dem åt sidan.
2 Lyft bort grillen och ta reda på gummipackningen.

Montering

3 Montering sker med omvänd arbetsordning.

24 Framsäte - demontering och montering

⚠️ **Varning: Bilar på vissa marknader kan vara utrustade med sidokrockkuddar som en del av sidokrocksskyddet (SIPS). Dessa är krockkuddar som finns placerade i sidan av framsätets rygg-stöd. Ett antal varningsetiketter runtom i bilen anger om den är utrustad med dessa krockkuddar. Se efter vilken typ av framsäte du har och följ instruk-tionerna under tillämplig underrubrik. I kapitel 12 finns mer information om de olika krockskyddssystemen.**

Framsäte utan sidokrockkudde

Demontering

1 Om sätet är utrustat med en mekanisk bältesspännare, vrid då på den röda knappen på framsidan av bältets golvfäste så att pilen pekar tvärs över bältesspännaren (d.v.s mot bilens sida) **(se bild)**. Spännaren är nu låst och sätet är därmed säkrat.

⚠️ **Varning: Utför aldrig arbete på ett säte annat än om bältesspännaren är låst.**

2 Om elmanövrerat säte är monterat, lossa batteriets jordledning.
3 Demontera sätessidans fack genom att lossa framkanten och trycka bakåt.
4 Skruva ur bulten och demontera säkerhetsbältets nedre fäste från sätessidan. Lägg märke till att ny bult krävs vid monteringen.
5 Skjut sätet framåt, skruva ur bulten från vardera skenans baksida, dessa kan vara överklädda **(se bilder)**.
6 Skjut sätet bakåt. Demontera eventuell klädsel och skruva ur bulten från vardera skenans framsida **(se bild)**.
7 Dra ur kontakten till sätesvärmaren, säkerhetsbältesvarningen och styrenheten (efter förekomst) från sitsens undersida.

8 Lyft upp sätet så att det lossnar från de främre och bakre styrstiften och lyft ut sätet ur bilen.

Montering

9 Placera sätet över styrstiften, koppla in ledningarna och stick in fästbultarna. Dra bultarna till angivet moment i följande ordning - bakre inre, främre yttre, främre inre och bakre yttre. Sätt tillbaka eventuella bult-överdrag.
10 Fäst säkerhetsbältets nedre fästpunkt med en ny bult dragen till angivet moment.

24.5a I förekommande fall, demontera klädseln för att komma åt den inre sätesskenans bult . . .

24.5b . . . och den yttre bulten

24.6 Demontera klädseln och skruva ur sätesskenornas främre bultar

11 Montera sidofacket.
12 Om sätet har mekanisk bältesspännare, lås upp den genom att vrida den röda knappen så att pilen pekar framåt.

Framsäte med sidokrockkudde

⚠ *Varning: Det finns en risk för personskador om sidokrockkudden utlöses oavsiktligt vid arbete med framsätet. Se till att den säkring som beskrivs i följande paragrafer är installerad. Använd aldrig yttre kraft på sätets sida. Vi rekommenderar starkt att allt arbete med framsäten med sidokrockkuddar överlämnas till en Volvoverkstad. Se kapitel 12 för mer information om systemet.*

Demontering

13 Demontera sätessidans fack genom att lossa framkanten och trycka bakåt.
14 Demontera säkringen från hållaren i sidofacket och montera den på krockkuddens givare på sätessidan (se bild).
15 Se till att tändningen är avslagen och lossa batteriets jordledning.
16 Demontera sätet enligt föregående beskrivning i paragraferna 4 till 8. Försök inte ta isär sätet eller demontera någon av krockkuddens delar. Detta arbete måste utföras av en Volvoverkstad.

Montering

17 Montera sätet enligt föregående beskrivning i paragraferna 9 och 10.
18 Ta bort säkringen från krockkuddens givare och sätt tillbaka den i sin hållare i sidofacket. Montera sidofacket på sätet.
19 Koppla in batteriet.

25 Elmanövrerade framsäten - allmän information och byte av delar

Allmän information

1 Elektriskt manövrerade framsäten med programmerbart minne finns som tillval för både förare och passagerare. Sätet innehåller fyra elmotorer, tre i nederkanten och en i ryggstödet. De tre motorerna under sätet reglerar höjden på sitsens fram- och bakkant samt läget i längsled för hela sätet. Den fjärde motorn reglerar ryggstödets lutning.
2 En styrpanel på sätets sida innehåller motorkontakterna och de minnesknappar som används till att spara och justera de olika inställningarna.
3 Justeringen av sätet styrs av en elektronisk styrenhet som även innehåller en diagnostikfunktion. I händelse av fel på stolens delar eller styrkretsar sparas en felkod i styrenhetens minne som sedan kan avläsas via diagnostikenheten i motorrummet.

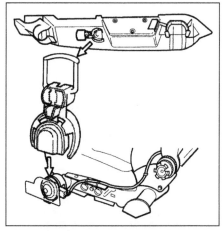

24.14 I förekommande fall, montera säkringen på sidokrockskuddens givare på sätets sida innan arbetet påbörjas

Byte av delar

⚠ *Varning: Utför inte något av de följande arbetsmomenten på bilar utrustade med sidokrockkuddar i framsätena. Vissa arbeten i detta avsnitt innebär att krockkuddens givare och avfyrningskrets måste demonteras, vilket är en potentiellt riskabel operation. Låt en Volvoverkstad utföra arbetet på bilar med denna utrustning. Se kapitel 12 för mer information om systemet.*

Observera: Demontering och montering av någon av de följande delarna, med undantag för styrpanelen, innebär att styrenheten måste omkalibreras av en Volvoverkstad. Till dess att detta utförts kommer en felkod att finnas i styrenhetens minne.

Styrpanel

4 Lossa batteriets jordledning.
5 Dra ut den gula kontakten från styrenheten under sitsens framkant.
6 Demontera sätessidans fack genom att lossa framkanten och trycka bakåt.
7 Skruva ur de tre skruvarna på sidofackets baksida och ta loss styrpanelen.
8 Montering sker med omvänd arbetsordning.

Styrenheten

9 Demontera sätet enligt beskrivning i avsnitt 24.
10 Skruva ur de två skruvar som fäster styrenheten i hållaren under sitsen.
11 Dra ut kontakterna och lyft ut styrenheten.
12 Montering sker med omvänd arbetsordning. Låt en Volvoverkstad kalibrera styrenheten.

Styrmotor för längsled (motor 1)

13 Demontera sätet enligt beskrivning i avsnitt 24.
14 Dra ut sätesmotorns svarta kontakt från styrenheten.

15 Skruva ur de två bultar som fäster motorn vid drivväxeln. Denna motor sitter i mitten.
16 Följ motorledningen tillbaka till kontakten och märk stiftens läge. Tryck ur stiften ur kontakten och lyft bort motorn från drivväxeln.
17 Montera den nya motorns stift i kontakten.
18 Montera motorn och skruva fast den med de två bultarna.
19 Stick in kontakten till styrenheten och montera sätet enligt beskrivning i avsnitt 24.
20 Låt en Volvoverkstad kalibrera styrenheten.

Styrmotor för sitsframkantens höjd (motor 4)

21 Demontera sätet enligt beskrivning i avsnitt 24.
22 Skruva ur de två skruvar som fäster styrenheten i hållaren under sitsen.
23 Dra ut kontakterna och lyft ut styrenheten.
24 Skruva ur den bult som fäster motorn vid styrenhetsfästet och de två bultar som fäster motorn vid drivväxeln.
25 Följ motorledningen tillbaka till kontakten och märk stiftens läge. Tryck ur stiften ur kontakten och lyft bort motorn från drivväxeln.
26 Montera den nya motorns stift i kontakten.
27 Montera motorn och skruva fast den med de tre bultarna.
28 Montera styrenheten och sätet enligt beskrivning i avsnitt 24.
29 Låt en Volvoverkstad kalibrera styrenheten.

Styrmotor för sitsbakkantens höjd (motor 3)

30 Se föregående beskrivning för längsledsmotorn. Den bakre höjdmotorn finns närmast sitsens bakkant.

Drivväxel

31 Demontera de tre motorerna från drivväxeln enligt föregående beskrivning, men lägg märke till att det inte är nödvändigt att ta ut stiften från kontakten. Märk upp motorernas placering så att de kan monteras i sina ursprungliga lägen.
32 Skruva ur de två muttrar som fäster höjdjusteringsstängerna vid insidan av sätet.
33 Skruva ur de två yttre bultar som fäster yttre glidskenen vid sätesramen. Dra ut glidskenen och ta bort drivaxeln mellan drivväxeln och glidskenen.
34 Skruva ur de tre bultar och två muttrar som fäster drivväxeln vid inre glidskenen, lyft ut enheten.
35 Montering sker med omvänd arbetsordning, men tänk på följande:
a) *När drivväxeln placeras på glidskenan, se till att drivväxelns kuggaxel greppar in i hålet i glidblocket på glidskenen.*
b) *Kontrollera att bägge glidskenornas läge relativt sätesskenorna är lika på båda sidor innan drivaxeln kopplas in. Om en*

skena har mer utstick kommer sätets fästbultar inte att vara i rät linje när sätet monteras.

c) *Låt en Volvoverkstad kalibrera styr-enheten.*

Ryggstödsmotor (motor 2)

36 Åtkomst av ryggstödsmotorn innebär demontering av sätets klädsel. Detta är ett komplext arbete som kräver specialverktyg och ska överlämnas till en Volvoverkstad.

Felsökning och avläsning av felkoder

Observera: *På modeller fr.o.m. 1996 sitter diagnostikenheten under en kåpa framför växelspaken och har ett 16-stifts uttag för anslutning till en felkodsläsare.*

37 Som nämnts i början av detta avsnitt har det elmanövrerade sätet en diagnostik-funktion för att underlätta felsökning och systemtester. Diagnostiken är en funktion i styrenheten som kontinuerligt övervakar systemets delar och funktion. Om ett fel uppstår sparar styrenheten felkoder för avläsning via diagnostikenheten i motor-rummet.

38 Diagnostikenheten används av många av elektroniksystemen i Volvo 850, se kapitel 3, avsnitt 12 för en översikt av ett liknande system och en komplett beskrivning över hur diagnostikenheten används. Vid användning av diagnostikenheten för felsökning på elmanövrerade säten kommer man åt styrenhetens diagnostikläge enligt följande.

39 Stick in diagnostikenhetens tråd i sockel 6 på modul B.

40 Tryck på valfri knapp på sätets styrpanel, håll den nedtryckt och slå på tändningen, håll knappen nedtryckt en sekund till och tryck en gång på testknappen på diagnostikmodulen. Under förutsättning att denna procedur fullbordas inom 30 sekunder kommer styrenheten att visa eventuella felkoder.

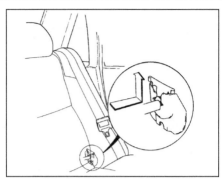

26.3 Demontering av baksäte på sedanmodell

41 Nedan anges de möjliga felkoderna för elmanövrerade säten och deras innebörder.

26 Baksäte - demontering och montering

Demontering

Sedan

1 Lossa sitsen från clipsen genom att lyfta upp framkanten. Ta ut sitsen ur bilen.

2 Kontrollera att spärrarna i bagageutrymmet, på var sida om ryggstödet, är lyfta och dra frigöringen framåt och vik ned ryggstödet.

3 För ena sidan av ryggstödet mot bilens sida och lyft samtidigt upp det **(se bild)**. Demontera ena sidan först och sedan den andra på samma sätt.

Herrgårdsvagn

4 Om sätet har elvärme, dra ut kontakten under sitsens framkant.

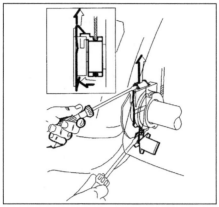

26.10 Demontering av baksäte på herrgårdsvagn

5 Vik sitsen framåt och dra de röda spärrarna uppåt.

6 Vik sitsen bakåt, nästan hela vägen, lyft upp och ta ut den.

7 Om ryggstödet har elvärme, dra ut kontakten.

8 Demontera sidostoppningen och lossa säkerhetsbältenas golvbultar. Ta bort fästena.

9 Lossa spärren och vik ryggstödet något framåt.

10 Lossa det clips som fäster ryggstödet vid hjulhuset genom att trycka in det i nederkanten med en skruvmejsel och lyfta upp det med en annan **(se bild)**.

11 Tryck ut ryggstödet och dra upp det i det yttre fästet. Lyft upp och ta ut ryggstödet ur bilen.

Montering

Alla modeller

12 Montering sker med omvänd arbetsordning.

27 Klädsel - demontering och montering

Observera: *Se tidigare avsnitt i detta kapitel för specifika beskrivningar gällande dörrar och baklucka.*

Klädsel - allmänt

1 Klädseln är fäst antingen med skruvar eller olika typer av fästen, vanligen clips.

2 Kontrollera att inte andra paneler överlappar den som ska demonteras, vanligen finns det en ordningsföljd som måste följas och den blir självklar vid en närmare inspektion.

3 Ta bort alla synliga fästanordningar som skruvar, lägg märke till att de kan vara dolda under plasthuvar. Om panelen inte lossnar är den fäst med interna clips eller fästen. Dessa finns vanligen runt panelens kanter och kan bändas upp. De bryts dock ofta av så se till att ha reserver. Bästa sättet att lossa sådana clips är med en stor bredbladig skruvmejsel. I många fall kan även en närliggande tätnings-

Felkod	Innebörd
1-1-1	Inget fel upptäckt
1-1-2	Signal från positionsgivare, motor 1, frånvarande eller felaktig
1-2-1	Signal från positionsgivare, motor 2, frånvarande eller felaktig
1-2-2	Signal från positionsgivare, motor 3, frånvarande eller felaktig
2-1-1	Signal från positionsgivare, motor 4, frånvarande eller felaktig
1-2-3	Motor 1 går utan att motsvarande knapp tryckts ned
1-3-1	Motor 2 går utan att motsvarande knapp tryckts ned
1-3-2	Motor 3 går utan att motsvarande knapp tryckts ned
1-3-3	Motor 4 går utan att motsvarande knapp tryckts ned
3-2-3	Fel i sparat minne, position 1
3-2-2	Fel i sparat minne, position 2
3-3-3	Fel i sparat minne, position 3
3-3-1	Kabel urkopplad, motor 1*
3-3-2	Kabel urkopplad, motor 2*
3-3-3	Kabel urkopplad, motor 3*
1-1-4	Kabel urkopplad, motor 4*
1-4-3	Motor 1 går i fel riktning
1-4-4	Motor 2 går i fel riktning
2-1-4	Motor 3 går i fel riktning
2-2-4	Motor 4 går i fel riktning
4-1-4	Defekt ändlägeskalibrering

Dessa koder kan även visas om motorerna inte kan nå sina gränslägen, d.v.s att ryggstödet kommer i kontakt med baksätet innan maximal lutning uppnåtts.

list behöva bändas upp för att panelen ska lossna.

4 Vid demontering av en panel använd **aldrig** stor kraft eftersom detta kan skada panelen. Kontrollera alltid noga att alla fästen eller andra relevanta delar tagits bort eller lossats innan försök görs att ta ut en panel.

5 Montering sker med omvänd arbetsordning; säkra fästena genom att trycka dem ordentligt på plats och se till att alla lossade komponenter monteras korrekt så att skaller undviks.

Bakre bagagehylla (sedan)

6 Om ett högt bromsljus är monterat, lossa kåpan över det genom att trycka ned spärrarna på var sida och dra av den.

7 Lossa sitsen genom att lyfta upp framkanten och lyft ut sitsen.

8 Demontera ryggstödets sidostoppning genom att dra ut och lyfta upp den.

9 Skruva ur den bult som fäster det mittre säkerhetsbältesfästet i golvet.

10 Kontrollera att spärrarna i bagageutrymmet, på var sida om ryggstödet, är lyfta och dra frigöringen framåt och vik ned ryggstödet.

11 Lossa hyllan från de två clipsen i framkanten genom att bända upp dem med en skruvmejsel.

12 Dra ut hyllan och trä säkerhetsbältet genom öppningen i hyllan.

13 Vid behov, lyft ut ljuddämpningen under hyllan.

14 Montering sker med omvänd arbetsordning. Dra säkerhetsbältesfästets bult till angivet moment.

Mattor

15 Passagerarutrymmets golvmatta är i tre delar, främre vänster, främre höger och bak. Den är fäst på sidorna med främre och bakre tröskelpaneler.

16 Demontering och montering av mattor är tämligen enkelt men mycket tidsödande i och med att alla angränsande paneler måste demonteras först liksom komponenter som

säten, mittkonsol och nedre säkerhetsbältesfästen.

Innertak

17 Innertaket är fäst vid yttertaket och kan endast demonteras om alla detaljer som kurvhandtag, solskydd, taklucka (om monterad), fasta glasrutor och relaterade tätningslister demonterats först.

18 Demontering och montering av innertak kräver stor skicklighet och god vana om det ska kunna utföras utan att skada innertaket, vilket gör det klokt att överlämna arbetet till en Volvoverkstad.

28 Säkerhetsbälten - demontering och montering

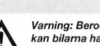

> ⚠ **Varning: Beroende på marknad kan bilarna ha antingen mekanisk eller pyroteknisk bältesförspänning som en del av krockskyddet. FÖRSÖK INTE ta bort säkerhetsbälten från bilar med denna utrustning. Allt arbete som innebär demontering av sådana främre säkerhetsbälten måste utföras av en Volvoverkstad. Se kapitel 12 för mer information**

Demontering
Främre säkerhetsbälten

1 Skjut sätet framåt, demontera sidofacket genom att lossa framkanten och trycka bakåt.

2 Skruva ur bulten och demontera säkerhetsbältets nedre fäste från sätessidan. Lägg märke till att ny bult krävs vid monteringen.

3 Dra av B-stolpens klädsel. Lossa bältesstyrningen från urtaget i klädseln.

4 Skruva ur de två bultar som fäster rullen, notera placeringen av eventuella brickor och distanser. Ta bort bälte och rulle.

5 För att kunna lossa spännet måste sätet

först demonteras enligt beskrivning i avsnitt 24.

Bakre säkerhetsbälten - sedan

6 Demontera bagagehyllan enligt beskrivning i avsnitt 27 och dra upp och lyft ut sidostoppningen.

7 Demontera baksätet enligt beskrivning i avsnitt 26.

8 Demontera ljuddämpningspanelen under bagagehyllan.

9 Skruva ur bultarna till rullarna, nedre fästena och spännena på var sida och i mitten.

10 Trä bältena genom hyllans hål och ta ut dem från bilen.

Bakre säkerhetsbälten - herrgårdsvagn

11 För att komma åt spännen och golvfästen, tippa sitsen framåt.

12 För att komma åt rullarna, placerade i ryggstödet, måste man demontera ryggstödets klädsel som lätt skadas om det sker vårdslöst eller utan specialverktyg. Lämna det jobbet åt en Volvoverkstad.

Montering

13 I samtliga fall sker montering med omvänd arbetsordning. Dra bultarna till säkerhetsbältenas fästen till angivet moment och använd en ny bult för främre bältets nedre fäste i sätet.

29 Mittkonsol - demontering och montering

Demontering

1 Lossa batteriets jordledning.

2 Skruva ur de två skruvarna i framkanten och lyft ut cigarettändarpanelen. Dra ut kontakten till tändaren och ta ut panelen ur bilen **(se bild)**.

3 Förbättra åtkomligheten genom att skruva ur de skruvar som fäster askkoppshållaren och lyft bort askkoppsdelen **(se bild)**. Dra ut

29.2 Skruva ur de två främre skruvarna (vid pilar) och lyft ut cigarettändarpanelen

29.3 Dra ut askkoppen

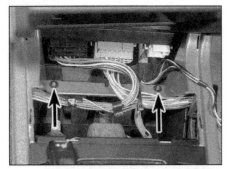

29.4 Skruva ur de två skruvar (vid pilar) som fäster mittkonsolen framtill

29.5 Bänd upp täckpanelen under handbromsspaken

29.6 Lossa växelspakens damask från konsolen

29.7 Skruva ur de två skruvarna i det bakre facket

askkoppsbelysningens glödlampshållare och lägg undan askkoppen.
4 Skruva ur de två skruvar som fäster mitt-konsolens framkant **(se bild)**.
5 Dra åt handbromsen och bänd försiktigt upp panelen under handbromsspaken **(se bild)**.
6 På modeller med manuell växellåda, lossa växelspakens damask genom att lossa clipsen i bakkanten. Gör detta genom att sticka in ett finger i öppningen under handbromsspaken och trycka upp clipset. När bakkanten lossats, bänd upp resten av damasken **(se bild)**. Vrid damasken åt sidan och tryck ned den genom konsolens öppning.

29.9 Dra konsolen bakåt och lossa den från instrumentbrädans undersida

7 Öppna det bakre fackets lucka och peta upp panelen i längst ner i facket. Skruva ur de två skruvar som då blir synliga **(se bild)**.
8 Dra ur kontakterna till brytare och belysning på konsolens framsida.
9 Lyft upp konsolens baksida och tryck den så långt framåt som det går, till dess att handbromsspaken går fri. Dra konsolen bakåt, lossa den i framkanten från instrument-brädans undersida och lyft ut den ur bilen **(se bild)**.

Montering

10 Montering sker med omvänd arbets-ordning.

30 Instrumentbräda - demontering och montering

Observera: *För att komma åt instrument-panelen och relaterade komponenter måste man demontera instrumentbrädans överdel. Om hela instrumentbrädan ska demonteras som en enhet kan överdelen sitta kvar och demonteras tillsammans med instrument-brädan.*

Instrumentbrädans överdel

Demontering

1 Lossa batteriets jordledning.
2 Öppna handskfacket. Lossa luckarmarna genom att sticka in en liten skruvmejsel mellan armen och luckan och försiktigt ta loss armen **(se bild)**.
3 Skruva ur skruvarna på handskfackets framsida och lyft ut handskfacket.
4 På bilar med passagerarkrockkudde, dra ut kontakten längst ner på modulen. Skruva ur de fyra skruvar som fäster modulen ovanför handskfacket **(se bild)**.
5 Bänd loss plasthuvarna över skruvarna på var sida om defrostermunstycket och skruva ur skruvarna **(se bild)**.

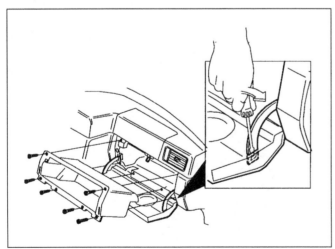

30.2 Demontering av handskfack och lucka

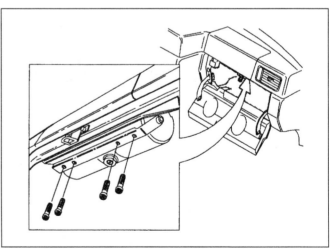

30.4 Fästen för passagerarsidans krockkudde under instrumentbrädan

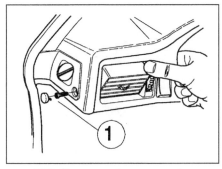

30.5 Skruva ur skruvarna under plasthuvarna (1) på var sida

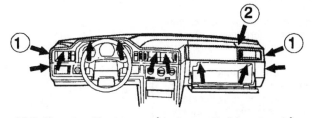

30.9 Placering för skruvar på instrumentbrädans toppkåpa

1 Sidoskruvar   2 Övre skruv på passagerarsidan (om befintlig)
Pilar indikerar placeringen för övriga skruvar

6 Demontera de sex luftmunstyckena i mitten på instrumentbrädan och de två på var sida genom att fälla munstyckena nedåt och dra ut dem. Alternativt kan de bändas ut sidledes med en skruvmejsel. På passagerarsidan ska lufttrumman demonteras tillsammans med sidomunstycket.
7 Lirka försiktigt loss högtalargallren på var sida om överdelen. Ta ut högtalarna genom att trycka ned mitten på expandernitarna av plast och lyft upp högtalarna. Dra ut kontakterna och lägg högtalarna åt sidan.
8 Skruva ur skruven (om befintlig) i högtalaröppningen på passagerarsidan.
9 Skruva ur resterande skruvar till överdelen enligt följande. Lägg märke till att variationer kan förekomma beroende på specifikation **(se bild)**.
 a) Två skruvar ovanför instrumentpanelen.
 b) Två (eller tre) skruvar ovanför handskfacket.
 c) Två skruvar bakom de mittre luftmunstyckena.
 d) En skruv på var sida om A-stolpen.
 e) En skruv bakom luftmunstycket på förarsidan.
10 När samtliga skruvar är urskruvade, lyft försiktigt upp överdelen och ta ut den ur bilen (komplett med passagerarsidans krockkudde, om befintlig).

  Varning: På bilar med denna utrustning, placera överdelen och krockkudden på en säker plats med mekanismen nedåt som säkerhetsåtgärd mot oavsiktlig utlösning. Försök inte öppna eller reparera enheten eller lägga någon elektrisk spänning på den. Använd aldrig en krockkudde som är synbarligen skadad eller som mixtrats med.

Montering

11 Montering sker med omvänd arbetsordning. På bilar med krockkudde på passagerarsidan ska tändningsnyckeln vridas till läge II innan batteriet kopplas in.

  Varning: Se till att det inte finns någon person i bilen när batteriet kopplas in.

12 Slå av tändningen och slå på den igen, kontrollera att varningslampan slocknar efter 10 sekunder.

Komplett instrumentbräda

Demontering

13 Se kapitel 10 och demontera ratten.
14 Om det inte redan gjorts, lossa batteriets jordledning.
15 Demontera vindrutetorkararmarna enligt beskrivning i kapitel 12.
16 Skruva ur de fem skruvar som fäster vindrutetorkarbrunnens lock på framsidan. Lossa de två dräneringsslangarna och lyft av brunnslocket **(se bild)**.
17 Skruva ur bulten till vindrutetorkarfästet på passagerarsidan.
18 Arbeta inifrån vindrutetorkarbrunnen och skruva ur de fyra skruvar som fäster instrumentbrädan.
19 Skruva ur de fyra skruvarna under rattstångens nedre kåpa och lyft ut övre och nedre kåporna.
20 Skruva ur de två skruvarna på var sida om rattstångsreglagen och dra ut kontakterna till dessa.
21 Skruva ur skruvarna och demontera förar- och passagerarsidans klädsel/ljuddämpning under instrumentbrädan samt i förekommande fall knäskyddet bakom klädseln.
22 Lirka av plasthuvarna och skruva ur skruvarna bredvid sidodefrostermunstycket på var sida.

23 Demontera de sex luftmunstyckena i mitten på instrumentbrädan och de två på var sida genom att fälla munstyckena nedåt och dra ut dem. Alternativt kan de bändas ut sidledes med en skruvmejsel. På passagerarsidan ska lufttrumman demonteras tillsammans med sidomunstycket.
24 Bänd försiktigt loss högtalargallren på var sida om överdelen. Ta ut högtalarna genom att trycka ned mitten på expandernitarna av plast och lyft upp högtalarna. Dra ut kontakterna och lägg högtalarna åt sidan.
25 Öppna handskfacket. Lossa luckarmarna genom att sticka in en liten skruvmejsel mellan armen och locket och försiktigt lirka loss armen.
26 Skruva ur skruvarna på handskfackets framsida och lyft ut handskfacket.
27 På bilar med passagerarkrockkudde, dra ut kontakten från modulens fot.
28 Skruva ur de två skruvarna på var yttersida om instrumentbrädan och en skruv på var sida under instrumentbrädan, i fotbrunnen **(se bild)**.
29 Demontera radion enligt beskrivning i kapitel 12.
30 På bilar med manuell klimatkontroll, demontera styrpanelen enligt beskrivning i kapitel 3, avsnitt 10. På bilar med automatisk klimatkontroll, demontera styrpanelen och

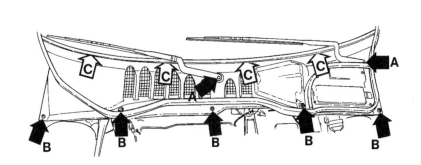

30.16 Instrumentbrädans fästen i vindrutetorkarbrunnen

A Torkararmens muttrar
B Skruvar till vindrutetorkarbrunnens lock
C Instrumentbrädans främre skruvar

styrenheten enligt beskrivning i kapitel 3, avsnitt 11.

31 Skruva ur de två skruvarna i framkanten och lyft ut cigarettändarpanelen. Dra ut kontakten till tändaren och ta ut panelen ur bilen.

32 Arbeta genom öppningarna i instrumentbrädan och dra ur relevanta kontakter. Lägg märke till att stora delar av kabelaget demonteras tillsammans med instrumentbrädan så det är endast nödvändigt att dra ur de kontakter som är ansluta till bilens stamkabelhärva.

33 Anlita en medhjälpare vid behov och dra ut instrumentbrädan, kontrollera att allt som kan tänkas försvåra urlyftningen är urkopplat och ta ut instrumentbrädan från bilen.

 Varning: På bilar med denna utrustning, placera instrumentbrädan med krockkudden på en säker plats med mekanismen skyddad som säkerhetsåtgärd mot oavsiktlig utlösning. Försök inte öppna eller reparera enheten eller lägga någon elektrisk spänning på den. Använd aldrig en krockkudde som är synbarligen skadad eller som mixtrats med.

Montering

34 Montering sker med omvänd arbetsordning, kom dock ihåg följande:

a) *Se till att alla ledningar dras korrekt och inte kläms vid montering av instrumentbrädan.*

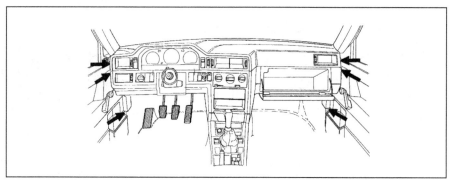

30.28   Placering för instrumentbrädans skruvar på insidan (vid pilarna)

b) *Montera styrpanelen för klimatkontroll enligt beskrivning i relevant avsnitt av kapitel 3.*

c) *Montera radion enligt beskrivning i kapitel 12.*

d) *Montera ratten enligt beskrivning i kapitel 10, men vänta till dess att instrumentbrädans montering är färdig innan batteriet kopplas in.*

e) *På bilar med krockkudde ska tändningsnyckeln vridas till läge II innan batteriet kopplas in. Slå av tändningen och slå på den igen, kontrollera att varningslampan slocknar efter 10 sekunder.*

 Varning: Se till att det inte finns någon person i bilen när batteriet kopplas in.

31 Tacklucka - allmän information

En mekaniskt eller elektriskt manövrerad tacklucka finns som standard eller tillval beroende på modell.

Tackluckan är underhållsfri, men justering eller demontering och montering ska överlämnas till en Volvoverkstad eftersom arbetet är komplext och en stor del av inredningen och innertaket måste tas bort för åtkomlighet. Det sistnämnda momentet är invecklat och kräver både försiktighet och specialkunskaper om skador ska kunna undvikas.

Kapitel 12
Elsystem

Innehållsförteckning

Svårighetsgrad

Enkelt, passar novisen med lite erfarenhet	Ganska enkelt, passar nybörjaren med viss erfarenhet	Ganska svårt, passar kompetent hemma-mekaniker	Svårt, passar hemmamekaniker med erfarenhet	Mycket svårt, för professionell mekaniker

Specifikationer

Systemtyp . . . . 12 volt, negativ jord

Säkringar . . . . Se Kopplingsscheman i slutet av kapitlet och etiketter på styrlådans lock för specifika fordons detaljer.

Åtdragningsmoment	Nm
Torkararmarnas muttrar	16
Muttrar till strålkastartorkare	4
Torkarmotorns vevarmsmutter	20

1 Allmän information och föreskrifter

Allmän information

Elsystemet är av typen 12 volt negativ jord. Ström till belysning och elektriska tillbehör kommer från ett batteri av typen bly/elektrolyt som laddas av generatorn.

Detta kapitel tar upp reparationer och underhåll av de olika elsystem som inte har direkt att göra med motorn. Information om batteriet, tändningen, generatorn och startmotorn finns i kapitel 5.

Föreskrifter

 Varning: Innan något arbete med elsystemet utförs, läs de föreskrifter som ges i "Säkerheten främst!" i början av denna handbok och i kapitel 5.

 Varning: Innan arbete inleds på någon del i elsystemet ska batteriets jordledning kopplas loss. Detta för att förhindra kortslutningar och/eller bränder. **Om radion/bandspelaren är försedd med stöldskyddskod, se den information som finns i referensdelen i slutet av boken innan batteriet kopplas bort.**

2 Elektrisk felsökning - allmän information

Observera: *Se föreskrifterna i "Säkerheten främst!" och i avsnitt 1 i detta kapitel innan arbetet påbörjas. Följande tester gäller för elektriska huvudkretsar och ska INTE användas till att testa elektroniska kretsar och i synnerhet INTE där en elektronisk styrenhet används.*

Allmänt

1 En typisk elektrisk krets består av en elektrisk komponent, varje kontakt, relä,

motor, säkring, eller kretsbrytare som hör till denna komponent samt de ledningar och anslutningar som kopplar kretsen till både batteriet och karossen. Som hjälp att hitta fel i en elektrisk krets finns kopplingsscheman inkluderade i slutet av denna handbok.

2 Innan du försöker diagnostisera ett elfel, studera först passande kopplingsschema så att du är medveten om vilka delar som finns i just den kretsen. Möjliga felkällor kan elimineras genom att kontrollera om andra delar, relaterade till den kretsen, fungerar korrekt. Om flera komponenter eller kretsar uppvisar fel samtidigt består troligtvis problemet i en delad säkring eller jordledning.

3 Elektriska problem uppkommer vanligen av enkla orsaker som lösa eller korroderade kontakter, dålig jordning, brunna säkringar eller defekta relän. Titta på alla säkringar, ledningar och kontakter i en defekt krets innan delarna testas. Med hjälp av kopplingsschemat går det att bestämma vilka anslutningar som måste testas, och i vilken ordning, för att problemstället ska kunna identifieras.

4 Huvudverktygen för elektrisk felsökning omfattar en kretstestare eller voltmätare (en 12 volts lampa och testsladdar kan i vissa fall användas), en ohmmätare som mäter motstånd och letar efter kontinuitet, ett batteri och en sats testsladdar samt en strömkabel, helst med inbyggd kretsbrytare eller säkring, som kan användas till att förbigå misstänkta kablar eller delar. Innan du försöker spåra fel med testinstrument, studera kopplingsschemat så att du kan avgöra var instrumenten ska kopplas in.

 Varning: Under inga som helst omständigheter får strömförande mätinstrument som ohmmätare, voltmätare eller testlampa användas till att testa kretsar i krockkuddar eller pyrotekniska bältesförspännare. Varje test av dessa komponenter måste utföras av en Volvoverkstad i och med att det finns risk för att systemet aktiveras om inte korrekt procedur följs.

5 Ett sätt att hitta en källa till oregelbundet uppträdande ledningsfel (vanligen beroende på glappa eller smutsiga kontakter eller skadad isolering) är att utföra ett "vicktest" på kabelhärvan i fråga. Gör detta genom att fatta tag i härvan och vicka på den i olika riktningar och se efter om felet uppstår när kablarna flyttas. Det bör vara möjligt att komma fram till den speciella del av kabelhärvan som innehåller felet. Denna testmetod kan användas tillsammans med de övriga som beskrivs i följande delavsnitt.

6 Förutom problem orsakade av dåliga förbindelser kan två grundtyper av fel uppstå i elektriska kretsar - bruten krets och kortslutning.

7 Fel av typen bruten krets orsakas av att strömflödet någonstans i kretsen bryts av.

Denna typ av fel gör att berörd del slutar fungera.

8 Kortslutningar uppstår när, någonstans i kretsen, strömmen kan ta en genväg, vanligen till jord. Kortslutningar orsakas vanligen av brott på kabelisolering, vilket låter en strömförande ledning beröra antingen en annan ledning eller en jordad del som karossen. Normalt bränner en kortslutning säkringen i berörd krets.

Att hitta en bruten krets

9 Leta efter en bruten krets genom att ansluta ena sladden i en kretstestare eller minussladden på en voltmätare till batteriets jordledning eller annan känd bra jord.

10 Anslut den andra sladden till en kontakt i den krets som ska testas, helst närmast batteriet eller säkringen. Vid denna punkt ska det finnas batteriström (kom ihåg att vissa kretsar bara är strömförande när tändningsnyckeln är i en viss position), såvida inte ledningen från batteriet eller säkringen är defekt.

11 Slå på kretsen och anslut testsladden till den kontaktpunkt som ligger närmast brytaren på delens sida.

12 Om spänning finns (vilket anges av att testlampan tänds eller voltmätarutslag) innebär det att den del av kretsen som leder mellan ansluten mätare och brytaren är problemfri.

13 Kontrollera kretsen stegvis med samma metod.

14 När en punkt påträffas där spänning inte finns anger detta att problemet måste finnas mellan denna punkt och föregående testpunkt med spänning. De flesta problemen består av brutna, korroderade eller lösa kontakter.

Att hitta en kortslutning

15 Leta efter en kortslutning genom att först koppla ur strömförbrukaren från kretsen.

16 Ta bort kretsens säkring och koppla in kretsprovaren eller voltmätaren på säkringens kontakter.

17 Slå på kretsen; kom ihåg att vissa kretsar bara är strömförande när tändningsnyckeln är i en viss position.

18 Om spänning finns här (anges av att testlampan tänds eller voltmätarutslag), innebär detta att det finns en kortslutning i kretsen.

19 Om ingen spänning finns vid denna test, men säkringen bränns när en strömförbrukare kopplas in i kretsen, anger detta internt fel i strömförbrukaren.

Att hitta ett jordfel

20 Batteriets minuspol är ansluten till jord - metallen i motor/växellåda och kaross - och många system är dragna så att de bara får positiv försörjning och låter strömmen gå tillbaka via karossen. Detta medför att delens fäste och karossen utgör en del i kretsen.

Lösa eller korroderade fästen kan därför orsaka ett antal elfel, från totalt kretsfel till förbryllande partiella fel. I synnerhet svagt lysande lampor (speciellt när en annan krets delar jordning), långsamt gående motorer (torkare och kylarfläkt) och att nyttjandet av en krets har skenbart orelaterade effekter på en annan krets. Lägg märke till att det på många bilar finns jordledningar mellan vissa delar, exempelvis motor/växellåda och kaross, vanligen där gummiupphängningar förhindrar metallkontakt.

21 Testa att en del är korrekt jordad genom att koppla från batteriet och ansluta en sladd från ohmmätaren till en erkänt god jord. Anslut den andra sladden till den ledning eller jordförbindelse som ska testas. Motståndet ska vara 0; om inte, kontrollera enligt följande.

22 Om en jordanslutning tros vara defekt, ta isär anslutningen och rengör både karossen och ledningsanslutningen (eller delens jordkontaktyta) så att de får rena metallytor. Var noggrann med att ta bort alla spår av smuts och korrosion och skär bort färg så att en helt ren kontaktyta av metall uppstår. Vid ihopsättningen ska förbandet dras åt ordentligt; om en kabelsko används, använd tandade brickor mellan kabelskon och karossen. När anslutningen görs, förhindra framtida rostangrepp genom att lägga på vaselin eller silikonfett, eller genom att spraya på (med jämna mellanrum) någon tändningsförseglande aerosol eller ett vattenavvisande smörjmedel.

3 Säkringar och relän - allmän information

Säkringar

1 Säkringarna finns placerade i den elektriska styrlådan i motorrummet på förarsidan, strax framför vindrutan.

2 Om en säkring går upphör de kretsar som skyddas av den att fungera. Säkringarnas lägen och de kretsar de skyddar beror på fordonets specifikationer, årsmodell och land bilen sålts i. Se kopplingsscheman i slutet av denna handbok och etiketten på styrlådans lock som ger information för aktuellt fordon.

3 När en säkring ska bytas, slå först av tändningen och lyft sedan på styrlådans lock. Använd säkringsutdragaren av plast och dra ut säkringen ur sockeln (se bild). Ledningen inne i säkringen ska vara synlig, om säkringen är bränd är tråden av eller nedsmält.

4 Byt alltid till säkring med samma klassning, använd aldrig en annan klassning eller annat ledande föremål. Byt aldrig säkring mer än en gång utan att ta reda på orsaken till att säkringen går. Säkringens klassning är instämplad på toppen och de är även färgkodade. Reservsäkringar finns i styrlådan.

5 Upprepat brunna säkringar i en krets anger att det finns problem. Där säkringen skyddar

3.3 Använd utdragaren till att ta ut säkringen

3.9a Skruva ur de fyra skruvarna och lyft av styrlådans lock . . .

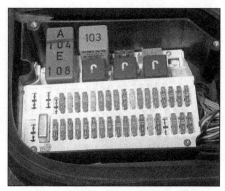

3.9b . . . så att reläna blir åtkomliga

mer än en krets, slå på dem en i taget till dess att säkringen går. Detta visar i vilken av kretsarna problemet finns.

6 Förutom defekter i berörd komponent kan säkringar brännas genom kortslutning i ledningen till komponenten. Leta efter klämda eller skavda ledningar som kan låta en strömförande ledning komma i kontakt med bilplåten och efter lösa eller skadade kontakter.

Relän - allmänt

7 Ett relä är en elektriskt manövrerad strömställare som används av följande orsaker:

a) *Ett relä kan manövrera en stark ström på avstånd från den krets där strömmen används, vilket medger användning av tunnare ledningar och mindre brytarkontakter.*

b) *Ett relä kan ta emot mer än en styrsignal till skillnad från en mekanisk brytare.*

c) *Ett relä kan ha en timerfunktion - exempelvis pausvis fördröjning av vindrutetorkare.*

8 Om en krets som innehåller ett relä uppvisar en defekt, kom då ihåg att själva reläet kan vara defekt. Test utförs genom byte till ett relä som man vet fungerar. Förutsätt inte att relän som ser likadana ut nöd-

vändigtvis har identiska funktioner för provningsändamål.

9 De flesta reläna sitter i styrlåda bredvid säkringarna. De blir åtkomliga när de fyra skruvarna skruvas ur och locket lyfts **(se bilder)**. Kontrollera att tändningen är avslagen och dra ut reläet ur sockeln. Tryck in det nya ordentligt.

10 Ytterligare relän finns placerade under styrlådan och de är åtkomliga under instrumentbrädan på förarsidan sedan ljud-dämpningspanelen demonterats.

11 Beroende på utrustning och specifikationer finns relän relaterande till systemen för bränsle, tändning, avgasrening, klimat-kontroll och bromsar, placerade i motor-rummet eller bakom instrumentbrädan.

4 Brytare - demontering och montering

Rattstångens flerfunktionsreglage

1 Lossa batteriets jordledning.

2 Lossa justeringen för ratt/rattstång och dra ratten så långt som möjligt från instru-mentbrädan.

3 Skruva ur de fyra skruvarna från undersidan av rattstångens nedre kåpa och lyft av bägge kåporna.

4 Ta bort aktuellt reglage. De hålls av vardera två skruvar. Ta bort skruvarna, dra ut reglaget och dra ur multikontakten **(se bild)**.

5 Montering sker med omvänd arbets-ordning, se till att jordledningen säkras med den nedre skruven.

Tändningslås

6 Demontera vindrutetorkarreglaget enligt föregående beskrivning.

7 Dra ur tändningslåsets kontakt.

8 Stick in tändningsnyckeln i låset och vrid den till läge I.

9 Stick ett 2 mm dorn i hålet i huset ovanför låset och tryck ned spärrtungan, dra ut låset.

10 Montering sker med omvänd arbets-ordning. Stick in tändningsnyckeln i det nya låset vid montering.

Instrumentbrädans vippbrytare och strålkastaromkopplaren

11 Ta försiktigt ut brytaren med en liten skruvmejsel, se till att inte repa panelen runtom.

12 Dra ut brytaren och dra ur kontakten på baksidan **(se bilder)**.

4.4 Skruvarna (vid pilar) till rattstångens flerfunktionsreglage - ratten demonterad för tydlighetens skull

4.12a Bänd ut strålkastaromkopplaren med en liten skruvmejsel . . .

4.12b . . . och dra ut kontakten

4.12c Instrumentbrädans vippströmbrytare demonteras på samma sätt

4.14 Demontering av ett sätesvärmarreglage från mittkonsolen

4.25 Skruven (vid pil) till handbromsvarningslampans kontakt

13 Montering sker med omvänd arbetsordning.

Mittkonsolens reglage för sätesvärme

14 Dessa demonteras och monteras som instrumentbrädans vippbrytare (se bild).

Mittkonsolens reglage för fönsterhissar och ytterbackspeglar

15 Demontera mittkonsolen enligt beskrivning i kapitel 11.
16 Vänd konsolen upp och ned och dra ut kontakterna till brytarpanelen och fönsterhissmodulen.
17 Lossa kabelhärvans fästclips, tryck ned spärrarna och skjut ut styrpanelen. Brytarna och styrpanelen är en enhet, brytarna kan inte demonteras från panelen.
18 Montering sker med omvänd arbetsordning.

Mittkonsolens brytare på bakre askkoppspanelen

19 Tryck ned överdelen av askkoppspanelen så att den lossnar från mittkonsolen.
20 Dra ut brytarens kontakt och tryck ut brytaren från panelens baksida.
21 Montera brytaren, sätt i kontakten och i spärren i överkanten på panelen och tryck in underkanten.

Dörrbelysningens mikrobrytare

22 Dörrbelysningens mikrobrytare är inbyggda i dörrlåsmontaget tillsammans med centrallåsets motor. Byte innebär att man måste löda loss ett antal små kontakter och löda fast nya ledningar. I och med att detta innebär risk att skada centrallåsmotorn och låset bör arbetet överlämnas till en Volvoverkstad.

Bromsljuskontakt

23 Se kapitel 9, avsnitt 18.

Handbromsvarningskontakt

24 Demontera mittkonsolen enligt beskrivning i kapitel 11.
25 Skruva ur den skruv som fäster kontakten vid handbromsspaken (se bild).

26 Lyft ut kontakten, dra ur ledningskontakten.
27 Montering sker med omvänd arbetsordning. Kontrollera funktionen innan mittkonsolen monteras.

Andra brytare och kontakter

28 Vissa finns beskrivna i kapitlen om de olika systemen, exempelvis klimatkontrollreglagen i kapitel 3 och växellådans kontakt i kapitel 7.

5 Instrumentpanel - allmän information

Observera: På modeller fr.o.m. 1996 sitter diagnostikenheten under en kåpa framför växelspaken och har ett 16-stifts uttag för anslutning till en felkodsläsare.

Identifiering av instrumentpanel

1 Två typer av instrumentpanel används i Volvo 850, den ena tillverkad av VDO och den andra av Yazaki. Huvudskillnaden mellan dem är att VDO-panelen innehåller en elektronisk styrenhet i form av en mikroprocessor som har diagnostikfunktion. I händelse av fel i instrumentpanelen sparar styrenheten felkoder som kan avläsas i diagnostikenheten i motorrummet.
2 För många av arbetena med instrumentpanelen krävs det att aktuell enhet identifieras, så att korrekta procedurer kan följas. Det enklaste sättet är att studera hastighetsmätaren:
   a) *VDO instrumentpanel: Både vägmätaren och trippmätaren finns under hastighetsmätarnålen.*
   b) *Yazaki instrumentpanel: Vägmätaren är placerad ovanför hastighetsmätarnålen och trippmätaren under den.*

Instrumentpanelens feldiagnostik

3 Som nämnt i början av detta avsnitt har VDOs instrumentpanel en diagnostikfunktion för att underlätta felsökning och systemtester. Diagnostiken är en funktion i styrenheten som kontinuerligt övervakar systemets signaler och styrkretsar. Om ett fel uppstår sparar

styrenheten felkoder för avläsning via diagnostikenheten i motorrummet.
4 Diagnostikenheten används av många av elektroniksystemen i Volvo 850; se kapitel 3, avsnitt 12 för en översikt av ett liknande system och en komplett beskrivning över hur diagnostikenheten används. Vid användning av diagnostikenheten för felsökning på instrumentpanelen kommer man åt styrenhetens diagnostikläge enligt följande.
5 Slå på tändningen och stick in diagnostikmodulens tråd i sockel 7 på modul A och tryck en gång på testknappen på diagnostikmodulen. Styrenheten övergår då i diagnostikläge och kommer att visa eventuella felkoder.
41 Nedan anges de möjliga felkoderna för instrumentpanelen och deras innebörder.

Felkod	Innebörd
1-1-1	Inget fel upptäckt
1-1-2	Bränslenivågivare, kortsluten krets
1-1-3	Bränslenivågivare, bruten krets
1-2-1	Temperatursignalintervall för kort
1-2-2	Temperatursignalintervall för lång
1-2-3	Digital utmatning 48 puls kortsluten till ström
1-3-1	Digital utmatning 12 puls kortsluten till ström
1-3-2	Ingen varvtalsgivarsignal
1-3-3	Bränslenivåsignal till färddator kortsluten till ström

Återställning av servicepåminnelselampan

VDO instrumentpanel

7 Slå på tändningen och stick in diagnostikmodulens tråd i sockel 7 på modul A och tryck fyra gånger, snabbt men bestämt på testknappen på diagnostikmodulen. När lysdioden tänds och förblir tänd är systemet redo att ta emot manuell kodning.
8 Nu ska koden för återställning av serviceintervallräknaren, 1-5-1, skrivas in. Gör detta genom att trycka ned testknappen en gång och släppa upp den, vänta till dess att lysdioden tänds, tryck sedan ned knappen fem gånger. När lysdioden åter tänds, tryck en gång på knappen. När lysdioden blinkar flera gånger i följd har koden blivit inskriven och serviceintervallräknaren ska vara nollställd. Gå

ur det manuella inmatningsläget genom att slå av tändningen. Sätt tillbaka tråden i sin hållare och sätt på locket till diagnostikenheten.

9 Slå på tändningen igen och kontrollera att lampan för påminnelse om service inte tänds.

Yazaki instrumentpanel

10 På Yazakis instrumentpanel återställs serviceintervallräknaren manuellt på själva instrumentpanelen.

6 Instrumentpanel - demontering och montering

Demontering

1 Demontera instrumentbrädans överdel enligt beskrivning i kapitel 11.
2 Dra ut kontakterna på baksidan av instrumentpanelen.
3 Lossa de två spärrarna på framkantens översida och lyft ut instrumentpanelen.

Montering

4 Montering sker med omvänd arbetsordning.

7 Instrumentpanel, delar - demontering och montering

Instrumenten i panelen är en del av en förseglad modul och kan inte bytas enskilt. I händelse av ett fel som direkt kan hänföras till själva instrumentpanelen behövs troligen ett byte av hela enheten. Det är därför klokt att låta alla fel, som inte kan lagas med momenten i avsnitt 5, bli undersökta av en Volvoverkstad. Volvos systemtestutrustning kan lokalisera felet och verkstaden kan sedan ge råd.

8 Elsystemets givare - demontering och montering

Hastighetsgivare

Demontering

1 Hastighetsgivaren används av ett flertal system för beräkning av bilens hastighet via elektriska impulser. Den ersätter funktionen hos hastighetsmätarens drev och vajer i konventionella system. Enheten är monterad på växellådans baksida bakom höger drivaxel.
2 Lägg klossar vid bakhjulen och lyft upp framvagnen på pallbockar (se *"Lyftning och stödpunkter"*).
3 På tidiga modeller, demontera stänkskyddet under motorn.
4 Dra ut givarens kontakt.
5 Torka rent runt givaren. Skruva ur bulten och ta bort givaren från växellådan **(se bild)**.

Montering

6 Montering sker med omvänd arbetsordning.

Bromsoljans nivågivare

7 Bromsoljans nivågivare är en flottör i locket till huvudcylinderns behållare. Givare och lock är en enhet, byt lock om enheten är defekt.

Kylvätskans nivågivare

Demontering

8 Vänta till dess att motorn kallnat och skruva försiktigt av locket till expansionskärlet så att eventuellt kvarvarande övertryck släpps ut.
9 Sätt tillbaka locket och lyft upp expansionskärlet från sitt fäste.
10 Dra ut kontakten till givaren som finns i kärlets botten **(se bild)**.

11 Vänd på kärlet och dra ut givaren ur tätningsgenomföringen.

Montering

12 Montering sker med omvänd arbetsordning. Fyll på kylvätska enligt beskrivning i *"Veckokontroller"* om någon spilldes ut.

Oljetrycksgivare

Demontering

13 Oljetrycksgivaren är placerad framtill på motorblocket mellan mätstickan och startmotorn.
14 Lägg klossar vid bakhjulen och lyft upp framvagnen på pallbockar (se *"Lyftning och stödpunkter"*).
15 På tidiga modeller, demontera stänkskyddet under motorn.
16 Lossa låsflikarna och dra ut givarens kontakt.
17 Skruva ut givaren och ta bort den från motorn.

Montering

18 Montering sker med omvänd arbetsordning.

Givare för yttertemperatur

Demontering

19 Givaren är placerad under främre stötfångaren.
20 Skruva ur bulten, dra ut givarens kontakt och ta bort givaren.

Montering

21 Montering sker med omvänd arbetsordning.

Oljenivåns givare

Demontering

22 Om en oljenivågivare är monterad finns

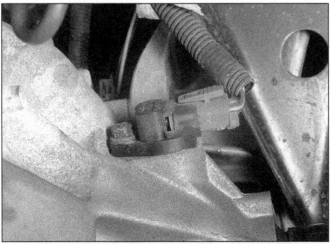

8.5 Hastighetsgivarens placering på växellådshuset

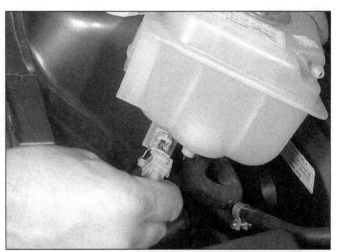

8.10 Dra ut kontakten till givaren för kylvätskenivå

9.7 Demontering av kåpan från strålkastarens baksida

9.8 Lossa clipset och ta ut strålkastarens glödlampa

den framtill på oljesumpen, bredvid mätstickan.

23 Lägg klossar vid bakhjulen och lyft upp framvagnen på pallbockar (se *"Lyftning och stödpunkter"*).

24 På tidiga modeller, demontera stänkskyddet under motorn.

25 Lossa låsflikarna och dra ut givarens kontakt.

26 Skruva ur de två bultarna och dra ut givaren från sumpen.

Montering

27 Montering sker med omvänd arbetsordning, se till att fogytorna är rena och använd ny packning.

Spolarvätskans nivågivare

Demontering

28 Demontera påfyllningsröret från spolvätskans behållare.

29 Peta loss givarens gummigenomföring från behållaren och dra ut givaren, dra ut givarens kontakt och ta bort givaren.

Montering

30 Montering sker med omvänd arbetsordning.

9 Glödlampor (yttre) - byte

Allmänt

1 För alla glödlampor gäller att om de nyligen varit tända så kan de vara mycket heta. Slå av strömmen innan glödlampan byts ut.

2 Med halogenglödlampor (strålkastare och liknande), använd en pappersnäsduk eller ren trasa vid hanteringen. Även mycket små mängder fett från fingertopparna orsakar svärtning och att lampan går sönder i förtid. En av misstag berörd halogenglödlampa måste tvättas av med alkohol och ren trasa.

3 Såvida ej annat anges monteras nya glödlampor alltid med omvänd arbetsordning mot borttagningen.

Glödlampsbyte

Strålkastare (enkel glödlampa)

4 Öppna huven. Lossa plasthöljet från strålkastarens baksida genom att vrida det motsols och lyfta det.

5 Lossa kontakten från glödlampan. Tryck på fjäderclipset och för det åt sidan. Ta bort glödlampan.

6 Vid montering av ny glödlampa, berör inte glaset (se paragraf 2). Se till att öronen på glödlampans fläns greppar in i urtagen i hållaren.

Strålkastare (dubbel glödlampa)

Observera: *Skapa bättre åtkomlighet för höger strålkastare genom att demontera lufttrumman till styrenhetslådan bakom strålkastaren och lyft upp diagnostikenheten och lägg den åt sidan.*

7 Öppna huven. Lossa tillämplig plastkåpa från strålkastarens baksida genom att vrida det motsols och lyfta det **(se bild)**.

8 Tryck på fjäderclipset över den glödlampa som ska bytas och flytta det åt sidan. Dra ut glödlampan ur strålkastaren och dra ut kontakten **(se bild)**.

9 Vid montering av ny glödlampa, berör inte glaset (se paragraf 2). Se till att öronen på glödlampans fläns greppar in i urtagen i hållaren.

Främre blinkers/parkeringsljus

10 Öppna huven, lossa det fjäderclips som håller enheten på plats och dra ut den **(se bild)**. Dra ut kontakten och ta bort enheten från bilen.

11 Tryck upp spärren i botten och lossa enheten från glödlampshållaren. Ta ut aktuell bajonettfattad glödlampa från glödlampshållaren **(se bilder)**.

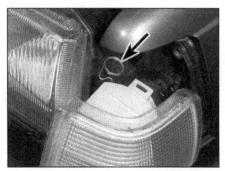

9.10 Lossa fjädern (vid pil) till blinkersenheten

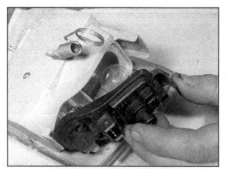

9.11a Demontera glödlampshållaren till blinkers/parkeringsljus . . .

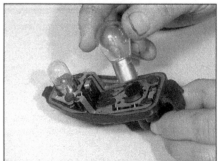

9.11b . . . och ta ut relevant glödlampa

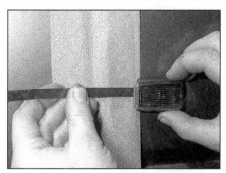

9.13 Lossa framkanten på linsen till sidoblinkers

9.14 Lossa linsen från stänkskärmen och ta ut glödlampshållaren

9.15 Dra ut glödlampan ur hållaren

12 Se till att styrningarna på enheten placeras korrekt vid monteringen och att fjäderclipset låser.

Främre sidoblinkers

13 Stick in ett tunt bladmått (lindat i papper så att inte lacken skrapas) under linsens framkant och tryck ned den inre låsklacken **(se bild)**.
14 När klacken släpper, lossa linsen bakifrån och dra ut den från stänkskärmen. Vrid på linsen och ta bort den från glödlampshållaren **(se bild)**.
15 Dra ut glödlampan från hållaren, stick in en ny och montera enheten **(se bild)**.

Baklampa (sedan)

16 Öppna bagageluckan, vrid upp de två vingclipsen på sidoluckan **(se bild)**.

17 Öppna luckan, tryck ned spärren och dra ut glödlampshållaren.
18 Ta ut tillämplig bajonettfattad glödlampa från glödlampshållaren.

Övre baklampa (herrgårdsvagn)

19 Arbeta i bagageutrymmet och lossa täckplattan till lampenheten med en skruvmejsel **(se bild)**.
20 Om monterad, dra ut högtalaren så att glödlampshållaren blir åtkomlig.
21 Tryck ned spärren och dra ut glödlampshållaren från stolpen. Ta ut aktuell bajonettfattad glödlampa från glödlampshållaren **(se bild)**.

Nedre baklampa (herrgårdsvagn)

22 Arbeta i bagageutrymmet och lyft ut bakre golvpanelen på berörd sida **(se bild)**.

23 Ta bort täckplattan framför lampan genom att vrida låsclipset 90°, dra nedåt och lyfta ut den **(se bild)**.
24 Tryck ned de två spärrarna och dra ut glödlampshållaren **(se bild)**. Ta ut aktuell bajonettfattad glödlampa från glödlampshållaren.

Högt bromsljus (sedan)

25 Demontera lampkåpan genom att trycka ned de två spärrarna på sidan och dra ut den.
26 Kläm på spärrarna på var sida om reflektor/hållare och dra ut den.
27 Ta ut den bajonettfattade glödlampan och montera en ny.
28 Montera reflektorn och tryck tills spärrarna greppar, kontrollera funktionen och montera kåpan.

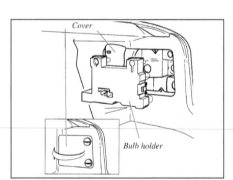

9.16 Baklampan på sedanmodeller

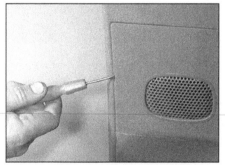

9.19 Lossa täckplattan till den övre baklampan (herrgårdsvagn)

9.21 Tryck ned spärren och dra ut glödlampshållaren från stolpen

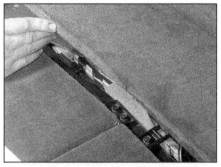

9.22 Lyft ut yttre bakre golvpanelen så att den nedre baklampan blir åtkomlig

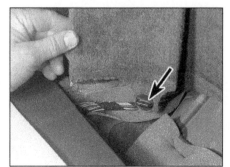

9.23 Vrid låsclipset (vid pil) och lyft ut täckplattan

9.24 Dra ut glödlampshållaren från stolpen

9.30 Lyft undan reflektorn så att glödlampan till det höga bromsljuset blir åtkomlig

Högt bromsljus (herrgårdsvagn)

29 Demontera lampkåpan genom att greppa den på båda sidorna och dra nedåt. Var försiktig så att inte de sköra inre spärrarna bryts av.

30 Lyft upp reflektorn över glödlampan, ta ut den bajonettfattade glödlampan och montera en ny **(se bild)**.

31 Montera reflektorn, kontrollera funktionen och montera kåpan.

Spoilerns bromsljus (sedan)

32 Skruva ur de tre skruvarna på linsens utsida.

33 Peta försiktigt ut lins och lampa med en skruvmejsel. Lyft av linsen och ta ut relevant glödlampa.

Nummerplåtsbelysning

34 Skruva ur de två skruvar som fäster relevant lampenhet eller lins **(se bild)**.

10.3 Demontera linsen till taklampan . . .

9.34 Ta bort linsen till nummerplåtsbelysningen . . .

35 Ta försiktigt ut lampenheten och ta loss glödlampan **(se bild)**.

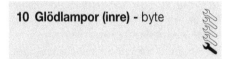

10 Glödlampor (inre) - byte

Allmänt

1 Se avsnitt 9, paragraferna 1 och 3.

2 Vissa glödlampor i brytare är integrerade och kan inte bytas separat.

Glödlampsbyte

Sminkspegels- och innerbelysning

3 Bänd försiktigt ut lampenheten eller linsen från sin plats med en skruvmejsel **(se bild)**.

4 Byt glödlampa, den kan ha bajonett- eller clipsfattning **(se bilder)**.

Handskfacksbelysning

5 Öppna handskfacket. Stick in en liten skruvmejsel mellan arm och lucka och bänd försiktigt loss luckarmarna.

6 Töm handskfacket, skruva ur skruvarna på framsidan och lyft ut handskfacket.

7 Dra av den svarta dämparhylsan från glödlampshållaren och ta ut den bajonettfattade glödlampan.

8 Se till att dämparhylsans ljusöppning är vänd mot handskfackets fönster vid monteringen.

Framdörrens kantlampa

9 Tryck lampan uppåt och lossa nederkanten

9.35 . . . så att glödlampan blir åtkomlig

(se bild). Dra ut den från dörren, vrid loss glödlampshållaren och ta ut glödlampan (tryckpassning).

Bakdörrens kantlampa

10 Bänd ut lampenheten så att glödlampan blir åtkomlig. Ta ut glödlampan (tryckpassning).

Växelväljarens lampa

11 Demontera mittkonsolen enligt beskrivning i kapitel 11.

12 Dra ut glödlampshållaren från väljarkvadranten bredvid spaken. Dra ur kontakten och ta bort glödlampa med hållare. Lägg märke till att de är en enhet som inte kan tas isär.

Lampor på styrpaneler för värme/ventilation/luftkonditionering

13 På bilar med manuell klimatkontroll, demontera styrpanelen enligt beskrivning i kapitel 3. Ta försiktigt bort de clips som håller lamphållarens tryckta krets till panelens baksida. Glödlamporna och kretskortet är en enhet och om endera glödlampan är utbränd måste hela kretskortet bytas. Koppla in kretskortet och montera styrpanelen enligt beskrivning i kapitel 3.

14 På bilar med elektronisk klimatkontroll, demontera styrpanelen och styrenheten enligt beskrivning i kapitel 3. Skruva ur de fyra skruvarna och lyft av frontpanelen. Demontera den kombinerade glödlampan och hållaren. Montera den nya glödlampshållaren, sätt tillbaka frontpanelen och montera enheten enligt beskrivning i kapitel 3.

10.4a . . . så att glödlampan blir åtkomlig

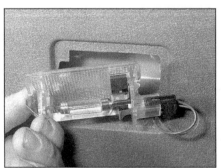

10.4b Vissa av innerbelysningens glödlampor är monterade i ändclips

10.9 Tryck upp dörrkantslampan så att den lossnar i underkanten

Brytarglödlampor

15 I de fall de är löstagbara, dra ut dem efter det att brytaren demonterats.

Instrumentpanelens glödlampor

16 Demontera instrumentpanelen enligt beskrivning i avsnitt 6.
17 Vrid aktuell glödlampshållare motsols och ta ut den från panelens baksida.
18 Samtliga glödlampor till varningslampor och indikatorlampor är integrerade med sina hållare. Var noga med att se till att de nya glödlamporna har samma klassning som de som togs ut.

Främre askkoppens belysning

19 Skruva ur de skruvar som fäster askkoppsdelen och dra ut den. Dra ut askkoppens glödlampshållare och ta bort glödlampa och hållare från kontakterna.

Bakre askkoppens belysning

20 Tryck ned överdelen av askkoppens panel så att den lossnar från mittkonsolen. Vrid panelen åt sidan och dra ut glödlampshållaren. Ta bort glödlampa och hållare från kontakterna.

Cigarettändarbelysningens glödlampa

21 Skruva ur de två skruvarna på framsidan och lyft ut cigarettändarpanelen. Dra ur kontakten på glödlampans baksida och dra ut glödlampa och hållare **(se bild)**.

---

11 Yttre ljus - demontering och montering

Observera: *Lossa batteriets jordledning innan någon enhet demonteras och koppla in den igen efter monteringen.*

Strålkastare

1 Om arbete ska utföras på höger strålkastare, demontera lufttrumman till styrenhetslådan bakom strålkastaren och lyft upp diagnostikenheten och lägg den åt sidan. Demontera röret till spolarbehållaren. Om arbete ska utföras på vänster strålkastare, ta bort batteriet.
2 På enheter med en glödlampa, vrid plasthöljet på baksidan motsols och lyft av det, dra sedan ur glödlampans kontakt. På enheter med två glödlampor, lossa kontakten på lampans nedre baksida.
3 I de fall en styrmotor för strålkastarhöjd finns monterad, dra ut kontakten till denna.
4 Lossa det fjäderclips som håller enheten på plats och dra ut enheten, låt den hänga i ledningen.
5 Märk upp läget för huvlåset på berörd sida, skruva ur bultarna och ta undan låset så att strålkastaren blir åtkomlig.
6 Skruva ur de tre bultarna och dra ut strålkastaren från bilens framsida.
7 Montering sker med omvänd arbetsordning. Justera strålkastaren efter arbetet (se avsnitt 12).

10.21 Glödlampan till cigarettändarbelysningen på baksidan av cigarettändarpanelen

Främre blinkers/parkeringsljus

8 Öppna huven, lossa det fjäderclips som håller enheten på plats och dra ut den.
9 Dra ut enheten och dra ur kontakten på baksidan
10 Montering sker med omvänd arbetsordning. Se till att styrningarna på enheter placeras korrekt vid monteringen och att fjäderclipset låser

Främre sidoblinkers

11 Stick in ett tunt bladmått (med ett papper bakom så att inte lacken skrapas) under linsens framkant och tryck ned den inre låsklacken.
12 När klacken släpper, lossa linsen bakifrån och dra ut den från stänkskärmen. Dra ut kontakten och ta bort enheten.
13 Montering sker med omvänd arbetsordning.

Baklampa (sedan)

14 Öppna bagageluckan, vrid upp de två vingclipsen på sidoluckan.
15 Öppna luckan och dra ur kontakterna.
16 Skruva ur de fyra muttrarna och ta ut lampan från bilens baksida. Ta reda på gummilisten och byt om den är skadad.
17 Montering sker med omvänd arbetsordning.

Övre baklampa (herrgårdsvagn)

18 Arbeta i bagageutrymmet och lossa luckan till lampenheten med en skruvmejsel.
19 Om monterad, dra ut högtalaren så att glödlampshållaren blir åtkomlig.
20 Tryck ned spärren och dra ut glödlampshållaren från stolpen. Dra ut kontakten.
21 Använd en lång hylsa och skruva ur de två muttrarna, ta ut lampan från bilens baksida.
22 Montering sker med omvänd arbetsordning.

Nedre baklampa (herrgårdsvagn)

23 Demontera övre baklampan enligt föregående beskrivning (enheterna överlappar och den övre måste demonteras först).
24 Arbeta i bagageutrymmet och lyft ut bakre golvplattan på berörd sida.

25 Ta bort luckan framför lampan genom att vrida låsclipset 90°, dra nedåt och lyfta ut den.
26 Tryck ned de två spärrarna och dra ut glödlampshållaren . Dra ut kontakten.
27 Vik bagageutrymmets bakre golvpanel bakåt, skruva ur skruvarna och ta bort tröskelskyddet.
28 Lossa sidopanelerna efter behov så att lampans muttrar blir åtkomliga.
29 Använd en lång hylsa och skruva ur muttrarna, ta ut lampan från bilens baksida.
30 Montering sker med omvänd arbetsordning.

Högt bromsljus (sedan)

31 Demontera lampkåpan genom att trycka ned de två spärrarna på sidan och dra ut den.
32 Tryck ned spärren i foten och dra ut enheten. Dra ur kontakten och ta bort enheten.
33 Montering sker med omvänd arbetsordning.

Högt bromsljus (herrgårdsvagn)

34 Demontera lampkåpan genom att greppa den på båda sidorna och dra nedåt. Var försiktig så att inte de sköra inre spärrarna bryts av.
35 Lossa fjäderclipset och lyft enheten uppåt **(se bild)**. Dra ut kontakten och ta bort enheten.
36 Montering sker med omvänd arbetsordning.

Spoilerns bromsljus (sedan)

37 Skruva ur de tre skruvarna på linsens utsida.
38 Peta försiktigt ut lins och enhet med en skruvmejsel.
39 Dra ut kontakten och lyft bort enheten. Ta reda på gummilisten, byt om den är skadad.
40 Montering sker med omvänd arbetsordning.

Nummerplåtsbelysning

41 Skruva ur de två skruvar som fäster aktuell lampa.
42 Ta försiktigt ut enheten, dra ut kontakten och lyft undan enheten.
43 Montering sker med omvänd arbetsordning.

11.35 Lossa fjäderclipset för att ta bort det högt monterade bromsljuset

12 Strålkastarjustering - kontroll och justering
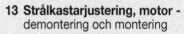

1 Strålkastarjustering ska utföras av Volvoverkstad eller specialist med nödvändig utrustning.
2 Som referens justeras strålkastarna med vertikala och horisontella reglage på enhetens baksida.
3 Vissa modeller är försedda med elektriskt manövrerad strålkastarjustering som styrs med ett reglage på instrumentbrädan. På dessa bilar, se till att reglaget är frånslaget innan justering utförs.

13 Strålkastarjustering, motor - demontering och montering
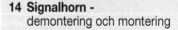

Demontering
1 Dra ut kontakten till motorn på strålkastarens baksida.
2 Vrid motorn 90° motsols så att den släpper ur bajonettfattningen.
3 Dra motorn bakåt till dess att axeln släpper från sockeln på reflektorn. Ta ut motorn.

Montering
4 Vrid höjdjusteringen på motorn maximalt motsols så att motoraxeln är full utskjuten.
5 Smörj motoraxelns ände lätt med medium fett och låt axeln greppa in i reflektorsockeln.
6 Vrid höjdjusteringen medsols så att axeln kortas och motorn kan monteras i strålkastaren. Vrid motorn medsols så att den låser i bajonettfattningen.
7 Stick in kontakten och kontrollera motorns funktion.
8 Låt en specialist kontrollera och vid behov justera strålkastarens grundinställning.

14 Signalhorn - demontering och montering

Demontering
1 Öppna motorhuven och dra ut kontakterna (se bild).
2 Skruva loss signalhornet och lyft ut det ur motorrummet.

Montering
3 Montering sker med omvänd arbetsordning.

14.1 Signalhornets fästbult och kontakt

15 Spolsystem, delar - demontering och montering

Vindrutespolarens pump
Demontering
1 Öppna motorhuven och ta bort spolarbehållarens påfyllningsrör genom att dra upp det.
2 Använd en långskäftad tång och en skyddstrasa, grip tag i pumpen och dra ut den ur behållaren. Dra ut kontakten, ta av slangen och lyft undan pumpen.
Montering
3 Montering sker med omvänd arbetsordning.

Bakluckans spolarpump
Demontering
4 Gå in under högre främre hjulhus och dra försiktigt isär benen på pumpfästet och dra ut pumpen.
5 Dra ut kontakten, ta av slangen och lyft undan pumpen.
Montering
6 Montering sker med omvänd arbetsordning.

Spolarbehållare
Demontering
7 Öppna motorhuven och ta bort spolarbehållarens påfyllningsrör genom att dra upp det.

16.1a Skruva ur torkararmens mutter . . .

8 Dra ut kontakterna till pumpen och nivågivaren. Lossa pumpslangen.
9 Gå in under högre främre hjulhus och dra ut slang och kontakt från pumpen.
10 Skruva ur behållarens bultar och lyft ut enheten ur bilen.
Montering
11 Montering sker med omvänd arbetsordning.

Spolarmunstycken
Demontering
12 Demontera relevant panel för att komma åt munstycket i fråga och dra ut slangen till det.
13 Lossa munstycket med en lång hylsa som trycker ihop sidospärrarna och dra ut munstycket.
Montering
14 Tryck in munstycket så att spärrarna greppar. Sätt på slangen.
15 Justera in munstycket med en nål så att det sprutar mitt på glaset.

Spolvätskans nivågivare
16 Se avsnitt 15.

16 Torkararmar - demontering och montering

Demontering
1 Lyft upp locket (där tillämpligt) och skruva ur muttern i torkararmens fot och dra av armen från splinesen (se bilder). Det effektivaste sättet att lossa armen är genom att vrida den.

Montering
2 Slå på aktuell torkare och slå sedan av den så att motor och länkar går till parkeringsläge. Placera torkararmarna så att den på försidan är 35 mm från överkanten av dräneringspanelen och den på passagerarsidan är 45 mm från panelens kant. Placera bakluckans torkararm horisontellt.
3 Montera höger strålkastartorkararm genom att placera den med bladet just under stoppet.

16.1b . . . och vrid loss den

Fäst armen och lyft bladet över stoppet. Montera vänster strålkastartorkararm med bladet på stoppet.

17 Vindrutetorkarmotor och länkar - demontering och montering

Demontering

1 Slå på vindrutetorkaren och slå sedan av den så att motor och länkar går till parkeringsläge.
2 Lossa batteriets jordledning.
3 Demontera torkararmarna enligt beskrivning i avsnitt 16.
4 Skruva ur de fem skruvar som fäster vindrutetorkarbrunnens lock vid dräneringen på framsidan. Dra ur de två slangarna och lyft undan brunnslocket (se bild).
5 Skruva ur de tre bultar som fäster monteringsramen vid torkarbrunnen (se bild).
6 Lossa ramen, dra ur kontakterna och lyft ut enheten från bilen.
7 Märk läget för motorns vevarm relativt ramen. Skruva ur muttern och ta bort vevarmen.
8 Skruva ur de tre motorbultarna och lyft ur motorn ur ramen. Ram och länkar är en enhet vars delar inte kan bytas separat.

Montering

9 Montera motorn på ramen med de tre bultarna.
10 Om en ny motor monteras, koppla tillfälligt in strömmen, slå på och sedan av motorn så att den går till parkeringsläget.
11 Placera vevarmen på motorn, använd märkena. Håll fast vevarmen och skruva fast muttern.
12 Alternativt, om en ny ram med länkar monteras, parkera motorn enligt ovan. Vid monteringen av vevarmen på motorn, placera

den så att den är parallell med länkarmen rakt ovanför.
13 De ihopsatta komponenterna monteras sedan i bilen med omvänd arbetsordning.

18 Bakluckans torkarmotor - demontering och montering

Demontering

1 Slå på torkaren och slå sedan av den så att motor och länkar går till parkeringsläge.
2 Lossa batteriets jordledning.
3 Demontera torkararmen enligt beskrivning i avsnitt 16.
4 Demontera bakluckans klädsel enligt beskrivning i kapitel 11.
5 Skruva ur de tre muttrar som fäster monteringsramen i bakluckan.
6 Lossa ramen, dra ut kontakterna och lyft ut enheten ur bilen (se bild).
7 Märk läget för motorns vevarm relativt ramen. Skruva ur muttern och ta bort vevarmen.
8 Skruva ur de tre motorbultarna och lyft ur motorn ur ramen. Ram och länkar är en enhet vars delar inte kan bytas separat.

Montering

9 Montera motorn på ramen med de tre bultarna.
10 Om en ny motor monteras, koppla tillfälligt in strömmen, slå på och sedan av motorn så att den går till parkeringsläget.
11 Placera vevarmen på motorn, använd märkena. Håll fast vevarmen och skruva fast muttern.
12 Alternativt, om en ny ram med länkar monteras, parkera motorn enligt ovan. Vid monteringen av vevarmen på motorn, placera den så att den är parallell med länkarmen rakt ovanför.

17.4 Demontering av locket över vindrutetorkarbrunnen

13 De ihopsatta komponenterna monteras sedan i bilen med omvänd arbetsordning.

19 Strålkastartorkarmotor - demontering och montering

Vänster motor

Demontering

1 Lossa batteriets jordledning.
2 Demontera strålkastarens torkararm enligt beskrivning i avsnitt 16.
3 Dra ut torkarmotorns kontakt som, beroende på modell, finns antingen ovanför strålkastaren eller framför kylaren.
4 Demontera dekorlisten under strålkastaren genom att försiktigt bända ut den ur sina clips.
5 Skruva ur de två bultar som nu blivit synliga, dra ut motorn från sin plats och lyft ut den ur bilen.

Montering

6 Montering sker med omvänd arbetsordning. Se till att inte klämma spolarslangen vid monteringen. Innan torkararmen monteras, parkera motorn genom att slå tändningen på och av.

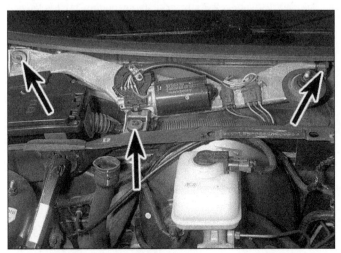

17.5 Bultar (vid pilar) till vindrutetorkarens monteringsram

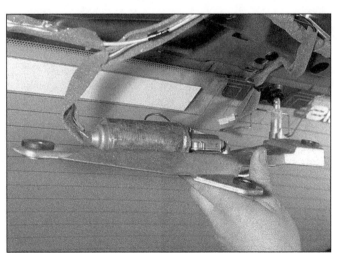

18.6 Demontering av bakluckans torkarmotor

Höger motor (modeller med en glödlampa i strålkastaren, utan luftkonditionering)

Demontering

7 Lossa batteriets jordledning.
8 Demontera lufttrumman till styrenhetens låda och ta ut spolvätskans påfyllningsrör.
9 Vrid plasthöljet på strålkastarens baksida motsols och lyft av det.
10 Demontera strålkastarens torkararm arm enligt beskrivning i avsnitt 16.
11 Dra ut motorns kontakt, den finns placerad ovanför strålkastaren.
12 Demontera dekorlisten under strålkastaren genom att försiktigt bända ut den ur sina clips.
13 Skruva ur de två bultar som nu blivit synliga, dra ut motorn från sin plats och lyft ut den ur bilen.

Montering

14 Montering sker med omvänd arbetsordning. Se till att inte klämma spolarslangen vid monteringen. Innan torkararmen monteras, parkera motorn genom att slå tändningen på och av.

Höger motor (modeller med två glödlampor i strålkastaren och/eller luftkonditionering)

15 Lossa batteriets jordledning.
16 Demontera strålkastarens torkararm arm enligt beskrivning i avsnitt 16.
17 Dra ut torkarmotorns kontakt som, beroende på modell, finns antingen ovanför strålkastaren eller framför kylaren.
18 Demontera dekorlisten under strålkastaren genom att försiktigt bända ut den ur sina clips.
19 Skruva ur de två bultar som blivit synliga.
20 Demontera höger strålkastare enligt beskrivning i avsnitt 11.
21 Lyft ut expansionskärlet och lägg det åt sidan.
22 Lossa de två spärrarna på styrenhetsmodulens lock. Lyft av locket och lägg det åt sidan.
23 Dra undan lufttrumman på styrenhetsmodulens baksida. Lossa spärrarna och lyft upp modulens mittsektion.

24 Skruva ur bulten till modulens bottendel, flytta lådan bakåt så att den lossnar i framkanten. Lyft upp kabeltrumman så att torkarmotorn blir åtkomlig.
25 Dra ut motorn, vrid den på sidan så att den går fri från närliggande delar och ta ut den ur bilen.

Montering

26 Montering sker med omvänd arbetsordning. Se till att inte klämma spolarslangen vid monteringen. Innan torkararmen monteras, parkera motorn genom att slå tändningen på och av.

20 Elvärmda säten, delar - demontering och montering

Värmeelement

På modeller med elvärmda säten finns värmeelement monterade i både sits och ryggstöd. Byte av värmeelement innebär att sätesklädseln demonteras helt och att ramen delvis tas isär. Demontering och montering av sätesklädsel kräver avsevärd skicklighet och erfarenhet om det ska kunna utföras med framgång, vilket gör att det bör överlämnas till en Volvoverkstad. I praktiken är det ytterst svårt för någon, som inte har stor kunskap inom detta område och tillgång till specialverktyg, att utföra arbetet utan att totalt förstöra klädseln.

Kontakter till elvärmda säten

Se avsnitt 4.

21 Radio/kassettbandspelare - demontering och montering

Observera: *Radio/kassettbandspelare av olika typer kan vara installerade beroende på modell, marknad och tillvalsutrustning. Arbetsbeskrivningen för demontering och montering av en av de vanligt förekommande är följande.*

Demontering

1 Lossa batteriets jordledning. Om radion har stöldskyddskod, se informationen i avsnittet *"Referenser"* i slutet av boken innan batteriet kopplas från.
2 För att kunna lossa de clips som håller fast radion måste två U-formade stavar stickas in i speciella hål på vardera sidan av radion. Om möjligt, skaffa dessa stavar specialtillverkade från en radiohandlare eftersom dessa har urtag som greppar clipsen så att radion lättare kan dras ut. Lägg märke till att det på vissa modeller krävs att de två sidofacetterna först tas bort så att man kommer åt hålen för U-staven. På enheter där inga hål syns krävs två demonteringsnycklar som sticks in i speciella uttag på radions sida. Dessa kan anskaffas från en Volvohandlare.
3 Stick in uttagningsverktygen i varje par hål på enhetens kant och tryck in dem helt så att de greppar i de clips som håller radion.
4 Flytta verktygen utåt och tryck ned clipsen, dra ut radion så mycket att ledningarna bakom radion blir åtkomliga.
5 Notera placeringen av högtalarledningarna genom att skriva upp kabelfärger och lägen innan de dras ut tillsammans med antennledning och kontakter. Ta bort radion från bilen.
6 Ta ut borttagningsverktygen från clipsen och ta bort verktygen.

Montering

7 Montering sker med omvänd arbetsordning.

22 Högtalare - demontering och montering

Instrumentbrädans högtalare

1 Bänd försiktigt upp högtalargallret på sidan av instrumentbrädans toppkåpa **(se bild)**.
2 Ta ut högtalarna genom att trycka ned mitten på expandernitarna av plast och lyft upp högtalarna **(se bild)**. Dra ut kontakterna och lägg högtalarna åt sidan.

22.1 Bänd försiktigt upp högtalargallret på instrumentbrädan

22.2 Lossa högtalaren genom att trycka ned expandernitarnas mitt

22.4 Lossa gallret till dörrhögtalaren

22.5 Skruva ur skruvarna och dra ut högtalaren

3 Montering sker med omvänd arbetsordning, se till att högtalaren placeras korrekt. Dra ut mitten på expandernitarna innan monteringen och lås genom att trycka ned mitten på dem.

Dörrhögtalare

4 Bänd försiktigt upp högtalargallret med en skruvmejsel under ena hörnet **(se bild)**.
5 Skruva ur de fyra skruvarna, lyft ut högtalaren och dra ut kontakterna **(se bild)**.
6 Montering sker med omvänd arbetsordning.

Bakre högtalare (herrgårdsvagn)

7 I bagageutrymmet, lossa luckan till baklampan med en skruvmejsel.
8 Skruva ur de fyra skruvarna, lyft ut högtalaren och dra ut kontakterna.
9 Montering sker med omvänd arbetsordning.

23 Radioantenn - allmän information

På sedanmodeller kan det finnas ett antal olika antenntyper monterade som standard eller tillval, beroende på modell och marknad. Ingen specifik information fanns i skrivande stund tillgänglig om procedurer för demontering och montering. I händelse av antennbrott eller dålig ljudkvalitet, rådfråga en Volvoverkstad eller specialist på bilradio.

På herrgårdsvagnar är antennen en tråd i bakrutans glas på vänster sida. Antennen fungerar tillsammans med en signalförstärkare placerad innanför klädseln under bakfönstret. Reparationer av små brott i tråden kan vara möjlig med metallisk reparationspasta men ska helst utföras av en specialist för bästa resultat.

24 Stöldlarm - allmän information

Observera: *Denna information är endast tillämpbar på det stöldlarm som monterats som originalutrustning av Volvo.*
Ett stöldlarm kan vara monterat som standard eller tillval. Larmet har kontakter i alla dörrar (inklusive bak-/bagagelucka), motorhuv och tändning. Om bak-/bagageluckan, motorhuven eller någon av dörrarna öppnas eller tändningslåset slås på medan larmet är aktiverat utlöses larmhornet och varningsblinkers börjar blinka. Larmet har även en låsfunktion som gör att tändsystemet inte fungerar när larmet är utlöst.

Stöldlarmet finns i tre versioner: Basic, Guard alarm I och Guard alarm II. Basic aktiveras med en vanlig dörrnyckel eller via centrallåsets fjärrkontroll. Guard alarm I aktiveras med en infraröd eller radiostyrd fjärrkontroll och även standard dörrnyckel på modeller före 1994. Guard alarm II kan endast aktiveras med en radiostyrd fjärrkontroll.

Systemen styrs av en kontrollcentral placerad under elcentralen och är åtkomlig från instrumentbrädans undersida på förarsidan. Signaler från larmsystemets kontakter och brytare som är integrerade i dörrar, huv och bak-/bagagelucka skickas till kontrollcentralen när systemet aktiverats. Denna övervakar signalerna och utlöser larmet om någon av signalkretsarna bryts eller om försök görs att starta bilen (eller tjuvkoppla tändningen).

Systemets status visas med en blinkande lysdiod på antingen instrumentbrädans mitt eller i statuspanelen på förarsidans vindrutestolpe.

Om det uppstår fel i larmsystemet ska bilen tas till en Volvoverkstad för undersökning. De har tillgång till en speciell diagnostisk testanordning som snabbt hittar fel i systemet.

25 Krockskydd (SRS) - allmän information och föreskrifter

Allmän information

Ett extra säkerhetssystem finns tillgängligt som standardutrustning eller tillval beroende på modell och marknad.

Systemet består av en krockkudde (airbag) på förarsidan som är konstruerad för att minska skador på förarens bröstkorg och huvud vid en olycka. På vissa modeller finns det även en krockkudde på passagerarsidan. En krocksensor som upptäcker kollisioner finns framtill placerad under förarstolen med en reservkraftenhet monterad bredvid. Krocksensorn inkluderar en inbromsningssensor, en kvicksilverbrytare och en mikroprocessor som övervakar hur allvarlig kollisionen är och utlöser krockkudden vid behov. Krockkudden blåses upp av en gasgenerator, vilket tvingar ut den ur rattcentrum eller facket på passagerarsidan av instrumentbrädan. En kontaktrulle bakom ratten, högst upp på rattstången, garanterar att den elektriska kontakten med krockkudden alltid är god oavsett rattens läge.

Förutom krockkuddar kan systemet även bestå av mekaniska spännare av säkerhetsbälten och pyrotekniska spännare som via gaspatroner i rullen spänner åt säkerhetsbältena. Dessa spännare utlöses av krocksensorn samtidigt som krockkuddarna så att den extra åtdragningen av bältena förbättrar skyddet vid kollisionen.

Samtliga modeller har även sidokrocksskydd (SIPS) som standardutrustning. I sin grundläggande form är systemet integrerat i bilens struktur där förstärkningar används till att fördela sidokrockskrafter genom hela karossen. Detta utförs med förstärkningar i de nedre delarna av dörrstolparna och med förstärkningar i säten och mittkonsol. På så sätt tas sidokrockskrafterna upp av hela strukturen vilket ger exceptionell krocktålighet.

Dessutom, som extra skydd utöver SIPS har vissa modeller även sidokrockskuddar för bägge framsätena. Dessa krockkuddar är placerade i en stoppningsmodul på sidan av framsätet. Enheten har sin egen utlösare i händelse av allvarlig sidokrock. Sidokrockskudden blåses upp av två gasgeneratorer som gör att kudden bryter upp modulens lock,

öppnar en söm i klädseln och blåses upp till full volym mot dörren.

Föreskrifter

 Varning: Säker demontering och montering av delarna i detta extra krockskydd kräver att specialverktyg för Volvo används. Försök att ta bort eller ta isär krockkuddar, krocksensor, kontaktrulle, säkerhetsbälte eller tillhörande ledningar och delar, utan dessa specialverktyg och

de specialistkunskaper som krävs för korrekt bruk av dem, kan resultera i allvarliga personskador och/eller felfunktioner i systemet. Av det skälet är de enda procedurer kring krockskyddet, som tas upp i denna handbok, de som absolut krävs för åtkomst av andra komponenter eller system. Således MÅSTE allt annat arbete, som innebär att krockskyddssystemets delar störs, överlämnas till en auktoriserad Volvoverkstad.

Komponentförteckning till kopplingsscheman

Färgkoder

SB	Svart	P	Rosa
GR	Grå	BL	Blå
W	Vit	GN	Grön
R	Röd	OR	Orange
BN	Brun	VO	Lila
Y	Gul		

Säkring nr	Skyddad krets
11/1	LH 3.2 Multiport bränsleinsprutning (MFI), EZ 129 K Motronic 4.3 SFI, Automatväxellåda Fenix 5.2 bränsle- och tändsystem Huvudrelä, Fenix 5.2 bränslesystem (MFI)
11/2	Bränslepump, Larm
11/3	Avgastemperaturgivare (Japan), Innerbelysning, Hastighetsvarning
11/4	Reserv
11/5	Värmefläkt, hastighet 4
11/6	Centrallås, Larm, Relä för inställning av deadlock
11/7	Radio
11/8	Luftpump
11/9	ABS, Antispinnsystem
11/10	Uppvärmt baksäte
11/11	Uppvärmd bakruta och backspeglar
11/12	Bromsljus
11/13	Blinkers/varningsblinkers, Helljusblink, Larm
11/14	ABS, Antispinnsystem
11/15	+30 fördelningsskena (15/2): Innerbelysning, Handskfacksbelysning, Instegsbelysning, Varningslampor "öppen dörr", Bagagerumsbelysning, Fjärrstyrt centrallås/larm, Bältespåminnare, diagnosuttag OBDII (17/13)
11/16	Elantenn, (släpvagnsuttag), (Extrautrustning)
11/17	Nyckelvarning USA, Canada, Korea
11/18	Främre dimljus
11/19	Helljus vänster
11/20	Helljus höger, Helljusvarning (Extrautrustning)
11/21	Halvljus vänster (Extrautrustning)
11/22	Halvljus höger

Säkring nr	Skyddad krets
11/23	Parkeringsljus, Nummerplåtsbelysning (Extrautrustning)
11/24	Parkeringsljus
11/25	Dimbakljus, dimbakljusvarning
11/26	Uppvärmda framsäten, Elbackspeglar
11/27	Backljus, Blinkers, Antispinnsystem
11/28	+15/1 fördelningsskena (15/4): Uppvärmd bakruta och dörrbackspeglar Bältespåminnare, Konstantfarthållare, Indikator för glödlampsbortfall, Tyskland Lås för P-läge (automatväxellåda), Uppvärmt baksäte
11/29	ABS, Antispinnsystem
11/30	Cigarettändare
11/31	Värmefläkt hastighet 1-3, Klimatenhet, Återcirkulation
11/32	Radio, Fjärrstyrt centrallås/larm
11/33	Datalänkanslutning A (17/7) +X fördelningsskena (15/8) Elmanövrerat säte, Strålkastarjustering, Bakrutetorkare/spolare
11/34	Vindrutetorkare/spolare, Signalhorn, Strålkastartorkare/spolare
11/35	Askkoppsbelysning, Instrument- och reglagebelysning, Reostat, Cigarettändarbelysning, Elektriskt soltak, (Extrautrustning)
11/36	Reserv
11/37	Säkring, säkerhetskrets för elfönsterhissar och elektriskt soltak
11/38	Reserv
11/39	Automatsäkring för elmanövrerat säte, vänster
11/40	Automatsäkring för elmanövrerat säte, höger

Komponentförteckning

1/1	Batteri
2/1	Huvudstrålkastarrelä med indikator för glödlampsbortfall
2/2	Dimljusrelä
2/4	Fördröjningsrelä, vindrutetorkare
2/5	Bältespåminnar- /nyckelvarningsrelä
2/7	Centrallås, fördröjningsrelä för innerbelysning
2/11	Relä, motorkylfläkt
2/15	Relä, avgastemperatursensor
2/16	Fördröjningsrelä, bakrutetorkare
2/22	Relä, luftkonditionering
2/23	Bränslepumprelä
2/24	Fläktrelä, max.
2/28	Larmrelä
2/30	Överbelastningsrelä X+
2/31	Överbelastningsrelä 15+
2/32	Huvudrelä, bränslesystem
2/42	Kombinationsrelä, ABS
2/43	Relä, uppvärmt baksäte
2/44	Relä, uppvärmd bakruta/dörrbackspeglar
2/47	Relä, inställning av deadlock
2/51	Hastighetsvarning
2/53	Relä, luftpump
2/60	Överbelastningsrelä X+
3/1	Tändningslås
3/2	Brytare, belysning
3/3	Brytare, blinkers/hel- och halvljus
3/4	Reglage, konstantfarthållare
3/6	Brytare, varningsblinkers med blinkrelä
3/8	Brytare, uppvärmd bakruta/dörrbackspegel
3/9	Bromsljuskontakt
3/10	Brytare, backljus
3/12	Brytare, vindrutetorkare/spolare
3/13	Brytare, bakrutetorkare/spolare
3/25	Brytare, elektriskt soltak
3/37	Signalhornsanslutningar
3/38	Kontakt, bromspedal
3/39	Kontakt, kopplingspedal
3/47	Handbromskontakt
3/54	Brytare, REC och luftkonditionering
3/55	Luftkonditionering, panelbelysning
3/56	Värmefläktskontakt
3/57	Klimatkontroll
3/58	Brytare, dimbakljus
3/59	Strålkastarjustering
3/61	Reglage, färddator
3/62	Larmbrytare, motorhuv
3/63	Programväljare, automatväxellåda
3/64	Kontakt, uppvärmt baksäte vänster
3/69	Kontakt, uppvärmt baksäte höger
3/71	Startspärrkontakt, automatväxellåda
3/72	Kickdown-brytare, trottelreglage
3/74	Lås, vänster fram
3/75	Lås, höger fram
3/76	Lås, vänster bak
3/77	Lås, höger bak
3/78	Lås, baklucka
3/85	Fönsterhisskontakt, vänster bakdörr
3/86	Fönsterhisskontakt, höger bakdörr
3/87	Kontakt, elmanövrerad backspegel, vänster
3/88	Kontakt, elmanövrerad backspegel, höger
3/89	Styrmodul, vänster säte
3/91	Brytare, uppvärmt säte vänster
3/92	Brytare, uppvärmt säte höger
3/93	Bälteslås, vänster säte
3/94	Bälteslås, höger säte
3/95	Brytare, antispinnsystem
3/97	Brytare för automatisk sänkning, elfönsterhiss

Komponentförteckning

3/99	Brytare, dimljus fram
4/3	Styrmodul, konstantfarthållare
4/4	Reostat
4/5	Säkerhetskrets SRS
4/9	SRS givarmodul
4/10	Styrmodul EZK tändningssystem
4/15	EZK kraftsteg och tändspole
4/16	ABS styrmodul
4/19	Fjärrkontrollmodul, centrallås/stöldlarm
4/28	Styrmodul, AW 50-42 automatväxellåda
4/29	Styrmodul, vänster säte
4/30	Styrmodul, ECC
4/31	Elmodul, värmefläkt
4/33	Styrmodul, elektriskt soltak
4/34	Spänningsregulator, 8 volt
4/35	Spänningsregulator, 5 volt
4/36	Mikroprocessor, kombinerade instrument
4/37	Styrmodul, höger säte
4/41	Styrmodul, Fenix 5.2 MFI
4/44	EZK kraftsteg och tändspole
4/45	Styrmodul, LH 3.2 MFI
4/46	Styrmodul, Motronic 4.3 MFI
4/47	Tändspole, Fenix 5.2 MFI
4/48	Tändningens kraftsteg, Fenix 5.2 MFI
5/1	Kombinationsinstrument
5/2	Klockmodul
5/3	Modul, yttertemperatur/klocka
5/4	Färddator
6/1	Vindrutetorkarmotor
6/2	Spolarmotor, fram
6/3	Höger strålkastartorkarmotor
6/4	Vänster strålkastartorkarmotor
6/15	Motor, elektriskt soltak
6/24	Konstantfarthållarens vakuumpump
6/25	Startmotor
6/26	Generator
6/28	Värmefläkt
6/29	Motorns kylfläkt
6/30	Bakrutespolarmotor
6/31	Bränslepump
6/32	Bakluckans torkarmotor
6/33	Bränslenivågivare
6/34	Elantenn
6/35	Motorvärmare
6/37	Centrallåsmotor, tanklock
6/38	Strålkastarjustering, vänster manövrering
6/39	Strålkastarjustering, höger manövrering
6/45	Servomotor, temperaturspjäll, förarsida
6/46	Servomotor, temperaturspjäll, passagerarsida
6/47	Servomotor, golv- och defrosterspjäll
6/48	Servomotor, återcirkulationsspjäll
6/49	Servomotor, ventilationsspjäll
6/50	Motor, vänster sätes ryggstöd
6/51	Motor, sätesframkantens höjd, vänster
6/52	Motor, sätesbakkantens höjd, vänster
6/53	Motor, framåt/bakåt, vänster säte
6/54	Luftpump
6/58	Fönsterhissmotor, vänster framdörr
6/59	Fönsterhissmotor, vänster bakdörr
6/60	Fönsterhissmotor, höger framdörr
6/61	Fönsterhissmotor, höger bakdörr
6/62	Elmanövrerad backspegel, vänster
6/63	Elmanövrerad backspegel, höger
7/1	Indikator för glödlampsbortfall, bak
7/4	Bromsvätskenivågivare
7/5	Spolvätskenivågivare
7/6	Oljetryckgivare

7/11	Givare, ytterlufttemperatur, ECC		10/14	Höger blinkers, fram
7/15	Uppvärmd syresensor (Lambdasond), fram		10/15	Vänster sidoblinkers
7/16	Motortemperaturgivare		10/16	Höger sidoblinkers
7/17	Luftflödesgivare		10/17	Höger bakljus
7/21	Kamaxellägesgivare		10/18	Vänster bakljus
7/23	Detonationssensor, bak		10/19	Högt monterat bromsljus
7/24	Detonationssensor, fram		10/20	Nummerplåtsbelysning
7/25	Pulsgivare		10/22	Innerbelysning i taket
7/31	ABS-givare, vänster fram		10/24	Bagagerumsbelysning
7/32	ABS-givare, höger fram		10/26	Läslampa, vänster bak
7/33	Hastighetsmätarens givare		10/27	Läslampa, höger bak
7/37	Temperaturgivare, EGR		10/29	Handskfacksbelysning
7/43	Termostat, vänster säte		10/30	Varningslampa, vänster framdörr
7/44	Termostat, höger säte		10/31	Varningslampa, höger framdörr
7/47	PTC motstånd, förvärme		10/32	Varningslampa, vänster bakdörr
7/50	Luftkonditionering, tryckgivare		10/33	Varningslampa, höger bakdörr
7/53	Pressostat, luftkonditionering		10/37	Cigarettändarbelysning
7/54	Gasspjällägesgivare		10/40	Växelväljarbelysning
7/55	Termoelement, 3-vägs katalysator		10/43	Bromsljus bak
7/56	ABS-givare, vänster bak		10/44	Höger parkeringsljus, bak
7/57	ABS-givare, höger bak		10/45	Höger parkerings-/bakljus
7/58	ABS-givare, pedal		10/46	Höger dimbakljus
7/59	Temperaturgivare, vänster ventilationstrumma		10/47	Lampa, höger blinkers bak
7/60	Temperaturgivare, höger ventilationstrumma		10/48	Höger backljus
7/64	Temperaturgivare kupéluft, förarsida		10/50	Vänster bromsljus
7/65	Temperaturgivare, kupéluft, passagerarsida		10/51	Vänster parkeringsljus, bak
7/66	Termostat baksäte, vänster sida		10/52	Vänster parkerings-/bakljus
7/67	Termostat baksäte, höger sida		10/53	Vänster dimbakljus
7/68	Solsensor ECC/indikatordisplay - stöldlarm		10/54	Lampa, vänster blinkers bak
7/69	Givare yttertemperatur, färddator		10/55	Vänster backljus
7/73	Nivågivare, kylvätska		10/64	Höger helljus
7/77	Temperaturgivare, inloppsluft		10/66	Höger halvljus
7/79	Gasspjällägeskontakt		10/68	Vänster helljus
7/81	Tryckgivare, insugsgrenrör		10/70	Vänster halvljus
7/82	Uppvärmd syresensor (Lambdasond), bak		10/72	Askkoppsbelysning fram
7/83	Högtrycksgivare, luftkonditionering		10/74	Indikatorlampa, avgastemperatur
8/3	Solenoidkoppling, luftkonditionering		10/77	Indikatorlampa, SRS
8/5	IAC tomgångsventil		10/79	Indikatorlampa, vinterprogram och låg växel
8/6-10	Injektorer			(automatväxellåda)
8/15	Hydraulisk enhet ABS		10/82	Indikatorlampa, ABS
8/17	EGR omvandlare		10/83	Indikatorlampa, handbroms
8/18	Ventil, bränsleförångningssystem (EVAP)		10/84	Bromsvarningslampa
8/28	Turbo kontrollventil		10/85	Varningslampa, helljus
8/30	SRS-modul i ratten		10/86	Oljetrycksvarningslampa
8/31	SRS-modul passagerarsida		10/87	Indikatorlampa, laddning
8/33	Utlösare, vänster bältesspännare		10/88	Indikatorlampa, glödlampsbortfall
8/34	Utlösare, höger bältesspännare		10/89	Indikatorlampa, dimbakljus
8/36	Solenoid, lås för P-läge (automatväxellåda)		10/90	Varningslampa, spolvätskenivå
8/43	Solenoid, extra luftintag		10/91	Indikator, servicepåminnare
8/45	Solenoid, variabelt insugsrör		10/94	Indikatorlampa, höger blinkers
9/1	Cigarettändare		10/95	Indikatorlampa, vänster blinkers
9/2	Uppvärmd bakruta		10/96	Instrumentbelysning
9/3	Värmeelement i ryggstöd, vänster säte		10/97	Instegsbelysning, förarsida
9/4	Värmeelement i ryggstöd, höger säte		10/98	Askkoppsbelysning, bak
9/5	Värmeelement i sittdyna, vänster säte		10/102	Instegsbelysning, passagerarsida
9/6	Värmeelement i sittdyna, höger säte		10/105	Varningslampa, bränslenivå
9/8	Värmeelement i sittdyna, vänster baksäte		10/106	Varningslampa 'kontrollera motor'
9/9	Värmeelement i ryggstöd, vänster baksäte		10/107	Indikatorlampa, antispinnsystem
9/10	Värmeelement i sittdyna, höger baksäte		10/108	Extra bromsljus, spoiler
9/11	Värmeelement i ryggstöd, höger baksäte		10/109	Indikatorlampa, släpvagn
10/1	Vänster framljus		10/110	Varningslampa, kylvätskenivå
10/2	Höger framljus		10/113	LED, larmvarning
10/5	Vänster dimljusenhet, fram		10/114	Sminkspegelbelysning, vänster
10/6	Höger dimljusenhet, fram		10/115	Sminkspegelbelysning, höger
10/9	Vänster parkeringsljus och blinkers, fram		11/1-40	Säkringar
10/10	Höger parkeringsljus och blinkers, fram		15/2	30 fördelningsskena i central elektronisk enhet
10/11	Vänster parkeringsljus, fram		15/4	15/1 fördelningsskena i central elektronisk enhet
10/12	Höger parkeringsljus, fram		15/8	X fördelningsskena i central elektronisk enhet
10/13	Vänster blinkers, fram		16/1	Radio

16/3	Högtalare, höger framdörr		24/22	Anslutning - 6-stift
16/4	Högtalare, vänster framdörr			Kabelhärva tröskel, höger - höger säte
16/5	Högtalare, höger bakdörr		24/25	Anslutning, 14-stift
16/6	Högtalare, vänster bakdörr			Kabelhärva tröskel, vänster - Kabelhärva bagageutrymme
16/7	Högtalare, instrumentbräda, höger		24/26	Anslutning, 2-stift
16/8	Högtalare, instrumentbräda, vänster			Kabelhärva torpedvägg - Kabelhärva bältesspännar-
16/9	Antenn			utlösare, vänster sida
16/10	Signalhorn 1		24/27	Anslutning, 2-stift
16/11	Signalhorn 2			Kabelhärva torpedvägg - Kabelhärva bältesspännar-
16/16	Antennförstärkare			utlösare, höger
16/17	Högtalare, hylla bak/D-stolpe, vänster		24/29	Anslutning, 2-stift vid torpedvägg
16/18	Högtalare, hylla bak/D-stolpe, höger		24/33	Ansluning, 2-stift
16/19	Larm signal			Kabelhärva torpedvägg - Kabelhärva passagerarmodul
17/1	Serviceuttag för startmotor		24/34	Anslutning pos. 38-53 i 53-stift
17/7	Diagnosuttag A			Kabelhärva motorrum - Kabelhärva torpedvägg
17/10	Diagnosuttag B		24/35A	Anslutning 8-stift extrautrustning
17/13	DLC (diagnostiskt) uttag		24/35B	Anslutning 1-stift extrautrustning
18/4	Kontaktring, SRS		24/37	Anslutning, 6-stift
19/1	Temperaturmätare			Kabelhärva torpedvägg - Kabelhärva, kontakt uppvärmt
19/2	Varvräknare			baksäte
19/3	Hastighetsmätare		24/42	Anslutning, 2-stift, extrautrustning
19/5	Bränslemätare		25/9	Dimljus fram, brygga
19/6	Impulsgivare, varvräknare		31/4	Jordpunkt, motor (jordanslutning batteri - motor)
19/7	Impulsgivare, hastigh.mätare, temp.mätare, bränslemätare		31/7	Jordpunkt, A-stolpe förarsida
20/2	Fördelare		31/11	Jordpunkt, bagageutrymme, vänster sida
20/3-7	Tändstift		31/12	Jordpunkt, bagageutrymme, höger sida
20/11	Förkopplingsmotstånd		31/15	Jordpunkt, A-stolpe passagerarsida
20/18	Motstånd, värmefläkt		31/32	Jordpunkt på motorn (matning)
23/0-601	Förgrening		31/33	Jordpunkt på motorn (signal)
24/1	Anslutning, 14-stifts kabelhärva, instrumentpanel - Kabelhärva		31/44	Jordpunkt, motorrum (jordanslutning batteri - kaross)
	torpedvägg		31/47	Jordpunkt, vänster tvärbalk
24/2	Anslutning, 53-stift		31/48	Jordpunkt, höger tvärbalk
	Kabelhärva motorrum - Kabelhärva torpedvägg		31/50	Jordpunkt, central elektronisk enhet (matning)
24/3	V-styrda bilar, Anslutning, pos. 26-53 i 53-stift		31/51	Jordpunkt, central elektronisk enhet (signal)
	H-styrda bilar, Anslutning, 53-stift		31/52	Jordpunkt, EZK kraftsteg och tändspole
	Kabelhärva torpedvägg - Kabelhärva tröskel, vänster		31/55	Jordpunkt, motorns kylfläkt
24/4	Anslutning, pos. 1-37 i 53-stift		31/65	Jordpunkt, rattstång
	Kabelhärva torpedvägg - Kabelhärva tröskel, höger		C/BA	Anslutning 2-stift, vid bränslepump
24/5	Anslutning, 24-stift		C/BB	Anslutning 2-stift, bränslemätare
	Kabelhärva torpedvägg - Kabelhärva vänster framdörr		C/BC	Anslutning 4-stift, elantenn/förstärkare
24/6	Anslutning, 24-stift		C/CE	Anslutning 2-stift, uppvärmt säte vänster
	Kabelhärva torpedvägg - Kabelhärva höger framdörr		C/CF	Anslutning 2-stift, uppvärmt säte vänster
24/7	Anslutning, 14-stift		C/CG	Anslutning 2-stift, uppvärmt säte höger
	Kabelhärva torpedvägg - Kabelhärva tunnel		C/CH	Anslutning 2-stift, uppvärmt säte höger
24/9	Anslutning, 4-stift		C/CJ	Anslutning 6-stift, konstantfarthållare
	Kabelhärva torpedvägg - Kabelhärva tak		C/CK	Anslutning 14-stift, elfönsterhissar
24/10	Anslutning, 2-stift		C/CL	Anslutning 6-stift, bakrutetorkare/spolare
	Kabelhärva torpedvägg - Värmefläkt / luftkond. enhet		C/CM	Anslutning 2-stift, uppvärmt baksäte, vänster
24/11	Anslutning, 10-stift		C/CN	Anslutning 2-stift, uppvärmt baksäte, vänster
	Kabelhärva torpedvägg - Luftkond. enhet		C/CP	Anslutning 2-stift, uppvärmt baksäte, höger
24/12	Anslutning, 4-stift		C/CQ	Anslutning 2-stift, uppvärmt baksäte, höger
	Kabelhärva torpedvägg - Värmefläkt / luftkond. enhet		C/CR	14-stift anslutning, radio/kassettbandspelare
24/13	Anslutning, 53-stift		C/CS	10-stift anslutning, radio/kassettbandspelare
	Kabelhärva motorrum - Kabelhärva instrumentpanel		C/EA	Anslutning 1-stift, motorns kylfläkt
24/14	Anslutning, pos. 1-25 i 53-stift		C/EB	Anslutning 4-stift, högtrycksgivare, luftkonditionering
	Kabelhärva motorrum - Kabelhärva tröskel, vänster		C/EC	Anslutning 1-stift, solenoidkontakt, luftkonditionering
24/15	Anslutning, 14-stift		C/ED	Anslutning 15-stift, ABS
	Kabelhärva motorrum - Kabelhärva motor		C/EG	2-stift anslutning, kylvätsketempgivare
24/16	Anslutning - 26-stift		C/EH	Anslutning 3-stift, kamaxellägesgivare
	Kabelhärva motorrum - Kabelhärva front		C/EJ	Anslutning 2-stift, impulsgivare
24/17	Anslutning, 11-stift		C/EK	Anslutning 2-stift, vindrutetorkarmotor
	Kabelhärva tröskel, vänster - Kabelhärva vänster bakdörr		C/EL	Anslutning 3-stift, vindrutetorkarmotor
24/18	Anslutning, 11-stift		C/EM	Anslutning 2-stift vid tunnel
	Kabelhärva tröskel, höger - Kabelhärva höger bakdörr		C/EN	Anslutning 2-stift, EGR temperaturgivare
24/19	Anslutning - 4-stift		C/EP	Anslutning 4-stift, uppvärmd syresensor
	Kabelhärva tröskel, höger - Kabelhärva givare bakhjul			(Lambdasond), fram
24/20	Anslutning - 4-stift		C/EQ	Anslutning, 4-stift, uppvärmd syresensor
	Kabelhärva torpedvägg - Kabelhärva soltak			(Lambdasond), bak
24/21	Anslutning - 6-stift		K/1	Relä för automatisk sänkning, elfönsterhiss
	Kabelhärva tröskel, vänster - vänster säte			

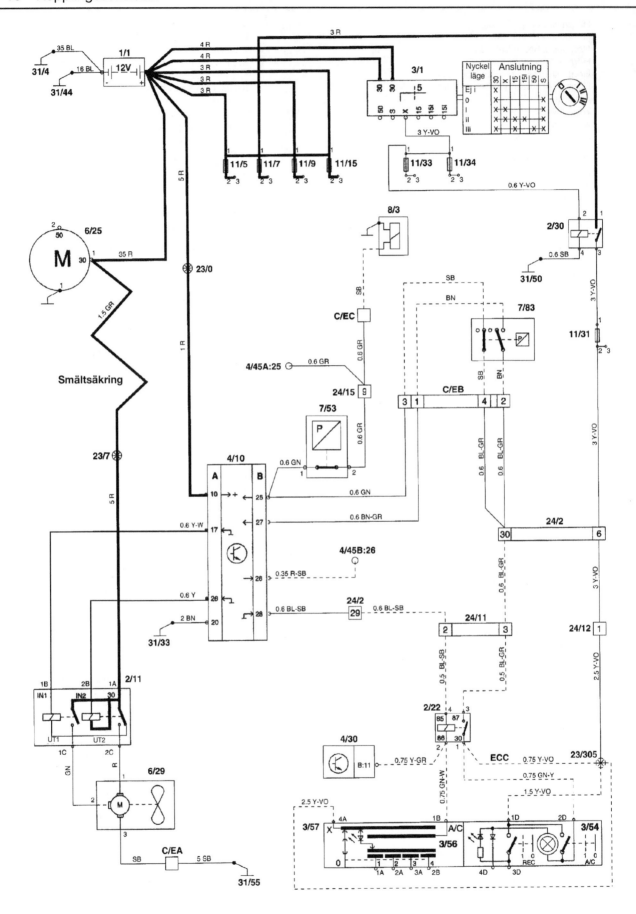

Motorns kylfläkt (typexempel)

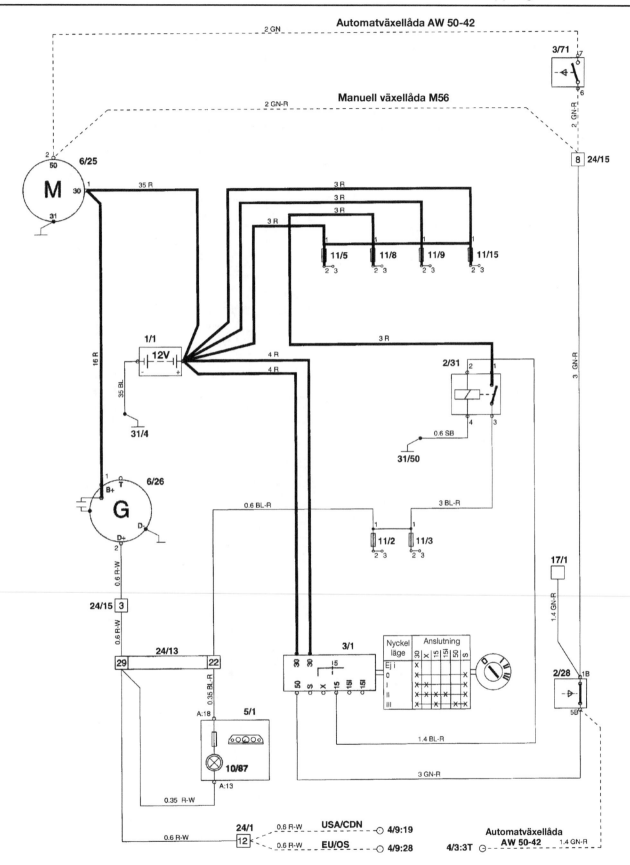

Start och laddning

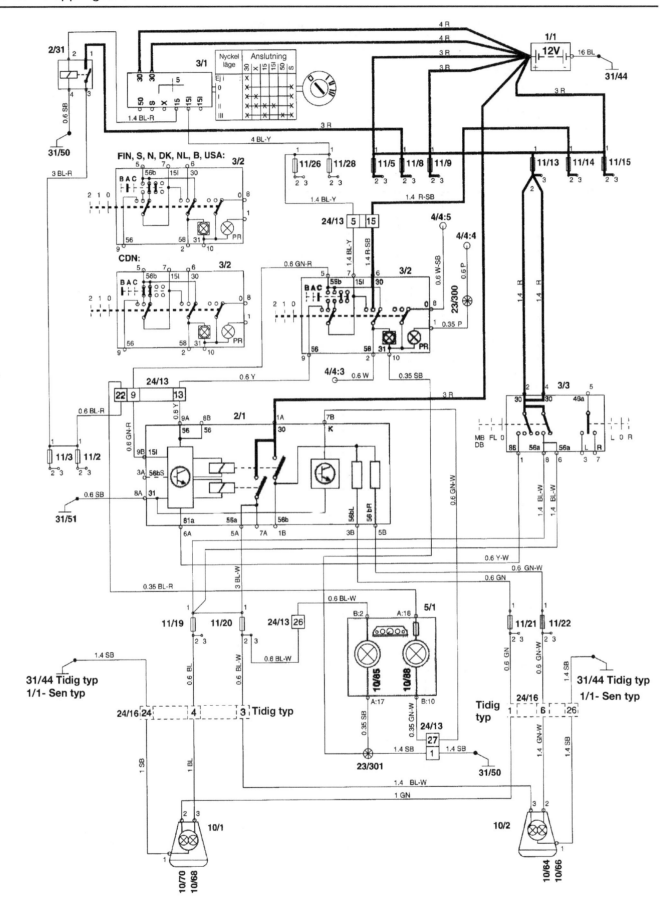

Hel- och halvljus

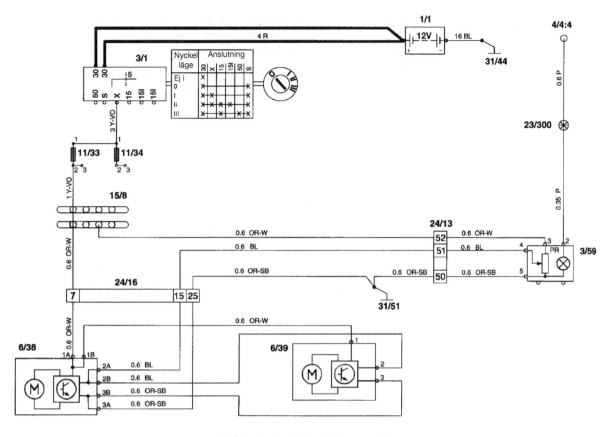

Strålkastarjustering - tidiga modeller

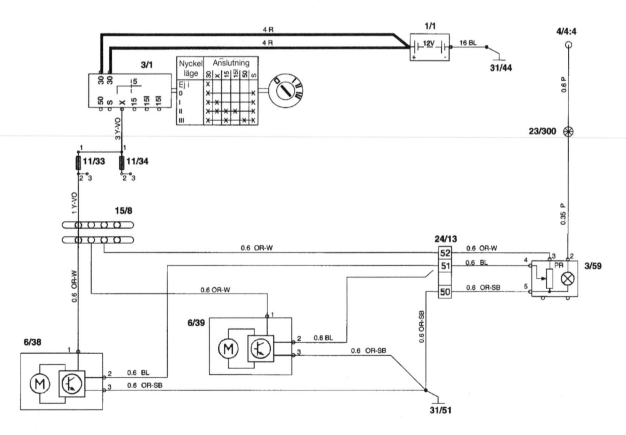

Strålkastarjustering - senare modeller

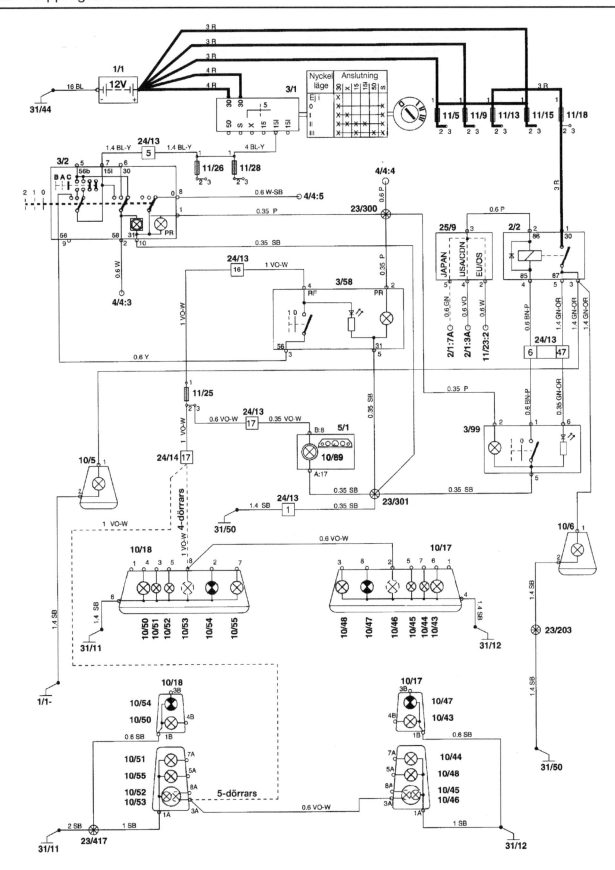

Dimljus

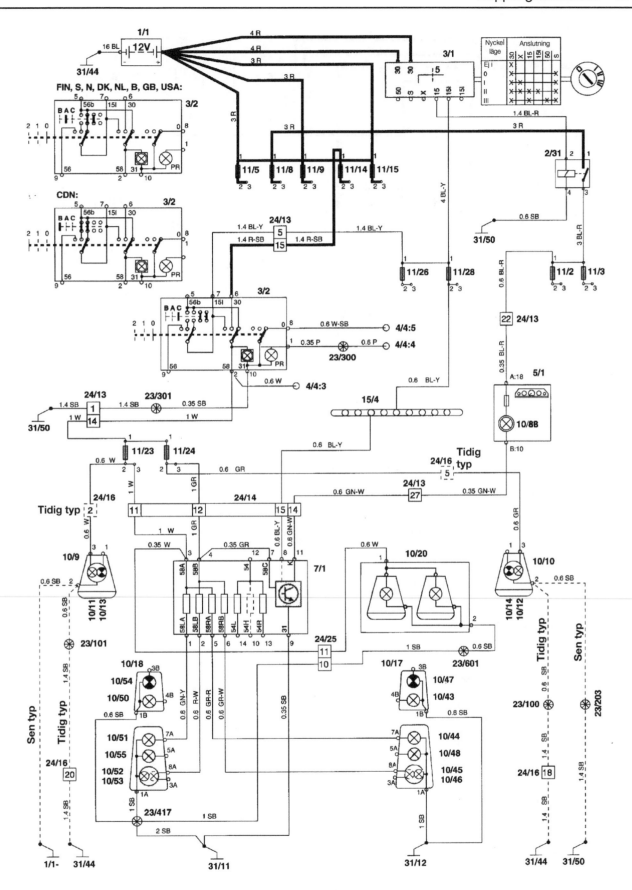

Parkerings- och bakljus, nummerplåtsbelysning

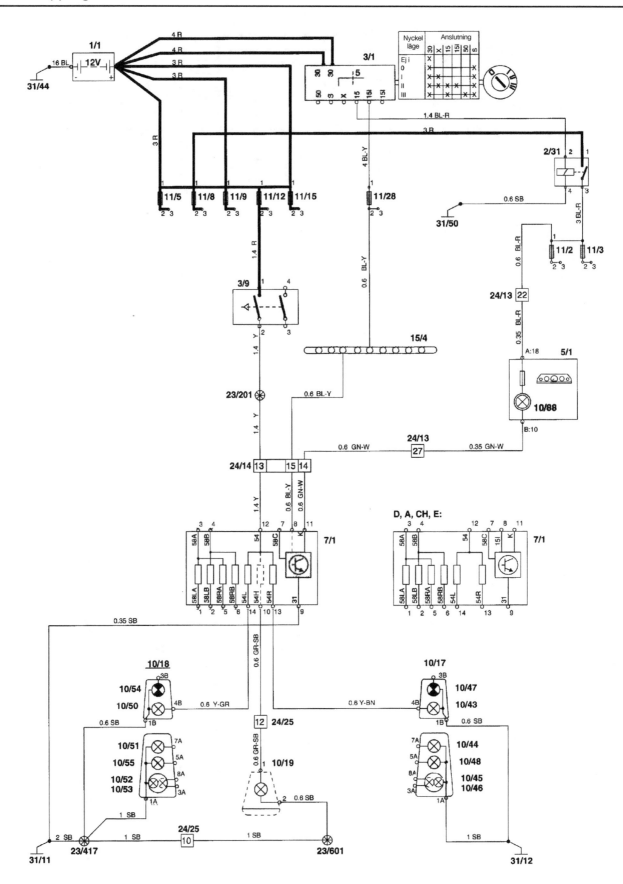

Bromsljus

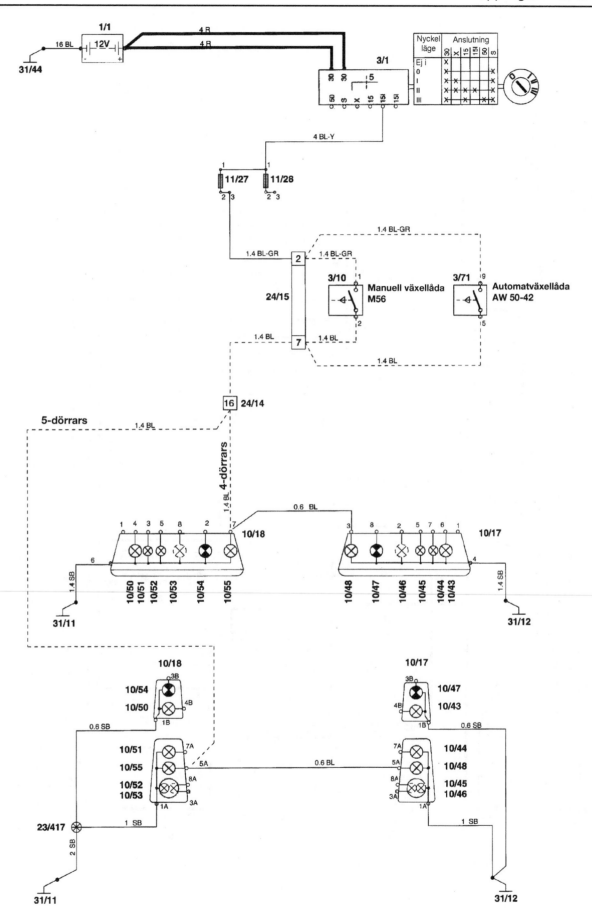

Backljus

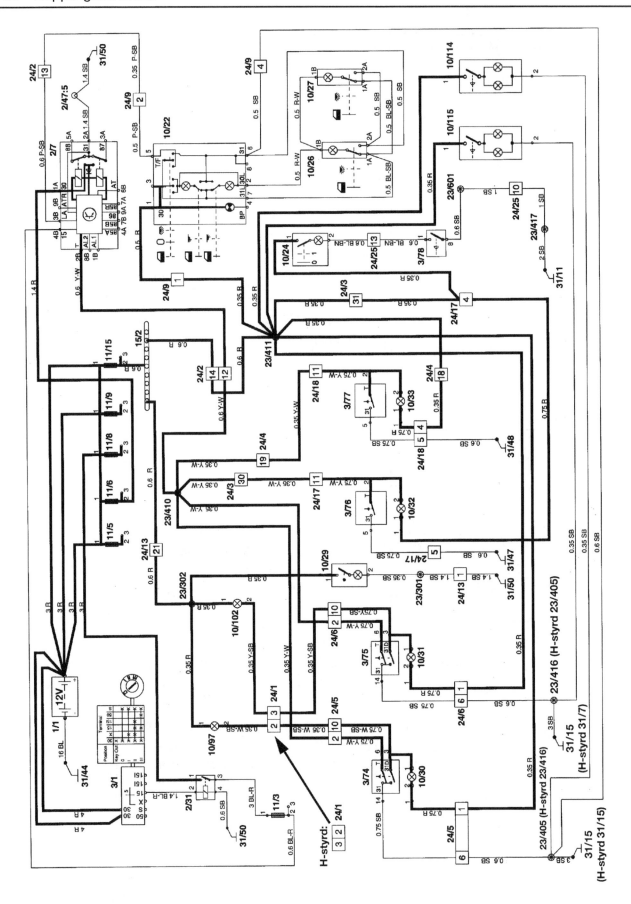

Innerbelysning (typexempel)

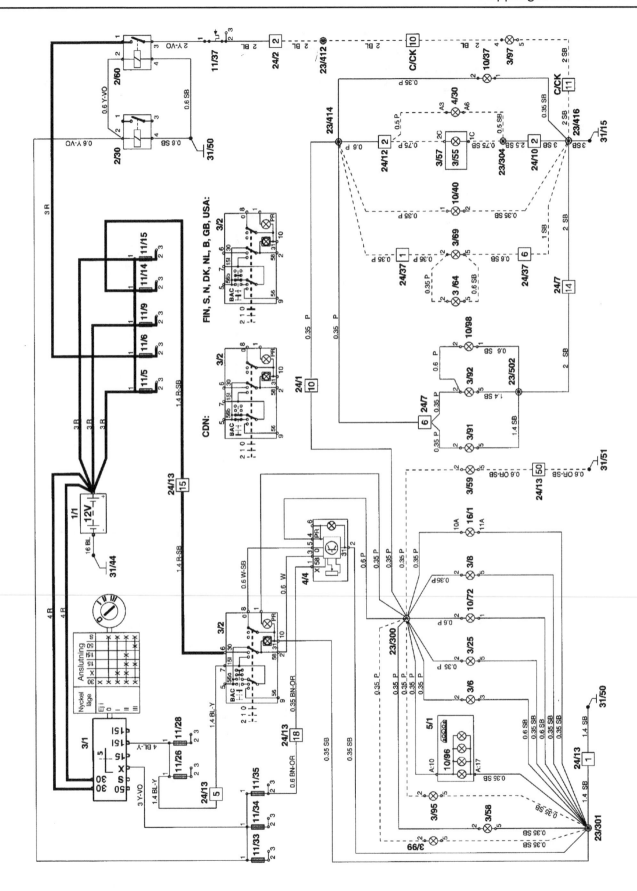

Instrument- och reglagebelysning

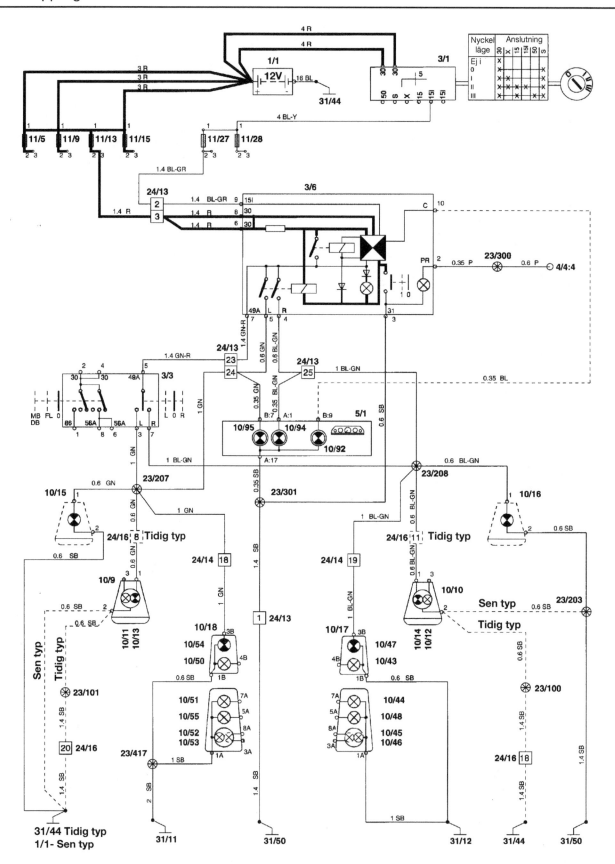

Blinkers och varningsblinkers (typexempel)

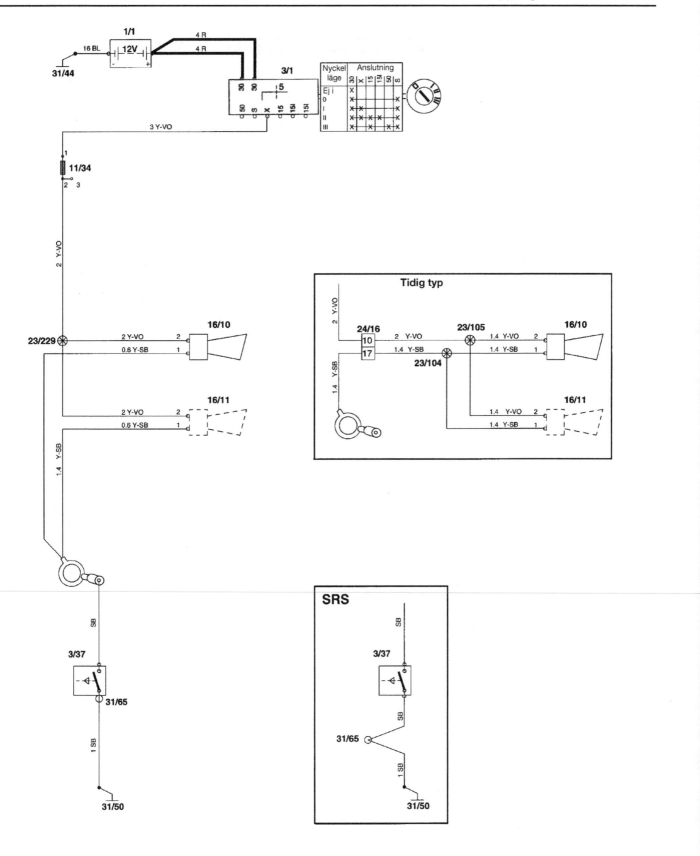

Signalhorn

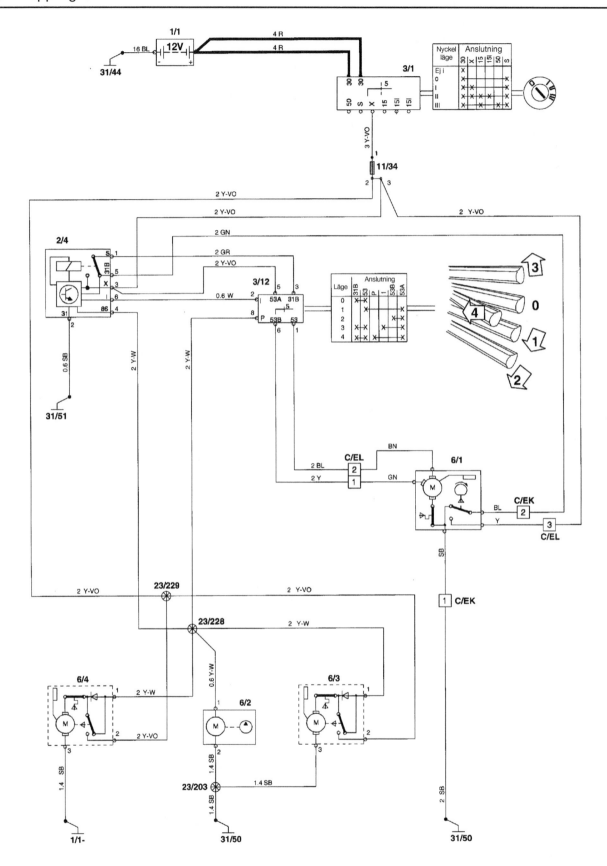

Vindrute- och strålkastarspolare/torkare (typexempel)

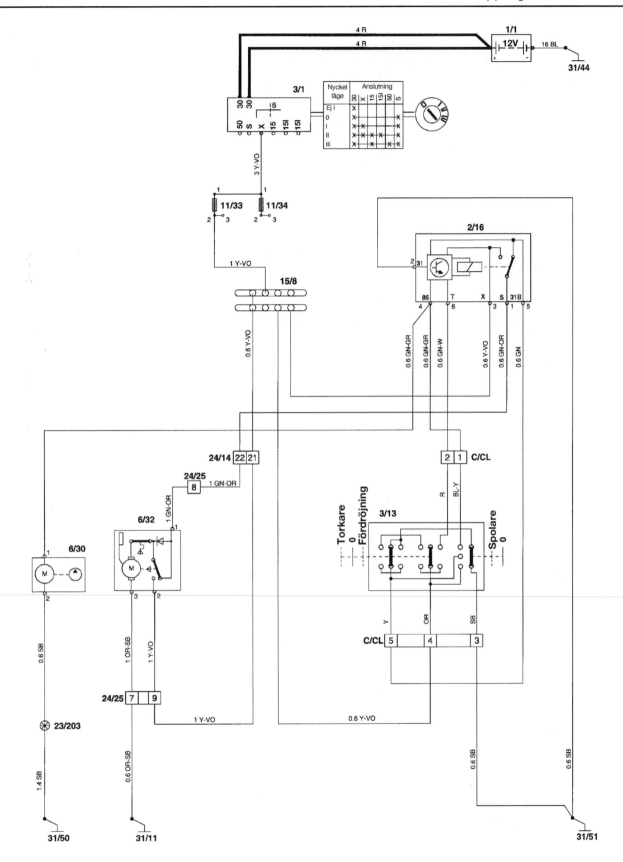

Bakrutespolare/torkare

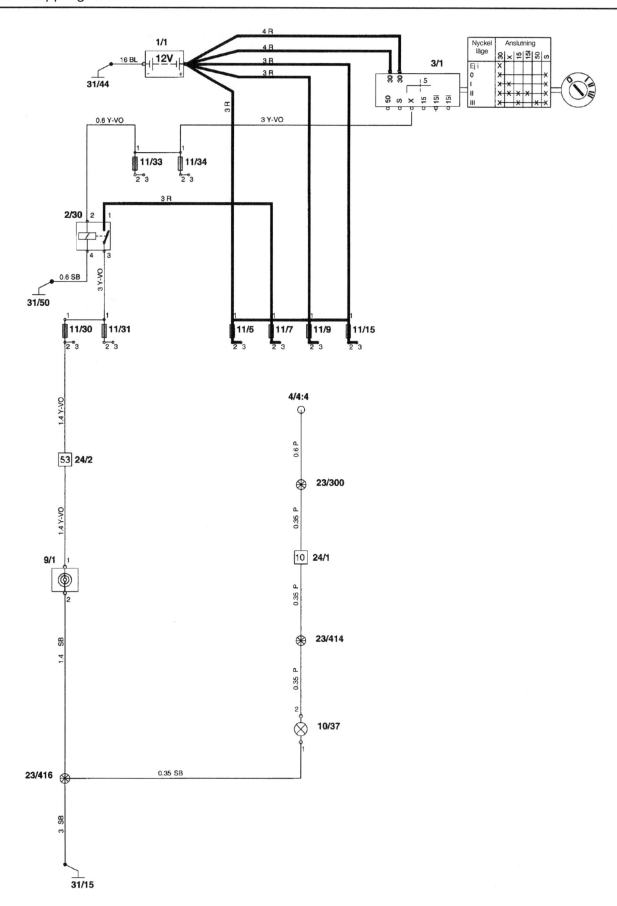

Cigarettändare

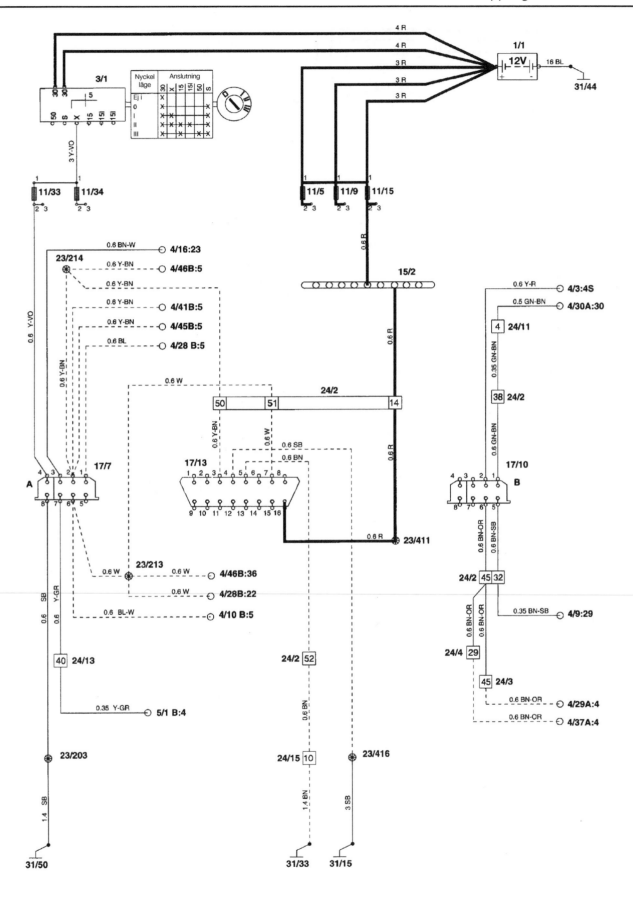

Inbyggt diagnostiksystem

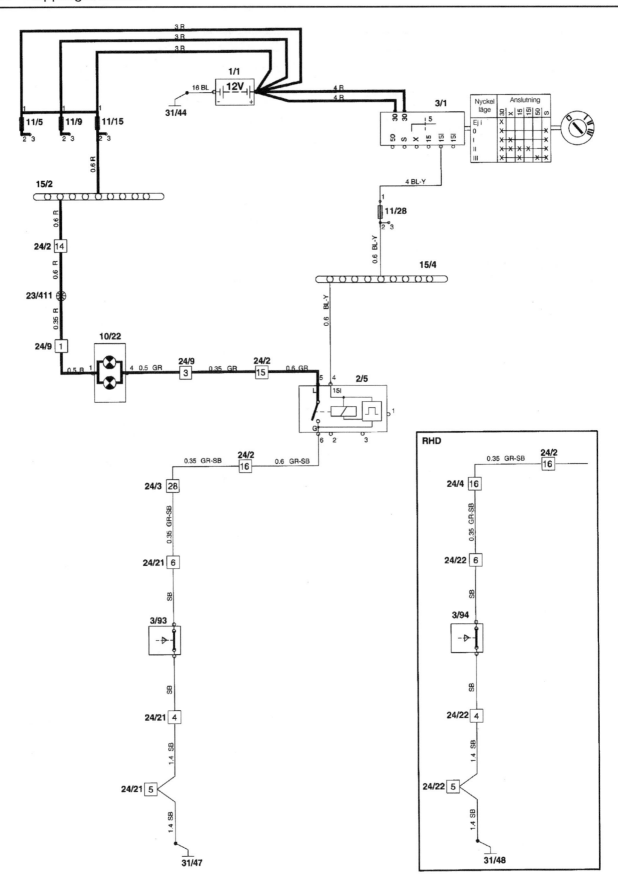

Bältespåminnare

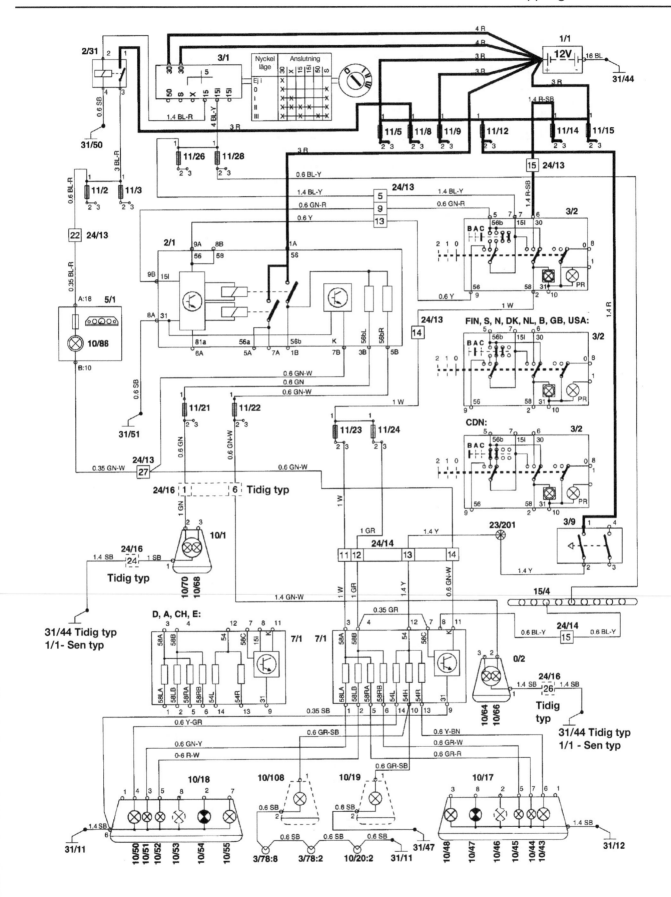

Indikator för glödlampsbortfall

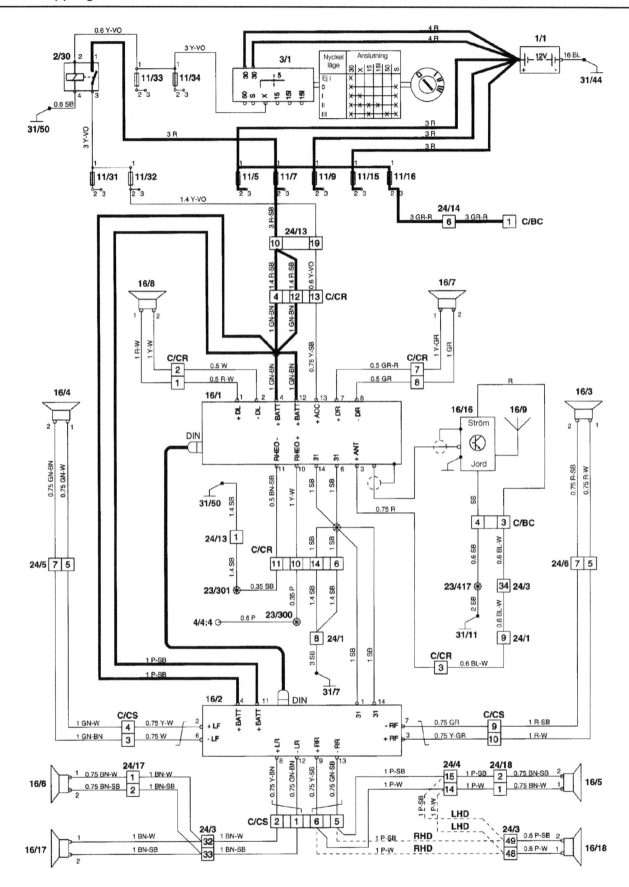

Radio/kassettbandspelare (typexempel)

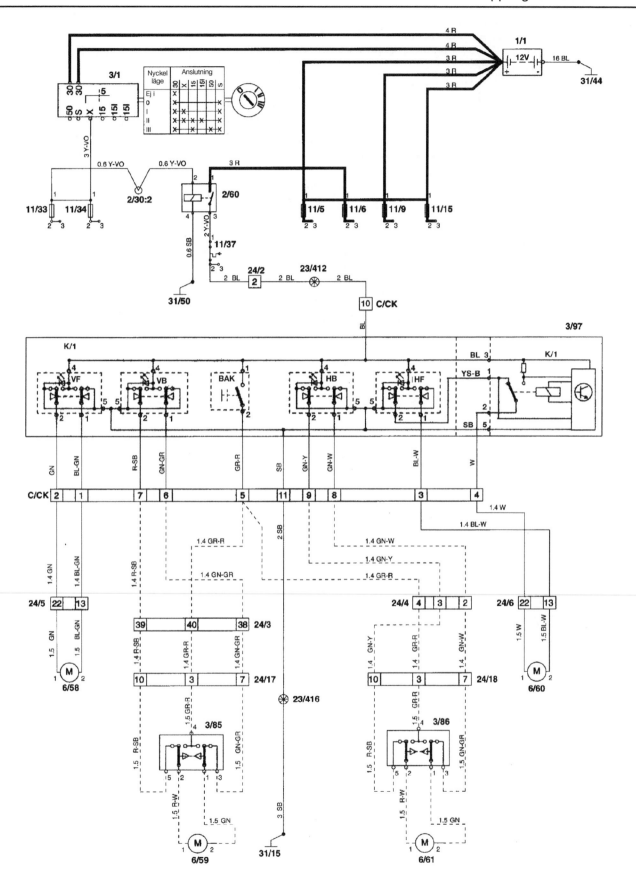

Elfönsterhissar

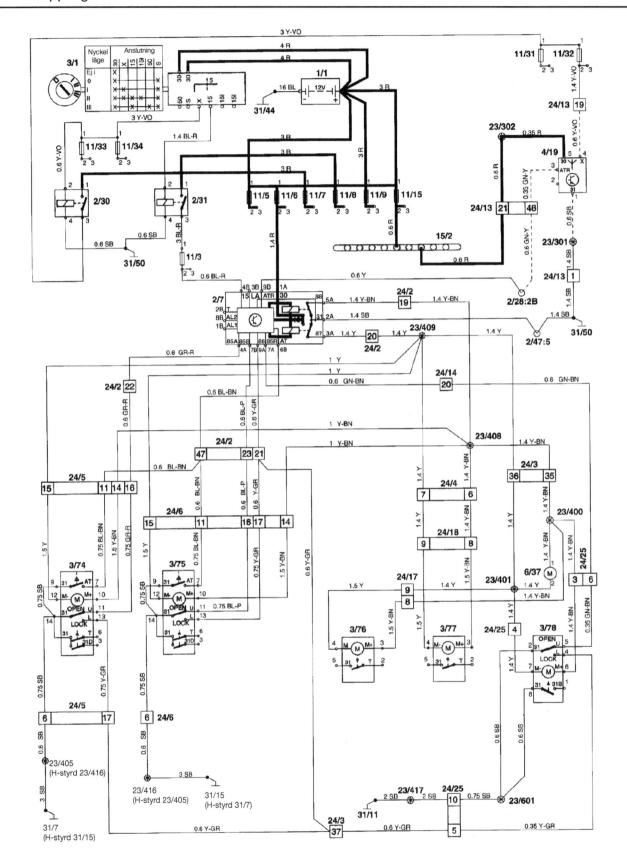

Centrallås utan deadlock (typexempel)

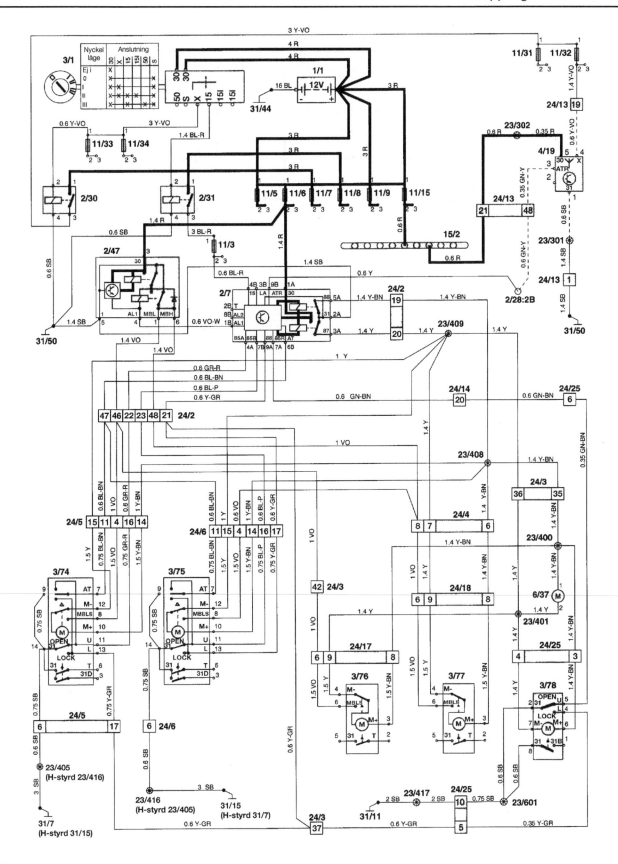

Centrallås med deadlock (typexempel)

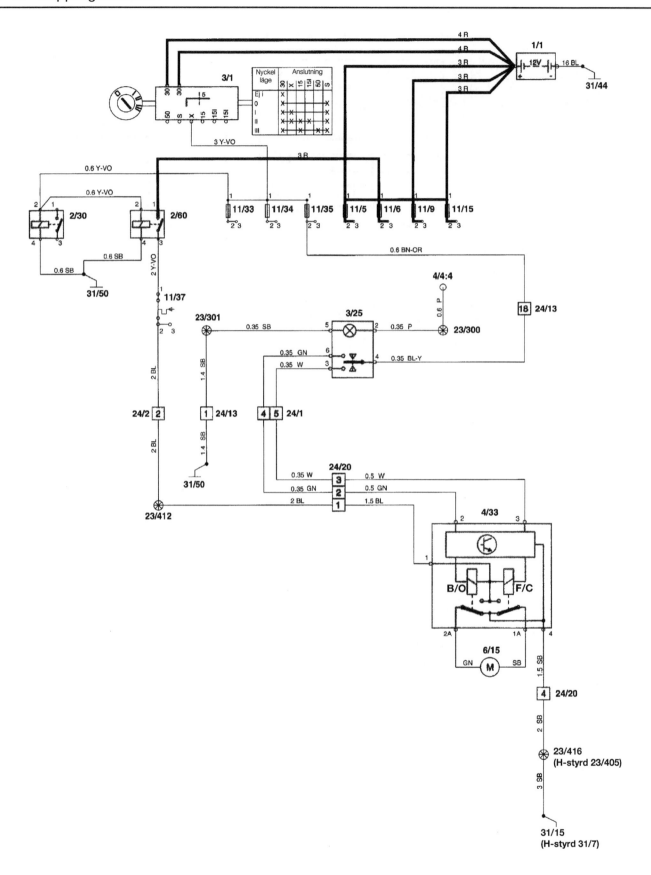

Elektriskt soltak

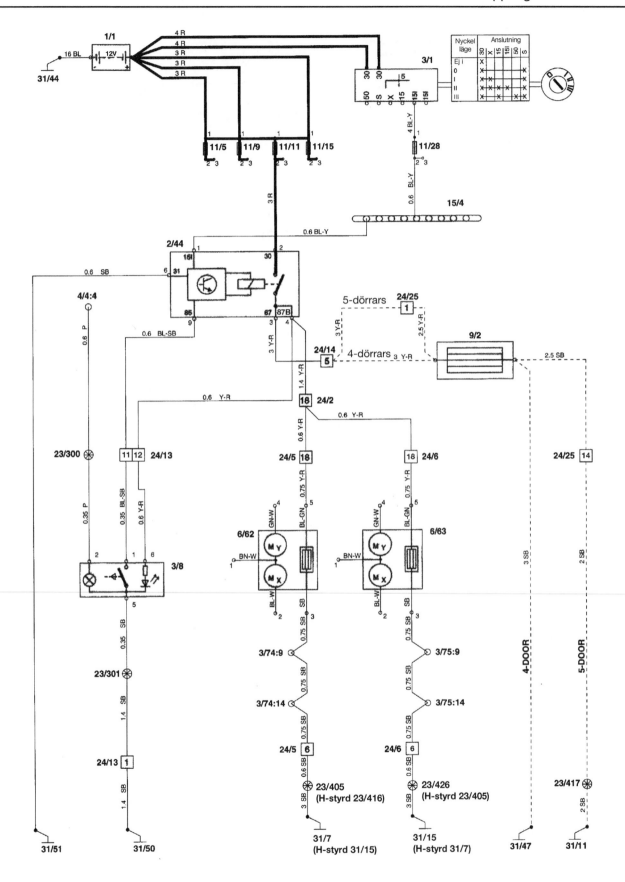

Uppvärmd bakruta och backspeglar

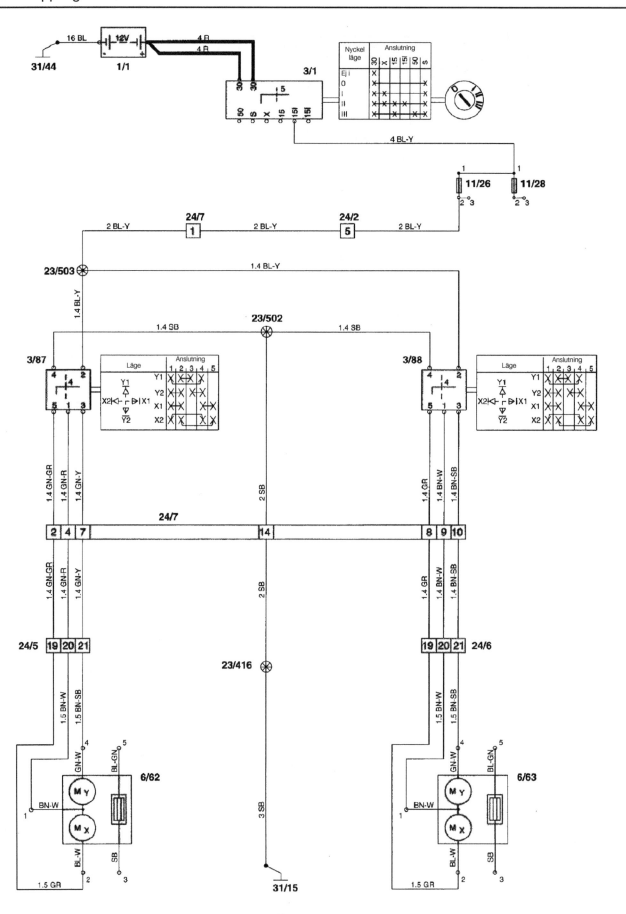

Elmanövrerade dörrbackspeglar

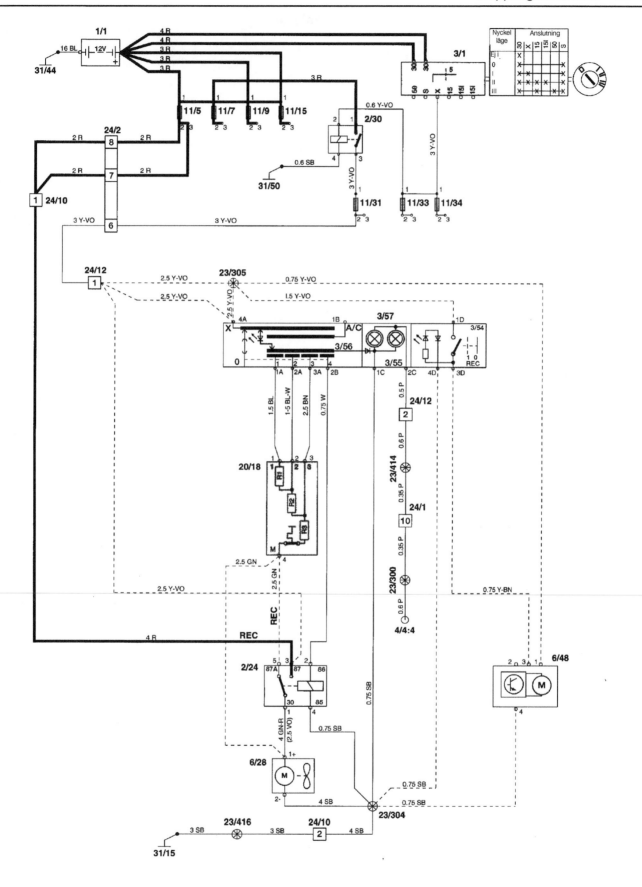

Värmefläkt

Anteckningar

Mått och vikter

Observera: Samtliga siffror är ungefärliga och kan variera med modell, se tillverkarens data för exakta siffror.

Mått

Total längd
  Sedan . . . . 4 660 mm
  Herrgårsvagn . . . . 4 710 mm
Total bredd . . . . 1 760 mm
Total höjd:
  Sedan . . . . 1 420 mm
  Herrgårsvagn . . . . 1 440 mm
Hjulbas . . . . 2 660 mm

Vikt

Tjänstevikt . . . . Se fordonets dokumentation
Maximal totalvikt . . . . Se märkplåten bakom höger strålkastare i motorrummet
Maximal vikt på takräcke . . . . 100 kg

Reservdelar kan erhållas från många källor, t ex Volvoverkstäder, andra verkstäder, tillbehörsaffärer och specialfirmor. För att vara säker på att alltid få rätt delar är det ibland nödvändigt att ange bilens chassinummer. Om det är möjligt är det också fördelaktigt att ta med den gamla delen vid inköp av en ny. Vissa komponenter, som startmotorer och generatorer, kan ibland erhållas som utbyte; alla delar som lämnas in måste naturligtvis vara rena.

Vårt råd när det gäller inköp av reservdelar är följande:

Auktoriserade Volvoverkstäder

Detta är den bästa källan för reservdelar och kan vara det enda ställe där vissa delar är tillgängliga (t ex växellådsdelar, emblem och klädseldetaljer). Det är också det enda ställe där du ska köpa reservdelar om fordonet har giltig garanti, då icke originaldetaljer kan påverka garantins giltighet.

Övriga verkstäder och tillbehörsaffärer

Dessa är i allmänhet mycket bra leverantörer av material som behövs för rutinmässigt underhåll (olje- luft- och bränslefilter, tändstift, glödlampor, drivremmar, oljor och smörjfett, bromsbelägg, färg, etc). Denna typ av reservdelar som säljs i en erkänt bra affär håller samma standard som delarna som används av biltillverkaren.

Förutom reservdelar säljer dessa affärer även verktyg och andra tillbehör. De har ofta längre öppethållande, lägre priser och kan ofta hittas på närmare håll. Vissa tillbehörsaffärer tar in reservdelar på beställning.

Specialfirmor

Bra specialfirmor lagerhåller viktiga detaljer med hög omsättning, och kan ibland leverera enskilda delar som behövs vid renovering av större delar (t ex bromstätningar och hydrauliska delar, lagerskålar, kolvar, ventiler, generatorborstar). Många hanterar också arbeten som omslipning av motorblock, vevaxelomslipning och balansering, etc.

Däck- och avgasspecialister

Dessa firmor kan vara oberoende, eller medlemmar av lokala eller riksomfattande organisationer. De erbjuder ofta konkurrensmässiga priser men det lönar sig att införskaffa flera prisförslag innan man fattar beslut. Vid kontroll av priser, fråga vad som tillkommer - exempelvis debiteras montering av ny ventil eller hjulbalansering ofta extra utöver priset på däcket.

Övriga inköpsställen

Var försiktig med material som kan erhållas från marknader, tillfälliga försäljningsställen och liknande. Sådana artiklar behöver inte vara av dålig kvalitet men möjligheten för kompensation om de visar sig vara dåliga är liten. Beträffande delar där säkerheten är viktig, t ex bromsbelägg, föreligger inte bara risken för ekonomisk förlust utan också för olycka som kan leda till skador eller dödsfall.

Begagnade reservdelar, eller delar från bilskrotfirmor, kan visa sig vara bra inköp i vissa fall, men denna typ av inköp ska helst göras av erfarna hemmamekaniker.

Fordonets identifikationsnummer

Modifieringar är en fortlöpande och opublicerad process vid fordonstillverkning, även vid sidan om större modellbyten. Reservdelskataloger och listor sammanställs på numerisk bas och fordonets individuella ID-nummer är nödvändigt för korrekt identifiering av berörd del.

Vid beställning av reservdelar ska alltid så fullständig information som möjligt anges,

modell, tillverkningsår, chassinummer och motornummer efter behov och tillämplighet, samt i vissa fall fordonets VIN-nummer (Vehicle Identification Number). Detta är på vissa modeller placerat på instrumentbrädans överkant och det kan avläsas genom vindrutan.

Typbeteckning och chassinummer finns instansade i motorrummet under vindrutan.

Bilens lastdetaljer och koder för lack och inredning finns på märkplåten bakom höger strålkastare i motorrummet.

Motorbeteckning och serienummer finns instansade på blockets översida bakom vattenpumpen. De finns även angivna på en etikett på övre kamremskåpan.

Växellådans serienummer finns på en platta på växellådshuset.

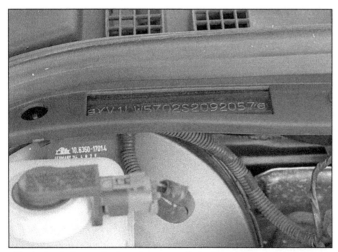

Typbeteckning och chassinummer är instansade i motorrummet

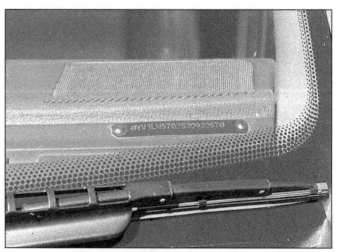

VIN-nummerplåt på instrumentbrädan

När service-, reparationsarbeten eller renovering av detaljer utförs, är det viktigt att observera följande instruktioner. Detta för att reparationen ska utföras så effektivt och fackmannamässigt som möjligt.

Tätningsytor och packningar

När två komponenter ska separeras vid anliggningsytan, pressa aldrig in skruvmejslar eller liknande mellan ytorna för att skilja dem åt. Detta kan orsaka skada som kan leda till oljeläckage, kylvätskeläckage etc efter ihopsättningen. Ta isär komponenterna genom att knacka längs fogen med en mjuk hammare. Observera att detta dock inte är lämpligt när komponenterna är sammanfogade med styrhylsor.

När en packning används mellan två ytor, se till att den byts vid ihopsättning. Montera den torrt om inte annat anges. Se till att ytorna är rena och torra och att gammal packning är helt borttagen. Vid rengöring av en tätningsyta, använd ett verktyg som inte skadar ytan och ta bort grader och ojämnheter med bryne eller en fin fil.

Se till att gängade hål rengörs med borste och håll dem fria från tätningsmedel då sådant används, om inte annat anges.

Se till att alla öppningar, kanaler och rör är fria och blås igenom dem, helst med tryckluft.

Oljetätningar

Oljetätningar kan demonteras genom att man bänder ut dem med en bred skruvmejsel eller liknande. Alternativt kan man skruva in ett antal självgängande skruvar i tätningen och använda dessa som hållare för tänger eller liknande avdragningsverktyg.

När en oljetätning demonteras, antingen för sig eller som en del av en enhet, bör den bytas.

Den mycket fina tätningsläppen skadas lätt och kan inte täta om ytan den vidrör inte är helt ren och fri från grader, spår och gropar. Om tätningsytan inte kan återställas bör komponenten bytas.

Skydda tätningsläppen från ytor och kanter som kan skada den under montering. Använd tejp eller en konisk hylsa, om möjligt. Smörj tätningsläppen med olja före montering och för dubbla tätningsläppar, fyll utrymmet mellan läpparna med fett.

Om inte annat anges måste tätningarna monteras med tätningsläppen mot smörjmedlet som ska tätas.

Använd ett rörformad dorn eller ett trästycke av lämplig storlek för att montera tätningen. Om hållaren är försedd med skuldra, driv tätningen mot den. Om hållaren saknar skuldra bör tätningen monteras så att den går jäms med hållarens yta.

Skruvgängor och infästningar

Muttrar, bultar och skruvar som kärvar är ett vanligt problem när en komponent har börjat rosta. Detta kan ofta lösas om man dränker in delen som ska lossas i krypsmörjmedel eller rostlösningsvätska en stund innan man försöker lossa den. Man kan också använda en slagskruvmejsel. Om ingen av dessa metoder hjälper kan man värma försiktigt eller använda en bågfil eller en mutterspräckare.

Pinnbultar demonteras i allmänhet genom att man drar ihop två muttrar på den gängade delen, varefter man använder en nyckel på den nedre muttern för att skruva loss pinnbulten. Pinnbultar eller skruvar som har brutits av under fästytan kan ibland demonteras med en lämplig skruvutdragare. Se alltid till att alla gängade bottenhål är helt fria från olja, fett, vatten och andra vätskor innan skruven eller pinnbulten skruvas i. I annat fall kan huset spricka på grund av den hydrauleffekt som uppstår när skruven skruvas i.

När man drar åt en kronmutter för att montera en saxpinne måste man dra åt till angivet moment (när det finns angivet) varefter man drar åt tills nästa urtag för saxpinnen passar för hålet. Lossa aldrig muttern för att passa in saxpinnen om inte detta anges i instruktionen.

Vid kontroll av åtdragningsmoment för en mutter eller skruv bör man lossa den omkring ett kvarts varv varefter man drar åt den med föreskrivet åtdragningsmoment. Denna metod gäller inte när man vinkeldragit skruven.

För vissa skruvförband, i synnerhet topplockets skruvar och muttrar, specificeras inga åtdragningsmoment för de senare stegen av en åtdragning, istället används vinkeldragning. Vanligtvis dras skruvarna/muttrarna åt med ett tämligen lågt åtdragningsmoment i rätt åtdragningsföljd, därefter vinkeldras de i de efterföljande stegen.

Låsmuttrar, låsbleck och brickor

Alla fästelement som roterar mot en komponent eller ett hus under åtdragningen skall alltid ha en bricka mellan sig och komponenten.

Fjäder- och låsbrickor bör alltid bytas när de används på kritiska komponenter såsom lageröverfall. Låsbleck som viks över mutter eller bult ska alltid bytas.

Självlåsande muttrar kan återanvändas vid mindre viktiga detaljer, under förutsättning att ett motstånd känns då låsdelen går över skruvgängan. Självlåsande muttrar tenderar dock att förlora sin effekt efter långvarig användning och de bör då bytas rutinmässigt.

Saxpinnar måste alltid bytas och rätt storlek i förhållande till hålet användas.

När man upptäcker gänglåsningsmedel på gängorna på en enhet som skall användas igen bör man göra ren den med en stålborste och lösningsmedel. Applicera nytt gänglåsningsmedel vid montering.

Specialverktyg

Vissa arbeten i denna handbok förutsätter användning av specialverktyg, som en press, två- eller trebent avdragare, fjäderkompressor etc. När så är möjligt beskrivs och visas lämpliga lättåtkomliga alternativ till tillverkarens specialverktyg. I vissa fall är inga alternativ möjliga, och det har varit nödvändigt att använda tillverkarens verktyg. Detta har gjorts med tanke på säkerhet såväl som på resultatet av reparationen. Om du inte är mycket skicklig och har stora kunskaper om det moment som beskrivs, försök aldrig använda annat än specialverktyg när sådant anges i anvisningarna. Det föreligger inte bara risk för kroppsskada, utan kostbara skador kan också uppstå på komponenterna.

Hänsyn till omgivningen och miljön

När du gör dig av med använd motorolja, bromsvätska, frostskyddsvätska o s v, vidta nödvändiga åtgärder för att skydda miljön. Häll t ex inte någon av ovan nämnda vätskor i det vanliga avloppssystemet, eller helt enkelt på marken. På de flesta ställen finns miljöstationer som tar emot miljöfarligt avfall, t ex på bensinmackar. Om du inte kan göra dig av med avfallet på lämpligt sätt, kontakta berörd myndighet i din kommun.

Det stiftas ständigt nya, strängare lagar gällande utsläpp av miljöfarliga ämnen från motorfordon. De mest nytillverkade bilarna har justersäkringar monterade över de mest avgörande justeringspunkterna för bränslesystemet. Dessa är monterade främst för att undvika att okvalificerade personer justerar bränsle/luftblandningen och därmed riskerar en ökning av giftiga utsläpp. Om sådana justersäkringar påträffas under reparationsarbete, ska de, där så är möjligt, sättas tillbaka eller förnyas enligt tillverkarens anvisningar eller aktuell lagstiftning.

Den domkraft som följer med fordonet ska ENDAST användas vid byte av hjul, se *"Hjulbyte"* i början av denna handbok. För allt annat arbete ska fordonet lyftas upp med en hydraulisk domkraft på hjul. Domkraften ska alltid kompletteras med pallbockar placerade under fordonets domkraftsfästen.

När domkraft eller pallbock används ska dessa alltid placeras under relevant domkraftsfäste.

Lyft bilens framvagn genom att placera domkraften under mitten på monteringsramens framkant. Lyft **inte** upp bilen med domkraften under oljesumpen eller någon del av styrningen eller fjädringen. När fronten lyfts, placera pallbockar på var sida under monteringsramen.

Lyft upp bilens bakvagn genom att ställa domkraften under förstärkningsplattan i reservhjulsbrunnen. När bakvagnen lyfts, placera pallbockar på var sida under de bärande delarna just framför bakfjädringens infästning.

Den domkraft som medföljer bilen placeras i de speciella domkraftsfästena under trösklarna. Se till att domkraftshuvudet greppar korrekt innan du försöker lyfta bilen.

Arbeta **aldrig** under eller nära en bil annat än om den är korrekt stöttad på minst två platser.

Stöldskydd för radio/kassettbandspelare

Den radio/kassettspelare som monterats som standardutrustning av Volvo är försedd med en inbyggd säkerhetskod för att avskräcka tjuvar. Om strömmen till enheten bryts aktiveras stöldskyddet. Även om strömmen omedelbart återställs till radion kommer den inte att fungera förrän korrekt säkerhetskod anges. Om du inte känner till giltig säkerhetskod **ska du inte** koppla från någon av batteriterminalerna eller ta bort radion från sin plats i bilen.

Du anger rätt säkerhetskod med hjälp av instruktionerna i handboken till radion.

Om fel kod anges blockeras enhetens vidare användning.

Om detta inträffar eller om du glömmer koden, rådfråga en Volvoverkstad.

Inledning

Ett urval av bra verktyg är ett grundläggande behov för den som överväger underhålls- och reparationsarbeten på ett fordon. För den som saknar sådana kommer inköp av dessa att bli en betydande utgift, som dock uppvägs till en del av vinsten med eget arbete. Om verktygen som anskaffas uppfyller grundläggande säkerhets- och kvalitetskrav, kommer dessa att hålla i många år och visa sig vara en värdefull investering. För att hjälpa bilägaren att välja de verktyg som krävs för att utföra de olika arbetena i denna handbok, har vi sammanställt tre sortiment under följande rubriker: *Underhålls- och mindre reparationsarbeten, Reparation och renovering,* samt *Special.* Nybörjaren bör starta med det första sortimentet och begränsa sig till mindre arbeten på fordonet. Allt eftersom erfarenhet och självförtroende växer, kan man sedan prova svårare uppgifter och köpa fler verktyg när och om det behövs. På detta sätt kan ett sortiment för underhålls- och mindre reparationsarbeten byggas upp till en reparations- och renoveringssats under en längre tidsperiod utan några större kontantutlägg. Den erfarne gör-det-självaren har redan en verktygssats lämplig för de flesta reparationer och kommer att välja verktyg från specialkategorin när han känner att utgiften är berättigad för den användning verktyget kan ha.

Underhålls- och mindre reparationsarbeten

Verktygen i den här listan kan anses vara ett minimum av vad som behövs för att utföra rutinmässigt underhåll, service- och mindre reparationsarbeten. Vi rekommenderar att man köper U-ringnycklar (ena änden öppen, den andra sluten), även om de är dyrare än enbart öppna nycklar, eftersom man får båda sorternas fördelar.

- [ ] U-ringnycklar – 8, 9, 10, 11, 12, 13, 14, 15, 17 och 19 mm
- [ ] Skiftnyckel – 35 mm gap (ca)
- [ ] Tändstiftsnyckel (med gummiinlägg) - bensinmotor
- [ ] Verktyg för justering av tändstiftens elektrodavstånd
- [ ] En sats bladmått
- [ ] Skruvmejslar:
  Spårmejsel – ca 100 mm lång x 6 mm dia
  Stjärnmejsel – ca 100 mm lång x 6 mm dia
- [ ] Kombinationstång
- [ ] Bågfil (liten)
- [ ] Däckpump
- [ ] Däcktrycksmätare
- [ ] Oljekanna
- [ ] Verktyg för demontering av oljefilter
- [ ] Fin slipduk
- [ ] Stålborste (liten)
- [ ] Tratt (medelstor)

Reparation och renovering

Dessa verktyg är ovärderliga för alla som tar itu med något större reparationsarbete på motorfordon och tillkommer till de verktyg som angivits för *Underhålls- och mindre reparationsarbeten.* Denna lista inkluderar en grundläggande sats hylsor. Dessa kan vara dyra, men de kan också visa sig vara ovärderliga eftersom de är så användbara – särskilt om olika drivenheter inkluderas i satsen. Vi rekommenderar hylsor för halvtums fyrkant eftersom dessa kan användas med de flesta momentnycklar. Om du inte tycker att du har råd med en hylssats, även om de inköps i omgångar, så kan de billigare ringnycklarna användas.

Verktygen i denna lista kan ibland behöva kompletteras med verktyg från listan för *Specialverktyg.*

- [ ] Hylsor (eller ringnycklar), dimensioner enligt föregående lista
- [ ] Spärrskaft (för användning med hylsor)
- [ ] Förlängning, 250 mm (för användning med hylsor)
- [ ] Universalknut (för användning med hylsor)
- [ ] Momentnyckel (för användning med hylsor)
- [ ] Självlåsande tång
- [ ] Kulhammare
- [ ] Klubba med mjukt anslag (plast eller gummi)
- [ ] Skruvmejslar:
  Spårmejsel - en lång och kraftig, en kort (knubbig), och en smal (elektrikermejsel)
  Stjärnmejsel - en lång och kraftig, en kort (knubbig)
- [ ] Tänger:
  Spetsnostång/plattång
  Sidavbitare (elektrikertyp)
  Låsringstång (in- och utvändig)
- [ ] Huggmejsel - 25 mm
- [ ] Ritspets
- [ ] Skrapa
- [ ] Körnare
- [ ] Purr
- [ ] Bågfil
- [ ] Bromsslangklamma
- [ ] Sats för luftning av broms-/kopplingssystem
- [ ] Urval av borrar
- [ ] Stålskala/linjal
- [ ] Insexnycklar (inkl Torxtyp/nycklar för invändigt tolvkantsspår)
- [ ] Diverse filar
- [ ] Stålborste (stor)
- [ ] Pallbockar
- [ ] Domkraft (garagedomkraft eller stabil pelarmodell)
- [ ] Arbetslampa med förlängningssladd

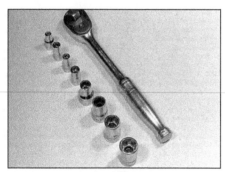

Hylsor och spärrskaft

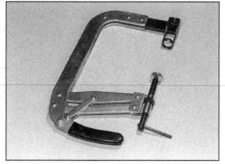

Ventilfjäderkompressor

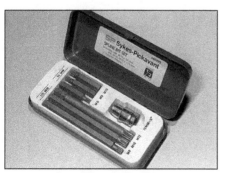

Insexbitar med splines

Kolvringskompressor

Centreringsverktyg för koppling

Specialverktyg

Verktygen i denna lista är sådana som inte används regelbundet, är dyra i inköp, eller vilka måste användas enligt tillverkarens anvisningar. Inköp av dessa verktyg är inte ekonomiskt försvarbart om inte svårare mekaniska arbeten utförs med viss regelbundenhet. Du kan också överväga att gå samman med någon vän (eller gå med i en motorklubb) och göra ett gemensamt inköp, hyra eller låna verktyg om så är möjligt.

Listan upptar endast verktyg och mätinstrument som är allmänt tillgängliga och inte sådana som tillverkas av bilfabrikanter speciellt för auktoriserade återförsäljare. Ibland nämns dock sådana verktyg i texten. I allmänhet anges en alternativ metod att utföra arbetet utan tillverkarens specialverktyg. Ibland finns emellertid inget alternativ annat än att använda dem. När så är fallet, då verktyget inte kan köpas eller lånas, har du inget annat val än att lämna bilen till en auktoriserad verkstad.

☐ Ventilfjäderkompressor
☐ Ventilslipningsverktyg
☐ Kolvringskompressor
☐ Verktyg för demontering/montering av kolvringar
☐ Honingsverktyg
☐ Kulledsavdragare
☐ Spiralfjäderkompressor (där tillämpligt)
☐ Två-/trebent nav/lageravdragare
☐ Slagskruvmejsel
☐ Mikrometer och/eller skjutmått
☐ Indikatorklocka
☐ Stroboskoplampa
☐ Kamvinkelmätare/varvräknare
☐ Multimeter
☐ Kompressionsprovare
☐ Handmanövrerad vakuumpump och mätare
☐ Centreringsverktyg för koppling
☐ Demonteringsverktyg för bromsbackarnas fjäderskålar
☐ Sats för demontering och montering av lager och bussningar
☐ Skruvutdragare
☐ Gängverktygssats
☐ Lyftblock
☐ Garagedomkraft

Inköp av verktyg

När det gäller inköp av verktyg är det i regel bättre att vända sig till en specialist som har ett större sortiment än t ex tillbehörsbutiker och bensinmackar. Emellertid kan tillbehörsbutiker och andra försäljningsställen erbjuda utmärkta verktyg till låga priser, så det kan löna sig att söka.

Det finns gott om bra verktyg till låga priser, men se till att verktygen uppfyller elementära krav på funktion och säkerhet. Fråga gärna någon kunnig person om råd före inköpet.

Vård och underhåll av verktyg

Då du skaffat ett antal verktyg är det nödvändigt att hålla dessa rena och i fullgott skick. Efter användning, torka alltid bort smuts, fett och metallpartiklar med en ren, torr trasa innan verktygen läggs undan. Låt dem inte ligga framme sedan de använts. En enkel upphängningsanordning på väggen för t ex skruvmejslar och tänger är en god idé. Förvara alla skruvnycklar och hylsor i en metallåda. Mätinstrument av alla slag måste förvaras väl skyddade mot skador och rostangrepp.

Lägg ner lite omsorg på de verktyg som används. Anslag på hammare kommer att få märken och skruvmejslar slits i spetsen efter någon tids användning. En slipduk eller en fil kan då återställa verktygen till fullt användbart skick.

Arbetsutrymmen

När man diskuterar verktyg får man inte glömma själva arbetsplatsen. Skall någonting annat än rent rutinmässigt underhåll utföras måste man skaffa en lämplig arbetsplats.

Ibland händer det att man är tvungen att lyfta ur en motor eller andra större detaljer utan tillgång till garage eller verkstad. När så är fallet skall alla reparationer på enheten utföras under tak.

När så är möjligt skall all isärtagning ske på en ren, plan arbetsyta, t ex en arbetsbänk med lämplig arbetshöjd.

En riktig arbetsbänk behöver ett skruvstycke: ett kraftigt skruvstycke med en öppning på 100 mm är lämpligt för de flesta arbeten. Som tidigare påpekats är torra förvaringsutrymmen för verktyg, smörjmedel, rengöringsmedel och bättringsfärg (som också måste förvaras frostfritt) nödvändiga.

Ett annat verktyg som kan behövas och som har mycket stort användningsområde rent allmänt, är en elektrisk borrmaskin med en kapacitet på minst 8 mm. En borrmaskin och ett bra sortiment spiralborrar är oumbärliga vid montering av tillbehör som speglar och backljus.

Sist men inte minst, se till att du har tillgång till gamla tidningar och rena, luddfria trasor, och försök hålla arbetsplatsen så ren som möjligt.

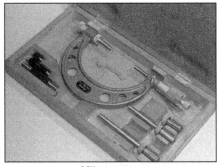
Mikrometer

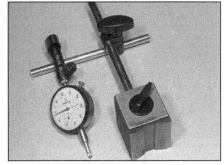
Indikatorklocka

Stroboskoplampa

Kompressionsprovare

Pinnskruvutdragare

Motor

- ☐ Motorn går inte runt vid startförsök
- ☐ Motorn går runt men startar inte
- ☐ Motorn är svårstartad när den är kall
- ☐ Motorn är svårstartad när den är varm
- ☐ Startmotorn ger ifrån sig missljud eller är trög vid ingrepp
- ☐ Motorn startar men stannar omedelbart
- ☐ Ojämn tomgång
- ☐ Motorn misständer vid tomgång
- ☐ Motorn misständer i alla växellägen
- ☐ Motorn tvekar vid acceleration
- ☐ Motorn stannar
- ☐ Motorn saknar kraft
- ☐ Motorn baktänder
- ☐ Oljetryckslampan tänds medan motorn är igång
- ☐ Motorn glödtänder efter avstängning
- ☐ Missljud från motorn

Kylsystem

- ☐ Överhettning
- ☐ Överkylning
- ☐ Utvändigt kylvätskeläckage
- ☐ Invändigt kylvätskeläckage
- ☐ Korrosion

Bränsle- och avgassystem

- ☐ Hög bränsleförbrukning
- ☐ Läckage och/eller lukt av bränsle
- ☐ För mycket ljud eller rök från avgassystemet

Koppling

- ☐ Pedalen går i golvet - inget tryck eller mycket litet motstånd
- ☐ Kopplingen frikopplar inte (växel kan inte läggas i)
- ☐ Kopplingen slirar (motorns varvtal ökar men inte hastigheten)
- ☐ Vibrationer när kopplingen används
- ☐ Missljud när kopplingspedalen trycks ned eller släpps upp

Manuell växellåda

- ☐ Missljud i friläge med motorn igång
- ☐ Missljud med en viss växel ilagd
- ☐ Svårt att lägga i växlar
- ☐ Växlel hoppar ur
- ☐ Vibrationer
- ☐ Oljeläckage

Automatväxellåda

- ☐ Oljeläckage
- ☐ Växellådsoljan är brun eller luktar bränt
- ☐ Generella problem att välja växlar
- ☐ Växellådan växlar inte ned vid fullt gaspådrag (ingen kickdown)
- ☐ Motorn startar inte i något läge, eller startar i annat läge än P eller N
- ☐ Växellådan slirar, växlar ryckigt, ger ifrån sig missljud eller saknar drivning framåt eller bakåt

Drivaxlar

- ☐ Klickande/knackande ljud vid kurvtagning (låg hastighet och med fullt rattutslag)
- ☐ Vibrationer vid acceleration eller inbromsning

Bromsar

- ☐ Bilen drar åt ena sidan vid inbromsning
- ☐ Missljud (skarpt gnissel eller skrapande) vid inbromsning
- ☐ Stort spel i pedalen
- ☐ Bromspedalen känns svampig vid nedtryckning
- ☐ Högt pedaltryck krävs för att stoppa bilen
- ☐ Vibrationer i bromspedal eller ratt vid inbromsning
- ☐ Bromsarna låser sig

Fjädring och styrning

- ☐ Bilen drar åt ena sidan
- ☐ Hjulen vobblar och vibrerar
- ☐ För mycket krängning/gungning vid kurvtagning eller inbromsning
- ☐ Allmän instabilitet
- ☐ Tung styrning
- ☐ Stort spel i styrningen
- ☐ Ingen servoassistans
- ☐ Onormalt däcksslitage

Elsystem

- ☐ Batteriet håller bara laddning i ett par dagar
- ☐ Laddningslampan förblir tänd när motorn är igång
- ☐ Laddningslampan tänds ej
- ☐ Lysen fungerar inte
- ☐ Instrumentavläsningar felaktiga eller sporadiska
- ☐ Signalhornet fungerar otillfredsställande eller inte alls
- ☐ Vind-/bakrutetorkare fungerar otillfredsställande eller inte alls
- ☐ Vind-/bakrutespolare fungerar otillfredsställande eller inte alls
- ☐ Fönsterhissar fungerar otillfredsställande eller inte alls
- ☐ Centrallåset fungerar otillfredsställande eller inte alls

Inledning

De fordonsägare som själv utför service-arbetet enligt rekommenderat serviceschema ska inte behöva använda denna del av handboken ofta. Pålitligheten hos moderna bilar och bildelar är så god, att om de delar som slits eller bryts ned inspekteras eller byts vid angivna intervall, är plötsliga haverier tämligen sällsynta. Problem uppstår i regel inte utan förvarningar utan snarare gradvis. I synnerhet större mekaniska haverier föregås vanligen av typiska symtom under hundra- eller tusentals kilometers körning. De komponenter som ibland går sönder utan

förvarning är som regel små och kan enkelt medföras i bilen.

Med all felsökning är första steget att avgöra var undersökningen ska påbörjas. Detta är ibland självklart men vid andra tillfällen kan lite detektivarbete behövas. Den ägare som gör ett antal mer eller mindre slumpvisa justeringar och byten kanske lyckas med att rätta till ett fel (eller symtomen) men är inte klokare om felet uppträder på nytt och kommer i slutänden att ha spenderat mer tid och pengar än nödvändigt. En lugn och logisk metodik är mycket bättre i det långa

loppet. Ta alltid hänsyn till förekommande varningssignaler eller onormala funktioner som uppträtt innan haveriet - effektförlust, höga eller låga mätaravläsningar, ovanliga lukter etc - och kom ihåg att brända säkringar och defekta tändstift kanske bara pekar på ett underliggande fel.

Följande sidor ger en enkel snabbreferens till de mer vanligt förekommande problemen som kan uppstå med en bil. Dessa problem och deras möjliga orsaker grupperas under rubriker som anger olika huvudkomponenter eller system, t ex Motor, Kylsystem etc.

Det kapitel och/eller avsnitt som berör problemet visas inom parentes. Men oavsett fel gäller vissa grundprinciper. Dessa är följande:

Bekräfta felet. Det är helt enkelt frågan om att vara säker på vilka symtomen är innan du börjar arbeta. Detta är speciellt viktigt om du undersöker ett fel åt någon annan som kanske inte beskrivit det med tillräcklig precision.

Förbise inte det självklara. Om exempelvis bilen inte startar, finns det verkligen bensin i tanken? Ta inte någon annans ord för givet och lita inte heller på bensinmätaren! Om ett elfel misstänks, leta först av allt efter lösa eller trasiga ledningar innan mätutrustningen tas fram.

Eliminera orsaken, inte bara symtomen. Att byta ett urladdat batteri mot ett fulladdat tar dig från vägkanten men om det underliggande felet inte korrigeras kommer även det nya batteriet snart att vara urladdat. Eller, att byta nedoljade tändstift mot nya låter dig fortsätta resan men om felet var något annat än felaktigt värmetal för stiften, måste orsaken fastställas och åtgärdas.

Ta inte någonting för givet. Glöm absolut inte bort att "nya" delar kan vara defekta (speciellt om de skakat runt i skuffen i några månader), utelämna inte komponenter vid felsökning bara därför att de nyligen satts på plats. När du till slut hittar ett svårt fel kommer du troligen att inse att alla ledtrådar fanns där hela tiden.

Motor

Motorn går inte runt vid startförsök

☐ Batterianslutningar lösa eller korroderade (*"Veckokontroller"*).
☐ Batteri urladdat eller defekt (kapitel 5A).
☐ Bruten, lös eller urkopplad ledning i startkretsen (kapitel 5A).
☐ Defekt startmotorsolenoid eller kontakt (kapitel 5A).
☐ Defekt startmotor (kapitel 5A).
☐ Startmotorns pinjong eller kuggkrans lös eller saknade tänder (kapitel 2A och 5A).
☐ Motorns jordledning bruten eller urkopplad (kapitel 5A).
☐ Automatlådans växelväljare inte i lägena P eller N, eller väljarvajern feljusterad (kapitel 7B).

Motorn går runt men startar inte

☐ Tom tank.
☐ Batteri urladdat (motor snurrar långsamt) (kapitel 5 A).
☐ Batterianslutningar lösa eller korroderade (*"Veckokontroller"*).
☐ Tändningens komponenter fuktiga eller skadade (kapitel 1 och 5B).
☐ Bruten, lös eller urkopplad ledning i tändningskretsen (kapitel 1 och 5B).
☐ Tändstift slitna, defekta eller med felaktigt elektrodavstånd (kapitel 1).
☐ Låg cylinderkompression (kapitel 2A) .
☐ Större mekaniskt fel (exempelvis brusten kamrem) (kapitel 2A).

Motor svårstartad när den är kall

☐ Batteri urladdat (kapitel 5A).
☐ Batterianslutningar lösa eller korroderade (*"Veckokontroller"*).
☐ Tändstift slitna, defekta eller med felaktigt elektrodavstånd (kapitel 1).
☐ Annat fel i tändningen (kapitel 1 och 5B).
☐ Systemfel i motorstyrningen (kapitel 1, 4A och 5B).
☐ Låg cylinderkompression (kapitel 2A).

Motor svårstartad när den är varm

☐ Luftfilter smutsigt eller igensatt (kapitel 1).
☐ Systemfel i motorstyrningen (kapitel 1, 4A och 5B).
☐ Låg cylinderkompression (kapitel 2A).

Startmotorn ger ifrån sig missljud eller är trög vid ingrepp

☐ Startmotorns pinjong eller kuggkrans lös eller saknade tänder (kapitel 2A eller 5A).
☐ Startmotorns fästbultar lösa eller saknas (kapitel 5A).
☐ Startmotorns interna delar slitna eller skadade (kapitel 5A).

Motorn startar men stannar sedan omedelbart

☐ Lösa eller defekta anslutningar i tändningen (kapitel 1 och 5B).
☐ Systemfel i motorstyrningen (kapitel 1, 4A och 5B).
☐ Vakuumläcka i insugsröret eller sammanhörande slangar (kapitel 1 och 4A eller 4B).

Ojämn tomgång

☐ Systemfel i motorstyrningen (kapitel 1, 4A och 5B).
☐ Luftfilter smutsigt eller igensatt (kapitel 1).
☐ Vakuumläcka i insugsröret eller sammanhörande slangar (kapitel 1 och 4A eller 4B).
☐ Tändstift slitna, defekta eller med felaktigt elektrodavstånd (kapitel 1).
☐ Ojämn eller låg cylinderkompression (kapitel 2A).
☐ Slitna kamlober (kapitel 2A).

Motorn misständer vid tomgång

☐ Tändstift slitna, defekta eller med felaktigt elektrodavstånd (kapitel 1).
☐ Defekta tändkablar (kapitel 1).
☐ Systemfel i motorstyrningen (kapitel 1, 4A och 5B).
☐ Vakuumläcka i insugsröret eller sammanhörande slangar (kapitel 1 och 4A eller 4B).
☐ Ojämn eller låg cylinderkompression (kapitel 2A).
☐ Urkopplade, läckande eller defekta slangar i vevhusventilationen (kapitel 1 och 4B).

Motorn misständer i alla växellägen

☐ Bränslefilter igensatt (kapitel 1).
☐ Defekt bränslepump (kapitel 4A).
☐ Bränsletankens ventilation blockerad eller begränsningar i bränsleledningens kapacitet (kapitel 4A eller 4B).
☐ Vakuumläcka i insugsröret eller sammanhörande slangar (kapitel 1 och 4A eller 4B).
☐ Tändstift slitna, defekta eller med felaktigt elektrodavstånd (kapitel 1).
☐ Defekta tändkablar (kapitel 1).
☐ Systemfel i motorstyrningen (kapitel 1, 4A och 5B).
☐ Ojämn eller låg cylinderkompression (kapitel 2A).

Motorn tvekar vid acceleration

☐ Tändstift slitna, defekta eller med felaktigt elektrodavstånd (kapitel 1).
☐ Systemfel i motorstyrningen (kapitel 1, 4A och 5B).
☐ Vakuumläcka i insugsröret eller sammanhörande slangar (kapitel 1 och 4A eller 4B).

Motorn stannar

☐ Systemfel i motorstyrningen (kapitel 1, 4A och 5B).
☐ Vakuumläcka i insugsröret eller sammanhörande slangar (kapitel 1 och 4A eller 4B).
☐ Bränslefilter igensatt (kapitel 1).
☐ Defekt bränslepump (kapitel 4A).
☐ Bränsletankens ventilation blockerad eller begränsningar i bränsleledningens kapacitet (kapitel 4A eller 4B).

Motor (forts)

Motorn saknar kraft

- [ ] Systemfel i motorstyrningen (kapitel 1, 4A och 5B).
- [ ] Kamremmen felmonterad (kapitel 2A)
- [ ] Bränslefilter igensatt (kapitel 1).
- [ ] Defekt bränslepump (kapitel 4A).
- [ ] Ojämn eller låg cylinderkompression (kapitel 2A).
- [ ] Tändstift slitna, defekta eller med felaktigt elektrodavstånd (kapitel 1).
- [ ] Vakuumläcka i insugsröret eller sammanhörande slangar (kapitel 1 och 4A eller 4B).
- [ ] Bromsarna släpper inte (kapitel 1 och 9).
- [ ] Kopplingen slirar (kapitel 6).
- [ ] Felaktig oljenivå i automatlådan (kapitel 1).

Motorn baktänder

- [ ] Systemfel i motorstyrningen (kapitel 1, 4A och 5B).
- [ ] Kamremmen felmonterad (kapitel 2A)
- [ ] Vakuumläcka i insugsröret eller sammanhörande slangar (kapitel 1 och 4A eller 4B).
- [ ] Systemfel i avgasreningen (kapitel 4B).

Oljetryckslampan tänds medan motorn är igång

- [ ] Låg oljenivå eller fel oljekvalitet (kapitel 1).
- [ ] Defekt oljetrycksgivare (kapitel 12).
- [ ] Slitna motorlager och eller oljepump (kapitel 2A eller 2B).
- [ ] Hög arbetstemperatur i motorn (kapitel 3).
- [ ] Oljetryckets säkerhetsventil defekt (kapitel 2A).
- [ ] Oljesilen igensatt (kapitel 2B).

Motorn glödtänder

- [ ] Systemfel i motorstyrningen (kapitel 1, 4A och 5B).
- [ ] För mycket sotavlagringar i motorn (kapitel 2A eller 2B).
- [ ] Hög arbetstemperatur i motorn (kapitel 3).

Missljud från motorn

Förtändning (spikning) eller knackningar vid acceleration eller belastning

- [ ] Fel oktantal på bensinen (kapitel 4A).
- [ ] Vakuumläcka i insugsröret eller sammanhörande slangar (kapitel 1 och 4A eller 4B).
- [ ] För mycket sotavlagringar i motorn (kapitel 2A eller 2B).

Visslingar eller väsningar

- [ ] Läcka i insugsrörets packning (kapitel 4A).
- [ ] Läcka i grenrörets packning eller i fogen mellan grenröret och det nedåtgående röret (kapitel 4B).
- [ ] Läckande vakuumslang (kapitel 1, 4A, 5B och 9).
- [ ] Blåst topplockspackning (kapitel 2A).

Tickanden eller rassel

- [ ] Slitage på ventiler eller kamaxel (kapitel 2A eller 2B).
- [ ] Slitna eller defekta hydrauliska ventillyftare (kapitel 2A eller 2B).
- [ ] Slitage på kamrem eller kamremsspänningen (kapitel 2A).
- [ ] Defekt hjälputrustning (vattenpump, generator etc) (kapitel 3 och 5A).

Knackningar eller dämpade slag

- [ ] Slitna storändslager (regelbundna tunga knack, eventuellt mindre vid belastning) (kapitel 2B).
- [ ] Slitna ramlager (muller och knackningar, eventuellt värre vid belastning) (kapitel 2B).
- [ ] Kolvrassel (mest märkbar med kall motor) (kapitel 2B).
- [ ] Defekt hjälputrustning (vattenpump, alternator, etc) (kapitel 3 och 5A).

Kylsystem

Överhettning

- [ ] Otillräckligt med kylvätska i systemet (kapitel 1).
- [ ] Termostat defekt (kapitel 3).
- [ ] Kylaren igensatt eller grillen blockerad (kapitel 3).
- [ ] Kylarens fläkt eller temperatursensorn i kylvätskan defekt (kapitel 3).
- [ ] Systemfel i motorstyrningen (kapitel 1, 4A och 5B).
- [ ] Trycklocket defekt (kapitel 3).
- [ ] Drivrem till extrautrustning slitna eller slirar (kapitel 1).
- [ ] Luftbubbla blockerar kylsystemet (kapitel 1).

Överkylning

- [ ] Termostat defekt (kapitel 3).
- [ ] Fel avläsning från temperaturgivaren i kylvätskan (kapitel 3).

Utvändigt kylvätskeläckage

- [ ] Slitna eller skadade slangar/slangklämmor (kapitel 1).
- [ ] Läckage i kylare eller värmeelement (kapitel 3).
- [ ] Trycklocket defekt (kapitel 3).
- [ ] Läcka i vattenpumpens packning (kapitel 3).
- [ ] Kokning på grund av överhettning (kapitel 3).

Invändigt kylvätskeläckage

- [ ] Läckande topplockspackning (kapitel 2A).
- [ ] Spricka i topplock eller cylinderlopp (kapitel 2B).

Korrosion

- [ ] Otillräckligt med dränering och spolning (kapitel 1).
- [ ] Fel typ eller blandning av frostskyddsmedel (kapitel 1 och 3).

Bränsle och avgassystem

Hög bränsleförbrukning

- [ ] Slösaktig körstil eller svåra förhållanden.
- [ ] Luftfilter smutsigt eller igensatt (kapitel 1).
- [ ] Systemfel i motorstyrningen (kapitel 1, 4A och 5B).
- [ ] För lågt lufttryck i däcken (kapitel 1).

Läckage och/eller lukt av bränsle

- [ ] Skador eller korrosion på bränsletank, -rör eller -anslutningar (kapitel 1).

För mycket ljud eller rök från avgassystemet

- [ ] Läckage i avgassystem eller anslutning till grenröret (kapitel 1 och 4B).
- [ ] Läckage, korrosion eller skador på ljuddämpare eller rör (kapitel 1 och 4B).
- [ ] Brustna fästen skapande kontakt med kaross eller fjädring (kapitel 1 och 4B).

Koppling

Pedalen går i golvet - inget tryck eller mycket lite motstånd

☐ Luft i kopplingshydrauliken (kapitel 6).
☐ Defekt slavcylinder i kopplingen (kapitel 6).
☐ Defekt huvudcylinder i kopplingen (kapitel 6).
☐ Brusten tallriksfjäder i kopplingens tryckplatta (kapitel 6).

Frikopplar inte (växel kan ej läggas i)

☐ Luft i kopplingshydrauliken (kapitel 6).
☐ Defekt slavcylinder i kopplingen (kapitel 6).
☐ Defekt huvudcylinder i kopplingen (kapitel 6).
☐ Kopplingslamell fastnat på huvudaxelns splines (kapitel 6).
☐ Kopplingslamell fastnat på svänghjul eller tryckplatta (kapitel 6).
☐ Defekt tryckplatta (kapitel 6).
☐ Frikopplingsmekanism sliten eller felaktigt hopsatt (kapitel 6).

Slirning (motorvarvet ökar men inte hastigheten)

☐ Lamellbelägg utslitet (kapitel 6).
☐ Lamellbelägg förorenat med fett eller olja (kapitel 6).
☐ Defekt tryckplatta eller svag tallriksfjäder (kapitel 6).

Vibrationer när kopplingen används

☐ Lamellbelägg förorenat med fett eller olja (kapitel 6).
☐ Lamellbelägg utslitet (kapitel 6).
☐ Defekt eller skev tryckplatta eller tallriksfjäder (kapitel 6).
☐ Slitna eller lösa fästen till motor/växellåda (kapitel 2A).
☐ Splines på nav eller huvudaxel utslitna (kapitel 6).

Missljud när kopplingspedalen trycks ned eller släpps upp

☐ Slitet urtrampningslager (kapitel 6).
☐ Sliten eller torr bussning till kopplingspedalen (kapitel 6).
☐ Defekt tryckplatta (kapitel 6).
☐ Brusten tallriksfjäder i kopplingens tryckplatta (kapitel 6).
☐ Brustna lamelldämpningsfjädrar (kapitel 6).

Manuell växellåda

Missljud i friläge med motorn igång

☐ Huvudaxelns lager slitna (missljud märkbart med uppsläppt kopplingspedal men inte med nedtryckt) (kapitel 7A).*
☐ Slitet urtrampningslager (missljud märkbart med nedtryckt kopplingspedal men eventuellt mindre med uppsläppt pedal) (kapitel 6).

Missljud med en viss växel ilagd

☐ Slitna eller skadade växeldrevständer (kapitel 7A).*
☐ Slitna lager (kapitel 7A).*

Svårt att lägga i växlar

☐ Defekt koppling (kapitel 6).
☐ Feljusterade väljarvajrar (kapitel 7A).
☐ Slitna synkringar (kapitel 7A).*

Växel hoppar ur

☐ Feljusterade väljarvajrar (kapitel 7A).
☐ Slitna synkringar (kapitel 7A).*
☐ Slitna väljargafflar (kapitel 7A).*

Vibrationer

☐ För lite olja (kapitel 1).
☐ Slitna lager (kapitel 7A).*

Oljeläckage

☐ Läckage i differentialsidans packbox (kapitel 7A).
☐ Läckage i kåpfogarnas kontaktytor (kapitel 7A).*
☐ Läckage i ingående axelns packbox (kapitel 7A).*
*Även om de åtgärder som behöver vidtas för att rätta till problemet är mer komplicerade än vad hemmamekaniker normalt klarar av, är ovanstående information till hjälp vid att avgöra vad som orsakar problemet så att ägaren kan diskutera detta ordentligt med en yrkesmekaniker.

Automatväxellåda

Observera: I och med att automatväxellådor är så komplexa är det svårt för hemmamekaniker att ställa korrekt diagnos eller ge dem behövlig service. Andra problem än de följande bör tas till Volvoverkstad eller specialist på automatväxellådor.

Oljeläckage

☐ Automatväxellådsolja är vanligen mörk till färgen. Läckage ska inte förväxlas med motorolja som enkelt kan blåsas på lådan av fartvinden.
☐ För att hitta läckaget ska först all smuts avlägsnas från växellådans utsida och de omgivande delarna med avfettningsmedel eller ångtvätt. Kör bilen med låg hastighet så att luftströmmen inte blåser oljan långt från läckan. Lyft upp bilen på pallbockar och leta efter läckan. Följande platser är de mest vanliga för läckor:
a) Växellådans oljesump (kapitel 1 och 7B).
b) Mätstickans rör (kapitel 1 och 7B).
c) Slangar och kopplingar till växellådsoljans kylning (kapitel 1 och 7B).
d) Packboxar till växellådan (kapitel 7B).

Växellådsolja brun eller luktar bränd

☐ Låg oljenivå eller behov av oljebyte (kapitel 1).

Generella problem att välja växlar

☐ Kapitel 7B tar upp kontroll och justering av väljarvajer på automatlådor. Följande är vanliga problem som kan orsakas av en dåligt justerad vajer:
a) Motorn startar i andra lägen än P eller N.
b) Indikatorn på växelväljaren anger en annan än den som i själva verket valts.
c) Bilen rör sig med P eller N på väljaren.
d) Ryckiga eller slumpvisa växlingar.
Se kapitel 7B för anvisningar om vajerjusteringen.

Växellådan växlar inte ned vid fullt gaspådrag (ingen kickdown)

☐ Låg oljenivå (kapitel 1).
☐ Feljusterad väljarvajer (kapitel 7B).
☐ Defekt styrenhet eller givare (kapitel 7B).

Automatväxellåda (forts)

Motorn startar inte i något läge eller startar i annat lägen än P eller N
☐ Feljusterad väljarvajer (kapitel 7B).
☐ Defekt styrenhet eller givare (kapitel 7B).

Växellådan slirar, växlar ryckigt, ger ifrån sig missljud eller saknar drivning framåt eller bakåt
☐ Det finns många orsaker till ovanstående problem men hemmamekaniker ska bara titta på en sak - oljenivån. Innan fordonet tas till Volvoverkstad eller växellådsspecialist, kontrollera oljans skick och nivå enligt anvisningarna i kapitel 1. Rätta till oljenivån eller byt olja efter behov. Kontrollera diagnostiken enligt beskrivning i kapitel 7B. Om problemet kvarstår krävs yrkeskunnig hjälp.

Drivaxlar

Klickande/knackande ljud vid kurvtagning (låg hastighet och med fullt rattutslag)
☐ Brist på smörjning i universalknuten, möjligen beroende på skadad damask (kapitel 8).
☐ Sliten ytterknut (kapitel 8).

Vibration vid inbromsning eller acceleration
☐ Sliten innerknut (kapitel 8).
☐ Böjd eller vriden drivaxel (kapitel 8).

Bromsar

Observera: Innan du förutsätter ett bromsproblem, kontrollera att däcken är i gott skick och har rätt lufttryck, att framhjulsinställningen är korrekt och att bilen inte är lastad på ett obalanserat sätt. Förutom kontroll rör, slangar och kopplingar ska alla fel som uppstår med låsningsfria bromsar (ABS) undersökas med diagnostikenheten (se kapitel 9) och vid behov tas till Volvoverkstad för reparation.

Bilen drar åt ena sidan vid inbromsning
☐ Slitna, defekta eller förorenade bromsbelägg, fram eller bak, på ena sidan (kapitel 9).
☐ Helt eller delvis skuren främre eller bakre bromsokskolv (kapitel 9).
☐ Olika bromsbeläggningsmaterial på de båda sidorna (kapitel 9).
☐ Bromsokets fästbultar lösa (kapitel 9).
☐ Slitna eller skadade delar i fjädringen eller styrningen (kapitel 10).

Missljud (skarpt gnissel eller skrapande) vid inbromsning
☐ Bromsbeläggen nedslitna till metallen (kapitel 9).
☐ Överdriven korrosion på bromsskiva (kan uppträda när bilen stått stilla en tid) (kapitel 9).

Stort spel i pedalen
☐ Defekt huvudcylinder (kapitel 9).
☐ Luft i hydraulsystemet (kapitel 9).

Bromspedalen känns svampig vid nedtryckning
☐ Luft i hydraulsystemet (kapitel 9).
☐ Utslitna bromsslangar (kapitel 9).
☐ Huvudcylinderns fästmuttrar lösa (kapitel 9).
☐ Defekt huvudcylinder (kapitel 9).

Högt pedaltryck krävs för att stoppa bilen
☐ Defekt vakuumservoenhet (kapitel 9).
☐ Urkopplad, skadad eller dåligt fäst vakuumslang till bromsservon (kapitel 9).
☐ Haveri i den primära eller sekundära hydraulikkretsen (kapitel 9).
☐ Skurna bromsokskolvar (kapitel 9).
☐ Bromsklossar felmonterade (kapitel 9).
☐ Fel typ av bromsklossar monterade (kapitel 9).
☐ Förorenade bromsbelägg (kapitel 9).

Vibrationer i bromspedal eller ratt vid inbromsning
☐ För stort kast eller skevhet i en eller flera bromsskivor (kapitel 9).
☐ Slitna bromsbelägg (kapitel 9).
☐ Bromsokets fästmuttrar lösa (kapitel 9).
☐ Slitage i fjädring, styrning eller fästen (kapitel 10).

Bromsarna låser sig
☐ Skurna bromsokskolvar (kapitel 9).
☐ Defekt handbromsmekanism (kapitel 9).
☐ Defekt huvudcylinder (kapitel 9).

Fjädring och styrning

Observera: *Innan diagnosen defekt styrning/fjädring ställs, kontrollera att inte problemet beror på fel lufttryck i däcken, en blandning av däckstyper eller att bromsarna fastnat.*

Bilen drar åt endera sidan

- [ ] Defekt däck (*"Veckokontroller"*).
- [ ] Stort slitage i fjädring eller styrning (kapitel 10).
- [ ] Felaktig hjulinställning, fram eller bak (kapitel 10).
- [ ] Skada på styrning eller fjädring p.g.a. olycka (kapitel 10).

Hjulen vobblar och vibrerar

- [ ] Framhjulen obalanserade (vibrationerna känns huvudsakligen genom ratten).
- [ ] Bakhjulen obalanserade (vibrationerna känns i hela bilen) (kapitel 1).
- [ ] Hjul skadat eller skevt (kapitel 1).
- [ ] Defekt däck (*"Veckokontroller"*).
- [ ] Slitage i styrleder, bussningar eller andra delar (kapitel 10).
- [ ] Lösa hjulbultar (kapitel 1).

För mycket krängning/gungning vid kurvtagning eller inbromsning

- [ ] Defekta stötdämpare (kapitel 10).
- [ ] Brusten eller svag spiralfjäder och/eller fjädringsdel (kapitel 10).
- [ ] Slitage eller skada på krängningshämmare eller fäste till denna (kapitel 10).

Allmän instabilitet

- [ ] Felaktig hjulinställning (kapitel 10).
- [ ] Slitage i styrleder, bussningar eller andra delar (kapitel 10).
- [ ] Obalans i hjul (kapitel 1).
- [ ] Defekt däck (*"Veckokontroller"*).
- [ ] Lösa hjulbultar (kapitel 1).
- [ ] Defekta stötdämpare (kapitel 10).

Tung styrning

- [ ] Defekt eller slirande drivrem till styrservopump (kapitel 1).
- [ ] Defekt styrservopump (kapitel 10).
- [ ] Skuren kulled i styrstag eller stötdämpare (kapitel 10).
- [ ] Felaktig framhjulsinställning (kapitel 10).
- [ ] Kugg- eller rattstång böjd eller skadad (kapitel 10).

Stort spel i styrningen

- [ ] Slitna universalknutar på rattstången (kapitel 10).
- [ ] Slitna kulleder på styrstag (kapitel 10).
- [ ] Slitage i styrväxel (kapitel 10).
- [ ] Slitage i styrleder, bussningar eller andra delar (kapitel 10).

Ingen servoassistans

- [ ] Defekt eller slirande drivrem till styrservopump (kapitel 1).
- [ ] Fel oljenivå i servostyrningen (kapitel 1).
- [ ] Blockering i servostyrningens slangar (kapitel 10).
- [ ] Defekt servopump (kapitel 10).
- [ ] Defekt styrväxel (kapitel 10).

Onormalt däcksslitage

Däck slitna på inner- eller ytterkant

- [ ] För lågt lufttryck (*"Veckokontroller"*).
- [ ] Felaktiga camber- eller castervinklar (slitage endast på ena sidan) (kapitel 10).
- [ ] Slitage i styrleder, bussningar eller andra delar (kapitel 10).
- [ ] För hård kurvtagning.
- [ ] Skada vid olycka.

Däcksmönster har fransiga kanter

- [ ] Felaktig toe-inställning (kapitel 10).

Däcket slitet mitt i banan

- [ ] För högt lufttryck (*"Veckokontroller"*).

Däck slitna på inner- och ytterkant

- [ ] För lågt lufttryck (*"Veckokontroller"*).

Däcken ojämnt slitna

- [ ] Obalanserade hjul (*"Veckokontroller"*).
- [ ] För mycket kast i fälg eller däck (kapitel 1).
- [ ] Slitna stötdämpare (kapitel 10).
- [ ] Defekt däck (*"Veckokontroller"*).

Elsystem

Observera: *För problem som hänger samman med start, se fel listade under "Motor" tidigare i detta avsnitt.*

Batteriet håller laddningen bara i ett par dagar

- [ ] Batteriet defekt inuti (kapitel 5A).
- [ ] Batteriets elektrolytnivå låg (kapitel 5A).
- [ ] Batteripolernas anslutningar lösa eller korroderade (kapitel 1 och 5A).
- [ ] Drivrem till extrautrustning sliten eller slirar (kapitel 1).
- [ ] Generatorn laddar inte korrekt (kapitel 5A).
- [ ] Generator eller spänningsregulator defekt (kapitel 5A).
- [ ] Kortslutning orsakar konstant urladdning av batteriet (kapitel 5A och 12).

Laddningslampan tänds ej

- [ ] Varningslampan defekt (kapitel 12).
- [ ] Bruten, urkopplad eller lös ledning i laddningskretsen (kapitel 5A).
- [ ] Generator defekt (kapitel 5A).

Laddningslampan tänd när motorn är igång

- [ ] Drivrem till extrautrustning sliten eller slirar (kapitel 1).
- [ ] Alternatorborstar slitna, smutsiga eller fastnat (kapitel 5A).
- [ ] Alternatorborstarnas fjädrar svaga eller brustna (kapitel 5A).
- [ ] Alternator eller spänningsregulator defekt (kapitel 5A).
- [ ] Bruten, urkopplad eller lös ledning i laddningskretsen (kapitel 5A).

Lysen fungerar inte

- [ ] Trasig glödlampa (kapitel 12).
- [ ] Korrosion på lampa eller lamphållares kontakter (kapitel 12).
- [ ] Bränd säkring (kapitel 12).
- [ ] Defekt relä (kapitel 12).
- [ ] Bruten, urkopplad eller lös ledning (kapitel 12).
- [ ] Defekt kontakt (kapitel 12).

Elsystem (forts)

Instrumentavläsningar felaktiga eller sporadiska

Instrumentavläsningar ökar med motorvarvet

☐ Defekt krets eller styrning av instrumentpanelen (kapitel 12).

Bränsle- eller temperaturmätare ger inget värde

☐ Defekt krets eller styrning av instrumentpanelen (kapitel 12).
☐ Defekt givare (kapitel 3, 4A eller 5B).
☐ Defekt krets (kapitel 12).
☐ Defekt mätare (kapitel 12).

Bränsle- eller temperaturmätare ger alltid maxvärde

☐ Defekt krets eller styrning av instrumentpanelen (kapitel 12).
☐ Defekt givare (kapitel 3, 4A eller 5B).
☐ Defekt krets (kapitel 12).
☐ Defekt mätare (kapitel 12).

Signalhornet fungerar otillfredsställande eller inte alls

Signalhornet fungerar inte alls

☐ Bränd säkring (kapitel 12).
☐ Ledningarna i ratten lösa, brutna eller utdragna (kapitel 10).
☐ Defekt signalhorn (kapitel 12).

Signalhornet avger pulserande eller svagt ljud

☐ Ledningarna i ratten lösa, brutna eller utdragna (kapitel 10).
☐ Signalhornets fästen lösa (kapitel 12).
☐ Defekt signalhorn (kapitel 12).

Signalhornet tjuter hela tiden

☐ Signalhornsknappen jordad eller fastnat (kapitel 10).
☐ Rattledningen jordad (kapitel 10).

Torkare fungerar otillfredsställande eller inte alls

Torkarna går inte alls eller mycket långsamt

☐ Torkarblad fast på rutan eller skurna länkar (kapitel 12).
☐ Bränd säkring (kapitel 12).
☐ Kabel eller kabelanslutning lös, bruten eller urkopplad (kapitel 12).
☐ Defekt relä (kapitel 12).
☐ Defekt torkarmotor (kapitel 12).

Torkarbladen sveper för liten eller för stor glasyta

☐ Torkararmar felmonterade på spindlar (kapitel 12).
☐ För stort slitage på länkarmar (kapitel 12).
☐ Torkarmotor eller länkarmar lösa eller dåligt monterade (kapitel 12).

Torkarbladen rengör inte effektivt

☐ Torkarbladsgummit slitet eller borta (*"Veckokontroller"*).
☐ Torkararmens fjäder brusten eller armpivåerna skurna (kapitel 12).
☐ För lite tvättmedel i spolarvätskan för att ta bort smutshinnan (*"Veckokontroller"*).

Spolare fungerar otillfredsställande eller inte alls

En eller flera strålar ur funktion

☐ Blockerat munstycke (kapitel 12).
☐ Urkopplad, klämd eller blockerad slang (kapitel 12).
☐ För lite vätska i behållaren (*"Veckokontroller"*).

Spolarpumpen fungerar inte

☐ Bruten eller urkopplad ledning eller kontakt (kapitel 12).
☐ Bränd säkring (kapitel 12).
☐ Defekt pumpkontakt (kapitel 12).
☐ Defekt spolarpump (kapitel 12).

Spolarpumpen går ett tag innan väskan sprutas ut

☐ Defekt envägsventil i vätskeslangen (kapitel 12).

Fönsterhissar fungerar otillfredsställande eller inte alls

Ruta rör sig bara i en riktning

☐ Defekt brytare (kapitel 12).

Ruta rör sig långsamt

☐ Feljusterad styrning (kapitel 11).
☐ Regulator skuren, skadad eller i behov av smörjning (kapitel 11).
☐ Delar i dörr eller klädsel stör regulatorn (kapitel 11).
☐ Defekt motor (kapitel 12).

Ruta rör sig inte alls

☐ Feljusterad styrning (kapitel 11).
☐ Bränd säkring (kapitel 12).
☐ Defekt relä (kapitel 12).
☐ Bruten eller urkopplad ledning eller kontakt (kapitel 12).
☐ Defekt motor (kapitel 12).

Centrallåset fungerar otillfredsställande eller inte alls

Totalt systemhaveri

☐ Bränd säkring (kapitel 12).
☐ Defekt relä (kapitel 12).
☐ Bruten eller urkopplad ledning eller kontakt (kapitel 12).

Spärr låser men låser inte upp eller låser upp men låser inte

☐ Defekt huvudkontakt (kapitel 11).
☐ Brustna eller urkopplade låsstänger eller armar (kapitel 11).
☐ Defekt relä (kapitel 12).

En låsmotor öppnar inte

☐ Bruten eller urkopplad ledning eller kontakt (kapitel 12).
☐ Defekt låsmotor (kapitel 11).
☐ Brustna fastnade eller urkopplade låsstänger eller armar (kapitel 11).
☐ Defekt spärr (kapitel 11).

A

ABS (Anti-lock brake system) Låsningsfria bromsar. Ett system, vanligen elektroniskt styrt, som känner av påbörjande låsning av hjul vid inbromsning och lättar på hydraultrycket på hjul som ska till att låsa.

Air bag (krockkudde) En uppblåsbar kudde dold i ratten (på förarsidan) eller instrumentbrädan eller handskfacket (på passagerarsidan) Vid kollision blåses kuddarna upp vilket hindrar att förare och framsätespassagerare kastas in i ratt eller vindruta.

Ampere (A) En måttenhet för elektrisk ström. 1 A är den ström som produceras av 1 volt gående genom ett motstånd om 1 ohm.

Anaerobisk tätning En massa som används som gänglås. Anaerobisk innebär att den inte kräver syre för att fungera.

Antikärvningsmedel En pasta som minskar risk för kärvning i infästningar som utsätts för höga temperaturer, som t.ex. skruvar och muttrar till avgasrenrör. Kallas även gängskydd

Antikärvningsmedel

Asbest Ett naturligt fibröst material med stor värmetolerans som vanligen används i bromsbelägg. Asbest är en hälsorisk och damm som alstras i bromsar ska aldrig inandas eller sväljas.

Avgasgrenrör En del med flera passager genom vilka avgaserna lämnar förbränningskamrarna och går in i avgasröret.

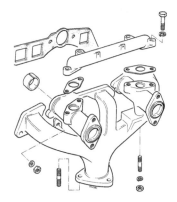

Avgasgrenrör

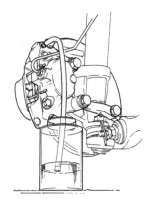

Avluftning av bromsarna

Avluftning av bromsar Avlägsnande av luft från hydrauliskt bromssystem.

Avluftningsnippel En ventil på ett bromsok, hydraulcylinder eller annan hydraulisk del som öppnas för att tappa ur luften i systemet.

Axel En stång som ett hjul roterar på, eller som roterar inuti ett hjul. Även en massiv balk som håller samman två hjul i bilens ena ände. En axel som även överför kraft till hjul kallas drivaxel.

Axialspel Rörelse i längdled mellan två delar. För vevaxeln är det den distans den kan röra sig framåt och bakåt i motorblocket.

B

Belastningskänslig fördelningsventil En styrventil i bromshydrauliken som fördelar bromseffekten, med hänsyn till bakaxelbelastningen.

Bladmått Ett tunt blad av härdat stål, slipat till exakt tjocklek, som används till att mäta spel mellan delar.

Bladmått

Bromsback Halvmåneformad hållare med fastsatt bromsbelägg som tvingar ut beläggen i kontakt med den roterande bromstrumman under inbromsning.

Bromsbelägg Det friktionsmaterial som kommer i kontakt med bromsskiva eller bromstrumma för att minska bilens hastighet. Beläggen är limmade eller nitade på bromsklossar eller bromsbackar.

Bromsklossar Utbytbara friktionsklossar som nyper i bromsskivan när pedalen trycks ned. Bromsklossar består av bromsbelägg som limmats eller nitats på en styv bottenplatta.

Bromsok Den icke roterande delen av en skivbromsanordning. Det grenslar skivan och håller bromsklossarna. Oket innehåller även de hydrauliska delar som tvingar klossarna att nypa skivan när pedalen trycks ned.

Bromsskiva Den del i en skivbromsanordning som roterar med hjulet.

Bromstrumma Den del i en trumbromsanordning som roterar med hjulet.

C

Caster I samband med hjulinställning, lutningen framåt eller bakåt av styrningens axialled. Caster är positiv när styrningens axialled lutar bakåt i överkanten.

CV-knut En typ av universalknut som upphäver vibrationer orsakade av att drivkraft förmedlas genom en vinkel.

D

Diagnostikkod Kodsiffror som kan tas fram genom att gå till diagnosläget i motorstyrningens centralenhet. Koden kan användas till att bestämma i vilken del av systemet en felfunktion kan förekomma.

Draghammare Ett speciellt verktyg som skruvas in i eller på annat sätt fästes vid en del som ska dras ut, exempelvis en axel. Ett tungt glidande handtag dras utmed verktygsaxeln mot ett stopp i änden vilket rycker avsedd del fri.

Drivaxel En roterande axel på endera sidan differentialen som ger kraft från slutväxeln till drivhjulen. Även varje axel som används att överföra rörelse.

Drivrem(mar) Rem(mar) som används till att driva tillbehörsutrustning som generator, vattenpump, servostyrning, luftkonditioneringskompressor mm, från vevaxelns remskiva.

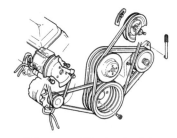

Drivremmar till extrautrustning

Dubbla överliggande kamaxlar (DOHC) En motor försedd med två överliggande kamaxlar, vanligen en för insugsventilerna och en för avgasventilerna.

E

EGR-ventil Avgasåtercirkulationsventil. En ventil som för in avgaser i insugsluften.

Elektrodavstånd Den distans en gnista har att överbrygga från centrumelektroden till sidoelektroden i ett tändstift.

Justering av elektrodavståndet

Elektronisk bränsleinsprutning (EFI) Ett datorstyrt system som fördelar bränsle till förbränningskamrarna via insprutare i varje insugsport i motorn.

Elektronisk styrenhet En dator som exempelvis styr tändning, bränsleinsprutning eller låsningsfria bromsar.

F

Finjustering En process där noggranna justeringar och byten av delar optimerar en motors prestanda.

Fjäderben Se MacPherson-ben.

Fläktkoppling En viskös drivkoppling som medger variabel kylarfläkthastighet i förhållande till motorhastigheten.

Frostplugg En skiv- eller koppformad metallbricka som monterats i ett hål i en gjutning där kärnan avlägsnats.

Frostskydd Ett ämne, vanligen etylenglykol, som blandas med vatten och fylls i bilens kylsystem för att förhindra att kylvätskan fryser vintertid. Frostskyddet innehåller även kemikalier som förhindrar korrosion och rost och andra avlagringar som skulle kunna blockera kylare och kylkanaler och därmed minska effektiviteten.

Fördelningsventil En hydraulisk styrventil som begränsar trycket till bakbromsarna vid panikbromsning så att hjulen inte låser sig.

Förgasare En enhet som blandar bränsle med luft till korrekta proportioner för önskad effekt från en gnistantänd förbränningsmotor.

G

Generator En del i det elektriska systemet som förvandlar mekanisk energi från drivremmen till elektrisk energi som laddar batteriet, som i sin tur driver startsystem, tändning och elektrisk utrustning.

Glidlager Den krökta ytan på en axel eller i ett lopp, eller den del monterad i endera, som medger rörelse mellan dem med ett minimum av slitage och friktion.

Gängskydd Ett täckmedel som minskar risken för gängskärning i bultförband som utsätts för stor hetta, exempelvis grenrörets bultar och muttrar. Kallas även antikärvningsmedel.

H

Handbroms Ett bromssystem som är oberoende av huvudbromsarnas hydraulikkrets. Kan användas till att stoppa bilen om huvudbromsarna slås ut, eller till att hålla bilen stilla utan att bromspedalen trycks ned. Den består vanligen av en spak som aktiverar främre eller bakre bromsar mekaniskt via vajrar och länkar. Kallas även parkeringsbroms.

Harmonibalanserare En enhet avsedd att minska fjädring eller vridande vibrationer i vevaxeln. Kan vara integrerad i vevaxelns remskiva. Även kallad vibrationsdämpare

Hjälpstart Start av motorn på en bil med urladdat eller svagt batteri genom koppling av startkablar mellan det svaga batteriet och ett laddat hjälpbatteri.

Honare Ett slipverktyg för korrigering av smärre ojämnheter eller diameterskillnader i ett cylinderlopp.

Hydraulisk ventiltryckare En mekanism som använder hydrauliskt tryck från motorns smörjsystem till att upprätthålla noll ventilspel (konstant kontakt med både kamlob och ventilskaft). Justeras automatiskt för variation i ventilskaftslängder. Minskar även ventilljudet.

I

Insexnyckel En sexkantig nyckel som passar i ett försänkt sexkantigt hål.

Insugsrör Rör eller kåpa med kanaler genom vilka bränsle/luftblandningen leds till insugsportarna.

K

Kamaxel En roterande axel på vilken en serie lober trycker ned ventilerna. En kamaxel kan drivas med drev, kedja eller tandrem med kugghjul.

Kamkedja En kedja som driver kamaxeln.

Kamrem En tandrem som driver kamaxeln. Allvarliga motorskador kan uppstå om kamremmen brister vid körning.

Kanister En behållare i avdunstningsbegränsningen, innehåller aktivt kol för att fånga upp bensinångor från bränslesystemet.

Kanister

Kardanaxel Ett långt rör med universalknutar i bägge ändar som överför kraft från växellådan till differentialen på bilar med motorn fram och drivande bakhjul.

Kast Hur mycket ett hjul eller drev slår i sidled vid rotering. Det spel en axel roterar med. Orundhet i en roterande del.

Katalysator En ljuddämparliknande enhet i avgassystemet som omvandlar vissa föroreningar till mindre hälsovådliga substanser.

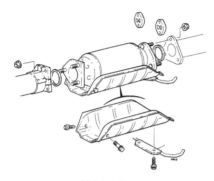

Katalysator

Kompression Minskning i volym och ökning av tryck och värme hos en gas, orsakas av att den kläms in i ett mindre utrymme.

Kompressionsförhållande Skillnaden i cylinderns volymer mellan kolvens ändlägen.

Kopplingsschema En ritning över komponenter och ledningar i ett fordons elsystem som använder standardiserade symboler.

Krockkudde (Airbag) En uppblåsbar kudde dold i ratten (på förarsidan) eller instrumentbrädan vid handskfacket (på passagerarsidan) Vid kollision blåses kudden upp vilket hindrar att förare och framsätespassagerare kastas in i ratt eller vindruta.

Krokodilklämma Ett långkäftat fjäderbelastat clips med ingreppande tänder som används till tillfälliga elektriska kopplingar.

Kronmutter En mutter som vagt liknar kreneleringen på en slottsmur. Används tillsammans med saxsprint för att låsa bultförband extra väl.

Krysskruv Se Phillips-skruv

Kronmutter

Kugghjul Ett hjul med tänder eller utskott på omkretsen, formade för att greppa in i en kedja eller rem.

Kuggstångsstyrning Ett styrsystem där en pinjong i rattstångens ände går i ingrepp med en kuggstång. När ratten vrids, vrids även pinjongen vilket flyttar kuggstången till höger eller vänster. Denna rörelse överförs via styrstagen till hjulets styrleder.

Kullager Ett friktionsmotverkande lager som består av härdade inner- och ytterbanor och har härdade stålkulor mellan banorna.

Kylare En värmeväxlare som använder flytande kylmedium, kylt av fartvinden/fläkten till att minska temperaturen på kylvätskan i en förbränningsmotors kylsystem.

Kylmedia Varje substans som används till värmeöverföring i en anläggning för luftkonditionering. R-12 har länge varit det huvudsakliga kylmediet men tillverkare har nyligen börjat använda R-134a, en CFC-fri substans som anses vara mindre skadlig för ozonet i den övre atmosfären.

L

Lager Den böjda ytan på en axel eller i ett lopp, eller den del som monterad i någon av dessa tillåter rörelse mellan dem med minimal slitage och friktion.

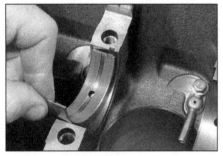

Lager

Lambdasond En enhet i motorns grenrör som känner av syrehalten i avgaserna och omvandlar denna information till elektricitet som bär information till styrelektroniken. Även kalla syresensor.

Luftfilter Filtret i luftrenaren, vanligen tillverkat av veckat papper. Kräver byte med regelbundna intervaller.

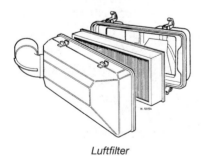

Luftfilter

Luftrenare En kåpa av plast eller metall, innehållande ett filter som tar undan damm och smuts från luft som sugs in i motorn.

Låsbricka En typ av bricka konstruerad för att förhindra att en ansluten mutter lossnar.

Låsmutter En mutter som låser en justermutter, eller annan gängad del, på plats. Exempelvis används låsmutter till att hålla justermuttern på vipparmen i läge.

Låsring Ett ringformat clips som förhindrar längsgående rörelser av cylindriska delar och axlar. En invändig låsring monteras i en skåra i ett hölje, en yttre låsring monteras i en utvändig skåra på en cylindrisk del som exempelvis en axel eller tapp.

M

MacPherson-ben Ett system för framhjulsfjädring uppfunnet av Earle MacPherson vid Ford i England. I sin ursprungliga version skapas den nedre bärarmen av en enkel lateral länk till krängningshämmaren. Ett fjäderben - en integrerad spiralfjäder och stötdämpare - finns monterad mellan karossen och styrknogen. Många moderna MacPherson-ben använder en vanlig nedre A-arm och inte krängningshämmaren som nedre fäste.

Markör En remsa med en andra färg i en ledningsisolering för att skilja ledningar åt.

Motor med överliggande kamaxel (OHC) En motor där kamaxeln finns i topplocket.

Motorstyrning Ett datorstyrt system som integrerat styr bränsle och tändning.

Multimätare Ett elektriskt testinstrument som mäter spänning, strömstyrka och motstånd.

Mätare En instrumentpanelvisare som används till att ange motortillstånd. En mätare med en rörlig pekare på en tavla eller skala är analog. En mätare som visar siffror är digital.

N

NOx Kväveoxider. En vanlig giftig förorening utsläppt av förbränningsmotorer vid högre temperaturer.

O

O-ring En typ av tätningsring gjord av ett speciellt gummiliknande material. O-ringen fungerar så att den trycks ihop i en skåra och därmed utgör tätningen.

O-ring

Ohm Enhet för elektriskt motstånd. 1 volt genom ett motstånd av 1 ohm ger en strömstyrka om 1 ampere.

Ohmmätare Ett instrument för uppmätning av elektriskt motstånd.

P

Packning Mjukt material - vanligen kork, papp, asbest eller mjuk metall - som monteras mellan två metallytor för att erhålla god tätning. Exempelvis tätar topplockspackningen fogen mellan motorblocket och topplocket.

Packning

Phillips-skruv En typ av skruv med ett korsspår, istället för ett rakt, för motsvarande skruvmejsel. Vanligen kallad kryssskruv.

Plastigage En tunn plasttråd, tillgänglig i olika storlekar, som används till att mäta toleranser. Exempelvis så läggs en remsa Plastigage tvärs över en lagertapp. Delarna sätts ihop och tas isär. Bredden på den klämda remsan anger spelrummet mellan lager och tapp.

Plastigage

R

Rotor I en fördelare, den roterande enhet inuti fördelardosan som kopplar samman centrumelektroden med de yttre kontakterna vartefter den roterar, så att högspänningen från tändspolens sekundärlindning leds till rätt tändstift. Även den del av generatorn som roterar inuti statorn. Även de roterande delarna av ett turboaggregat, inkluderande kompressorhjulet, axeln och turbinhjulet.

S

Sealed-beam strålkastare En äldre typ av strålkastare som integrerar reflektor, lins och glödtrådar till en hermetiskt försluten enhet. När glödtråden går av eller linsen spricker byts hela enheten.

Shims Tunn distansbricka, vanligen använd till att justera inbördes lägen mellan två delar. Exempelvis sticks shims in i eller under ventiltryckarhylsor för att justera ventilspelet. Spelet justeras genom byte till shims av annan tjocklek.

Skivbroms En bromskonstruktion med en roterande skiva som kläms mellan bromsklossar. Den friktion som uppstår omvandlar bilens rörelseenergi till värme.

Skjutmått Ett precisionsmätinstrument som mäter inre och yttre dimensioner. Inte riktigt lika exakt som en mikrometer men lättare att använda.

Smältsäkring Ett kretsskydd som består av en ledare omgiven av värmetålig isolering. Ledaren är tunnare än den ledning den skyddar och är därmed den svagaste länken i kretsen. Till skillnad från en bränd säkring måste vanligen en smältsäkring skäras bort från ledningen vid byte.

Spel Den sträcka en del färdas innan något inträffar. "Luften" i ett länksystem eller ett montage mellan första ansatsen av kraft och verklig rörelse. Exempel, den sträcka bromspedalen färdas innan kolvarna i huvudcylindern rör på sig. Även utrymmet mellan två delar, exempelvis kolv och cylinderlopp.

Spiralfjäder En spiral av elastiskt stål som förekommer i olika storlekar på många platser i en bil, bland annat i fjädringen och ventilerna i topplocket.

Startspärr På bilar med automatväxellåda förhindrar denna kontakt att motorn startas annat än om växelväljaren är i N eller P.

Storändslager Lagret i den ände av vevstaken som är kopplad till vevaxeln.

Svetsning Olika processer som används för att sammanfoga metallföremål genom att hetta upp dem till smältning och sammanföra dem.

Svänghjul Ett tungt roterande hjul vars energi tas upp och sparas via moment. På bilar finns svänghjulet monterat på vevaxeln för att utjämna kraftpulserna från arbetstakterna.

Syresensor En enhet i motorns grenrör som känner av syrehalten i avgaserna och omvandlar denna information till elektricitet som bär information till styrelektroniken. Även kallad Lambdasond.

Säkring En elektrisk enhet som skyddar en krets mot överbelastning. En typisk säkring innehåller en mjuk metallbit kalibrerad att smälta vid en förbestämd strömstyrka, angiven i ampere, och därmed bryta kretsen.

T

Termostat En värmestyrd ventil som reglerar kylvätskans flöde mellan blocket och kylaren vilket håller motorn vid optimal arbetstemperatur. En termostat används även i vissa luftrenare där temperaturen är reglerad.

Toe-in Den distans som framhjulens framkanter är närmare varandra än bak-kanterna. På bakhjulsdrivna bilar specificeras vanligen ett litet toe-in för att hålla framhjulen parallella på vägen, genom att motverka de krafter som annars tenderar att vilja dra isär framhjulen.

Toe-ut Den distans som framhjulens bakkanter är närmare varandra än framkanterna. På bilar med framhjulsdrift specificeras vanligen ett litet toe-ut.

Toppventilsmotor (OHV) En motortyp där ventilerna finns i topplocket medan kamaxeln finns i motorblocket.

Torpedplåten Den isolerade avbalkningen mellan motorn och passagerarutrymmet.

Trumbroms En bromsanordning där en trumformad metallcylinder monteras inuti ett hjul. När bromspedalen trycks ned pressas böjda bromsbackar försedda med bromsbelägg mot trummans insida så att bilen saktar in eller stannar.

Trumbroms, montage

Turboaggregat En roterande enhet, driven av avgastrycket, som komprimerar insugsluften. Används vanligen till att öka motoreffekten från en given cylindervolym, men kan även primäranvändas till att minska avgasutsläpp.

Tändföljd Turordning i vilken cylindrarnas arbetstakter sker, börjar med nr 1.

Tändläge Det ögonblick då tändstiftet ger gnista. Anges vanligen som antalet vevaxelgrader för kolvens övre dödpunkt.

Tätningsmassa Vätska eller pasta som används att täta fogar. Används ibland tillsammans med en packning.

U

Universalknut En koppling med dubbla pivåer som överför kraft från en drivande till en driven axel genom en vinkel. En universalknut består av två Y-formade ok och en korsformig del kallad spindeln.

Urtrampningslager Det lager i kopplingen som flyttas inåt till frigöringsarmen när kopplingspedalen trycks ned för frikoppling.

V

Ventil En enhet som startar, stoppar eller styr ett flöde av vätska, gas, vakuum eller löst material via en rörlig del som öppnas, stängs eller delvis maskerar en eller flera portar eller kanaler. En ventil är även den rörliga delen av en sådan anordning.

Ventilspel Spelet mellan ventilskaftets övre ände och ventiltryckaren. Spelet mäts med stängd ventil.

Ventiltryckare En cylindrisk del som överför rörelsen från kammen till ventilskaftet, antingen direkt eller via stötstång och vipparm. Även kallad kamsläpa eller kamföljare.

Vevaxel Den roterande axel som går längs med vevhuset och är försedd med utstickande vevtappar på vilka vevstakarna är monterade.

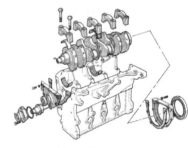

Vevaxel, montage

Vevhus Den nedre delen av ett motorblock där vevaxeln roterar.

Vibrationsdämpare En enhet som är avsedd att minska fjädring eller vridande vibrationer i vevaxeln. Enheten kan vara integrerad i vevaxelns remskiva. Kallas även harmonibalanserare.

Vipparm En arm som gungar på en axel eller tapp. I en toppventilsmotor överför vipparmen stötstångens uppåtgående rörelse till en nedåtgående rörelse som öppnar ventilen.

Viskositet Tjockleken av en vätska eller dess flödesmotstånd.

Volt Enhet för elektrisk spänning i en krets 1 volt genom ett motstånd av 1 ohm ger en strömstyrka om 1 ampere.

Observera: *Referenser i registret ges i formen - "kapitelnummer" • "sidnummer"*